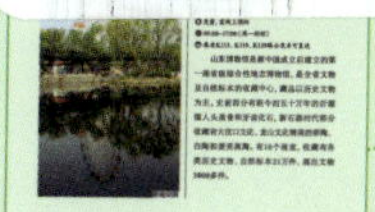

旅游城市

每个城市都包括城市解读、旅游片区、旅游资讯三大板块。

旅游片区

每个城市划分为若干旅游片区，全面介绍。同时突出重要旅游点。

旅游景点

每个旅游景点包括介绍、攻略、链接等板块。力求景点收录全面。

旅游资讯

每个城市旅游资讯板块，包括住宿、就餐、购物、娱乐等内容。

如何使用本书

1 多角度呈现 全书从地理、历史、文化等多个角度呈现山东之美，发现不一样的山东。

分色标签 每个城市都有一个特定的检索色，便于翻阅。

2 专题知识 对于认识山东具有重要意义的关键词条，书中特设专题，图文并茂，让读者迅速读懂词条。

3 精华景点 三维立体图更深度地引导读者鉴赏那些特别重要的必游的景点。

4 攻略 大部分景点配有位置、交通、门票、链接等丰富的实用攻略。

5 资讯 每个城市都包括交通、美食、住宿、购物、娱乐等资讯。

发现者旅行指南

山东（第3版）

北京·旅游教育出版社

目录
CONTENTS

地图目录

专题目录

会当凌绝顶，一览众山小

在山顶，四处环望，一切尽收眼底。山下的水库像一面镜子，在阳光下闪闪发光。树木像小草，人群像甲虫，房屋像鸟笼，就连宽阔的马路也像条银白色的带子。风云升至足下，看山里，山风呼啸，浓雾弥漫，好似坠入混沌世界，像处于仙境一般，能看到云海奇景。

风景迷人最青岛

“红瓦绿树，碧海蓝天”，当年康有为的一句评语，把它推到了世人眼前。秦始皇在这里登临望海，徐福从这里远渡东瀛，欧洲各国人士纷纷留下自己的足迹，让这里至今保留着许多欧式风情的老建筑。金色的沙滩，清爽的海风，绝美的建筑，明朗鲜快的城市色调无不透露出“帆船之都”独一无二的品质。

黄河湿地，风光如画

这里是世界上暖温带保存最完整、最年轻的湿地生态系统，环境优美，动植物资源丰富，每年数量巨大的候鸟在此停歇，在这可以看到壮观的黄河、盛开的荷花、越冬的候鸟，呼吸新鲜的自然空气，享受大自然的纯净风光。

龙湾798艺
区 ART ZONE

台儿庄运河风光

台儿庄运河号称“活着的运河”，其历史风貌自然非其他地方可比。它是1959年京杭大运河台儿庄段改道城外时留下的，全长3千米。由于古街保存完好，而且生活气息浓郁，真有回到明清时代之感。丹麦旅游专家彼德森说：“我梦寐以求的中国大运河就该是这个样了。”

山水共长天一色

海上，许多海鸥飞来飞去，有的跟着船飞，有的落在海面上，有的冷不防从海里抓出一尾海鱼。看着眼前的景象，心一下子变得很轻很轻，在这一刻忽然有种只为简简单单地活着就会感动得落泪的释然。

青岛基督教堂

青岛的基督教堂是一座典型的德国古堡式建筑，由钟楼和礼堂两部分组成，异国风情的建筑更有一种美轮美奂的神韵。初雪的傍晚，灯光氤氲，瑞雪覆盖着城堡般的楼阁，缤纷之景，就像进入了神秘的童话世界。

印象山东

文化符号

泰山

历代帝王的封禅圣地，著名的中国五岳之首，有“泰山安，四海皆安”的说法。

孔子和曲阜

曲阜是孔子的故乡，这座城市也因为孔子而散发着古老和神圣的味道。

黄河

齐鲁大地是中华母亲河黄河入海的地方，也是千百年来炎黄精神的最后归宿。

水浒文化

水浒英雄树立了勇武豪爽的“山东大汉”形象，成为山东人引以为傲的名片。

沂蒙山小调

一首传唱半个多世纪的沂蒙山区民歌，因为这首歌，沂蒙山好风光深入人心。

齐国故都

淄博是“战国七雄”中齐国的故都所在地，这也为山东戴上了“帝王之都”的光环。

印象
山 东

齐鲁味道

德州扒鸡

原名德州五香脱骨扒鸡，始创于清朝光绪年间，成菜色泽红润，肉质肥嫩，香气扑鼻。

孔府菜

旧时孔府接待贵宾、袭爵上任、祭日、生辰、婚丧时特备的高级宴席，是中国古代宴席的典范。

煎饼卷大葱

大葱洗净蘸上大酱用刚烙好的煎饼卷着吃，辛香辣伴着甜酱的味道，味道独特。

单县羊肉汤

有着近200年历史的单县羊肉汤，以其“色白似奶，水脂交融，质地纯净，香而不腻”的独特风格载入中华名食谱。

海鲜烧烤

新鲜的海鲜用炭火直接熏烤，香气四溢，味道诱人，是到海滨城市不得不尝的美味。

肉末海参

一道山东的汉族传统名菜，既有肉末的香味，又保持了海参的鲜味，口味香醇，色泽红亮。

印象山东

圣人足迹

墨子

春秋时期墨家学派的创始人，其作品《墨子》内容广博，包括了政治、军事、哲学、逻辑、科技等方面。

孔子

儒家学说的创始人，著名的大思想家，其思想深刻影响了中国乃至世界几千年。

曾子

儒家正统思想的正宗传人，他把孔子的思想和学问授给弟子，又将孔子的言行整理成《论语》。

管子

春秋时期法家代表人物，曾辅佐齐桓公成就霸业，被称为“华夏第一相”。

孟子

战国时期伟大的思想家，同样是儒家思想代表性人物，对儒学的发扬光大产生了很大的影响。

孙子

中国春秋时期著名的军事家，其作品《孙子兵法》为后世兵法家所推崇，被誉为“兵学圣典”。

印象山东

滨海风情

海阳

一座美丽的港口城市，这里的海滩海岸曲折绵延20多千米，是中国最好的海滩之一。

青岛海滨

有团岛湾、青岛湾、汇泉湾、太平湾、浮山湾5个优良海湾，有“世界最美海湾”之美誉。

长岛

山东省最大的岛屿，由三十多个岛屿组成，每个小岛上都有不一样的风景。

烟台海滨

烟台是一座安静的滨海城市，这里的海滩迤逦蜿蜒，沙质细柔，是度假胜地。

日照海滨

日照海滨不仅有优质的沙滩浴场，还有一望无垠的森林公园，适合消夏避暑。

威海海滨

威海是山东半岛的最前沿，也是海景最为绚丽多姿的地方。

印象 山东

山东风物

潍坊风筝

潍坊是中国的“风筝之都”，制作风筝历史悠久，工艺精湛，风筝已经成为潍坊的象征。

张裕葡萄酒

曾获“巴拿马太平洋万国博览会”金质奖章，酒香浓郁，色泽典雅。

青岛啤酒

选用优质米麦、上等啤酒花和软硬适度、洁净甘美的崂山矿泉水为原料酿制而成，细腻醇香。

阿胶

山东的东阿县是著名的阿胶生产地，东阿阿胶具有三千年的历史，文化底蕴极其丰厚。

烟台苹果

烟台苹果是走遍中国大江南北的水果，素以风味香甜、酥脆多汁而享誉海内外。

淄博刻瓷

是集绘画、书法、刻镂于一身，集笔、墨、色、刀为一体的汉族手工艺术珍品。

杨家埠年画

木版年画制作方法简便，工艺精湛，色彩鲜艳，内容丰富，具有浓郁的乡土气息。

自驾山东

线路 1

山东经典之旅

青岛胶州湾跨海大桥

济南 大明湖

泰安 泰山

曲阜 三孔旅游区

日照 万平口海滨

青岛 八大关、崂山

这条线路是去山东旅行的人们必须体验的经典线路。沿着这条线路既可以欣赏趵突泉、千佛山、大明湖、灵岩寺的清雅秀美，也可以感受到泰山、岱庙的历史厚重；既可以欣赏春秋时期的儒家大成，也可以眺望黄河东去的雄壮；既可以欣赏风光秀丽的海滨风景，又可以参观别具一格的风情建筑。总之，这条线路一定可以使您的旅途变得厚重起来，很值得体验。

第一站 济南。在济南市区游览趵突泉，之后依次游览金线泉、漱玉泉和黑虎泉。游览完毕后去参观泉城广场，之后去往大明湖，最后去游玩珍珠泉。

第二站 泰安。从济南出发前往泰山，有时间的话可以晚上登山欣赏第二天的日出。

第三站 曲阜。这一站的目的地是曲阜，去游览三孔景区。游览完毕后前往颜庙参观，之后可去石门山风景区游玩。

第四站 日照。从曲阜出发前往日照，参观游览万平口海滨，然后去世帆赛基地、灯塔参观，还可以去第四海水浴场，之后前往桃花岛，游览完毕去刘家湾赶海园。

第五站 青岛。从日照出发前往青岛，首先前往第一海水浴场，顺便游览周边景点，之后去八大关参观，然后沿着海滨木栈道向东走，可以欣赏太平角、第三海水浴场、海滨雕塑园，最后到达五四广场。观光完毕后前往崂山，顺便绕到仰口景区游览，之后可以去青岛极地海洋世界游玩，游玩完毕后去石老人浴场游泳。

泰山

线路 2

胶东海滨之旅

济南 趵突泉

潍坊 杨家埠

龙口 南山旅游区

蓬莱 蓬莱水城

威海 刘公岛

荣成 成山头

这条线路是一条游览山东半岛沿海美丽风景的线路，在这条线路上可以看到山东作为沿海省份独有的美丽风光。

第一站 ▌济南。首先前往趵突泉游玩，之后游览大明湖，由于这附近景点比较集中，有时间的话还可以去游览泉城广场、百脉泉等。

第二站 ▌潍坊。从济南出发前往潍坊，首先参观世界风筝博物馆，参观完毕后前往杨家埠艺术大观园游览，有时间的话可在附近住宿一晚，体验浓郁的民俗风情。

第三站 ▌龙口。潍坊的下一站是龙口，可先去南山旅游风景区游玩，有时间的话可以逛逛徐福故里景区。

第四站 ▌蓬莱。从龙口出发前往蓬莱，可以先去海水浴场进行娱乐活动，然后可以去三仙山游览，最后去蓬莱阁和蓬莱水城参观。

第五站 ▌烟台。抵达烟台后先去养马岛游玩，游玩完毕后可以前往金沙滩游览放松。

第六站 ▌威海。从烟台出发前往威海，先去刘公岛参观游览，之后去海驴岛游玩。

第七站 ▌荣成。到达本路线最后一站，先去成山头风景区游玩观光，之后去赤山风景区游览。

自驾山东

线路 3

沂蒙风光之旅

在这条路线上，游客可以观赏到美丽的山、水、林、洞等自然景观，感受山野之美；也可以看到众多历史文化遗迹，感受齐鲁文化的博大精深。

诸城 诸城恐龙

沂水 雪山彩虹谷

沂源 鲁山溶洞群

博山 鲁山

淄博 聊斋城

第一站 青岛。青岛景点众多，可先去青岛极地海洋世界游玩，有时间的话还可以去栈桥、石老人风景区等旅游景点参观游览。

第二站 诸城。从青岛出发前往诸城，参观游览诸城恐龙国家地质公园，之后稍做调整准备前往下一站。

第三站 沂水。抵达沂水后先去沂蒙山游览，游览完毕后稍做调整前往雪山彩虹谷观光，之后依次去地下荧光湖、地下大峡谷，还有天然地下画廊。

第四站 沂源。从沂水出发前往沂源，首先去鲁山溶洞群观光，之后可以去牛郎织女景区游玩。

第五站 博山。到达博山后先去齐长城遗址参观，之后可以前往鲁山国家森林公园游玩。

第六站 淄博。本路线的最后一站是淄博，抵达淄博后先去聊斋城游览赏玩，游览完毕后可以去周村古商城观光。

黄河

线路 4

山东文化之旅

德州 黄河公园

聊城 光岳楼

梁山 水泊梁山

曲阜 尼山文化旅游区

南阳 南阳古镇

台儿庄 台儿庄古城

这是一条充满古文化气息的线路，在这条线路上可以看到山东原汁原味的运河文化与水浒文化。如果您到这里来旅游，可以获得知识、心灵等多方面的享受。

第一站 德州。首先前往黄河故道森林公园游玩，然后可以去看看京杭运河德州段。

第二站 临清。从德州出发前往临清，可去临清塔、钞关等大运河沿岸的景点看看。

第三站 聊城。抵达聊城后先去游览光岳楼，之后可以去山陕会馆观光。

第四站 阳谷。从聊城出发前往阳谷狮子楼参观，之后可以去张秋古镇、景阳冈看看。

第五站 梁山。从张秋出发前往梁山，先去游览水泊梁山景区，之后可以去参观法兴寺与莲台寺。

第六站 东平。抵达东平后前往东平湖参观游玩，之后可以去腊山国家森林公园观光。

第七站 曲阜。先去观光游览尼山文化旅游区，之后可以去三孔景区游览。

第八站 南阳。从曲阜出发前往南阳古镇，感受独特的运河古镇文化。

第九站 台儿庄。本路线的最后一站是台儿庄，可先在台儿庄古城逛逛，之后前往台儿庄大战纪念馆参观，然后去台儿庄运河湿地公园游览。

解读山东

地 理

泰山

面积和区划

山东省简称鲁，位于中国东部沿海、黄河下游，境域包括半岛和内陆两部分。胶东半岛北临渤海、黄海，同辽东半岛遥相对峙；内陆部分自北而南与河北、河南、安徽、江苏4省接壤。山东全省面积15.58万平方千米，省会济南市。

截至2022年，全省辖济南、青岛、淄博、枣庄、东营、烟台、潍坊、济宁、泰安、威海、日照、临沂、德州、聊城、滨州、菏泽16个地级市，下辖58个市辖区、26个县级市、52个县，有济南、曲阜、青岛、聊城、邹城、临淄、泰安、蓬莱、烟台、青州10座国家历史文化名城。

人口和民族

截至2023年年末，山东全省常住人口10 122.97万人，是在中国仅次于广东的第二常住人口大省。

山东省属于少数民族杂居、散居省份，全省56个民族齐全，少数民族人口72多万，占比低于山东省总人口的0.75%。其中，回族人口超过54万，是除汉族外山东人口最多的民族，占少数民族总人口的75%以上。

趵突泉

地形

山东因居太行山以东而得名，境内中部山地凸起，西南、西北低洼平坦，东部缓丘起伏，形成以山地丘陵为骨架、平原盆地交错环列其间的地形。山东境内地貌复杂，大体可分为中山、低山、丘陵、台地、盆地、山前平原、黄河冲积扇、黄河平原、黄河三角洲9个基本地貌类型，其中山地约占全省总面积的14.59%，丘陵占15.39%，平原占65.56%。

山东境内主要山脉集中分布在鲁中南山丘区和胶东丘陵区。泰山雄踞中部，主峰海拔1532.7米，为全省最高点。黄河三角洲一般海拔2~10米，为全省陆地最低处。

山东水系比较发达，干流长10千米以上的河流有1500多条，其中在山东入海的有300多条。这些河流分属于淮河流域、黄河流域、海河流域等水系。山东的湖泊集中分布在鲁中南山丘区与鲁西南平原之间的鲁西湖带，较大的湖泊有微山湖、昭阳湖、东平湖等。

胶东半岛三面环海，大陆海岸线全长3345千米，占全国大陆海岸线的1/6。全省近海海域17万平方千米，占渤海和黄海总面积的37%。近海海域中，有天然港湾20余处，散布着299个岛屿，总面积147平方千米，其中最大的是庙岛群岛中的南长山岛。

气候

山东的气候属暖温带季风气候类型，降水集中，雨热同季，春秋短暂，冬夏较长。年平均气温11~14℃，全省气温地区差异东西大于南北。降水季节分布很不均衡，全年降水量有60%~70%集中于夏季。

微山湖红河湿地

黄河的变迁

黄河是我国第二条大河，自远古以来即为多泥沙河流，公元前4世纪，黄河下游因河水混浊即有“浊河”之称。黄河中泥沙的一部分堆积在下游河床上，日积月累，每逢伏秋大汛，河水轻则漫口决溢，重则河道改徙，对中国黄淮海平原的地理环境影响巨大。

黄河变迁重大年表

公元前602年

黄河发生有记载的第一次大改道。洪水从宿胥口夺河而走，东行漯川，至长寿津乃与漯川分流，北合漳河，至今河北沧县入海。

公元11年

黄河在今河北临漳县西决口，东南冲进漯川故道，经今南乐、阳谷、聊城等地，至利津一带入海。

1048年

黄河再次改道，冲决澶州商胡埽，向北直奔大名，经聊城西至今河北青县境与卫河相合，然后入海。

1128年

为抵御金兵南下，东京守将杜充掘开黄河堤防，黄河自此由北入渤海改为南入黄海。

1855年

黄河在今兰考北岸铜瓦厢决口，河水先流向西北，后折转东北，夺山东大清河入渤海。

1938年

为阻止日军西侵郑州，蒋介石命令扒开郑州花园口黄河大堤，黄河向南流入淮河。直到1947年堵复花园口后，黄河才回归北道，自山东垦利区入海。

黄河入海口变迁规律

从周定王五年至1946年的2600多年里，黄河下游决口泛滥达1593次，河道经历了从北到南，又从南再到北的大循环摆动，较大的改道有26次。大体上以孟津为顶点，在北抵天津海河、南界淮河的这样一个大三角洲上改道迁徙。

黄河入海口变迁原因

黄河以“善淤、善决、善徙”而著称，向有“三年两决口，百年一改道”之说。黄河搬运堆积泥沙形成的堆积地貌是决口的根本原因。水少沙多、水沙严重失调是黄河问题的症结所在。正因为如此，治理黄河就有中游派和下游派、生物措施派和工程措施派（小浪底工程）、独流派和分流派等不同方案。

黄河故道现状

黄河故道基本有三种，荒芜的盐碱地、水草丰美的湿地、尚存的河道。如宁远、夏津、商丘的黄河故道属前一类。而大多数黄河故道都属后两者，如山东单县、江苏徐州的故道等。黄河入海口的东营市境内，还有一条盛产黄河鱼的故道。

沂蒙七十二崮

在层峦叠嶂的山东沂蒙山区，随处可见一些姿态奇特的山峰，它们圆形的顶部平展开阔，峰巅周围峭壁如削，峭壁下面坡度由陡到缓，这种像戴着平顶帽子的山，当地人称之为崮。如果说绵延起伏的八百里沂蒙是一幅壮丽的画卷的话，那么兀立其中的沂蒙七十二崮无疑是这幅画卷中最亮丽的风景。

沂蒙山区的崮主要分布在蒙阴、沂水、平邑、费县、沂源等鲁中南山区，较为知名的有上百座，著名的崮有孟良崮、抱犊崮、纪王崮、南北岱崮、卢崮、瞭阳崮等，形成了美丽独特的沂蒙崮群。

沂蒙山区崮的数量之多，形态之完美，不仅在我国首屈一指，就是在世界上都十分少见。据地质部门勘查，沂蒙山区是在中生代侏罗纪晚期的燕山运动和新生代第三纪的喜马拉雅运动中形成的。在这两次激烈的地壳运动中，由于岩石沿着断层垂直错动，形成了无数地垒式的断块山，又经过几百万年的风化侵蚀，逐步演变为主峰向外，逐级降低，出现了石灰岩覆盖着的低山丘陵。由石灰岩覆盖山顶的山丘，形成方山地形，就是现在的崮。沂蒙山区的崮一般在海拔500米左右，崮的顶部大都有半米左右的风化层。

京杭大运河

解放战争时期，当陈毅元帅转战沂蒙时，曾对沂蒙七十二崮大加赞美："临沂蒙阴新泰，路转峰回石怪。一片好风光，七十二崮堪爱……"沂蒙七十二崮从此更以独有的瑰丽和奇幻，名扬四海，令人神往。

微山湖与京杭大运河

千百年来，绵延千里的京杭大运河贯通了中国东部最富饶的地区，在今天，部分运河段仍能看到"至今千里赖通波"的繁忙航运景象。当运河之水流到山东的时候，与烟波浩渺的微山湖融为一体，大运河不再是被堤坝围起来的人工水道，而是成了天地山水自然美景的一部分。

京杭运河山东段全长510.6千米，始于隋炀帝大业四年（公元608年）永济渠的开通，使北京的船只可通过水路直接到达山东。在山东境内，大运河由北向南先后经过德州、

沂蒙山

聊城、济宁和枣庄境内，造就了古代沿线城市的富庶繁荣。

京杭运河济宁段纵贯济宁全境，全长约230千米。元明清三代，朝廷负责治理运河的河道总督署均设在济宁，所以济宁被称为“中国运河之都”。微山湖地处苏鲁边界接合部的济宁境内，水面面积500多平方千米，是全国著名的淡水湖之一。京杭大运河沿湖西岸伴湖而过，使得微山湖的水永远处于不断的流动状态，微山湖也成为京杭大运河的一个重要节点，宽阔的微山湖面，其实也是运河的主航道。

微山湖东依沂蒙山脉，北邻孔孟之乡，55千米长的湖岸线上，有着丰富的物种资源、数十平方千米的芦苇荡、国内外罕见的水上森林，特别是万亩野生红荷，点缀得山水辉映，风光旖旎，如诗如画，美不胜收。美丽的湖景再加上千年运河的古风古韵，使得游人至此，无不流连忘返。

十 山东半岛拥渤海

山东半岛是“中国三大半岛”之一，也是中国第一大半岛。半岛三面临海，北面与辽东半岛隔渤海湾相望，东部与韩国隔海相望。山东半岛远远地深入到大海之中，海岸线的长度足有3000多千米。

山东半岛位于山东省东部，包括青岛、烟台、威海的全部以及潍坊、日照、东营、滨州的大部分或部分，突出于黄海、渤海之间，隔渤海、黄海（蓬莱以东海域）与辽东半岛遥遥相对。山东半岛有大、小山东半岛之分。小山东半岛指的是胶莱河以东的胶东半岛，大山东半岛则是寿光小清河口和日照岚山口与岚山头苏鲁交界处的绣针河口两点连线以东的部分。一般我们所说的山东半岛是指大山东半岛。

山东半岛主要由花岗岩组成，丘陵、低山占半岛总面积的70%，丘陵海拔大多在200米左右，半岛南部的崂山海拔1130米，是半岛最高峰。山东半岛沿海地区分布有海积平原，是花生和温带水果的重要产区，烟台苹果、莱阳梨、大泽山葡萄等水果闻名国内外。

山东半岛海岸蜿蜒曲折，港湾岬角交错，岛屿罗列，是华北沿海良港集中地区。胶州湾的青岛、芝罘湾的烟台、威海湾的威海、石岛湾的石岛和龙口等均为中国著名港口。山东半岛周边散布着数量众多的岛屿，除渤海海峡的庙岛群岛外，均分布于近陆地带，较大者有象岛、莫邪岛、杜家岛、田横岛、刘公岛、鸡鸣岛、崆峒岛、褚岛、苏山岛和南黄岛等。

渤海湾万鸟岛

金声玉振坊

历　史

齐桓公

春秋首霸齐桓公

齐桓公是中国春秋时期赫赫有名的第一个霸主，是他的唯才是举、任人唯贤、鼎力改革，才使得齐国国力富强；是他的雄才大略、刚柔并济、“尊王攘夷”，才使得“九合诸侯，一匡天下”，开创了名垂青史的春秋霸业。

齐桓公本名小白，出生于公元前716年。齐襄公在位时，齐国国政混乱，小白的师父鲍叔牙预感齐国将发生大乱，就保护小白逃到莒国。公元前685年，在齐僖公长子齐襄公和僖公侄子公孙无知相继死于齐国内乱后，公子小白与公子纠争位成功，即国君位，史称齐桓公。

齐桓公即位后，为了成就霸业，使得国富力强，任管仲为相，推行改革，实行军政合一、兵民合一的制度，齐国逐渐强盛。在经济上，为了使齐国走在诸侯国的最前列，他实行了一系列富国富民的政策。另外，为了使齐国在军事上遥遥领先，他富国强兵并举，使得齐国成为军事大国，令各个诸侯国望而生畏，纷纷与之交好。

齐桓公改革之后，齐国国力大为增强，齐桓公开始走上称霸的道路。公元前681年，国力强盛的齐桓公在齐国北杏（今山东聊城东）召集宋、陈、蔡、邾等诸侯会盟，是历史上第一个代替周天子充当盟主的诸侯，也成为春秋时的第一个霸主。当时中原华夏诸侯苦于戎狄等游牧部落的攻击，于是齐桓公打出“尊王攘夷”的旗号，北击山戎，南伐楚国，受到了周天子赏赐。

公元前645年，一代名相管仲重病而死，齐桓公重用竖刁、易牙、开方等佞臣，齐国也开始走向衰落。公元前643年，齐桓公重病，齐国五公子各率党羽争位，互相攻打对方，齐国一片混乱。齐桓公在一片悲凉中凄惨而死，结束了自己辉煌的一生。

历史大事记

远古时期

约四五十万年前，今山东沂源县一带即有古人类居住，现称作“沂源人”。

距今约7000~4000年，山东出现了新石器时代的北辛文化、大汶口文化与龙山文化。

先秦时期

公元前1046年，周武王灭商纣，武王首封辅佐有功的姜太公于齐，武王之弟周公则封于鲁。

公元前594年，鲁国出现“初税亩”，表明在鲁国已出现封建生产关系的萌芽。

公元前551年，孔子出生于鲁国陬邑，后成为中国儒家学派创始人。

公元前481年，齐国的田常杀齐简公“专齐之政”，齐国成为当时中国最早出现的一个封建大国。

水浒好汉，乱世英豪

在中国，梁山好汉的故事家喻户晓，一部《水浒传》更是成为我国古典四大名著之一，在国内外有着重大影响，宋江、武松、林冲、鲁智深、李逵等形象栩栩如生，各具特色。

北宋时期，朝廷一直实行对外屈辱、专力防内的政策，政权、财权和兵权高度集于中央，封建压迫非常严重，小规模的农民起义时有发生。1119年，以宋江为首的农民起义军在山东梁山一带揭竿而起，他们杀富济贫，高歌猛进，反抗北宋王朝的残酷统治，引起统治者的恐慌。

起义发生不久，宋徽宗赵佶便派兵镇压，但由于宋朝军队久不征战，缺乏训练，战斗力极差；而宋江"其才过人"，属下的人都是强悍猛勇之士，所以，这次征剿不仅没有消灭宋江起义军，反而使其威名远扬。在此后的一年多时间里，宋江等人没有像《水浒传》等文艺作品所描绘的那样，入据八百里水泊梁山替天行道，而是"横行齐魏"，马不停蹄，千里转战于山东、河北一带。在数万官军的围追堵截中，起义军攻城略地，机动灵活地打击敌人，成为一支很有影响力的农民起义队伍。

1120年，宋江率部攻打京西、河北等地，后在进攻海州时由于陷入重兵包围之中，不得已率部接受招安。接受招安后的水浒好汉为朝廷和国家四处征战，立下汗马功劳，然而他们却多不得善终，留下了永远的遗憾。

水泊梁山

蒙羞甲午海战

1894年7月25日，中日甲午战争爆发，号称亚洲第一、世界第四，由清政府花费数百万两白银打造的北洋水师在与日本联合舰队的一系列激烈交战后，最终在山东刘公岛一带全军覆没，成了中华民族心头永远抹不掉的伤痛。

朝鲜问题是中日甲午战争的导火索。1894年，朝鲜爆发东学党起义，朝鲜政府军节节败退，被迫向清政府求援。1894年7月23日凌晨，日军突袭朝鲜汉城王宫。7月25日，日本不宣而战，在朝鲜半岛海面袭击了增援朝鲜的清军运兵船，至此，日本终于引爆了中日甲午战争。

秦汉时期

公元前219年，徐福从山东半岛南端的琅琊东渡朝鲜、日本，促进了东亚文化的交流。

公元前207年，西楚霸王项羽入关，分封十八诸侯，封田都为齐王，都于临淄；田安为济北王，都于博阳；田市为胶东王，都于即墨。

隋唐时期

公元603年，隋炀帝下令开凿从洛阳经山东临清至河北涿郡（今北京西南）长约1000千米的永济渠，永济渠是京杭大运河的重要组成部分。

公元875年，唐末农民起义军领袖黄巢在山东境内领导起义，导致唐末国力大衰，加速了唐朝的灭亡。

宋元时期

1119年，宋江等人在水泊梁山起兵造反，这个故事后被施耐庵编写成《水浒传》。

金末，为抵御蒙古军队的入侵和镇压山东各地农民起义，金朝设立"山东行省"。

明清时期

1421年，永乐皇帝迁都北京，京杭大运河沿线的济宁和临清由于漕运的发展而繁荣起来。

清初，朝廷设置山东省，山东成为本省的专名。

刘公岛甲午海战雕塑

9月17日，甲午海战爆发，刹那间，双方几十艘巨大的军舰百炮齐放，硝烟弥漫，海水沸腾。历时5个多小时，北洋水师损失致远、经远、超勇、扬威、广甲5艘军舰，来远受重伤，死伤官兵约600人，民族英雄邓世昌也壮烈殉国；日本舰队方面，松岛、吉野、比睿、赤城、西京丸5舰受重伤，伤亡239人，日军取得了海战的实质性胜利。海战后，李鸿章为了保存实力，命令北洋舰队躲入威海港内，不准巡海迎敌，日本夺取了黄海的制海权。

1895年2月17日，日军在刘公岛登陆，威海卫海军基地陷落，北洋舰队全军覆没。海军的失利进一步蔓延到陆军，最终，中日甲午战争以清政府的失败而告终，中方被迫签订了丧权辱国的《马关条约》，给中华民族带来空前严重的民族危机。

背井离乡闯关东

中国近代史上有三次规模较大的人口迁徙，即闯关东、走西口和下南洋。2008年，

台儿庄大捷

台儿庄大捷，又称台儿庄战役，时间从1938年3月14日开始至4月15日结束。战役由滕县战斗、临沂战斗、台儿庄战斗和中国军队的追击作战等部分组成。

在历时1个月的激战中，中国军队毙伤日军2万余人，沉重地打击了日本侵略者的嚣张气焰，坚定了全国军民坚持抗战的信心，成为抗战的一个重要转折点。

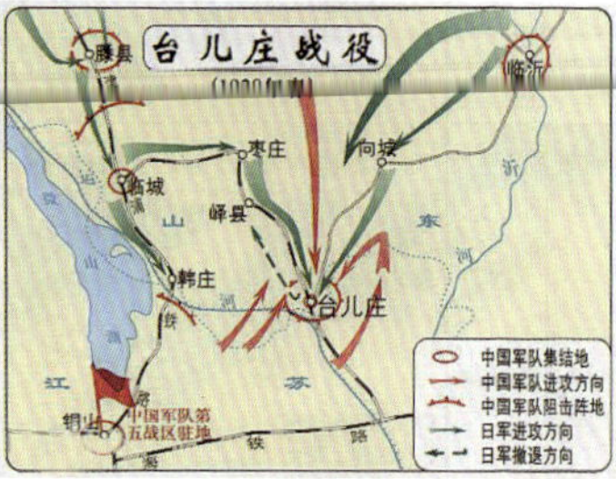

战役小档案

地点：以山东枣庄台儿庄为中心的鲁南区域

时间：1938年3月14日~4月15日

参战方：国民革命军与日军

参战方兵力：国军约29万，日军约5万

伤亡情况：国军伤亡5万余，毙伤日军2万余

主要指挥官：李宗仁、白崇禧等

战争结果：中方获胜

从属会战：徐州会战

近现代

1860年，烟台成为山东第一个开放口岸。

1895年，在中日甲午战争中，日军攻占威海，北洋海军全军覆没。1898年，青岛和威海分别租借给德国和英国。

1905年，德国修筑了从青岛通往济南的胶济铁路，山东成为德国的势力范围。

1899年，义和团从山东滕县一带兴起，并最终席卷全国。

清末民初时期，大批山东人为生活所迫背井离乡开始“闯关东”。

1919年，以收回青岛主权为导火索，全国爆发了著名的“五四运动”。

1938年，中国军队在鲁南取得了台儿庄大捷，重创侵华日军。

1947年5月，华东人民解放军在孟良崮全歼中央军精锐部队张灵甫74师。

1994年，青岛被列为全国15个副省级城市之一。

2008年，北京奥运会帆船比赛在青岛举办，青岛成为奥运城市之一。

滕县战斗

1938年3月14日，日军矶谷师团攻击滕县，守军第41军英勇抗击，最终滕县失守。此战，22集团军以劣势之装备与兵力，阻击绝对优势之敌达3天半，为第5战区之后的台儿庄会战争取了有利时间，奠定了胜利的基础。

临沂战斗

1938年3月14日到18日，中国军队第40军和第59军等部队在临沂夹击日军第5师团，最终日军战败撤退。临沂之战砍断了津浦路北段日军的左臂，促成了之后的台儿庄会战中，李宗仁围歼孤军深入台儿庄的矶谷师团的契机。

台儿庄战斗

1938年3月24日，日军开始进攻台儿庄，3月31日，国军守军将进入台儿庄地区的濑谷支队完全包围，日军坂本支队前来救援。4月3日，李宗仁下达反击命令，激战4天，国军重创日军濑谷支队、坂本支队，取得了台儿庄战役的胜利。

随着电视剧《闯关东》在中央电视台的热播，闯关东这一段充满艰辛和苦难的历史开始被更多的人所熟知。

关东主要是指山海关外以东北三省为主的广袤地区。19世纪中叶，关内黄河下游一带连年遭遇自然灾害，在这种情况下，沃野千里的关东在关内农民眼中就充满了无穷的诱惑力，以山东和直隶人为主的破产农民不顾清政府禁令，成千上万地冒着被惩罚的

闯关东雕塑

危险，“闯”入东北，此为“闯关东”来历。

“闯关东”的流民数量以山东人为最，山东灾民到东北逃荒的线路主要有两条，一条是由陆路逃到京津，再乘京奉火车到奉天；另一条是由海路乘船到营口、大连上岸。据相关资料，1927年至1929年，内地移入东北人口300余万人，山东人占总数的80%。民国时期闯关东的山东人在1500万以上，规模之大，极为罕见。

闯关东的人们扶老携幼、背井离乡来到这片陌生而寒冷的土地，开始了充满苦难的悲壮创业史，他们无论务农、务工、经商，还是伐木筑路，都为关东的开发作出了不可磨灭的贡献。“闯关东”浪潮不仅使关东地区“人稀”的面貌得到改观，使全国人口分布趋于平衡，而且使肥沃的黑土地得到开发，荒原变良田，极大地推动了东北地区的发展进程。

英雄孟良崮

孟良崮战役是国共内战期间，陈毅、粟裕指挥华东野战军在沂蒙山区进行的一次大规模运动战和阵地战相结合的重大战役。这场战役中，华东野战军全歼国民党军整编第74师，击毙敌师长张灵甫，对国共内战的走势产生了巨大的影响。

国共内战爆发后，从1946年7月起，国军集中重兵进攻华东解放区，而整编74师作为主力中的主力负责主攻淮阴。当时华东解放军主力有山东野战军和华中野战军。孟良崮战役之前，华东野战军面临的形势十分严峻，双方力量对比存在较大差距。陈毅、粟裕决定集中优势兵力，在“百万军中取上将首级”，消灭装备最精锐的王牌74师，以打击国民党军的士气。

1947年5月，整编第74师由于孤军冒进，被华野主力包围在孟良崮及其以北的狭小地区内，双方在孟良崮展开了争夺战，战况非常激烈。最终，经过连日激战，5月16日下午3时，华东野战军完全攻占孟良崮主峰，整编第74师血战三昼夜后被全部歼灭，一万余人阵亡，一万余人被俘，张灵甫阵亡。蒋介石痛失虎将，哀叹第74师被歼是他“最可痛心、最可惋惜的一件事”。

孟良崮战役开创了在敌重兵密集并进的态势下，从敌阵线中央割歼其进攻主力的范例，是打破国民党军对山东解放区重点进攻和转变华东战局的关键一战。

孟良崮战役纪念馆

山东历史名人

江南多才子，齐鲁出圣人。山东历史悠久，人杰地灵，数千年来涌现出了众多的人才。在美丽的黄渤海之滨，在雄伟的东岳泰山下，他们创造了一个又一个传奇。

孔子（公元前551—前479）：名丘，字仲尼，生于春秋时期鲁国陬邑（今山东省曲阜市）。中国著名的思想家、教育家、政治家。孔子开创了私人讲学的风气，是儒家学派的创始人。孔子去世后，其弟子及其再传弟子把孔子及其弟子的言行语录和思想记录下来，整编成儒家经典《论语》。

孙武（约公元前545—约前470）：字长卿，齐国乐安（今滨州惠民）人，中国春秋时期著名的军事家、政治家，著有《孙子兵法》十三篇，被誉为“兵学圣典”，该书还是国际间最著名的兵学典范之书。

鲁班（公元前507—前444）：今山东滕州人，中国建筑鼻祖，两千多年以来，他的名字和有关他的故事，一直在广大人民群众中流传，我国的土木工匠们都尊称他为祖师。

孟子（约公元前372—约前289）：名轲，字子舆，今山东邹县人。孟子是战国时期伟大的思想家、政治家。儒家学派的代表人物，与孔子并称“孔孟”。后世追封孟子为“亚圣公”，尊称为“亚圣”，其弟子及再传弟子将孟子的言行记录成《孟子》一书。

孙膑（生卒年不详）：生于阿、鄄之间（今山东阳谷县一带），是孙武的后代，中国战国初期军事家，兵家代表人物。曾辅佐齐国大将田忌两次击败庞涓，取得了桂陵之战和马陵之战的胜利，奠定了齐国的霸业。

诸葛亮（公元181—234）：字孔明，号卧龙，今山东临沂市沂南县人，三国时期蜀汉丞相，杰出的政治家、军事家。诸葛亮一生“鞠躬尽瘁，死而后已”，是中国传统文化中忠臣与智者的代表人物。

王羲之（公元303—361）：琅琊（今山东临沂）人，东晋时期著名书法家，有“书圣”之称。其书法兼善隶、草、楷、行各体，代表作《兰亭序》被誉为“天下第一行书”。

房玄龄（公元579—648）：今济南章丘人，唐初名相，著名的政治家、文学家。后世以他和杜如晦为良相的典范，合称“房杜”。

李清照（1084—1155）：号易安居士，今山东章丘人，宋代女词人，婉约词派代表，有“千古第一才女”之称。其不但有高深的文学修养，而且有大胆的创造精神，代表作《漱玉词》等流传至今。

辛弃疾（1140—1207）：字幼安，号稼

孔子

诸葛亮

轩，今济南历城人，南宋豪放派词人，人称词中之龙，与苏轼合称“苏辛”，与李清照并称“济南二安”。

戚继光（1528—1588）：山东蓬莱人，明朝抗倭名将，杰出的军事家、书法家、诗人、民族英雄。戚继光在东南沿海抗击倭寇十余年，扫平了多年为虐沿海的倭患。

张自忠（1891—1940）：聊城临清人，著名抗日将领。1937年至1940年先后参与了徐州会战、武汉会战、随枣会战等，1940年在襄阳与日军战斗中，不幸牺牲。

鲁班

青岛八大关

青岛五四广场"五月的风"雕塑

烟台蓬莱

文 化

泰山封禅

帝王封禅的圣地——泰山

泰山封禅是泰山最重要的历史文化遗产，在历史上，正是由于历朝皇帝对泰山的顶礼膜拜，才使得泰山在中国历史上起到了一种举足轻重的政治作用，才让泰山逐渐演化成为中国的“国山”，从而在名气上凌驾于其他名山之上。

封禅是古代帝王表示自己与天沟通的方式，古代封禅泰山需具备两个条件：一是天下太平，国家兴盛；二是天降“祥瑞”。国家兴盛说明帝王功高德显，天降“祥瑞”说明上天对帝王的表彰，这时帝王要用一种方式回告上天，就是封禅大典。

封禅分两个步骤进行，一是“封”，在泰山顶上筑坛祭天，报天之功，二是“禅”，在泰山脚下小山上祭地，报地之功。在中国古代的历史上，秦始皇、汉武帝、唐玄宗等帝王都曾经到泰山封禅。尤其是雄才大略的汉武帝，在21年的时间里，共到泰山封禅了8次，其频繁程度大大超出“古者天子五年一巡狩，用事泰山”的古制。

除了历朝皇帝重视泰山之外，名人骚客也对泰山情有独钟，并以在泰山铭文刻石为荣耀。许多缘于泰山的诗文、游记成为人们广为传诵的篇章，对传播光大泰山文化起到了极其重要的作用。

现在，为了重现帝王封禅的盛景，泰山景区专门制作了封禅艺术表演，浓缩历史上封禅大典的艺术精华。整个表演由迎神、初献、亚献、终献、送神五部分组成，并有高安、半安、天贶、顺安、凝安、开平六组舞蹈贯穿期间，生动地再现了历代封建帝王封禅泰山的重大仪式。

齐鲁大地，诸子名扬

山东历史悠久，文化灿烂，素有“孔孟之乡，礼仪之邦”的美誉，是中华民族古老文明的发祥地之一。山东人杰地灵，圣

山东卷轴

《水浒传》：中国四大名著之一，描写了北宋末年以宋江为首的108位好汉在梁山起义，与官军战斗并最终接受招安、四处征战的故事，流传极广，脍炙人口，对中国乃至东亚的叙事文学都有极其深远的影响。

《大染坊》：描写了周村古商城的乞丐陈寿亭艰难创业的故事，再现了周村的商业场景，描写了封建社会的芸芸众生。本书既是个人奋斗的深情礼赞，也是一曲民族工业的悠长挽歌。

《米字旗下的威海卫》：通过对数万份原始档案的爬梳整理，运用图文并茂的形式，直观而翔实地再现了一百多年前旧中国饱受欺凌、充满创伤的岁月。

《名家笔下的老济南》：收录了老舍、沈从文、季羡林等20多位近现代文化名人描写老济南风貌的散文作品约50篇，有《济南的冬天》等名篇。

孟庙

人辈出，孔子、孟子、庄子、墨子、荀子、孙子……这些历史名人对中华文化乃至世界文明都产生了重要影响，使得山东有“东方圣城”的美名。

齐鲁大地是儒家文化的发源地，出生于山东曲阜的一代圣人孔子在鲁国提出了儒家学说，经历代统治者的推崇，以及孔子后学的发展和传承，儒家文化对中国文化的发展起了决定性的作用，在中国文化的深层观念中，无不打着儒家思想的烙印。孔子之后，孟子提出了“民贵君轻”的民本思想，主张“仁政”的治国理念；荀子在人性问题上，提倡性恶论，主张人性有恶，否认天赋的道德观念，进一步完善了儒家思想。

道家文化同样与山东有紧密的关联，道家代表人物庄子是战国中期著名的思想家，创立了华夏重要的哲学学派庄学，是继老子之后，战国时期道家学派的代表人物。他的代表作品为《庄子》，其中的名篇有《逍遥游》《齐物论》等。庄子与老子齐名，被称为“老庄”。

山东的另一位名人墨子是中国历史上唯一一个农民出身的哲学家，墨子创立了墨家学说，墨家在先秦时期影响很大，与儒家并称“显学”。他提出了“兼爱”“非攻”“尚贤”等观点。在当时百家争鸣的时代，有“非儒即墨”之说。其弟子根据墨子生平事迹的史料，收集其语录，完成了《墨子》一书传世。

被称为“东方兵学鼻祖”的孙子同样出生于齐鲁大地。孙子是中国春秋时期著名的军事家，其著有巨作《孙子兵法》十三篇，为后世兵法家所推崇，被誉为“兵学圣典”，在中国乃至世界军事史、军事学术史和哲学思想史上都占有极为重要的地位。

张裕和青啤

到山东旅游，有两种美酒不得不品，一是张裕葡萄酒，一是青岛啤酒。张裕葡萄酒高贵而典雅，青岛啤酒则充满阳光和激情，它们正如山东这片热土一样，古典而又现代，沉稳却又不失活力，充满神秘的魅力，历久弥香。

张裕葡萄酒是拥有百年历史的品牌，1892年，中国近代爱国侨领张弼士先生投资300万两白银在烟台创办张裕酿酒公司，大清国北洋大臣李鸿章和清廷要员王文韶亲自签批了该公司营业准照，光绪皇帝的老师翁同龢亲笔为公司题写了厂名。张裕葡萄酒从一开始便融入了高贵的皇家气质。至今，张裕葡萄酒已发展成为多元化并举的集团化企业，是目前中国乃至亚洲最大的葡萄酒生产经营厂家。已建成的张裕酒文化博物馆是中

山东影像

《铁道游击队》（1956年）：讲述抗战时期鲁南微山湖一带铁路沿线的铁道游击队的抗日故事，塑造了刘洪、芳林嫂等老百姓耳熟能详的形象。

《红日》（1963年）：虽然带有浓烈的“样板戏”的色彩，但是基本还原了国共内战时期孟良崮战役的全过程。

《红高粱》（1988年）：改编自莫言的同名小说，由张艺谋执导，姜文、巩俐等主演，以抗战时期的山东高密为背景，讲述了围绕一家酒坊而展开的爱情故事和抗战活动。

《斗牛》（2009年）：讲述了沂蒙山革命老区一名老乡（黄渤饰）带着他的奶牛同日军、土匪斗智斗勇的故事，这部影片让黄渤获得了金马奖影帝。

孔子

孔子是中国儒家学派的创始人，是当时社会上最博学者之一，被后世统治者尊为“孔圣人”。其儒家思想对中国和世界都有深远的影响，孔子被列为“世界十大文化名人”之首。

孔子档案

姓　　名：孔丘，字仲尼，通称孔子
出 生 地：鲁国陬邑（今曲阜市）
出生时间：公元前551年9月28日
去世时间：公元前479年4月11日
主要作品：《六经》《春秋》
施政理念：仁义礼智信
主要成就：开创儒学，编纂《春秋》修订《六经》，创办私学

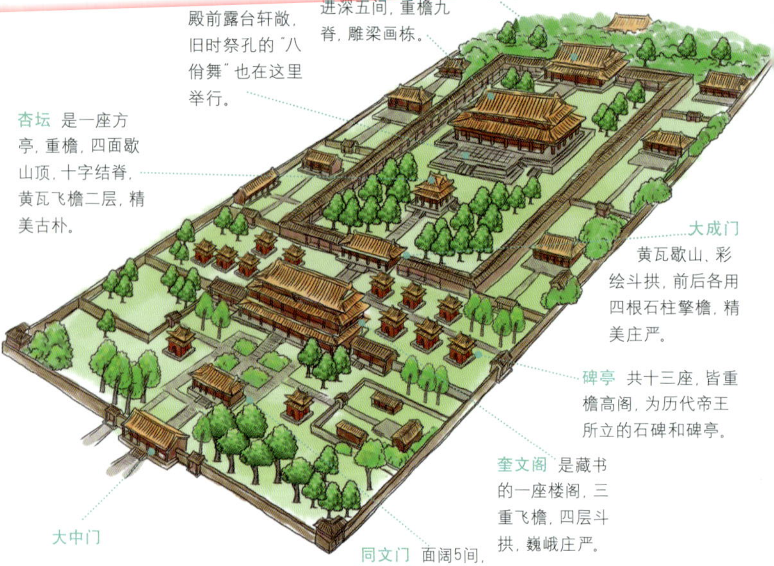

山东天籁

《沂蒙山小调》：是一首山东省的汉族民间歌曲，中国优秀民歌之一，蜚声海内外，这首歌使“沂蒙山区好风光”渗入到人们的心灵，成为沂蒙大地的主题形象。

《弹起我心爱的土琵琶》：是影片《铁道游击队》的插曲，运用了山东民歌的典型音调，有浓厚的地方色彩，在全国传唱几十年而不衰。

《谁不说俺家乡好》：电影《红日》中的插曲，中国红色歌曲代表作品之一，具有典型的山东民歌风格，2007年随“嫦娥一号”卫星在太空唱响。

《在希望的田野上》：在20世纪80年代的青年当中影响很大，是山东籍歌唱家彭丽媛的经典曲目，抒发了对美好生活的赞美。

大事年表

公元前522年
齐景公与晏婴来访问鲁国时召见了孔子，与他讨论秦穆公称霸的问题。

公元前517年
鲁国发生内乱，孔子离开鲁国到了齐国，受到齐景公的赏识。

公元前514年
孔子回到出生地鲁国。

公元前504年
孔子修著《诗》《书》《礼》《乐》，众弟子开始跟着他周游各国。

公元前496年
孔子带领弟子离开鲁国来到卫国。

公元前493年
孔子到达陈国。

公元前491年
孔子离开陈国，来到了蔡国。

公元前484年
孔子被迎回鲁国，孔子周游列国14年，至此结束。

公元前479年
孔子患病不愈而卒，终年七十三岁。

孔子主要思想

道德思想：主张“仁、礼”，以性善论为基础。

政治思想：主张“为政以德”，这种治国方略也叫“德治”或“礼治”。

经济思想：重义轻利、见利思义的义利观与“富民”思想。

教育思想：提倡有教无类和因材施教，广招学生，把受教育的范围扩大到平民。

美学思想：核心为“美”和“善”的统一，也是形式与内容的统一。

国第一家世界级葡萄酒专业博物馆，它以张裕一百多年的历史为主线，通过大量文物、实物、老照片、名家墨宝等，向人们讲述以张裕为代表的中国民族工业发展史，讲述酒文化知识。博物馆之旅是民族工业之旅，是历史文化之旅，也是酒文化之旅，它淋漓尽致地展示了烟台这座亚洲唯一的国际葡萄酒城所具有的独特酒韵。

青岛啤酒城

青岛啤酒同样是19世纪的老品牌。1898年，德国通过不平等条约，强行占据了青岛。后来，由于远离本土的德国士兵没有啤酒喝，德皇威廉二世遂派人用海轮将酿造啤酒的设备运到了青岛。1903年8月15日，英、德商人共同出资建造了“日尔曼啤酒公司青岛股份公司”，这也正是青岛啤酒的前身。在美丽的青岛，有两种液体泡沫是最多的，一种是海水的浪漫泡沫，另一种则是青岛啤酒的激情泡沫。青岛啤酒与青岛这座城市的关系是密不可分的，青岛啤酒一百多年的发展历史也正好是青岛这座城市成长的历史。有人曾如此表示：“外国人认识山东通常有两种途径，一个是通过孔子，另一个途径就是通过青岛啤酒。”显然，历经沧桑的百年青啤，已经成为不可替代的“中国文化符号”，每年定期举办的青岛国际啤酒节早已成为全中国人的一个狂欢节。

张裕和青啤，两种截然不同的美酒，却与山东这片土地共同经历了一百多年最为动荡的近代史，在山东人的心目中，它们早已超脱了酒的界限，而是一种精神上的寄托，文化上的归宿。

八大菜系之首——鲁菜

鲁菜，又叫山东菜，其历史悠久，影响广泛，是中国饮食文化的重要组成部分，也是著名的中国四大菜系之一，居中国四大菜系之首，以其味鲜咸脆嫩，风味独特，制作精细而享誉海内外。

鲁菜的孕育期可追溯到春秋战国，南北朝时期发展迅速，后经元、明、清三代被公认为一大流派。鲁菜的形成和发展与山东地区的地理环境、历史文化、经济条件和地方习俗不无关系。山东是我国古文化发祥地之一，聚集了黄河流域的中原文化和齐鲁大地的深厚文化积淀，地域文化的传承弘扬和不断发展对鲁菜的发展与形成产生了重大影响。

山东地处黄河下游，气候温和，胶东半岛突出于渤海和黄海之间。境内山川纵横，河湖交错，沃野千里，物产丰富，为鲁菜的发展提供了种类丰富的原材料。鲁菜的原料多选畜禽、海产、蔬菜，善用爆、熘、扒、烤、烩、拔丝、蜜汁等烹调方法，偏重酱、葱、蒜调味，善用清汤、奶汤增鲜。鲁菜讲究调味纯正，口味偏于咸鲜，具有鲜、嫩、香、脆的特色，十分讲究清汤和奶汤的调制，清汤色清而鲜，奶汤色白而醇。

鲁菜可分为济南风味菜、胶东风味菜、孔府菜和其他地区风味菜，并以济南菜为典型，有煎炒烹炸、烧烩蒸扒、煮汆熏拌、熘炝酱腌等50多种烹饪方法。胶东菜亦称福山菜，发祥于素有烹饪之乡称誉的烟台福山。胶东菜以烟台和青岛地域为核心，以烹制海味见长，菜肴口味清淡，以鲜为主，注重本味，多用保持原汁原味的烹制技法。孔府菜以烹制江河海鲜、干鲜珍品见长。由于孔府菜得天独厚的历史文化优势，形成了“以精著称，以豪奢为美”的独特风格，以文化为儒雅的特色官府菜肴。鲁中菜传承了古中国的烹饪文化技艺，精于参翅鲍肚等干货的发制及山珍野味的烹调制作。鲁菜中有很多代表性的菜品，如糖醋黄河鲤鱼、九转大肠、葱烧海参、油焖大虾等，都是中国人耳熟能详的精品鲁菜。

山东古老的历史文化和一代代鲁菜传人的不懈努力和创新，最终把鲁菜推到了中国餐饮的顶峰，成就了鲁菜的历史辉煌。

油焖大虾

独具特色的艺术奇葩——莱芜梆子

莱芜梆子唱腔高亢雄壮，气氛热烈，在山东乡间的演出很受欢迎。唱莱芜梆子的男声“力嗓”清亮流畅，女腔尾音翻高八度，使用假声，并成“讴腔”；紧凑的吐字、舒展的行腔，如唱似说。莱芜梆子长于创造正剧，特别是喜剧，演员的表演逼真，现场气氛常常热烈而火爆，而且具有浓郁的乡土气息。

莱芜梆子历史悠久，最初由徽戏与梆子腔融合演变而成，以泰安、莱芜、新泰为中心，是山东独有的地方剧种。清乾隆五十五年（1790年），四大徽班奉调入京献艺，徽戏班社接踵北上。1850年前后，著名徽戏班“老阳春”在泰安夏张附近的程子寨王侍郎（兵部侍郎）家定居，活动在泰沂山区。此时，秦腔已经传入鲁西南，并形成了备受群众欢迎的梆子腔。“老阳春”为迎合群众的口味，争取观众，逐渐接受了“梆子腔”，加之从本地吸收的演员增多，受当地方言、习惯的长期影响，逐步演变成独具特色的本地梆子。莱芜梆子从此响彻山东的热土。

莱芜梆子的板式有慢板、流水板、调锣、慢梆子、快梆子等29个。传统乐器以大胡琴、八棱月琴、三弦“三大件”为主，70年代三弦换成中音板胡，成新“三大件”，并加入部分西洋乐器。打击乐器除梆子外，与京剧相同，传统门头划分为“三大门头十三行当”，现基本纳入“生、旦、净、末、丑”的传统行当。传统剧目有《穆桂英挂帅》《借闺女》《王华买爹》《王华下书》《王华登基》《穆柯寨》《佘太君辞朝》《十五贯》《逼婚记》《孙安动本》等。

莱芜彩虹桥

行走山东

带什么

旅行者

来山东旅游，一般时间安排都较为宽松，因此在行李选择上，要备足装备。好在山东美丽时节的气温也相对温暖，无须携带厚重的冬季衣物。

常规必带

服装

山东全省气候条件差异不大，所以如果在同一季节来山东游玩的话，不论去哪儿，衣物都可以通穿。需要注意的是，春秋时节的山东气温日差较大，早晚温度较低，中午温度较高，需要及时增减衣物，以免出现身体不适。如果是到泰山看日出的话，不论哪个季节，游客都要准备好保暖衣物，因为山顶夜晚的温度极低。

另外，由于山东有很多海滨城市，如果想亲身体会其海滨风情，最好携带泳衣及其他游泳用具。

背包、鞋袜

在够用的前提下，旅行携带的行李背包应越少越好，可以不带的东西尽量不带。

旅行时最好是穿旅游鞋、运动鞋或者是平底鞋，不宜穿皮鞋、高跟鞋等；袜子也要选用柔软吸汗的，以免造成脚部不适。

青岛火车站

药品、食品

山东在春秋季节时昼夜温差大，而且境内的景点有很多是在山中、海边，地形、地貌复杂，在海滨还有一些海生生物。因此，来山东旅行最好带上相关药品，比如感冒药、纱布、药水和创可贴等，以及防治蚊虫叮咬和花粉过敏的有关药品。

山东美食众多，路上简单携带一些喜欢的食品即可，纯净水、红牛、功能饮料视消耗情况，随时补充能量。

洗漱用品

毛巾、牙膏、牙刷、香皂、护肤霜、洗发水、梳子、剃须刀、手纸、湿纸巾等。

其他用品

1.证件。身份证是出门远行的必备物件，不论是乘车还是住宿场所都会用到，所以是出行必须携带的物品。

2.防晒用品。夏季是山东海滨旅游的旺季，所以海边是大家旅游的重要目的地。为了防止阳光对人体的伤害，一定要携带一些防晒用品，如太阳镜、防晒霜等。

3.照相机。山东风景秀丽，景点众多，带上照相机，可以将自己在旅途中遇到的美丽景色都记录下来，也可以拍照留念，这些都是值得珍藏的美好回忆。

4.导游图册。山东的景点众多，虽然现在有很多的通信工具都可以提供这些景点的详尽信息，但是游客最好还是带上山东旅游图或者地图，这样可以对目的地的地理情况有一个宏观的了解，方便安排出行路线和旅游计划。

旅行准备

何时去

青岛海滨

山东地处温带季风气候区，冬冷夏热，四季分明，春、夏、秋、冬四季到山东都能看到不同的美景。夏、秋两季为最佳旅游时间。

春季游山东，可以到烟台赏梨花，到潍坊参加国际风筝盛会。5月虽是泰山的多雨季节，但此刻上山，可以遇到云海奇观，雨过天晴，可在山顶上观赏到红霞朵朵的壮丽景色。

夏季是前往海滨城市旅游的黄金季节，此时海水温暖，可下海感受海水带来的清凉与刺激。青岛、烟台、日照、威海都是山东著名的海滨城市。不仅如此，夏秋时节是山东物产最为丰富的时段，海产品及各地特色产品应有尽有。8月的青岛啤酒节是绝对不可错过的庆典。

秋天的山东，气候凉爽，是登山、赏红叶的好时节。9月的泰山登山节热闹非凡，能看到访古封禅的仪式，而此时济南的红叶谷同样让人流连忘返。

冬季到山东，可以在济南避寒，也可以到黄河三角洲、东营天鹅湖等地观鸟，鸟类爱好者尤其不能错过。

▼ 山东旅游月历

月份	节日
1月	中国春节旅游产品博览会、中国（枣庄）国际冬泳节、兖州农民文化艺术节
2月	济南红叶谷梅花节、趵突泉迎春花灯会、栖霞太虚宫燕九节、黄岛琅琊龙王文化艺术节
3月	济南张夏杏花节、济南九顶塔山歌节、青岛十梅庵梅花节、大珠山杜鹃花节、潍坊滨海渔盐文化节
4月	菏泽国际牡丹文化旅游节、潍坊国际风筝节、山东国际茶博会、泰山东岳庙会、肥城桃花节、泗水桃花节、潍坊中国画节、渔家乐民俗文化旅游节
5月	泰山国际登山节、中国（寿光）国际蔬菜科技博览会、中国·临沂诸葛亮文化旅游节、黄河三角洲湿地槐花节、梁山莲台寺古庙会
6月	烟台国际葡萄酒博览会、潍坊古陶瓷文化节、大明湖龙舟节、青岛薰衣草花海节
7月	济南青岛啤酒节、济南荷花艺术节、聊城荷花艺术节、日照渔民节、荣成道教文化旅游节
8月	青岛国际啤酒节、枣庄红荷节
9月	中国（曲阜）国际孔子文化节、中国（梁山）水浒文化节、淄博国际陶瓷博览会、中国临沂书圣文化节、济宁邻居节、济南国际泉水节
10月	泰山国际登山节、栖霞苹果艺术节、济南千佛山庙会、龙口孝德文化节
11月	文登温泉节、绿色产业国际博览会、莱州寒同山枫叶文化节
12月	迎新年曙光仪式

吃什么

刺参

山东是美食的聚集地，拥有众多小吃特产。提到山东，自然而然地就会想起以咸鲜口味著称的鲁菜。鲁菜作为我国四大菜系之一的自发性菜系，具有很高的地位。此外，山东还有丰富的海产品，以及多样美味的水果，都是不可错过的美食。

药膳宴

泰山拥有丰富的中草药资源，泰安的厨师们研制的泰山药膳宴对于防病治病、延年益寿有良好的功效。主要菜点有灵芝蒸鸡、灵芝蒸鸭、杏仁豆腐等。

油爆海螺

海螺是青岛的深水特产，海螺肉质鲜嫩，细腻可口。以红岛浅海的黑皮大海螺为主料，做成的油爆海螺是非常具有特色的美味，该菜品鲜而不腻，嫩滑酥软。

威海刺参

威海刺参个体肥大，突棘粗大，肉质肥厚，鲜嫩可口，营养价值极高，是海产品中的上品。

干炸赤鳞鱼

赤鳞鱼肉质细嫩，味道鲜美，刺少，无腥味。以赤鳞鱼入菜干炸，鱼体呈弓形，颜色淡黄，外焦酥，里鲜嫩，蘸以椒盐佐食，风味尤佳。

煎饼卷大葱

煎饼是山东的一种特色食品，摊成之后，要折叠起来卷进大葱食用，可薄可厚，口感筋道。

周村烧饼

周村烧饼呈圆形，色泽金黄，正面沾满了芝麻粒，背面则分布着好多酥孔，这种烧饼有“酥、香、薄、脆”四大特点。

德州扒鸡

德州扒鸡是鲁菜的经典名菜之一，全鸡呈卧体，色泽金黄，黄中透红，而且肉烂骨酥、松嫩味纯、清淡高雅、味透骨髓、肥而不腻。

鸡鸭和乐

鸡鸭和乐是潍坊一带的传统名吃，它由“河漏”演变而来。这种面吃起来柔韧有劲、肉香汤醇、味美汤鲜，而且物美价廉。

朝天锅

朝天锅是潍坊名吃，现在的朝天锅都由店家事先炖好，吃的时候用烙饼或者其他做法的薄面饼包裹炖好的菜直接吃。朝天锅肥而不腻，营养丰富，味美可口。

住哪儿

青岛凯旋门酒店

山东省旅游资源丰富，经济发达，住宿条件差异不大。游客可根据旅行路线及计划还有个人爱好自行选择。

星级酒店

山东省境内各种星级酒店很多，其中最有特色的要数各种温泉度假酒店。这些酒店服务周全，设施完善，交通便利。但是旅游旺季客流量较多，最好提前预订。

快捷连锁酒店

如家、7天、汉庭等酒店在绝大多数的地级市区均有分布，游客可自行选择。旅游旺季出行时最好提前预订，且会伴随价格浮动。

普通宾馆及客栈

山东的各大城市及各个县城都有宾馆可住，除去旅游旺季，一般价格都较合理。

渔家乐

山东半岛三面环海，海滨旅游自然成为山东省的一大热点。很多海滨景点附近都有极具特色的渔家乐，游客去往海滨城市旅游时可以选择在渔家乐入住，体验别样的渔家风情。

青岛浮山湾

怎么走

大巴车

山东交通便利，所以前往旅行的交通方式非常多样化。

航空。如果是从距离较远的省份出发来山东，那么坐飞机是最佳的交通方式，不仅舒适，而且快捷，当然花费可能会多一些。山东11个机场中青岛机场、济南机场航班较多。

火车。坐火车是最实惠的旅游出行方式。近年来，随着高铁的不断修建，山东已经和全国许多地方直通高铁，车次也多。

公路。山东是我国高速公路里程最长的省份，境内高速公路四通八达、十分密集，所以游客在山东省内乘坐长途汽车出行也十分方便，而且成本低、时间短。长途客车票当天购买即可，而且是流水车票，本次乘坐不上，可以坐下一班。由于山东境内公路便利，路况较好，所以非常适合自驾游。

济南站

有用信息

旅游通信

通信

山东全境手机信号覆盖全面广泛，从信号强度上来说，三家运营商的信号均表现良好，偏远地区则是移动最强，电信次之，联通最弱。一般除非进入深山老林之中，否则无须担心通信问题。

银行

山东的众多城市，商业银行设施齐备，一般持具有银联标志的银行卡即可使用。但在小城镇，多是农业银行、邮政储蓄及农村信用合作社等机构，若是持有农行银联卡或是邮政绿卡前往，则较为便利。另外，山东各地均可通过微信、支付宝支付了。

节约技巧

1.选择入住品牌连锁酒店时，除了订房网站外，不妨到团购网站和酒店官网看看，往往有更多惊喜。此外，数量众多的客栈及青年旅舍，往往是比较实惠的选择。

2.要善于利用淘宝、大众点评及各种团购APP应用，不仅能吃到美味，还能得到众多优惠。

3.合理安排行程，不仅可节省时间，又能减少交通费用，可参考第1步等网站的行程攻略。

4.在城市内，尽量选择公共交通。前往较为偏远的地区时可拼车同行。

青岛即墨国镜别墅区

青岛城区

5.淡季出行是省钱的撒手锏。淡季不仅门票价格减半，可以避开众多的游人，也可以欣赏到别样的风光。

6.在山东购买旅行纪念品，不必去商业街区的各种店铺。在当地人开的店铺或是从村民手中，就能买到理想的纪念品，而且价格相对便宜。

突发状况

旅途中总是会出现一些不希望发生的情况，但只要做到"事前认真准备，事后冷静处理"，一切都会迎刃而解。

汽车抛锚：开车自驾游之前您应掌握一些简单基本的维修技术，若是途中出现汽车抛锚，先依据经验，判断是否可以自己解决。不能解决或无法判断，则要打电话给保险公司，寻求帮助，或拨打114查询最近的修理厂。

钱物丢失：这在旅途中是一件十分重要的事，无论损失大小，总会给美好的旅行蒙上一层阴影。为避免财务损失，应以预防为主。最好做到少携带现金，把现金放到贴身衣物中，只把零钱放在包里；银行卡不要与身份证放在一起。若是钱物丢失，马上联系朋友获得及时帮助，切不可拖拉，并准确找到丢失地点，询问相关人员以期获得合适的数据资料。

水土不服、食物中毒或生病：因为水土不服、食物不洁或者天气因素，生病也是会发生的事情。特别是一个人的话，更是需要时刻注意。因此，旅途中应带足相关药品（如感冒类、胃肠类药品等），不随便吃东西，避免在阳光下暴晒，少在雨里蹚行等。不幸生病的话，要及时吃药或到医院就诊，若是严重的话要联系朋友及家人。

请爱护美丽的山东

好客山东自然风光优美，我们前往山东获得了旅行带来的快乐，也有义务承担带去的影响。每个人都应做到不随便破坏或是占有当地的各类资源，旅途中尽量减少垃圾的产生，更不能乱丢垃圾，尤其是在名胜古迹和偏远地区，应将其带回城市中，进行回收处理。美丽的山东值得我们每个人爱护。

发现者旅行指南

济南

概览

亮点

趵突泉公园

是以泉为主的特色园林。园内名泉众多，尤以趵突泉闻名遐迩，享誉天下，此外还有名泉洗钵泉、漱玉泉、马跑泉、柳絮泉和金线泉等。

大明湖公园

大明湖是一个由济南城内众泉汇流而成的天然湖泊，水源充足，排水便利。在公园里可欣赏到济南八景中的鹊华烟雨、汇波晚照、佛山倒影、明湖秋月。

千佛山

东西嶂列如屏，风景秀丽，名胜众多。有兴国禅寺居、历山院、万佛洞、弥勒佛铜像、千佛崖景观，其中千佛崖集中有隋开皇年间的石佛雕像130余尊。

灵岩寺

群山环抱、岩幽壁峭，柏檀叠秀、泉甘茶香，古迹荟萃、佛音袅绕，以其风景幽深、泉石秀丽著称于世。自唐代起即为“海内四大名刹”之一，并名列其首。

必逛街道

芙蓉街：济南市的老商业街，被誉为“齐鲁第一小吃街”。济南特色美食油旋、炸荷花、银耳莲子羹、鲫鱼炖豆腐等在这里全部吃得到，回族烧烤也不错。

经十一路：商家大多24小时营业的美食街，因此这里被称为济南的“小吃不夜城”。除了可以吃到具有浓郁地方特色的本土小吃，还可以吃到全国20多个省市千余种特色小吃。

齐鲁大峡谷

区内山地切割强烈，山势陡险，沟壑纵横，规模宏大，10千米以上的峡谷有多条，是山东省乃至华东地区最大的峡谷群。

线路

泉城风光一日游

上午先游览趵突泉公园。从趵突泉向东，可依次游览金线泉和漱玉泉，之后游玩黑虎泉。游览完基本到了中午，市中心地区餐馆众多，可随意解决午餐。

下午去参观游览泉城广场，之后去往大明湖，游览完毕后沿着曲水亭街走到底去游玩珍珠泉。

济南南郊一日游

上午从济南出发前往跑马岭游玩，它的最大特色是动物多为野生放养。下午从跑马岭出发前往红叶谷。红叶谷一谷有四季，四季不同天，是一年四季休闲度假的好去处。

济南深度三日游

第一天上午参观游览趵突泉、金线泉、漱玉泉和黑龙潭。下午去逛逛泉城广场以及大明湖，之后去游玩珍珠泉。晚上在市中心住宿。

第二天早起出发前往千佛山，游览完毕去红叶谷参观游览。红叶谷附近有很多农家乐，晚上可留宿。

第三天早上前往九如山瀑布群，游览完毕后去济南动物园参观，然后去芙蓉街顺便买些特产。

为何去

济南，别称“泉城”，是我国环渤海地区南翼和黄河中下游地区中心城市，山东省省会，同时也是首批中国优秀旅游城市和国家历史文化名城，位置重要，地位特殊。

济南历史悠久，景点众多，集山、泉、河、湖、城于一体，素有“四面荷花三面柳，一城山色半城湖”的美誉。

何时去

济南地处中纬度地带，属于暖温带半湿润季风型气候，其特点是季风明显，四季分明，春季干旱少雨，夏季炎热多雨，秋季凉爽干燥，冬季寒冷少雪。如果您想到济南旅游的话，最佳季节为春秋两季。另外，虽然济南夏季较为炎热，但却是观赏湖光山色的最佳时机，所以也不容错过。

历下亭

区域解读

区号：0531

面积：10 244.45平方千米

人口：941.5万人

地理 GEOGRAPHY

区划

济南下辖10区（市中区、历下区、槐荫区、天桥区、历城区、长清区、章丘区、济阳区、莱芜区、钢城区）、2县（平阴县、商河县）。

地形

济南市位于鲁中南低山丘陵与鲁西北冲积平原的交接带上，地势南高北低。有低山、丘陵、山地三种地形，北部临黄土高原，中部为山前平原，南部是丘陵山区。境内主要山峰有长城岭、跑马岭、梯子山、黑牛寨等。

济南境内泉水众多，素有“泉城”之称。除了天下闻名的趵突泉，还有大明湖、白云湖等多处秀水，境内河流主要有黄河、小清河两大水系，还有环绕老城区的护城河，以及南北大沙河、玉符河等河流。

气候

济南市属暖温带大陆性季风气候，季风明显，四季分明，春暖、夏热、秋爽、冬冷。

济南的冬夏两季较长，春秋短。冬季寒冷晴朗，雨雪稀少，多偏北风。夏季天气炎热，闷热难耐，且多暴雨，出行需注意防雨。春季和秋季风向多变，但气候宜人。

“天下第一泉”——趵突泉

“四面荷花三面柳，一城山色半城湖”，作为“世界泉水之都”，济南的柔美都体现在湖光山色中。

形成于4亿年前的济南周边山区石灰岩质地较纯，有空隙、裂隙和洞穴，能储存和输送地下水。地下水顺着石灰岩层的倾斜，大量地流向济南城区，途中遇到岩浆岩的阻挡，大量地下水凭着强大的压力，从地下的裂隙中涌上地面，就形成了这些著名的泉。而其中，又以趵突泉最为闻名，它与黑虎泉、珍珠泉、五龙潭一起组成了济南四大泉群。

趵突泉以“齐多甘泉，甲于天下”闻名于世，自金代就有人立碑，列入七十二名泉，并始终占据首位。趵突泉水盛期涌水量为每秒1.5立方米，三座泉眼浪花飞溅，水涌若轮，景观奇特，自古诱发着无数游人的情思，给历代文人学士和游览者以极深的印象。济南八景之一的“趵突腾空”便是泉水喷涌时的胜景。

趵突泉与其附近的金线泉、漱玉泉、柳絮泉、马跑泉等20多处泉，组成趵突泉群，泉水清冽甘美，水温四季恒定在18℃左右。

昔日趵突泉，方圆不足0.27公顷，既是香火胜地，又是卖艺、说唱、占卜和摆小摊的场所；而如今，趵突泉更是风景名胜、济南的必游之景。

大明湖日出

历史 HISTORY

历史大事记

●先秦时期

距今5000—4100年前的龙山文化时期，畜牧业较为发达，巫术活动多，开始有了阶级社会。黑陶制品成了著名的艺术品。

相传舜帝“渔于雷泽，躬耕于历山”。历山即济南市区南部的千佛山。

●汉晋时期

西汉初年，设立济南郡，此为“济南”一名出现之始。

汉文帝十七年（公元前163年），置济南国，立刘辟光（齐悼惠王肥子）为济南王，治在东平陵（今章丘区平陵城），辖境约当今济南市及章丘、济阳、邹平等。

晋永嘉年间（公元307—313），济南郡治由东平陵移至历城。自此，历城便成了济南地区的政治中心。

●宋元明

北宋神宗熙宁四年（1071年）6月至熙宁六年（1073年）6月，曾巩在此任济南太守，宦居两年，作文10余篇、诗70余首，促进了济南文学的发展。

南宋年间，济南的文学更加繁荣，出现了李清照、辛弃疾等中国历史上的著名宋词

趵突泉群的组成部分之一——漱玉泉

作家，两人被称作“济南二安”。

金代，在城北开凿了小清河，直通至海，使济南成为重要的盐运集散地，对后世本地经济的发展产生了重大影响。

元朝时期的济南文化依旧兴盛，产生过杜仁杰、张养浩等著名文学家和散曲文人。

明初，曾置山东行省，济南始为山东首府，是山东布政使司、都指挥使司及按察使司驻地。从此，济南成为山东地区的政治中心。

●近现代

1904年，济南开设商埠，城市区域随之扩大，工商各业获得长足发展。

1911年末，津浦铁路黄河大桥建成通车，济南成为南北交通枢纽。在此前后，德、日、英等国先后在济南设领事馆，开办银行、商店、教会、学校、医院等，济南进而成为帝国主义侵华的主要立足点之一。

1921年春，王尽美、邓恩铭在济南建立共产主义小组，成为国内建立最早的共产主义组织之一。

1928年5月3日，日军在济南制造了“五三惨案”，将国民政府外交部特派山东交涉员蔡公时及署内职员17人虐杀，随后对城中百姓进行大规模屠杀。

1948年9月27日，中国人民解放军解放了济南。

名单 济南历史名人

墨家的创始人墨翟

中医科学奠基人扁鹊

阴阳五行学派大师邹衍

南北朝时期文学家鲍照

唐代开国元勋秦琼

唐朝第一名相房玄龄

宋代女词人李清照

南宋词人辛弃疾

元全真道七子之首丘处机

元代著名散曲家张养浩

明代文学“后七子”首领李攀龙

明戏曲家、《宝剑记》的作者李开先

鸟瞰济南顺河高架桥

莱芜历史大事记

周庄王十三年（公元前684年），鲁庄公率军在长勺（今莱芜东北）击败齐军，史称“长勺之战”。

公元前484年，鲁国联合吴国在艾陵地区发动著名战役艾陵之战。在该战中，鲁、吴两国打败齐国军队。

西汉时期，莱芜地区始置莱芜县。

元代至元十一年（1274年），元朝在莱芜县治西设莱芜铁冶都提举司，职官正五品，下辖宝成监、通利监、锟监。

1298年，莱芜加辖元固监、富国监，莱芜铁冶都提举司更名为“济南莱芜等处铁冶都提举司”，几乎管理着整个山东的矿冶业，冶户四千余。

名单 莱芜历史名人

春秋农民起义领袖柳下跖

无产阶级革命家刘莱夫

现代著名文学家、教育家吴伯箫

传承大汶口文化的龙山文化

济南是中华文明的重要发祥地之一，著名的龙山文化于1928年发掘于山东济南龙山镇城子崖遗址。

龙山文化泛指中国黄河中下游地区新石器时代晚期的一类文化遗存，距今4350年到3950年，分布于黄河中下游的山东、河南、山西、陕西等省。

龙山文化时期，先民的经济生活以农业为主，有比较发达的畜牧业。同时，占卜等巫术活动亦较为盛行。从社会形态看，当时已经进入了父权制社会，私有财产已经出现，开始跨入阶级社会门槛。

龙山文化是大汶口文化的传承，是中国制陶史上的顶峰时期。当时的陶器，多属磨光黑陶，薄如蛋壳，光亮如漆，质优量多。磨光黑陶是具有龙山文化显著特征的文化遗存。黑陶源自人们的生活用器，而后由于质地易碎，逐渐走出日常生活。如今，黑陶被作为艺术品供人们欣赏。

上古时期的舜帝就诞生与生活在济南一带。舜是制陶能手，他曾在历山耕作，而历山即现在的千佛山。可以说，龙山文化是中国青铜器文化的形成期。

文化 CULTURE

独特的泉水文化

济南是世界泉水之都。众多泉流以及由它们汇流而成的大明湖与周围的千佛山、五峰山、灵岩寺、云山等构成了独特的泉城风光。所谓“一城山色半城湖”，独特的泉水文化为济南带来不一样的魅力与风采。

据统计，济南境内有四大泉域，十大泉群，730多个天然泉，在世界城市中实属罕见，是举世无双的天然岩溶泉水博物馆。究其原因，还要归结为济南特有的地貌类型。济南地处鲁中南低山丘陵与鲁西北冲积平原的交接带上，地势南高北低，南部山脉大量的地下水沿着石灰岩地层潜流，到济南以后受到北郊组织紧密的岩浆岩的阻挡，不能前进，就越积越多。最终，地下的孔隙、裂缝成了它们的排泄之门。拦蓄在这里的大量地下水，凭着强大压力沿着这些裂缝涌出地面，于是就出现了天然的涌泉。

千佛山庙会

济南城内百泉争涌，著名的七十二泉，颇有江南风光的风韵。其中，趵突泉、黑虎泉、珍珠泉、五龙潭四大泉群是济南七十二泉的主要组成部分，其他的则“隐居”于济南辖区内的其他地方。“天下第一泉”趵突泉是济南的三大名胜之一，老舍曾多年居住济南，著《趵突泉》一文盛赞趵突泉。

重阳日千佛山庙会

自元代开始，九月九日重阳节就被定为千佛山庙会。根据济南的风俗，在那一天，人们要到千佛山登山，站在“赏菊岩”上赏菊。

庙会风俗源于佛教寺院，以及道教庙观的宗教活动。过去济南的庙会有大小数十余处，唯以千佛山和药王庙庙会规模最大，流传最久。千佛山庙会期间，有固定和流动摊位1000多个，经营日用百货、土特产、风味小吃、工艺美术品等。甚至全国其他地方的艺人也会聚此地，有马戏团、杂技团、地方剧团、变戏法的、练武术的、说山东快书的、玩猴的、耍狗熊的等。规模大小不同，席棚也就有大有小，总数至少有几十座。如今的庙会更是有微雕、面塑、刻瓷、鲁绣、黑陶、葫芦雕刻、唐锦彩、姜牯石、泥塑、中国结等民间艺术绝活齐聚千佛山，让游人一饱眼福。

逛千佛山庙会，成了济南人迎秋踏秋的一大乐事。

景点推荐 济南城区景点

趵突泉公园 AAAAA

天下第一泉

济南市历下区趵突泉南路1号

0531—86920900

40元

07:00~19:00（花灯会入园时间：16:00~20:00）

可乘1路、5路、28路、41路、49路、66路、82路等公交车直达

趵突泉公园是一处以泉为主，小巧玲珑、步移景异的泉石园。

在公园内，除趵突泉之外，还有许多的名胜古迹。历代的文化名人都曾对趵突泉及其

周边的名胜古迹有所题咏。其中最值得一提的是趵突泉公园的南大门，此门布置富丽堂皇，大门上的横匾“趵突泉”三字，是清朝乾隆皇帝的御笔，被誉为中国园林“第一门”。

玩家 攻略

1.趵突泉公园还可品茗、听戏、赏画等，园内有书画社、工艺品、茶社、餐饮、摄影等服务设施。

2.趵突泉灯会每年农历正月初一开始，持续一个月。除放灯外，同时还有文艺节目，如踩高跷、划旱船、耍狮子等。元宵灯会期间开灯时间为18点至21点，高峰期将适当延长。

3.游览趵突泉的最佳时间是秋天，特别是初秋时节。因为7月、8月是济南的雨季，趵突泉会达到一年中的喷涌峰值。

□ 趵突泉

趵突泉是济南的三大名胜之一，被誉为“天下第一泉”。泉水澄澈清冽，与附近的金线泉、漱玉泉、洗钵泉等30多个名泉，构成了趵突泉泉群。泉水盛期涌水量为每秒1.5立方米，三座泉眼浪花飞溅。“趵突腾空”为济南八景之一。周边有泺源堂、娥英祠、望鹤亭、观澜亭、李清照纪念堂等景点。

玩家 攻略

1.趵突泉东侧隔来鹤桥有望鹤亭茶社，专为游人提供用趵突泉水沏的香茶。

2.泉边的三大殿殿台临水，是赏看趵突泉景最佳处。

玩家 解说

趵突泉历史悠久，以“齐多甘泉，甲于天下”而闻名于世。据《春秋》记载，鲁桓公十八年（公元前694年），“公会齐侯于泺”。北魏时，因泉畔建有娥英祠，称“娥姜水”或“娥英水”。金代又称趵突泉为“瀑流泉”“爆流泉”。“趵突”之名，最早见于宋代著名文学家曾巩《齐州二堂记》。所谓“趵突”，即跳跃奔突之意，反映了趵突泉三窟迸发、喷涌不息的特点。趵突泉，自金代就有人立碑，列入七十二名泉，趵突泉始终占居首位，被誉为“天下第一泉”。

链接

金线泉

金线泉位于趵突泉东北侧，尚志堂与皇华轩之间。泉池呈长方形，原长4丈，宽2丈。由于水面有一条游移飘动的水线波纹，映日凝望，宛如一条金光闪闪的金线浮于水面，故而得名。

明清时期，金线尚能清晰可见，后因改建泉池，基底遭到破坏，水面亦随之缩小，水势减弱，金线则从此消失。1956年，趵突泉公园扩建时，在原金线泉东约20米处一所石砌雕刻的小池中，也出现了金线。于是人们便将这泉称为“金线泉”，并将清同治九年（1870年）吴兴人丁彦臣题写的“金线泉”三字石刻移嵌在这泉的东壁上。而将原金线泉改称“老金线泉”，由济南书法家李仲余新题“老金线泉”四字嵌刻于池壁。

三大殿

三大殿为明清建筑群，现有殿堂3座，坐北朝南，建在同一中轴线上。最南为第一大殿，面阔3间，进深6米，高架两层，红漆木楹柱，黄色琉璃瓦，金碧辉煌，蔚为壮观。中间为第二大殿，三楹两层，斗拱错落，红柱绿瓦熠熠生辉。最北为第三大殿，硬山出厦，古朴无华。

万竹园

万竹园始建于元代，坐落于趵突泉西，因园中多竹而得名，现为李苦禅纪念馆。园内建筑玲珑雅致，古朴清幽，颇具“清、幽、静、雅”的隐士之风。曲廊环绕，院院层进，空间一环扣一环，庭园一层深一层，有“庭院深深深几许”之景致。

李清照雕像

玩家解说

1986年，此园被设为当代著名大写意花鸟画家李苦禅的纪念馆，常年展出李苦禅画作。纪念馆共有14个展室，总建筑面积3752平方米，现展出李苦禅书画作品400余件。此外，纪念馆中还展有李苦禅先生生前收藏的部分古字画及其生平照片、书信稿等。同时，纪念馆不定期举办各种书画联展，是中国书画名家纪念馆联馆会员之一。

漱玉泉

漱玉泉泉池呈长方形，四周围以汉白玉栏杆。泉水从池底冒出，形成串串水泡，在水面破裂，嗞嗞作响，然后漫石穿隙，跌入一自然形水池中，如同漱玉。漱玉泉因李清照的《漱玉词》而闻名，虽没有趵突泉豪放的气势，却有李清照词一般的婉约。

李清照纪念堂

李清照纪念堂位于漱玉泉北，是全国规模最大、内涵最丰富、功能最齐全的李清照纪念堂。纪念堂采用宋代建筑风格，整个建筑布局精巧和谐，格调朴实、淡雅、大方，恰当地体现了女词人的身份、气质和风度。

马跑泉

马跑泉位于李清照纪念堂东侧假山下，池长12米，宽5米有余，略成不规则的长方形。池岸由已溶蚀的石灰岩岩石砌垒，曲折起伏，参差交错。泉水从石隙中流出，沿池底小溪向东北流去，注入护城河（西泺河）中。泉池周围，怪石嶙峋，绿树掩映，显得格外幽雅别致。

链接

马跑泉的传说

相传南宋建炎三年（1129年），金兵南下攻至济南，知府刘豫贪生怕死，欲投降，其部将关胜则坚决主战。关胜率军屡创金兵，但最终在金兵和刘豫的前后夹击下，战死于济南西门外。关胜的战马看到主人遇难，仰天长嘶，前蹄连连刨地，结果刨出一汪清泉，这就是马跑泉。

大明湖 AAAAA

泉城明珠

济南市历下区明湖路271号

0531—86088900

免费，超然楼40元

05:00~22:00（老区），新区24小时全天开放

可乘3路、6路、11路、30路、31路、36路等公交车直达

大明湖公园，位于济南市的中心区域，是济南三大名胜之一，向来有“泉城明珠”的美誉。

大明湖水质清冽，游鱼可见，沿湖的垂柳和荷花构成一幅秀美画卷。湖畔有多处名胜古迹，其中历下亭、铁公祠为国家级文物保护单位。另外，超然楼、浩然亭等后建建筑值得一看，超然楼是大明湖的标志性建筑，站在浩然亭上可将大明湖的景色一览无余。

玩家攻略

1.大明湖内盛产莲藕、湖鱼，公园饭店擅长烹制以湖中鲜鱼、嫩藕、香莲为料的“全鱼宴”和冰糖莲子、水晶藕、蒲菜水饺等“历下风味”名吃，另外，还有碧筒饮、香脆荷花瓣、荷花粥、湖菜鸡块、糖醋鲤鱼等美食。

2.大明湖公园每年都举办多种游园活动，如春节文化庙会、新春花展、荷花展及民俗文化活动和花卉盆景展览、奇石展等。公园内还有书画展、碑刻展等文化层次较高的展览。

3.公园湖西岸有游乐场，场内有海盗船、Disco健身车、电子游戏、五爪章鱼、碰碰车、直升机、电瓶车、天使转椅、蹦蹦床等各种游乐设施。

4.大明湖公园可分为陆上、水上和电车3条游览线路，推荐线路：西南门—龙泉池—游乐场—铁公祠—天香园—明湖宝鼎—群芳轩—月下亭—北极阁—汇波楼—南丰祠—雨荷亭，乘船游览历下亭、翠柳屏岛。下船后参观辛弃疾纪念馆、遐园，出南门。

铁公祠

链接

大明湖四怪

大明湖有“四大怪”，分别是“蛇不见，蛙不鸣，恒雨不涨，久旱不涸”。之所以会有这“四大怪”，一是因为湖底是由不透水的火成岩构成的，所以湖水“恒雨不涨，久旱不涸”，常年保持比较均衡的水位；二是因为湖水都是泉水，所以除了一些鱼以外，别的动物都不适合在水中生长。

历下亭

历下亭位于大明湖东南隅最大的湖中岛上，因其南临历山（千佛山），故名历下亭。历下亭八角重檐，红柱青瓦，挺拔端庄，古朴典雅。整个岛上绿柳环合，花木扶疏，亭台轩廊错落有致，修竹芳卉点缀其间。

北极阁

北极阁是济南市现存最大的道教庙宇。北极阁庙基为7米高石镶土台，是大明湖北岸一高峻之处，是理想的观景佳处。整个建筑由前后两殿和东西配房及钟鼓楼组成。该阁气魄雄伟，古朴典雅，为大明湖主要古迹之一。

汇波楼

大明湖水为众泉汇流而成，集中于北水门泄出，所以北水门又名汇波门。元代初年，在北水门上修建了一座二层城楼，名汇波楼。登汇波楼，北可眺望鹊山、华山秀色，南可俯瞰明湖美景，夕阳西下时，更可领略到济南八景之一“汇波晚照”的壮丽景象。

铁公祠

铁公祠是为纪念明代兵部尚书、山东参政铁铉而建。铁公祠为庭院式建筑，古朴典雅，由曲廊、祠堂和“湖山一览楼”组成。登上祠西边的“湖山一览楼”，可观赏大明湖全景，远眺城南染烟含黛的群山。风和日丽之日，铁公祠前可见“佛山倒影”奇观。

千佛山 AAAA

一山分三带，景色各千秋

济南市历下区经十一路18号

0531—82662340

28元 06:30~18:00

千佛山正门、南门、西门皆有公交车可达

千佛山曾叫历山、靡笄山、舜山、舜耕山等。隋开皇年间，当地依山势开凿洞窟，雕刻了众多佛像，于是人们称之为“千佛山”，并在山上建造了千佛寺。

千佛山高大巍峨，雄壮多姿，气候垂直分布明显，四季主色调十分鲜明，从而形成了“春看杜鹃、夏望瀑布、秋赏枫叶、冬观冰雪”的典型亚高山生态景观，具有山奇、石怪、水秀、峰险、林幽、云美等特点。

玩家攻略

1.9~11月是最佳旅游时间，此时秋高气爽，气候宜人，降水充沛，更能体现出泉城的独到之处。

大明湖

2.每年“三月三”“九月九”举办千佛山庙会，是不可错过的宗教盛会。庙会期间，有经营日用百货、土特产、风味小吃、工艺美术品等的摊位，还有杂技表演、马戏、歌舞等活动。此外，九月九日重阳节，还是人们登千佛山，在“赏菊岩”上赏菊的佳日。

3.千佛山里佛雕很多，尤其是弥勒园的大肚弥勒佛规模最大，最具代表性，它与旁边的观音像交相辉映，是拍照取景的最佳处。

4.千佛山公园里除了一些古迹之外，还建有桃花园、游览索道、瀛芳园、奇能滑道、十八罗汉、卧佛、高尔夫球场、大舜石图园、梨园、瀑布等设施和景点，方便游客娱乐休闲。

兴国禅寺

兴国禅寺在千佛山山腰，是山东著名的香火圣地。兴国禅寺深邃幽静，殿宇雄伟壮观，殿堂分布错落有致。整座寺庙迤逦于山腰，古朴庄严，是千佛山的主题建筑。兴国禅寺南侧的千佛崖，集中了千佛山的石佛刻像。其他各窟皆散落在洞外石壁上。

黔娄洞

黔娄洞在兴国寺极乐洞的东侧岩壁上，相传周代黔娄子曾居住于此，因此而得名。黔娄洞为人工开凿，类似居室。洞内温湿，水珠下滴，击石有声，使洞穴越发显得清幽。清嘉庆年间，洞内尚有黔娄的坐像，后遭到毁坏。洞口上端，有石刻一方，大字为“黔娄洞”，小字记载了黔娄子的身世。

链接

趣闻典故

在千佛山的黔娄洞内，有一方石刻，上面记录了一则有关黔娄的故事。传说，黔娄先生死的时候，身上只盖了一块白布，而且这块布很小，盖上头就会露出脚，盖上脚又会露出头，无法将先生的遗体全部盖住。孔子的弟子曾参的孙子曾西说：“既然这样，不如把布斜着盖，这样不就盖严了吗？”黔娄的妻子韦丛则说：“斜着盖有余不如正着盖不足，先生在世时为人处事非常正直，死后却让他歪斜，这哪是先生的本意呢？”这则故事流传很广，后人常以此来说明黔娄的正直。

历山院

历山院在兴国禅寺东侧，与兴国禅寺相互对峙，它是佛、道、儒三教合居的寺院。历山院中，所有的祠、堂都依山而建，拾级而上，由东向西，依次建有舜祠、鲁班祠、文昌阁等祠堂。殿宇错落，红墙青瓦，显得古色古香。

万佛洞

万佛洞位于千佛山北麓，集我国“莫高集锦”“龙门精华”“麦积厅观”“云冈荟萃”著名四大名窟于一洞，其中最大的卧佛长28米，洞外仿乐山大佛高15米，最小的仅20多厘米。整座洞窟，金碧辉煌，光彩耀人，绚丽多姿。

玩家 解说

佛教艺术自东汉传到中国。在各个时期，各有不同的特殊风格。这些特点在万佛洞得以充分体现，在万佛洞可一瞻北魏、唐、宋各时期的造像风采。可谓“由万千彩塑与壁画构成一座思接千载、视通万里的石窟艺术博物馆”。

弥勒胜苑

弥勒胜苑在千佛山东麓，其主体是一尊大肚弥勒佛。佛像通体高20米，整体造型庄重博大，气势不凡，为江北第一大佛，也是国内最大的露天贴金佛像。

弥勒佛身后的浮雕依附于环形山崖上，它从弥勒佛的传说、生平业绩考虑，把印度佛教与中国佛教艺术、正统佛传故事与中国民间传说相结合而设计画面。

泉城公园

景色优美的植物园

济南市历下区经十路106号

免费

泉城公园是一座风景植物园，具有植物科研、科普教育与游览参观等功能。整个公园分为植物游览区、观赏温室区和引种驯化区三个部分，并且新建了三组服务建筑、生态栈桥、生态广场等设施，还将经十路景观带、舜耕路景观带和园内水系融合在一起，实现了树林、山丘、木质小品等原生态景观与开放公园的结合，真正达到了人与自然的和谐统一。

千佛山

玩家 攻略

温室内的气温一般较高，秋冬季节来这里游玩观赏时，要注意及时增减衣物，特别是从温室离开的时候一定要注意保暖，以防受凉感冒。

玩家 解说

观赏温室区位于公园的西部，有三个互相连接的大型立体三角造型建筑，室内种植了大王椰子、假槟榔、鱼尾葵、酒瓶棕、香蕉、龙眼、番石榴等珍贵的植物，游人在这里可以观赏到不同气候、不同地理环境条件下生长的各种植物。

泉城广场

济南的中心广场

济南市历下区泺源大街69号

免费　全天开放

泉城广场是济南的标志性广场，地处济南的市中心。广场占地约16.67公顷，自西向东有趵突泉广场、济南名士林、荷花音乐喷泉、四季花园、文化长廊、科技文化中心及银座购物广场等10多个部分。

玩家 攻略

泉城广场离趵突泉、大明湖等景区都非常近，在游玩泉城广场之后也可以去周边景点看一看；广场建有银座购物中心，也可以到那里体验购物的乐趣。

荷花音乐喷泉是广场的主要景观之一。在圆形的水池里，“盛开”着一朵巨大的金属荷花，水从水池和荷花中伴随着音乐喷射而出，从而形成了无数个喷泉，最高的可以达几十米，非常壮观。

山东省科技馆

青少年学习科学知识的殿堂

济南市历下区泉城广场东侧

免费，需网上预约

0531—86064850

山东科技馆共设有序厅、儿童科技园、探索·发现、创新·发明四大主展区和天文观测台、4D影院、临展厅、学术报告厅等配套设施。

科技馆主要举办流动展览、科普报告、各类培训班等活动，同时具备学术交流、科普报告、天象观察、四维科普影视、网上科技馆等功能，是广大青少年学习科学知识的殿堂。

泉城公园

山东省美术馆

造型艺术博物馆

济南市历下区青年东路20号

0531—82953407

免费

09:00～17:00

山东省美术馆属造型艺术博物馆，具有收藏陈列美术精品、满足群众审美需求、组织学术研究、开展国际文化交流等多项职能。有2300平方米的展览大楼，收藏近现代美术作品500余件，民间艺术作品2000余件，不定期举办有各种画展。

山东博物馆

省级综合性地志博物馆

济南市历下区文化西路附近，经十路11899号（燕山立交桥东2千米）

0531—85058202

免费，需网上预约

09:00~17:00（周一闭馆）

乘坐K115、K119、K139路公交车可直达

山东博物馆是新中国成立后建立的第一座省级综合性地志博物馆，是全省文物及自然标本的收藏中心，藏品以历史文物为主。史前部分有距今四五十万年的沂源猿人头盖骨和牙齿化石，新石器时代部分收藏有大汶口文化、龙山文化精美的彩陶、白陶和蛋壳黑陶。有10个展室，收藏有各类历史文物、自然标本21万件，展出文物3000多件。

五龙潭公园 AAAAA

济南“七十二泉”最深的一个

济南市历下区趵突泉北路筐市街18号（共青团路口）

免费

07:00～22:00

乘坐3路、5路等公交车，均可到达五龙潭公园

五龙潭公园，位于济南旧城西门外的泺源桥北，因五龙潭在公园中得名。

公园里名泉众多，有泉池27处，从而形成了五龙潭泉群，是济南的四大泉群之一。公园的建园风格融汇了南北造园的精华，从而成了一处以质朴野逸为特点的园林水景园。园中风景幽雅，独具特色。

玩家 攻略

五龙潭公园里泉水众多，除了五龙潭之外，还有天镜泉（江家池）、七十三泉、潭西泉、古温泉（温泉）、悬清泉（贤清泉）、净泉、醴泉等28处名泉，景色也都非常优美，而且很多都是自成一景，所以如果时间充裕的话可以细细游览一番。

链接

名称的由来

相传，古代的五龙潭深不可测，而且每当遇到大旱的时候，人们只要来这里祈祷求雨就会应验。元代时，有好事者觉得这个泉眼肯定与大海相通，有龙王庇佑，所以就在潭边建了五龙神庙，并在庙中塑了五方龙神。从此以后，当地人就把这里改称为五龙潭了。

黑虎泉

黑虎泉 AAAAA

济南的第二大泉

济南市历下区黑虎泉西路

免费 全天开放

市内可乘坐B36路、K5路等公交车前往

黑虎泉泉群，是济南城区内四大泉群中规模与流量均较大的一处泉群。黑虎泉泉水最大涌量4.1万立方米/日，仅次于趵突泉，在“济南七十二泉”中排行老二。

泉水出于深凹形洞穴，通过三个石雕虎头喷出，波澜汹涌，水声喧腾。附近诸名泉及无名泉一处组成黑虎泉群，诸泉参差错落，泉既汇成河，河复又蕴泉，争相辉映，各得佳趣。

玩家 解说

黑虎泉源出悬崖下深凹的洞穴中。洞内水潭宽约2米，深2米，清澈见底，寒气袭人。紧连水潭的泉池，由石块砌成，略呈长方形，宽约15米，深约4米。泉池南壁并列三个石雕虎头，泉水流过暗沟，经三个石虎口喷出，波澜汹涌，水声喧腾。池水溢出，泻入护城河，形成瀑布。池北为一水闸，水在此形成水帘，泻入护城河中。

据《历乘》记载：黑虎泉自“崖下水出，汇为一池，汩汩有声，流入城壕，其清可鉴眉须”。明代晏壁的《济南七十二泉》诗，写出了黑虎泉的气势：“石蟠水府色苍苍，深处浑如黑虎藏。半夜朔风吹石裂，一声清啸月无光。”清代的刘鹗在他的《老残游记》中，对黑虎泉的描述也颇详尽。

解放阁

观济南市容、远眺群山的最佳地点

济南市历下区黑虎泉东侧

免费

解放阁是济南市的著名景点，阁址为1948年济南战役，人民解放军攻克济南时的攻城突破口处。后旧城城墙因城市

建设而拆除时，济南人民特意在这旧城址上建起了巍峨壮观的解放阁，以纪念济南解放。

阁内陈列济南战役革命文物。站在阁上，人们既可凭吊先烈英雄业绩，又可俯览黑虎泉景致，饱览泉城风光。

珍珠泉

济南第三大名泉

济南市历下区泉城路珍珠泉礼堂内北面

免费

全天

市内可乘坐3、101、151、K50等路公交车前往

珍珠泉为济南第三大名泉，在它周围有许多小泉，如楚泉、溪亭泉、舜泉、玉环泉、太乙泉等，被称为珍珠泉泉群。珍珠泉泉池周围砌以雪花石栏，泉的西北角有濯缨池，由泉水汇聚而成，泉水向北流经百花注洲后进入大明湖。

珍珠泉区内有一座清雅的庭园，园内罗锅桥西侧，有一株高五六米的宋代海棠，至今有千年的历史，别具一番特色。

链接

珍珠泉的传说

传说，珍珠泉的串串“珍珠”是当年舜的两个妃子——娥皇和女英的眼泪所化。远古时代，历山(今千佛山)下出了一个大贤人——舜，他自小跟着当地百姓在山下耕种，显示出超人的品格和才能，三十多岁就被人们推举为首领。尧听说后把自己的两个女儿娥皇和女英嫁给舜，后来连君位也禅让于舜。舜勤于政事，常去四方巡视。有一年，舜远行南方，山东一带遭受大旱，娥皇、女英便带领父老兄弟早晚祈祷上天降雨，但姐妹二人膝盖跪出了血，天空仍没有一丝云影。姐妹俩又带领大家向龙王要水，人人双手都磨出血泡，终于挖成一口深井。正在这时，南方传来舜帝病倒于苍梧的消息，娥皇、女英当即启程南行。看着挥泪话别的人们，她们禁不住一串串泪珠洒落大地。突然“哗啦”一声，泪珠滴处，冒出一股清泉，泉水如同一串珍珠汩汩涌出，这就是今天的珍珠泉。后人有诗曰“娥皇女英异别泪，化作珍珠清泉水”，记载了这一美丽的传说。

环城公园

环城公园 AAAAA

以湖心泉水为特色的园林绿化中心

济南市历下区南门大街2号

免费

全天开放

乘坐K1、K5、K51等路公交车均可到达

环城公园地处繁华热闹的老城区，公园绕城一周，将趵突泉、珍珠泉、黑虎泉、五龙潭及大明湖等景点连接在了一起，形成了一个以湖、山、泉水为特色的全开放公园。

公园内亭榭曲廊和泉水山石相互映衬，公园两岸的植物配景与园林建筑互为烘托，使公园既显古典又显秀美，十分漂亮。公园还有很多的雕塑、绘画等艺术作品，体现了济南自古“名士多”的文化特色，使公园成为展示济南历史文化的露天博物馆。

玩家攻略

1.公园设有弹跳猩猩、旋转飞机、小天使转椅、电瓶车、双桨船等游乐设施，并配有茶点服务部、摄影部、彩扩中心、工艺品纪念品展室等服务设施。

2.可以坐船游览，体验一下“画中游”的感觉。

3.公园周边有很多特色饭店，游客在游览之余可以去那里用餐。可以品尝到济南的特色美食和小吃，比如油旋、锅贴、灌汤包和盘丝饼等。

济南动物园

森林式动物园

济南市天桥区济泺路87号

乘坐B53、B57、B68、K105等路公交车均可到达

济南动物园曾称金牛公园、金牛动物园，现有各类动物180多种1700余只。园内各动物馆舍和园林建筑掩映在绿树丛中，与自然环境巧妙结合，浑然一体。

园内东北部建有嘤鸣馆，馆内的游禽湖水域宽广，波光粼粼；雉鸡馆、热带鸟馆造型新颖美观，游人可直接进入馆内观赏鸟类。

玩家攻略

公园有茶社、食品小卖部、饭店等配套服务设施，还有碰碰车、高空缆车、飞鼠等游乐设施。另外，公园还经常举办各种新、奇动物展览。

英雄山

建有革命烈士陵园

济南市市中区英雄山路18号

济南城区南侧有众山连为一体，因山中建有革命烈士陵园，故统称“英雄山”。山上山下松柏竞盛，间以五角枫、银杏、黄栌、白杨、法桐，葱绿青翠嫩黄，环境清幽深秀。

五山之中，东北侧的马鞍山（亦名会仙山）视野最为开阔。西北侧之四里山一到秋日，漫山红透，故称“赤霞山”，亦名“赤霞岭”。如今，山上矗立着巍峨的革命烈士纪念塔，愈加名闻遐迩。

济南动物园

英雄山

链接

“齐烟九点”

唐朝诗人李贺《梦天》诗曰“遥望齐州九点烟，一泓海水杯中泻”，“齐烟九点”即由此诗句演化而来。诗中“齐州”本指中国，清代人因济南古称齐州，便借用该诗句描绘济南的山景。“九点”所指，古今不同。清朝郝植恭在《游匡山记》中曰：“自鹊华而外，如历山、鲍山、崛山、粟山、药山、标山、匡山之属，蜿蜒起伏，如儿孙环列，所谓‘齐州九点烟’也。”“九”并非确数，泛指山多。今一般是指自千佛山“齐烟九点”坊处北望所见到的卧牛山、华山、鹊山、标山、凤凰山、北马鞍山、粟山、匡山、药山九座孤立的山头。

芙蓉街

特色老街、小吃街

济南市历下区

全天开放

芙蓉街位于济南市历下区泉城路街道东部，是一条济南的特色老街、小吃街，因街上有名泉——芙蓉泉而得名。

芙蓉街被誉为“齐鲁第一小吃街”，其全长432米，宽4.6米，汇集了数十家餐馆，烧烤、炒菜、海鲜等，应有尽有。每到傍晚时分，游人如织，热闹非凡。

百花公园

以植物花卉景观为主

济南市历城区闵子骞路10号

可乘坐地铁2号线前往

济南百花公园位于历城区，是一处以植物花卉景观为主，以喷泉为特色的新建公园。百花公园有百花泉景区、草坪景区、山水园、疏林草地、竹园、金鱼盆景园、牡丹园、芦花区等景区景点。

公园的东北角是游乐场，设有碰碰车、宇宙飞船、激光打靶、金鱼戏水等游乐设施，并设有茶社、饭店等配套服务设施。

油旋

景点推荐

济南近郊景点

宏济堂中医药文化旅游景区 AAAA

百年宏济堂，千秋做好药

济南市历城区经十东路30766号

宏济堂制药集团倾力打造的宏济堂中医药文化旅游景区，赋予了传统工业园区新的生机。景区拓展了旅游功能，使游客在领略医药科研生产的同时，可以近距离地感受中医药文化的独特魅力。

另外，园区内仿古建筑群林立，完美再现了中国传统建筑的美学精神。游客置身其中，仿佛穿越时空，领略到了古代中医药文化的繁荣景象。同时，生产车间与文化设施相互辉映，一方面展示了宏济堂制药集团作为现代化企业的生产实力，另一方面则突显了其对历史文化的尊重与传承。

华阳宫

济南最大最古老的道教宫观

济南市历城区华山脚下

华阳宫，因位居华山之阳而得名。金代以前，华山至鹊山之间是一片汪洋，与大明湖相连，史书称之为鹊山湖，又称莲子湖。华山独峙，在水中倒映，如水中芙蓉。华阳宫是古建筑群中的一座庙，其规模最大，而且历史最久，其内有棉花殿、龙王庙、三皇宫、三元宫、关帝庙、泰山行宫及佛教的净土庵等寺观，殿宇众多，神像各异。

九如山瀑布群 AAAA

以山、瀑、栈、溪、泉为特色

济南市历城区西营镇

成人158元

九如山瀑布群，是泉城七十二名泉的发源地之一——锦绣川水库的源头。景区占地面积36平方千米，打造了“山、瀑、栈、溪、潭”的核心景观。景区群山连绵，峰峦叠嶂，峡谷纵横，森林茂密，山泉遍布，溪流交错，瀑布成群，一条长度堪称世界第一的实木栈道巧妙地将这些景观连在一起，形成了独具特色的生态自然景区。景区最令人震撼的就是瀑布群。其高悬的瀑布穿过峡谷，层叠九落，从天池直泻而下，悬挂数十处，千姿百态，煞是壮观。

九如山

玩家攻略

1.景区内设有供游客饮用的免费茶点及用甘甜、纯净的山泉水泡制的山珍茶水，免去了游客上山带水的劳累。

2.景区特设了供老年人休息的场所，安装了播放九如山山水景观的特大彩电，即使老人因体力有限不能登上顶峰，也能观赏到自然、美丽的风光。服务人员可为老人提供山泉水泡制的山珍茶。另外，还为老年人提供免费乘坐景区游览车的服务。

3.在景区可尝到榛菇炖本地鸡、野菜山鸡蛋、煎饼小河虾、金玉满堂、虾酱窝头、南山豆腐、雪山飞蝎、葱油鲤鱼、肉末木耳、香辣野兔、九如鸭煲等山区农家菜。

4.景区位于济南的南部山区，气温要比市区低一些，夏天去游玩时非常凉爽，但是其他季节去的话就要带一些衣物，以免受凉。

九如山艺文小镇 AAAA

浪漫度假胜地

济南市历城区西营街道葫芦峪村

九如山，一个令人向往的神奇地方。这里有木屋建筑群落，与大自然山水相得益彰。这里更有“让生活充满仪式感”的野奢时尚。每到九如山红叶节启幕，这里万山红遍、层林尽染，吸引了广大市民纷纷前来观枫赏秋。景区内游人如织，好不热闹。

锦绣川水库

红叶谷 AAAA

观赏红叶的好地方

济南市历城区锦绣川乡锦绣川水库南3千米

10月—11月，100元；12月—次年9月，80元

07:30～17:00

红叶谷占地面积266.67余公顷，植被以野生的黄栌为主，每逢深秋时节，只见万山红遍、层林尽染，因此而得名红叶谷。

这里地处南部山区，森林茂密、水源丰富，空气中的负氧离子含量是市区的300多倍，是名副其实的“天然氧吧”。当然，红叶谷并不只有红叶，一年四季都有独特景致：春天杂花生树，山林中一片生机盎然；夏日谷中山风送爽，是难得的避暑胜地；秋天万山红遍，美不胜收；冬天白雪皑皑，阳光纯净而明媚。

绚秋湖

绚秋湖岸上亭台楼阁，青山绿树，倒映水中，秋日尤为绚丽多姿。湖中的有休闲小岛以曲桥与湖岸水榭相连，岛上建有“陶亭”；湖岸有垂钓平台，可远览山色，近观水光。

蔷薇园

蔷薇园遍植樱花、碧桃、美人梅、蔷薇、玫瑰等蔷薇科植物，或丛生密植为花海，或星罗棋布，点缀于不同风格的南北两组建筑之间，求方寸之地，做百处美景。

天趣苑

天趣苑取天然成趣之意，于植被丰富的两条山谷上覆鸟网以成散养区，区中绿荫浓郁，瀑布飞泻，百鸟群舞，人行其中，耳听鸟鸣，宛若仙境。

蔓园

蔓园位于景区中最深的山峪中，谷中遍地是野葡萄、葛藤等藤蔓植物，自在枝头缠缠绕绕，寓意永不分离，故又名“情人谷”。置身其间，小桥流水，亭榭楼台，更有谷中深处的同心锁，为来谷的恋人们锁住一个美丽的承诺。

欧洲风情谷

欧洲风情谷中郁金香品种有50余种，花期不一，花色繁多。其占地近6.67公顷，五颜六色的郁金香花带点缀在园内富有欧洲特色的风车、雕塑与建筑之间，造化天成，美不胜收。

红叶谷

万叶塔

万叶塔建筑风格采用的是我国传统的六角飞檐尖顶石塔，塔共分七层，根据佛教"救人一命胜造七级浮屠"而建，取一个比较吉祥的数字，登上塔顶能把红叶谷的各个景点尽收眼底。

大佛寺石窟

隋唐雕刻的高浮雕造像

济南市历城区锦绣川乡老庄村青铜山

大佛寺石窟位于青铜山南麓悬崖上，窟高9.5米，深4.5米，宽4.7米，拱形窟门。内有大坐佛1尊，佛身高8米，宽4.7米，佛座高1.5米。左右侧有菩萨和比丘立像。全窟共9座造像，均为高浮雕，系隋唐雕刻。

跑马岭生态休闲度假区 AAAA

浪漫度假胜地

济南市历城区跑马岭

0531—82151278

跑马岭生态休闲度假区是国家级森林公园，位于"省城后花园"的南部山区之巅，有"小云南"的美誉。这里集自然美、生态美、动物科普、园林景观、国防教育基地、娱乐休闲于一体，主要景点有御马亭、望岳亭、良心桥、携手亭、图腾园、齐长城、游禽湖、奇石林等，可谓松林茂密、怪石林立，让人体验到一种原始的生态美。

四门塔 文

享有"中华第一石塔"之美誉

济南市历城区柳埠镇苏家庄

30元，联票（含四门塔、涌泉竹林）40元

07:30～17:30

四门塔风景区内有四门塔、龙虎塔、九顶塔、千佛崖和墓塔林、神通寺遗址等文物古建筑，还有竹林、涌泉庵、天齐庙及万亩国家森林公园等景点。景区山清水秀、文物荟萃、民风淳朴，既是出门游玩的好地方，又是回味历史、观看文物古迹的好去处。

玩家攻略

春夏秋三季是到四门塔的最好时节，春天正值桃花、梨花盛开的时节；夏天到这里避暑，还可以尝到各类山珍；秋季正值栗、桃、山楂丰收的时候。

玩家解说

塔四面各有一尊主佛像及左右两尊菩萨和弟子，目前剩下主佛。每尊佛像都是用整块大理石雕刻而成。四佛各有名号，西边佛像叫"极乐世界无量寿佛"，南边一尊称"欢喜世界宝生佛"，东边一尊为"阿閦佛"，北边的是"莲花庄严世界微妙声佛"。

塔的北侧有一参天古松，重围合抱，据说，隋炀帝杨坚曾在此树下许愿要当皇上，后来果然当上了皇上。于是，人们纷纷到此树下许愿，以期心想事成。所以，这棵千年古松又被叫作"灵通神松"。

链接

趣闻典故

在四门塔中，有一尊阿閦佛石雕像，这是我国隋代石刻造像的代表作，不仅历史悠久，而且具有很高的历史和艺术价值。1997年3月，阿閦佛佛首被不法分子盗走，几经辗转，流到台湾，被台湾法鼓山圣严法师等人找回，并送还四门塔，从而使佛像归于完整，也成就了两岸一家亲的佳话。

四门塔

水帘峡
“泉城之巅、趵突之源”

济南市历城区柳埠镇

水帘峡风景区，以高山、险峡、奇石、山泉、瀑布、桃花水母著称，素有“泉城之巅、趵突之源”的美誉。

景区中有济南最高的山峰、济南最长的大峡谷、济南唯一的泰山石省级地质公园、同纬度唯一的桃花水母发现地和济南海拔最高的泉群，还有许多人文景观，如齐长城、唐王亭等。

九顶塔民族风情园 AAAA
荟萃民族文化、民间艺术

济南市历城区柳埠镇秦家庄

80元

九顶塔民族风情园为综合性文化生态旅游景区，园内的九顶塔建于唐代，顶上有九座小塔，塔后灵鹫山悬崖上有80多龛佛像，雕琢精美，系盛唐风格。

风情园由民族民俗风情区、游乐区、度假区和风景名胜区四大区组成。其中民族民俗风情区荟萃了各民族的民族文化和民俗风情。游乐区有滑草、滑车、攀财岩、速降等项目，深受青年人喜欢。度假区设有窑洞度假村、蒙古包度假村、桃花源度假村和傅家庄百年老村落。游客可自主选择自己喜欢的度假村居住，感受不同风格和民族风情。

玩家 攻略

1.游客可以身着民族服装，与少数民族演员一起载歌载舞。

2.窑洞度假村，让游客体验陕北黄土高原的古老习俗；蒙古包度假村，牧歌悠扬，奶茶飘香，让人有回归自然的感觉；在桃花源度假村，游客可以感受中国古老的四合院文化和世外桃源之氛围。

辛弃疾故里
辛弃疾的出生地

济南市历城区遥墙镇四风闸村东南

宋高宗绍兴十年（1140年），民族英雄、一代词人辛弃疾就出生在这里，现建有辛弃疾纪念馆。

纪念馆建筑古朴、凝重，为宋代建筑风格。建筑布局为三进院落，四周皆由花园环抱，是一处集怀古、凭吊、休闲于一体的人文景观。

六角碑亭

碑亭饰以彩绘，红柱青瓦，小巧玲珑，碑亭内有稼轩公遗像。石碑背面，是根据江西铅山鹅南辛氏宗谱原件刻制的《宋兵部侍

水帘峡药王庙

郎赐紫金鱼袋稼轩历仕始末》石刻，词人辛公68年的悲壮历程历历在目。

稼轩碑廊、辛弃疾雕像

稼轩碑廊分立纪念馆第一进院落东西两侧，共有明代大书法家董其昌及当代国内书法名家书写辛词的40余方碑刻，分别镶嵌在东西两壁，为纪念馆增添了浓郁的文化氛围。

院落中心巍然屹立着辛弃疾雕像，雕像采用历城区锦绣川乡特产"绣川绿"，由著名雕塑家张玉林设计制作。在绿树鲜花的簇拥下，辛弃疾头戴儒巾，身披战袍，腰挎宝刀，昂首凝视远方，展示了一代词人精忠报国的伟大爱国情怀。

主展厅

主展厅均系木结构建筑，雕梁画栋、古色古香。中展室匾额与楹联皆为当代著名文学家郭沫若题写。展室迎门处有辛弃疾半身塑像，四周集中采用艺术手段构成了展带，展示了辛弃疾豪放悲壮的坎坷一生。展带下方为展橱，展橱中陈列着有关辛弃疾生平、词作研究等各种版本的书籍、文物以及手迹、赞语。

蟠龙山森林公园

名刹、古树、奇石、惊险

济南东郊，地跨彩石、港沟两镇

蟠龙山距济南市区23千米，公园总面积539.67公顷，森林覆盖率达98%。整个森林公园分为擎天柱景区、佛隐寺景区、淌豆寺景区和生活娱乐区四个游览景区，有擎天柱、佛隐寺、淌豆泉及大型森林浴场等景点。名刹、古树、奇石、惊险是蟠龙山的四大特色。

洪家楼天主教堂

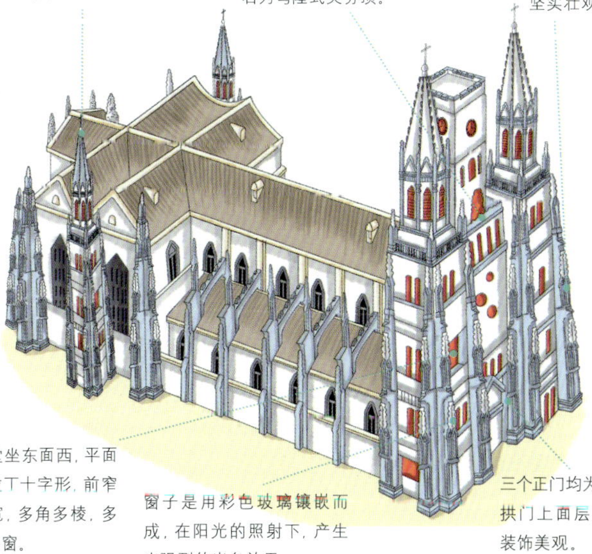

园内有“江北第一洞”东龙洞佛隐寺，有距今1400余年的淌豆寺遗址和古银杏，有泰山北极庙和大小擎天柱。整个公园规模宏大，环境幽雅，游客众多，是休闲娱乐的极佳去处。

在这里，不但可以游览佛隐寺、淌豆寺等历史名胜，观擎天柱等自然景观，看千年银杏、龙爪槐等古树名木，探江北第一龙洞，体味攀岩之惊险，享受山间之美味，还能立于主峰之巅，远望黄河玉带。

金象山乐园 AAAA

济南首家滑雪场

济南市历城区仲宫镇

金象山乐园群山环抱，山清水秀，天高云淡，树木茂密，是一处十分少见的峡谷风景区。每到冬季，滑雪场到处白雪皑皑、银装素裹，很是漂亮。

滑雪场开设了20多种雪上项目，除了滑雪之外，景区还集吃、住、游乐、会议、培训等于一体，具有时尚、神秘、幽静、欢乐、动感、悠闲等多种元素。

灵岩寺 AAAA ㊫

海内四大名刹之首

济南市长清区万德镇灵岩寺

40元 08:00～17:00

乘坐796路公交可直达

灵岩寺佛教底蕴深厚，唐代高僧玄奘曾经住在寺中翻译经文，唐高宗后历代到泰山封禅的皇帝，也多会到寺内参拜。

灵岩寺景点很多，既有高耸入云的辟支塔、宋代的彩色泥塑罗汉像等人文景观，也有“镜池春晓”“方山积翠”“明孔晴雪”等自然奇观，都非常值得一看。

玩家 攻略

灵岩山一带的特色名吃很多，有灵岩山蝎、灵岩山菊、野兔、松蕈柴鸡、灵岩香椿等数十种野菜、野味，都是纯天然绿色食品，久负盛名。

链接

点泉建寺

灵岩寺的创始人是僧人法定，传说他到灵岩山创建寺院时，有两头猛虎为他驮着经籍，一条青蛇为他引路。来到山前，因为山势险峻，他们难以通过，于是法定和尚面山而坐，诵念佛经，七七四十九天之后，一束阳光突然把山峦穿透，从而形成了一个山洞。他循着山洞穿山而过，找到了建寺的理想之地，这就是现在天下闻名的长清灵岩寺。

□ 辟支塔

“辟支”出于佛教，音译为“辟支迦佛陀”，辟支塔为一座八角九层楼阁式砖塔，塔高55.7米，塔基为石筑八角，上有浮雕，镌刻有古印度孔雀王朝阿育王皈依佛门等故事。

□ 四十罗汉彩塑

宋代四十罗汉彩塑位于千佛殿内，古代艺术家们在塑造这些罗汉形象时，打破传统的佛教造像模式，侧重于写实，重点刻画罗汉的内心世界，使之真实、生动、贴近于生活。

卧龙峪
怪松奇石遍布

济南市长清区万德镇店台村

卧龙峪风景区是集游览、观光、休闲、度假、餐饮于一体的旅游风景区。

卧龙峪风景区依偎在齐长城脚下，自然风光优美，沟谷幽深，纵横交错，怪松奇石遍布，四周山峰峭壁环绕，植被茂密，四季常青，潭瀑溪流长年不断。步入山林，深处生长着名贵的中草药，如人参、何首乌、黄芩、灵芝等。

五峰山
“鲁中三山”之一

济南市长清区

40元

08:00~18:00

五峰山风景区因有会仙、志仙、群仙、望仙、聚仙五座秀丽的山峰而得名，它与泰山、灵岩山并称为“鲁中三山”。

古代的五峰山道教十分兴盛，有“江北第一道教圣地”之称，山中有许多古代道观，只见在绿树浓荫之中，宫、观、亭、台相互掩映，风景绝佳。在五峰山景区的深处，有一处森林浴场，里面设有游乐设施，方便游客娱乐。

灵岩寺辟文塔

玩家 攻略

景区距离市区较远，去游玩的时候要带一些食物和水；山中游玩时要注意人身安全，可以随身携带一些外伤急救药品。

玩家 解说

五峰山的道观规模非常宏大，分为南、北两观。北观是“洞真观”，观中碑石林立，宫观殿宇数百间，主要的有玉皇殿、真武殿、三元殿、清泠亭、石牌坊等。南观是“元都观”，又叫“玄都观”，是明朝德王府的陵园，陵内有历代明德王的寝墓，其中德庄王墓的规模与明十三陵相差无几。

链接

清泠泉

清泠泉位于济南五峰山风景区的洞真观玉皇殿东侧，因清泉激石，泠泠作响而得名。水自岩壁石雕龙头口中流出，落入边长0.8米的石砌方池。而后，一脉经溢水口西流，穿石桥入“玉女盆”；一脉至玉皇殿前石桥下水池。清泠泉周围还散布着青龙、白虎等许多历史名泉，形成各具特色的泉水景观。

济南国际园博园 AAAA
陆地园博园

济南市长清区大学科技园

乘坐K302路公交车在长清大学路站下车，步行即到

济南国际园博园集园林景观、生态旅游、植物科普、文化博览、休闲度假、水上游览为一体，园区内有水之门、花博大道、和谐广场、主展馆、科技展馆等主题建筑，可以说是气势宏伟、各具特色。

园博园突出了中华文化、泉城特色、调花卉、万物和谐的特色，是一个游览休闲的好去处。

玩家 攻略

1.园博园很大，空气很好，很适合全家人一起游览，去之前要带够水和食品。

2.到园博园游玩，最好是带着简易帐篷，累了可以在帐篷里休息。

齐长城

我国最古老的长城

济南市长清区孝里镇

齐长城在中国历史上占有重要地位，具有很高的考古和旅游价值，它比欧洲人公元前459年修建的79千米长雅典壁垒早200余年，比秦长城早400余年，堪称“中国长城之父”“世界壁垒之最”。

齐长城风景区位于大峰山景区内，绵延人峰山顶1500多米，整个长城绵延起伏十分壮观，再加上200多间屯兵营房，是人们游览寻古的最佳去处。

玩家 攻略

美食：大素包、崮山馍馍、荠菜春卷、把子肉、济南烧烤。

购物：峰山黑参、天麻、琉璃枝子、柴胡、远志、金银花、核桃、柿子、山菊花、银杏、明水香稻、龙山小米、章丘大葱、白莲藕、小白梨、黄河鲤鱼、平阴玫瑰、长清木鱼石等。

玩家 解说

齐长城为齐鲁之界，西起山东原长清县南部，向东至泰安至胶县琅琊台入海，是我国唯一起于黄河止于大海的长城。

齐长城平地为黄土夯筑，山上则为石块垒砌。长城分两道，城墙一般高5米，厚2.5米，城地内侧有守城马道，高4米，宽2米，马道下依墙建石屋。整个长城峰峦叠翠，景色秀丽，蜿蜒在崇山峻岭之上，十分壮美。

郭氏墓石祠 ㊮

汉代孝子郭巨墓祠

济南市长清区孝堂山上

传说为汉代孝子郭巨墓祠，就祠内题记和画像风格判断，建筑年代为公元1世纪，是我国现存最早的地面房屋建筑。

祠堂全部石筑，祠内石壁和三角梁上雕刻有精美的图画，有内容广泛的神话传说等，雕刻多为平地线刻法，风格劲利，在汉画像中独具一格，具有重要的历史、学术和艺术价值，是研究我国建筑史的宝贵实物资料。

济南园博园教堂

景点推荐

济南周边景点

平阴县文庙

碧瓦红墙、飞檐斗拱的宋代建筑群

济南市平阴县旧县城东南隅，东距新县城1千米

平阴县文庙始建于北宋元符年间（1098—1100），历经元、明、清各代修葺扩建。如今保留下来的，为一碧瓦红墙、飞檐斗拱的宋代建筑群。

文庙坐北向南，分三进院落，四周砖花墙，前有柏林照壁，后有林园花圃，碑石林立，庭院井然。建于中心的大成殿，斗拱式建筑，重梁起架，歇山式九脊顶，上覆琉璃瓦。整个建筑群布局合理，宏伟壮观。东南有锦水环绕，绿树掩映，十分幽静。

于林

文学家于慎行的墓地

济南市平阴县洪范池镇，洪范池北1千米处

于林占地4公顷，坐北向南。昔日，门外有石狮1对，进门有牌坊2座，题字皆系万历皇帝御书；甬道两侧有华表、石虎、石羊、石马、翁仲相对，并植万历皇帝所赐白皮松59株；还有落棺亭1座、石碑10余通等。

现尚存白皮松44株，一般胸围2米，高16米左右，棵棵树干挺直，通体银白，针叶青翠，亭亭玉立，历400余年仍生机盎然，规模为国内所罕见。

平阴县文庙

大寨山
重峦叠嶂，横列如屏

济南市平阴县洪范池镇东南的东峪南崖村东

大寨山海拔494.8米，为平阴县境内最高峰。该山重峦叠嶂，横列如屏，异常壮观。漫山林木繁茂，百草丛生，难辨路径。山上怪石嶙峋，巨岩嵯峨。山顶，两峰南北对峙，壁立如削，中有石梁相连，人称“天门观”。北峰一侧景观众多，尤以透风崖、锦屏岩壮美。南峰一侧，峭壁奇险，其中有一段通向峰顶的石岩，人行其上，心惊胆战，为攀登大寨山之最险绝处。

翠屏山
青葱翠绿，嶂列如屏

济南市平阴县城西南13千米处

因青葱翠绿，嶂列如屏，故名“翠屏山”。山间古迹甚多。山顶主峰称宝峰，上建两层“玉皇庙”。山西侧半腰处，为宝峰寺遗址。墨绿丛中有一巨石，耸立突兀，上下两叠，侧刻“叠翠石”三字。该石缝隙中，生古柏一株，巍巍然悬于高空，树干拧生，根似鹰爪，冠盖阔大，枝叶繁茂，人称“水山叠翠”，为旧时平阴八景之一。

城子崖 文
全国唯一的一座土堡式建筑

章丘区龙山镇政府西1千米处

城子崖遗址博物馆由中国社科院考古研究所著名古建筑专家杨洪勋设计，仿照原始社会土城之建筑风格。

门厅上方有周谷城先生题写的“城子崖遗址博物馆”8个苍劲有力的大字。馆内有三个展厅，第一展厅突出陈列了龙山西河遗址出土的文物；第二展厅是龙山文化展厅，突出展示了城子崖遗址两期发掘的重大成果；在第三展厅，不同时期的文物异彩纷呈。

东平陵故城遗址 文
汉代平陵县治所遗址

章丘区龙山镇东北，巨野河东岸，西南与城子崖遗址相距近2千米

从现在残存的遗迹来看，城为方形，城门四座，西城墙大部分还在，皆为夯土板筑，上可容车。城内地貌南高北低，地面到处可见砖、瓦和陶器残片。遗址中部西侧300~400米为当时的冶铁遗址。南面为陶窑群。东部偏北处为当时的殿堂遗址。历年采集的遗物有陶、铁、铜、石器和钱币等。

玩家解说

东平陵城，春秋时期归属齐国，称“平陵邑”，由姜姓诸侯统辖。公元前680年前后，齐桓公曾到此。战国时齐被田氏贵族取代，后改“平陵县”。汉建国后，济南郡治设于此，由于关中长安附近也有一个平陵县，故改称为“东平陵县”。公元164年，汉王朝于此设济南国。公元180年前后，曹操曾于此任国相。至西晋永嘉年间，济南郡治西移至历城。作为郡国首府，东平陵城曾长时期成为今济南地区的政治、经济、文化中心。这座古城，当年规模宏大壮观。至宋元时，其城墙保存得还相当完好。宋朝诗人陈师道在《后山丛谈》中曰：“齐之龙山镇有平陵故城，高五丈四，方五里。附城有走马台，其高半之。”元朝于钦在《齐乘》中也曰：“平陵城‘雉堞高峻’。”

链接

东平陵故城遗址的文物

东平陵故城历史悠久，出土文物甚多。陶器有平

砖、空心砖、筒瓦、板瓦、瓮、缸、背壶等；瓦当铭文有“千秋万岁”“万岁富贵”等字样；器物所饰花纹有人面纹、羊角纹等；石器有柱础、臼、石磨；铜器有铜钉、镞头、货币；铁器有镢、铲、锄、锯、锛、犁、剑、刀、铁范等。这些文物，对研究我国古代历史，特别是济南地区的政治、经济、文化历史，具有很高的参考价值。

洛庄汉墓

2000年度十大考古发现之一

章丘区枣园镇洛庄村西1千米处

洛庄汉墓自1999年6月开始发掘至今共发现33座陪葬坑，出土各类珍贵文物3000多件，洛庄汉墓的考古发现被列为2000年度十大考古发现之一。

章丘洛庄汉墓遗址公园包括文物展示区，编钟、编磬演奏区，餐饮购物娱乐区等，公园通过立体布展、原样复制、比附外延、场景再现、游人参与等方式，全方位、多功能地展示了洛庄汉墓所拥有的深厚文化内涵和极高的历史文化价值。

百脉泉公园 AAAA

以泉水文化、清照文化为特色

章丘区汇泉路31号

百脉泉景区，因百脉泉而得名，以群泉自然喷涌成湖而著称。景区内群泉鼎沸、杨柳染烟、画廊奇阁，宛如画卷，是我国北方

百脉泉公园

独具特色的泉景景区，享有“天下奇观”的美誉。

百脉泉是景区的主要组成部分，它因“百泉俱出”而得名，在老济南七十二名泉中名列第二。池中百脉沸腾、鱼戏藻摇，寺内松柏参天、鸟语花香，是难得的佳境。

玩家攻略

1.每年的正月初一至十六会举办百脉灯会。

2.最佳的游览线路是南门—龙泉寺—清照园—清照词园—北门—船坞—儿童乐园—南门。

锦屏山

度假休闲的好去处

章丘区文祖镇境内，明水南18千米处

锦屏山海拔563.5米，山上峰峦叠翠，古树翠柏遮天蔽日。锦屏山古迹甚多，有碧霞元君祠、文昌阁等景点，置身其中，如入仙境。锦屏山东路山谷底部两壁陡峭如削，有形似山门的景石，上书“迎仙门”。龙泉井位于东坡景区，井深5米，井旁的山崖上有一石刻，上书“龙泉井”，旁有“井泉龙王”石庙。东坡山顶象鼻峰下有30多块石碑，还有护山护林的训令和记载当时锦屏山祈神求福盛况的石碑。

玩家攻略

每年农历三月十五日至二十日，锦屏山举办庙会，届时热闹非凡。

莲华山

宗教旅游胜地

章丘区垛庄镇黄沙埠村

莲华山胜水禅寺风景区与泰山北麓诸峰相连，三面环山，东邻秀美的海山湖。景区内松柏参天，树木蓊郁，自然风光优美，名胜古迹众多，既有深山古寺的幽奥之气，又有

横亘云天的昂扬之势。

济南植物园 AAAA
综合性生态旅游景区

章丘区埠村街道办事处

30元

济南植物园是一处集植物花卉观赏、休闲娱乐、旅游度假、现代农业观光等为一体的大型综合性生态旅游景区。为满足游客游览的需求，丰富游览内容，园区内建设了各种形式的游乐项目。同时在园区内建了具有古代长城建筑风格的迷宫，登上观景台，一览园区无限风光。

三王峪山水风景园
地上泉水漂流

章丘区曹范镇

三王峪山水风景园面积约12平方千米，园区群山连绵、巍然嵯峨，而且峰峦俊秀、植被茂密、谷地深邃、泉溪间布，环境十分优美，特别是清洁的空气更是使人心旷神怡。

这里四季景色各异，春季鲜花盛开，夏季树木茂盛，秋季红叶遍岭，冬季松柏常青，使人可以尽情享受大自然的美景。

玩家攻略

1.景区建有酒店，主要经营各种农家饭菜、山珍野味，如各种蔬菜、山野菜、农家豆腐、农家特制五香肉、特色炒山鸡等，不仅味道鲜美，而且价格实惠。也可以购买核桃、山鸡蛋、自制山韭花酱、山楂等土特产品。

2.景区内有狩猎场、拓展训练营等休闲娱乐设施。在景区的游乐区里，游客可以垂钓、摸鱼戏水、斗鸡，还可以欣赏地方戏表演。

3.景区建有艺术馆，里面陈列着许多隋代以来的古老生活用品和工艺品，还有几百件难得一见的近现代书画精品真迹。

白云湖
拥有山东省最大的淡水养殖基地

章丘区穿湖路西60米

白云湖景区又名刘郎中坡，由白云湖公园、乐园和立体生态农业观光园组成。白云

三王峪

湖水域广阔，是山东较大的自然湖区。

公园内建有千亩红莲，盛夏季节，白云湖雨过水涨，苇蒲滴翠，莲叶接天，荷花映日。此外，还有十二生肖雕塑、吉祥如意钟、水上游乐中心、水鸟岛等景点，可乘游览车或坐摩托艇游览。

章丘朱家峪 AAAA

齐鲁第一古村

章丘区官庄乡朱家峪村

40元

朱家峪村是一座历史文化名村，这个村子历史悠久，至今仍然完整保存了原来的建筑格局和古风古貌，因此被誉为“齐鲁第一古村、江北第一标本”。

古村面积466.67多公顷，呈梯形居落，上下盘道，高低参差，错落有致，在这里可以真切地感受到江北山村的独特韵味。

玩家解说

朱家峪原名城角峪，后来又改为富山峪。明洪武四年（1371年）时，朱氏家族的先祖朱良胜从河北枣强县迁到这里定居，因为朱是国姓，与当时的皇帝朱元璋同宗，所以村子就改名为朱家峪了。

济北公园

“一池三山”的园林格局

济阳区开元大街以南，正安路以西，广场西路以东，富阳路以北

免费

济北公园丘峦起伏、水网纵横、层次丰富，体现了河、湖、山、水、花、草、树木共生共荣的景观特色。公园修竹碧水，亭台水榭，通幽曲径，高低错落，疏密相间，动静皆宜，生态化、人性化、未来化的设计融美观、健康、自然、舒适于一体。

大沙河

乡村旅游目的地

商河县城北10千米处

大沙河旅游风景带由东向西呈带状，河宽近百米，平均水深3米，水质清澈，品种众多的水生动物和鸟禽类在河内栖息繁衍。

大沙河两岸沙丘高低起伏，生长着成片的杏、梨、桃、杨、柳、槐等树种，其中有些古树树龄已有200年以上，因沙质土壤无污染，果实味道甜美，色泽诱人。大沙河沿岸还分布有古城遗址、东信遗址、小官庄汉墓群等古遗址，更添几多文化底蕴。

白云湖

朱家峪

齐鲁大峡谷

山东省乃至华东地区最大的峡谷群

济南市莱芜区北部的鹿野乡

该旅游区内包括房干生态旅游区、王石门“天上人家”旅游区、黑龙潭旅游区和独路林海草原旅游区4个旅游区，山地切割强烈，山势陡险，沟壑纵横，规模宏大。区内10千米以上的峡谷多条，是山东省乃至华东地区最大的峡谷群。尤其是由九龙、九天两条大峡谷组成的“二龙戏珠”景观，气势恢宏，谷内怪石嶙峋，溪水潺潺，连绵曲折，九曲十八弯，让人叹为观止。

玩家攻略

1.区内有饭店，游客既可在这里品尝到柴鸡、野兔、野菜、野果等无污染、营养丰富的山珍野味，也可在此干农家活，住农家屋，通过参与农家生活，体味山村农家乐趣，尽情领略鲁中民俗民风。

2.在春节、元宵节、中秋节等节日，游客可体味到包水饺、放鞭炮、耍花灯、逛山会等丰富多彩的民俗风情娱乐活动。

房干生态景区 AAAA

植被茂密，景色秀丽

济南市莱芜区雪野镇房干村

从莱芜汽车站乘坐直达房干村的公交车，即可到达景区

120元

全天开放

房干生态景区海拔近千米，植被茂密，景色秀丽，鸟语花香，四季都适合游玩，被誉为“绿色天堂”。旅游区集山、水、林、泉、潭、瀑、峡、洞为一体，具有自然风光、人文景观、生态环保等多重魅力，是观光、旅游、度假、休闲的胜地。

玩家攻略

1.每年7~8月举办“房干生态旅游节”，内容有观赏自然风光、体验农家生活风俗、观看文艺演出等。

2.住宿服务设施完备，已建成鹿鸣山庄、金泰山、房干村三大生活服务区，服务区内既有能够满足中高档客人需求的宾馆，也有民俗游所需的农家客栈。

3.游客可食用、选购山中散养的柴鸡以及柴鸡蛋、山野菜、山果等。

王石门“天上人家”

地处泰山山脉中

济南市莱芜区大王庄镇王石门村

从莱芜汽车站乘坐公交车到大王庄镇，转乘出租车到达王石门景区

免费　全天开放

王石门风景区地处泰山山脉的连绵群山之中，是山东省海拔最高的村庄。这里有高山之巅的淳朴民俗风情，有古老原始的深谷幽林，有高峡平湖的秀美景致。在蓝天白云、青山碧水的映衬下，整个村落如云中山寨、人间仙境，因而被誉为“天上人家”。

王石门九天大峡谷

玩家 攻略

1.九天大峡谷下至龙尾湖，上至王石门村，全长约10千米。谷内呈原生状态，飞瀑、流泉、奇石、险峰、密林，多姿多彩，适宜探险、观光、避暑等。

2.九龙湖离村庄1.5千米，是九龙大峡谷的源头，湖面宽广，水色碧绿澄澈，恬静秀美。周围绿树、小溪、山峰、蓝天、白云映衬，数个湖边草庐风景别致，韵味独特。

3.景区内有别具乡村特色的饭店，游客可品尝到散养于山间、村中的柴鸡和柴鸡蛋、山野菜等绿色食品。

玩家 解说

槐花谷位于村西2千米处，占地333.33公顷，谷内林木覆盖率达95%，林间浓荫匝地，遮天蔽日，广阔幽深。地面绿草丛生，形成了天然绿地毯。槐花谷内空气清新，生态环境好，是天然的“高山氧吧”。每年的5月槐花竞相开放，正可谓“人间四月芳菲尽，谷中槐花始盛开”。每年的5月，这里都会举办为期半月的槐花节，游客可观槐花景、闻槐花香、沐槐花浴、吃槐花宴，体会大自然的无穷乐趣。

黑龙潭

济南市莱芜区大王庄镇龙尾村

黑龙潭风景区是典型的生态旅游区，占地20平方千米。景区内高山林立，绿树遮天，怪石嶙峋，流水淙淙，堪称人间仙境。黑龙潭是景区的标志性景点，是传说中龙的故乡，具有独特的龙文化。“龙潭星现”是莱芜八景之首。

玩家 攻略

1.区内服务设施完备，有旅馆一处，适合散客和家庭式游客住宿。周边有家庭式旅馆多处。

2.每年农历六月二十四日，是黑龙王的生日，每年景区都在这一天举行“黑龙王诞辰纪念日”活动。

黑龙潭

独路林海草原

旅游资源丰富

济南市莱芜区西北部　全天

该景区旅游资源丰富，特色突出：一是拥有面积大、树龄高的800多株板栗树，树龄最高的上千年，树形千姿百态，特色各异。二是在海拔600多米的山顶分布着上千亩中华结缕草，且草质优良，被专家称为“山巅草原”。三是山中动植物资源丰富。四是村居依山就势而建，是典型的鲁中山区村居。

雪野湖

湖光山色，风光秀美

济南市北部山区

在莱芜汽车站乘坐开往雪野湖的班车，到终点下车即可

免费　全天开放

雪野湖风景区总面积236平方千米，是莱芜区精心打造的一处湖滨休闲度假旅游目的地。碧波万顷、山水相映的雪野湖水域面积达1200公顷，风光秀美，环境宜人。区内还有繁育着全世界最多种类姜科植物、号称“山东小海南”的雪野农博园，更有位居亚洲第一、全球第二，特色独树一帜的航空科技体育公园，都非常值得一看。

玩家 解说

雪野湖景区以湖山垂钓、水上游船观光和“雪野鱼头汤”为旅游特色，它三面环山，形成湖光山色的秀美风光。湖水极为适宜养殖各淡水鱼类。适宜垂钓，除每年吸引了大批济南、淄博等外地游客外，山东省钓鱼协会已在此连续举办了三届钓鱼比赛。1997年夏天，全国第十三届钓鱼比赛也在此举行。

莱芜战役纪念馆 AAAA

纪念莱芜战役的红色旅游景区

济南市莱芜区汶阳大街43号

0531－78805690

凭身份证免费领取门票

莱芜战役纪念馆坐落在莱芜区中心的黄山上，是为了纪念解放战争中的莱芜战役而建设的一座综合性纪念馆。纪念馆由革命烈士纪念塔、展览馆和全景画馆三大主体建筑构成，其中馆区由纪念广场、革命烈士纪念塔、展览馆、全景画馆和室外兵器展场五部分组成。

玩家 攻略

该景区主要为室内展览馆，在参观过程中禁止大声喧哗和使用闪光灯拍照。

吕祖泉

休闲游玩的好去处

济南市莱芜区雪野镇

吕祖泉旅游区三面环山，森林茂密，山泉长年不断，自然景观众多。景区把淳朴天成的野趣和天人合一的古意结合在一起，体

雪野湖

吕祖泉

现了生态特色。景区的植被覆盖率达95%，负氧离子含量非常高，平均气温比市区低5℃，是名副其实的天然氧吧，游人可尽情沐浴在森林深处。

玩家 攻略

1.区内设有客服中心、咨询电话，可随时为游客答疑解惑。还设有医务室，可帮助处理突发事件等。

2.景区有以农家风味的五谷杂粮产品和农家特有的果品小吃为特色的餐饮，另外还有独特的八仙宴系列。

3.旅游区内各种山花、水果、山枣应有尽有，而且在每年的5月中旬至10月，采摘园内野果不断。

链接

趣闻典故

相传，在很久以前，吕祖泉一带非常缺水。有一天，吕洞宾云游来到这里，在得知这里的情况后，就点地为泉，于是当地人就称这里为“吕祖泉”。

华山国家森林公园

松柏万顷、奇石众多

济南市莱芜区大王庄镇国有华山林场

在济南市内乘坐莱城开往华山林场或莱芜开往大王庄、大槐树的班车都可以到达

0531—76547206

华山国家森林公园属于泰山支脉，公园内山峦起伏，沟壑纵横，有大小山头96座，最高点为香山，海拔918.7米，是莱芜区海拔最高的山峰。公园以森林景观为主，苍山奇峰、清溪碧潭遍布，人文景观点缀其间，园内景色秀美，风光无限。

玩家 攻略

公园内四季分明，茂密的森林为各种野生动物的栖息、繁衍创造了良好的生态环境，物种资源非常丰富。林区内部小气候特征明显，冬暖夏凉，空气清新，气候宜人，夏季气温比市区低6℃以上，是避暑休闲的好去处。

攻略资讯

- 交通
- 住宿
- 美食
- 购物
- 娱乐

交通

飞机

济南遥墙国际机场位于济南市区东北方向的遥墙镇，是山东中西部地区国际通航的航空港。机场每天都有航班飞往长沙、西安、成都、重庆等国内主要城市。机场还实现了东京、巴厘岛、首尔、大阪、曼谷、新加坡等地的定期通航。

济南泉标雕塑

机场至市区共有机场巴士1号线、2号线、3号线、4号线、5号线等5条线路往返。购票地点：候机楼一楼到达厅3、4号门外右侧旅客巴士售票柜台。票价：20元/人。

莱芜本地没有民用机场，但是距离济南遥墙国际机场很近，每天都有从济南遥墙国际机场到莱芜市区的往返巴士，所以乘坐飞机也很方便。

火车

济南是山东的铁路中心枢纽，有多条铁路干线在此交会。

济南站： 位于天桥区车站街19号，是山东省最大的铁路客运站，同时也是市内重要的公交枢纽，有多条公交线路在此交会，交通非常便利。

济南东站： 是济南规模大、设施先进的高铁站，位于大明湖北岸的明湖北路，市内多条公交线路都经过这里。

济南西站： 是京沪高铁5个始发终到站之一，位于济南西部新城核心区、京台高速公路东侧，在市内可乘坐多路公交车前往。

大明湖站： 位于天桥区明湖北路1号，是济南站的副站，为二等站。途经大明湖站的铁路线路有胶济铁路、胶济客运专线、津胶联络线等。

莱芜现在有两座火车站，分别是莱芜东

大明湖夜景

火车站和莱芜西火车站。

汽车

随着高铁的发展，各地的汽运地位也相对下降。目前，济南汽车站主要有济南长途汽车总站、济南长途客运中心站、济南广场汽车站、济南泺口汽车站、济南长途汽车西站、莱芜汽车总站、大明湖汽车站等。

住宿

济南是山东省省会，又是著名的旅游城市，住宿相当方便，各种档次俱备，星级宾馆及星罗棋布的招待所、旅馆等，应有尽有。

济南市景点位置比较集中，住宿位置以市中心、火车站附近，以及景区附近为主，但是不管在哪里，都不必担心找不到地方住。市中心各种档次的住宿都有，星级酒店的价格也低于全国一线大城市；火车站附近经济型酒店和小旅馆非常多；景区快捷宾馆、农家乐、青年旅社林立，游客可根据旅游线路的不同及个人喜好自行选择。

●济南鲁能贵和洲际酒店

酒店位于济南市中心商业黄金地段和旅游核心腹地，徒步可到趵突泉、大明湖、黑虎泉、五龙潭、小吃街芙蓉街，旅游或品尝

济南市区

特色美食。

酒店1~5楼是品牌云集的贵和购物中心，紧邻恒隆广场、世茂广场和泉城路金街，出游购物便捷。酒店拥有客房数百间，另有特色法餐厅、屋顶花园，以及自然采光的会议室等，都可为您的旅行提供贴心细致的服务。✉ 济南历下区天地坛街3号

●山东国际饭店

饭店坐落在济南市的中心地带，处在繁华中心与文化区的交接带上，东邻科技广场，南靠山东师范大学高校，周围还有大型购物中心，地理位置优越，交通十分便利。✉ 济南历下区解放路134号

●济南中豪大酒店

酒店位于济南名胜聚集、古迹众多的护城河河畔，周围景点集中，有趵突泉、黑虎泉、大明湖景区。酒店服务贴心细致，酒店有一楼自助餐厅、二楼宴会包房和鲁味零点餐厅，集餐饮、住宿、会议、娱乐于一体。✉ 济南历下区解放路165号

济南客房

●济南吉华大厦

酒店位于济南泉水核心区，离趵突泉约800米，大明湖、宽厚里、芙蓉街、王府池子、五龙潭、济南商埠区等风景名胜可步行前往。这里的早餐十分丰盛，还极具济南风味。酒店的房间干净整洁，服务热情周到。✉ 济南市中区英贤街19号

●山东舜和国际酒店

酒店会议功能完善，餐饮体系健全，一楼设有巴西烤肉自助餐厅，高端宴会区，娥皇、女英两个大厅设计装修风格独特、大气典雅。酒店地理位置优越，交通便利，去趵突泉、大明湖、宽厚里有直达公交车。✉ 济南槐荫区经十路26008号

美食

济南饮食文化历史悠久，鲁菜以其清香、鲜嫩、味纯著称于世，一菜一味，百菜不重。尤其在选料、烹制上，巧妙地用高汤进行调制，形成济南菜的一大特色。济南名菜有糖醋鲤鱼、宫保鸡丁、九转大肠、油爆双脆、奶汤蒲菜、南肠、玉记扒鸡、济南烤鸭、北菇扣鹅掌等。济南著名小吃有油炸螺丝糕、锅贴、灌汤包、炸荷花、糖酥煎饼、罗汉饼、金钱酥、清蒸蜜三刀、荷花粥、明湖蒲菜等。

济南市内能够展现地方特色的美食区域主要有三条街：一是芙蓉街；二是济南美食街，即原济南市经十一路小吃街；三是烧烤一条街，不过这里最大的特色是回民风味，没有猪肉，点餐的时候可要注意。此外，济南泉城路还有西餐一条街。

●九转大肠

济南的传统名菜，因此菜味道独特，别有滋味，厨师制作此菜像道家“九炼金丹”

糖醋鲤鱼

一样精工细作，便将其称为“九转大肠”。济南大小餐馆都可吃到。

●黄河鲤鱼

济南黄河鲤鱼鳞色鲜亮，个头较大，肉质厚嫩。在济南餐馆，通常喜欢将黄河鲤鱼做成糖醋口味，而且蒜香浓郁。

●济南肴鸡

济南肴鸡的历史至今已有200余年。济南肴鸡表皮光泽红润美观，鸡肉肥嫩而不腻，越嚼越香，入口津津有味，是酒肴中的佳品。

●大舜宴

大舜宴是济南特色宴席之一。其菜点设计由果品、冷荤、热菜、面点四部分构成。果品以我国远古时已有的品种为主，冷荤菜肴由一个凤凰拼盘和八个瑞鸟小拼盘构成，整个宴席仿古而不失其新颖，体现了浓厚的地方特色。

●坛子肉

济南名菜，始于清代，其特点是色泽红润，汤浓肉烂，肥而不腻，口味清香，该菜由此著名。因肉用瓷坛炖成，故名“坛子肉”。

坛子肉

●油爆双脆

济南传统名菜，原名“爆双片”，后来改为“油爆双脆”，其特点是口感脆嫩滑润，清鲜爽口。

●菊花火锅

菊花火锅以鲜鱼为主，锅内兑入鸡汤滚沸，取白菊花瓣洗净，撕成茬丝撒入汤内。待菊花清香渗入汤内后，将生肉片、生鸡片等入锅烫熟，蘸汁食用，其滋味芬芳扑鼻，别具风味。

●油炸螺丝糕

油炸螺丝糕皮脆肉嫩，葱香浓郁。传说这种螺丝糕从南京传来，为适应济南当地人的口味，由原来的“甜香”改为现在的“咸香”。后此糕广为流传，成为济南传统特色小吃。

●盘丝饼

“盘丝”指此饼的造型是用传统的胶东抻面制成，把面抻至极细，细如发丝，再盘成圆饼形，故名“盘丝”，放油中半煎半烙使之熟透。吃前为了突出“盘丝”的特点，要将已烙成的黄脆“金丝”拍散，再撒上青红丝、白糖即成。

●草包包子

草包包子铺在普利街内。据说当年黄河岸边的洛口镇有一家饭店雇用一个小伙计，表面看愚笨无能，所以叫他“草包”，只让他做包包子的粗活。其实这人不但忠厚老实，而且精明能干，他制作的包子很快成了名吃。后来他自己到济南市区开店，专做包子，取店名“草包包子铺”。

草包包子

●口镇方火烧

口镇方火烧是莱芜面食中一道有名的小吃。主要用面粉作为原料，加上盐和水和成面团，用擀面杖压成薄薄的长方形，再放进焦炭炉内膛烘烤至中间胀起，表面呈黄褐色即可出炉。配上热豆腐，外焦里软，香脆可口。

●雪野鱼头

雪野三峡出产的湖鱼味道独特鲜美。雪野鱼头最著名的店是雪野三峡景区内的邢府公老店，该店是雪野鱼头的发祥地，距今已有100多年的历史。

雪野鱼头汤

●莱芜炒鸡

莱芜炒鸡，主要分干炒和清炖两种做法。炒鸡以棋山散养的土生柴鸡为原料，配上荠菜、薄荷等山野菜，肉质细嫩，味道鲜美。

炒鸡

●金家羊汤

金家羊汤是莱芜民间特色小吃，选用莱芜山区放养的山羊，煮制而成。汤清肉嫩，味道鲜美，营养丰富。

金家羊汤

购物

济南市的特产有东阿阿胶、平阴玫瑰、明湖藕、明水香稻、龙山小米、“秀水红”苹果、北元蒲菜等，其传统工艺品有鲁绣、面塑、黑陶、木鱼石茶具、羽毛画、根雕等。

济南市内主要有四个最繁华的商业区：一是泉城路商业区，二是大观园商业区，三是人民商场商业区，四是南门商业区。

泉城路商业区位于济南市中心，各种名牌在这里基本都买得到，晚上逛还可以欣赏市中心的夜景。大观园商业区主要经营各种山东特产和旅游纪念品、装饰品。人民商场商业区消费比较大众化，各色商品种类齐全，价格普通。此外，济南东门小商品批发市场和山东省华联商厦也是济南比较著名的购物场所。两处都卖山东特产，而且价格相对便宜，不过购买商品时要格外注意商品真伪。

莱芜特产主要有香肠、板栗、羊汤、鸡腿葱、香山瓜子、干烘茶叶、雪野鱼宴、燕子石工艺品、锡雕等。

●平阴阿胶

阿胶因产于原东阿县城（现平阴县东阿镇）而得名，它以专用黑驴皮与当地得天独厚的天然水质——狼溪河水熬制而成，已有两千年历史。李时珍在《本草纲目》上将阿胶称为“圣药”，与人参、鹿茸并称中药三宝。

●明水香稻

明水香稻盛产于明水百脉泉畔，这里地处济南市东郊，北濒黄河，土壤条件非常适宜香稻的生长。其粒微黄、呈半透明状，颗粒饱满，米质坚硬，米饭清香爽口，被济南人民称为“香米”。

●平阴玫瑰

平阴玫瑰是中国传统玫瑰的代表，以花大色艳、香味浓郁著称于世。以玫瑰花为原料的玫瑰酱、玫瑰酒、玫瑰饴、玫瑰精油、玫瑰系列化妆品及玫瑰风味的食品，已成为人们必购的商品和青睐的佳品，出口范围已经遍布全球。

●明湖藕

明湖藕具有开胃健脾、滋补强身、清瘀理气之功效，历代被誉为天然的绿色补品。由于它肉肥质嫩，块大脆甜，嚼后无渣，旧时湖民们将它当作一种时令水果卖给游湖的游客，美其名曰“水晶藕”。

藕

●济南黑陶

黑陶距今已有4000多年的历史，1928年首次发现于山东章丘龙山。龙山黑陶具有黑如漆、明如镜、硬如瓷、声如磬四大特色，全部采用手工制作，造型秀雅，质地坚固。

●木鱼石茶具

李时珍《本草纲目》中对木鱼石有重要记载：甘平、无毒。主治：咳逆上气、肢节不利、祛邪扶正、蓄精固本、益脾、安胎气、镇五脏、定六腑。运用此矿产制成茶具饮水，对人的身体大有好处。木鱼石色泽凝重，纹理清晰，制成的各类艺术品和保健品畅销国内外。

●羽毛画

羽毛画是中国独创的传统工艺，采用优质养殖家禽羽毛为原材料，以浮雕方式手工制作，具有很高的观赏价值和收藏价值。山东济南的羽毛画作品，设计新颖，底色自然流畅，色泽丰富鲜艳且永不褪色，曾多次参加全国工艺美术作品展览，被誉为“泉城老虎”。

●济南根雕

济南根雕是以树根（包括树身、树瘤、竹根等）的自生形态及畸变形态为艺术创作对象，通过构思立意、艺术加工及工艺处理，创作出人物、动物、器物等艺术形象作品。因此，根雕又被称为“根的艺术”或“根艺”，是充分体现济南地方特色的民间艺术。

●鲁绣

济南刺绣，亦称“鲁绣”，是山东省著名的传统刺绣，也是我国刺绣史上记载最早的绣种之一。济南刺绣素以丝绣、发绣著称，特别是发绣，是以人的头发做绣线，工艺细腻，风格独特。

娱乐

近几年，济南的大明湖和千佛山都开辟了比较好的特色娱乐项目。大明湖每年都会举办多种娱乐活动，如荷花节、龙舟节、放河灯、明湖美食大赛等，游客可根据自己游览济南的季节，选择参与。千佛山的娱乐主要有奇能滑道和高尔夫球场。滑道全套设备从德国引进，全长1200米，14个S弯道，是近年国际上最新流行的山地娱乐项目。

莱芜的山水风光秀丽，民俗风情绚丽多姿。登山攀岩、胜景探幽、品农家风味，体验亲近自然的快乐；耍龙灯、舞狮子、踩高跷、跑旱船，感受浓郁的民俗风情。听几曲高亢粗犷的莱芜梆子，跳几段舞步欢快的花鼓锣子，那欢快的配乐、蹦跳的舞步中尽现莱芜迷人的魅力。莱芜市区也不乏酒吧、KTV、咖啡馆、茶秀、保龄球馆等现代化娱乐场所和消闲方式，可根据兴趣自行选择。

●大明湖春节文化庙会

大明湖春节文化庙会是济南市的传统文化庙会，每年的正月初一到正月十五都会举办。在庙会期间，扭秧歌、踩高跷、舞蹈、抬轿等一场场有山东特色的歌舞会不断上演，民间艺人还会为游客当场表演拿手绝活。公园的民俗小吃街上有很多特色小吃，如冰糖莲子、明湖藕粉、明湖荷叶饭等，都具有鲜明的济南特色，让你一饱口福。

●大明湖荷花节

荷花是济南市的市花，大明湖荷花节

大明湖荷花节

每年两次：农历六月二十四日迎荷花神节，民间称这一天是荷花的生日；农历七月三十日送荷花神节，这和以前的盂兰盆会是同一天。荷灯会是大明湖荷花艺术节的传统项目，到了夜晚，人们来到湖边放河灯，寄托美好祝福和心愿。荷莲食品周和啤酒节是近年来新添加的项目，游人们在醉人的夜色中赏景纳凉的同时，还可以品尝到美味佳肴和凉爽的啤酒。此外，北极庙祈福仪式和荷花仙子选拔赛等也是荷花节不容错过的节目。

●趵突泉灯会

趵突泉公园每年春节期间都会举办灯会，有历史人物、吉祥动物、神话传说和济南风貌等多种题材花灯，制作都非常精美。灯会从正月初一一直持续到正月十七，在这期间的每天晚上都会亮灯。灯会期间，公园还会举办一系列的配套活动，每天都会给游客带来不一样的精彩。

节日和重大活动

节日	位置	时间
济南民族风情旅游节	泉城广场等	每年春节期间
大明湖春节文化庙会	大明湖公园	每年春节期间
桃花旅游节	泉城广场	每年4月
千佛山庙会	千佛山	农历三月初三
平阴玫瑰艺术节	平阴县	每年5月
大明湖荷花节	大明湖公园	农历六月二十四日、农历七月三十日
中国国际旅游交易会	济南舜耕国际会展中心	每年9月初
济南泉水文化周	泉城广场、大明湖畔	每年9月
红叶节	红叶谷	每年10月中旬
千佛山庙会	千佛山	农历九月初九

趵突泉灯会

Hisense
VIDAA TV
HI★SONIC
恒盛国际名城
国美电器

发现者 旅行指南

泰安

概览

亮点

泰山

以“五岳独尊”的盛名享誉古今，是世界自然与文化双重遗产，自然景观与人文景观丰富，风景壮丽。

肥城桃源世界

肥城10万亩桃花的精品园，重点塑造“桃花源——世外桃源”的环境，将观赏性、参与性、文化性有机地结合起来，是集农业生态观光、乡村休闲度假于一体的农业生态旅游区。

肥城万亩桃园

线路

泰山经典游

可根据泰山当季的日出时间来确定登山时间。晚22:00左右，从红门开始登山。山口有众多小贩兜售电筒、拐杖、祈福腰带等登山用品，可适当选购。泰山石阶很宽，也不陡，只要控制好登山速度，基本不会感到累，并且每隔不远，就有人在路边卖茶叶蛋等吃的。一路经过斗母宫、壶天阁、步天桥，1点左右可到达中天门，此时看泰山脚下的泰安市，轮廓朦胧，依稀可辨。

中天门做小生意的人很多，可稍做休息。从这里继续向上爬，会感到气温明显下降。2点左右，可到达十八盘，十八盘是泰山最难登的一段。可在这里休息半小时，继续登山，大约3点半可到南天门。这时天已渐亮，小吃铺有粥、饼、面条等早餐，价格稍贵，可以在这里租军大衣，也可以租帐篷。吃过早餐，再登山半个小时，5点前可到达玉皇顶看日出。看过日出后，体力不支的游客可选择坐索道至中天门，再坐车到天外村的山门口，有精力的游客，可继续游览泰山。

泰山观日出

为何去

泰安因为濒临泰山，山城一体，风景秀丽而举世闻名。泰安境内景点众多，徂徕山山势雄伟，幽深绵延，俨然如岱宗之屏障；莲花山山势陡峭，奇峰林立，沟深谷幽，流泉飞瀑，岩石奇特；更有泰山气势磅礴，拔地通天，素有“五岳之首”“天下第一山”之誉。泰安因泰山而得名，从古语“泰山安则四海皆安”中来，寓意“国泰民安、幸福安康”。

泰山

何时去

泰安属于温带大陆性半湿润季风气候区，四季分明，寒暑适宜，光温同步，雨热同季。春季干燥多风，夏季炎热多雨，秋季晴和气爽，冬季寒冷少雪，一年四季都很适合旅游。

山东九龙大峡谷

泰山南天门

区域解读

泰安区号：0538
总面积：7762平方千米
总人口：540.1万人

地理 GEOGRAPHY

区划

泰安下辖2区（泰山区、岱岳区）、2县级市（新泰市、肥城市）、2县（宁阳县、东平县）。

地形

泰安市地处鲁中山区，地势自东北向西南倾斜，境内拥有多种地貌类型，山地、丘陵、平原、洼地湖泊兼而有之。泰安山地集中分布在北部和东部，平原多为河谷平原和山前冲、洪积冲平原。山东省内著名四大山麓平原之一的泰莱肥宁平原，大部分处于泰安市境内，为山东省主要的商品粮生产基地之一。东平湖是山东省第二大淡水湖，为“水泊梁山”的仅存水域，湖水质好，饵料丰富，风光秀丽。

气候

泰安市属温带大陆性半湿润季风气候区，四季分明。泰安市一年内7月气温最高，1月最低，总体来说气温适宜。年际降水变幅较大，东部降水多于西部，山区降水多于平原。

历史 HISTORY

泰安历史大事记

●先秦时期

6000至4000年前，汶河两岸的氏族部落创造了繁盛的“大汶口文化”。

周成王时（公元前1042—前1021），成王姬诵封泰山。

东平湖

泰山全景图

鲁昭公二十五年（公元前517年）冬，孔子因鲁乱至齐国，途经泰山，闻妇人哭诉亲人死于虎患，因此感慨“苛政猛于虎”。

春秋时期，越国大夫范蠡，辅佐国君勾践灭吴之后，浮海北行，后定居于陶（今肥城市西北陶山），致财巨万，世称“陶朱公”。陶山南有陶朱公墓。

春秋时期，鲁国史学家左丘明于肥城著《春秋左氏传》。肥城旧有“左传精舍”，为左丘明著书处。

春秋时期，楚国音乐家伯牙游泰山，据传遇雨所感，作《高山流水》，为著名琴曲。

●秦汉时期

始皇帝二十七年（公元前220年），秦在全国修筑驰道，其中一条通达泰山。

始皇帝二十八年（公元前219年），始皇帝嬴政东巡，登封泰山，刻石颂秦功德。

公元前110年，汉武帝封禅泰山这一年，下诏在泰山下的嬴、博两县之间划出一块土地，成立了一个新县，将此县人民赋税的大部所得作为崇祀泰山的“专项经费”，县名“奉高县”。这座县城一跃成为大汉王朝的东方名城，从西汉直至北魏，六百年中兴盛不衰。

●宋元明清

北宋时期，泰山庙会逐渐形成，尤以三月二十八日（传为泰山神圣诞）之东岳庙会为盛。这一风俗由泰山而渐及全国。

金军灭亡北宋后，占领泰山一带，扶植宋降臣刘豫为帝，建都东平，国号齐。刘豫在奉符县设立泰安军（军是地方行政区划之名，与府州同级），“泰安”之名从此启用。

洪武三年（1370年），太祖下诏取消泰山神各种封号，改称“东岳泰山之神”。

名单 泰安历史名人

- 春秋史学家左丘明
- 齐国大夫鲍叔牙
- 春秋“和圣”柳下惠
- 春秋著名乐师师旷
- 汉末建安七子之一刘桢
- 西晋政治家、军事家羊祜
- 魏晋高僧僧朗
- 隋唐名将程咬金

祭祀天地神的礼仪——泰山封禅

封禅泰山是古已有之的礼仪。传说上古时期炎帝、蚩尤、尧、舜、禹都曾封禅泰山。古代帝王出于纯粹的政治目的，为表示自己受王命于天，都不辞辛劳远赴泰山封禅，向天告太平，对佑护之功表示答谢，报告自己的政绩如何显赫。

历史上最有名的封禅起于秦始皇。始皇

帝二十八年（公元前219年），始皇东巡郡县，召集齐、鲁的儒生博士七十余人到“天下第一山”——泰山下，商议封禅的典礼，以表明自己当上皇帝是受命于天的。儒生们的议论各不相同，难以施行。始皇帝遂自定礼制，整修山道，自泰山之阳登山。在岱顶行登封礼，并立石颂德。自泰山之阴下山，行降禅礼于梁父山。秦始皇封泰山时祭文和祭礼秘而不传。秦二世胡亥嗣位，于元年（公元前209年）也东巡，又在空余的一面刻上他的诏书和从臣姓名。

封禅的具体仪式富有象征性，实质为巩固皇权，粉饰太平，带有一种君权神授的意味。但其中也包含着一层更为深潜的意识：沟通天人之际，协调天、地、神、人之间的关系，使之达到精神意志与外在行为的和谐统一。这是古代政治哲学的一种具体表现。

泰山岱顶风光

后发制人的典型战役——长勺之战

“一鼓作气，再而衰，三而竭。”这一妇孺皆知的历史故事即发生在山东莱芜。

周庄王十三年（公元前684年），鲁庄公率军在长勺（今山东莱芜东北）击败齐军，史称“长勺之战”。长勺之战是中国战争史上后发制人、疲敌制胜最早、最典型的战役，在中国战争史占有重要地位。

齐桓公即位之初，鲁庄公为助齐公子纠争位，率军攻齐，被齐军在乾时击败。为报复鲁攻齐之举，齐桓公不顾主政大夫管仲的竭力劝阻，于十三年亲率大军南下攻鲁。鲁庄公决定发兵御敌。颇具胆识谋略的鲁人曹刿进见庄公，在对时局进行分析后，认为鲁国能够上下一心抗击齐国的侵略，并请求随同庄公出战。齐、鲁两军相遇于鲁东北部的长勺。双方列阵后，齐军击鼓出击。鲁庄公亦欲按传统战法下令击鼓对进，被曹刿谏止。庄公采纳其敌疲我打的建议，暂时按兵不动，直至齐军三次擂鼓，迫近鲁军阵前时，方下令击鼓进攻。齐军经连续前进，业已疲惫；而鲁军以逸待劳，士气高昂。交战不久，齐军败走。庄公急欲下令追击。曹刿恐齐军有诈，下车察看敌车辙痕迹，继而登车眺望齐军战旗，发现其辙乱旗靡，队形混乱，才建议庄公下令追击。鲁军大获全胜。

长勺之战是齐桓公争霸斗争史上一次少有的挫折，也是鲁齐长期斗争中鲁国的一次罕见的胜利。它对齐桓公调整完善自己的争霸战略方针具有一定的影响。鲁军运用的以逸待劳、以静制动、敌疲我打、击其惰归的战术，对后世后发制人的战略战术的形成具有重大影响。其一鼓作气，再而衰，三而竭的军事思想，也为后世兵家提供了宝贵的借鉴之处。

文化 CULTURE

“一人忙，十不闲”——泰山皮影

泰山皮影被称为“十不闲”，表演时并不需要一个团队，自始至终由一人完成。表演者左脚踩鼓，右脚敲锣，口中念唱，双手并用指挥皮影，一个人演一台戏。这样做节省了人手，却也对艺人提出了极高的要求。

泰山皮影戏系山东皮影戏的嫡脉流传。据专家考证，在《杌闲评》中就有关于明代山东皮影戏的记载。清朝后期泰安城东翟氏家族，是可考的泰山皮影起源，至今已有三百年的历史。

泰山皮影戏采用生牛皮或驴皮为原材料，影人较大，高约一尺半，受泰山文化的熏陶，人物图形粗犷豪放，甚至夸张变形，追求神似，色彩对比强烈，雕刻简约刚劲。从其诞生之日起，就深深地打上了泰山文化的烙印，具有鲜明的地域特色。

泰山皮影戏剧目主要取材于泰山神话传说，以《泰山石敢当》系列剧尤为著名，是泰山文化的重要组成部分。现在，在泰安的弄影轩茶馆可以看到范正安老先生的纯正表演。

源远流长的灵石文化——泰山石敢当

在全国各地，都能看到刻着“石敢当”三个大字的石头。传统的泰山石敢当在人们的印象中只是一块平凡的泰山石，上面刻着的字体未曾改变，但在风水学中，石敢当是平安的象征。

泰山大观峰摩崖石刻

上古之时有很多禁忌和崇拜，石崇拜就是其中很特别的一种崇拜，而将小石碑（或小石人）立于桥道要冲或砌于房屋墙壁，上刻“石敢当”或“泰山石敢当”之类，以禁压不祥之俗，在民间甚为流行。

人们创作了泰山石敢当的皮影戏、梆子剧、书画、雕塑等艺术作品，逐渐形成了泰安地区独特的石敢当文化。石敢当文化，深深植根于泰山的民间。有学者考证，扶危济困、辟邪厌殃、惩恶扬善的石敢当传说就起源于邱家店镇旧县村的“石老人”。但也有人说石敢当就是一块顽石，源于泰安地区的灵石崇拜。总之，泰山石敢当崇拜的文化现象与邱家店镇古博城渊源深厚，在被赋予辟邪厌殃、祈福平安精神内涵的同时，又与泰山封禅文化交相辉映，它的平民信仰丰富了邱家店镇的文化底蕴。

专家学者们对石敢当究竟是一块石头还是一个人物并没有一个一致的定论，谁都无法研究透彻。但是石敢当代表着平安确是大家所共同赞成的一种看法，通过打造石敢当文化来塑造一个泰安平安的形象，传达了泰安人保平安的心态，这便是石敢当文化的内涵。

泰山石敢当

景点推荐

泰山风景区 AAAAA

泰山又称岱山、岱宗、岱岳等，是我国的“五岳”之首。泰山前邻孔子故里曲阜，背依泉城济南，气势雄伟，有“天下第一山”的美誉。

泰山有着深厚的文化内涵，其古建筑主要为明清的风格，将建筑、绘画、雕刻、山石、林木融为一体，是东方文明伟大而庄重的象征。泰山的自然风光更是泰山引人之处，泰山高峰峻拔，雄伟多姿，山谷幽深，松柏漫山，著名的风景名胜有天柱峰、日观峰、百丈崖、仙人桥等，景色秀丽。

泰安市泰山区红门路

0538—96008888

全天

玩家攻略

1.泰山售票登山进口有五处，分别是红门宫进山口、天外村（天地广场）进山口、桃花峪进山口、天烛峰和东御道进山口。红门宫进山口即泰山东路，天外村进山口即泰山西路，此二口在泰安城区北缘；桃花峪登山口在泰山西麓；天烛峰进山口在泰山东麓；东御道也在泰山东麓。

2.游泰山5~11月为佳，观日出则以秋季为最佳，可看四个奇观：泰山日出、云海玉盘、晚霞夕照、黄河金带。

3.一般情况下，山顶气温比山下气温低3~6℃，如果选择晚上登山，建议携带厚的外套，不过山顶也有军大衣出租。夜间游泰山，建议带上手电筒和足够的电池，以防万一。

4.泰山日出是泰山最壮观的奇景之一，但是在泰山顶上并非每天都能看到日出。建议在爬山前，密切关注泰山的天气情况，查看当日的日出

泰山十八盘

时刻表，这些信息在泰山官网即可查到。

5.泰山实行封闭运营，自驾车是不允许上山的，可以把车开到天外村或桃花峪后换乘旅游专车至中天门。带有行李的旅客，如果不方便携带，泰山山下的商铺可以寄存行李。

6.为了游客的安全，山顶是不允许扎帐篷露营的。山顶住宿宾馆有多家，条件设施不同，价位也不同，可根据需要自行选择。

7.白菜、豆腐和水，并称“泰山三美”。另外还有泰山煎饼、泰山火烧（最出名的是范镇油酥火烧）、泰山赤鳞鱼等美食小吃。

8.泰山四大名药为何首乌（泰山首乌）、四叶参（泰山参）、黄精、紫草，另外还有历代作为贡品的泰山灵芝。肥城桃、泰山板栗、宁阳大枣，并称“泰山三大特产”。此外，还有泰山核桃、泰山大货山楂、泰山红玉杏、泰山美人梨（小白梨）等泰山山货特产。

9.农历三月二十八日，在泰安广场举办东岳庙会。另外，每年9月中旬还有泰山国际登山节。

玩家 指路

1. 乘坐45路、3路/K3路南环、3路/K3路西环线、49路/K49路在红门站下车可到泰山红门入口，乘坐19路、K37路、K39路内环、K39路外环、K3路在天外村站下车可到泰山天外村入口，乘坐19路在天烛峰景区站下车可到天烛峰入口，乘坐K16路、K49路在桃花峪站下车可到桃花峪入口。

2.如果你自驾来泰山旅游，可根据登山入口不同，选择在泰安东、泰安西、泰安南出口下高速。

3.内部交通：泰山建有3条索道，分别是中天门索道、桃花源索道和后石坞索道。中天门索道（单程100元）：下起中天门西侧的凤凰岭，上至南天门西侧的月观峰；桃花源索道（单程100元）：下起桃花源景区，上至岱顶天街北端；后石坞索道（单程20元）：上起泰山岱顶北天门，下至后石坞景区，目前暂停运营。

岱顶
泰山精华中的精华

岱顶游览区与泰山幽区（泰山东路）一起组成泰山旅游的最精华所在。此处“日近云低”“只有天在上，更无山与齐”。按道教所称，这里已是天庭，是神仙的领地。

游客历经攀登的艰辛，登临到此处，视野豁然开阔，高峻的山岭全被踩在了脚下。如果幸运的话，可看到旭日东升、晚霞夕照、

泰山碧霞祠

泰山游览线路

泰山常规的游览线路有四条：

第一条：最经典的红门路徒步中线，其实是中线登封御道，指从岱庙（东岳庙）—天门—孔子登临处—红门—中天门—南天门—玉皇顶。此条路线既体会到了徒步登山的乐趣，也游览了泰山的精华景点，同时避开了原路返回重复游览的弊端，可以感受泰山的多面景色，年迈者、体力较差者不建议走此路线。

第二条：坐汽车上山的环山公路线，当然也可以自己顺着公路走，从天外村（天地广场）—环山路—竹林寺—黄溪河水库—中天门—南天门—玉皇顶。此条路线减少了徒步登山的辛苦，有“一步登天”的感觉，可以保存体力好好游玩岱顶的风景，也可徒步下山至红门，同样也没有错过泰山的精华景点，年迈者、体力较差者不建议。

第三条：从西北侧山口进，即桃花峪入口，是环山公路，也可以自己走，即桃花峪入口—环山公路—彩石溪—赤鳞鱼保护区—桃花峪索道—南天门—玉皇顶。此条路线省时省力，来回往返不同路线，借助现代化的交通工具，极大减少了登山的辛苦，同时还可欣赏泰山不同的风景，特别适合体力较差者、年迈者、带有小孩者、懒人等。

第四条：是东北侧山口方向，一般说是天烛峰，也就是后山。很多人从前山爬完，从这条路下去，也可以从这边上山，从前面下。具体为天烛峰—印象泰山（封禅大典表演场）—鲤鱼背—大小天烛峰—石河—尧观顶—北天门—日观峰—玉皇顶。

也可以选择最省钱的明堂园游览路线，这是一条特别适合探险游、猎奇游、资深“驴友”等的旅游路线，原是本地香客上山之路。由于尚未开发，大部分时间游客可“长驱直入”。不过没有登山盘道，只有古代以来朝拜香客用脚踩出的一条小径，所以无登山经验者、体力不佳者不要贸然前往。这条线虽然古朴，但路程较短，仅为泰山前山红门登山路的2/3左右。登山路线为：明堂园—天龙水库—天井湾—卖饭棚子—尧观顶—岱顶。

晚间登山可选择由红门全程步行登山至岱顶，也可选择乘坐游览车由天外村至中天门再步行至岱顶。为方便游客观看泰山日出，天外村游览路专线旅游车实行24小时运营，运营期间车辆满员随时发车，在不满员的情况下，从第一名游客登车时间算起半小时发车。因日出时间比较早，为方便游客及时乘车上山观看到日出，建议游客在24点左右就到天外村乘车。

黄河金带、云海玉盘、碧霞佛光等泰山极顶奇观。

玩家攻略

1.天街东至碧霞祠全长约1千米，路面宽阔、平坦。街北有依岩而建的店铺，这些店铺有的是用实物作招牌的。旧时为茅屋小店，经营香烛、茶水，为进山敬神的香客提供食宿，以木雕实物如金钟、鹦鹉、元宝等作为商号标志。原先这里的茅屋小店已被这些仿古建筑所取代。

2.拱北石因其形状犹如起身探海，故又称“探海石”，是泰山著名标志景观之一。这里也是登岱观日出或赏彩云飞渡的好地方。

月观峰

月观峰山上有石亭，名“月观亭”，不仅是赏月的去处，也是观赏泰山四大奇观之一“晚霞夕照”的好地方。在深秋季节里，此处还可以看到“黄河金带”的奇异景观。月观峰也称“望府山”，每当入夜，由此处北望还可以看到济南的万家灯火。

泰山日出

孔子庙

望吴圣迹坊北侧为孔子庙。孔子庙创建于明嘉靖年间，为一进院落。庙门两侧楹联为：“仰之弥高，钻之弥坚，可以语上也；出乎其类，拔乎其萃，宜若登天然。”庙内大殿正中供奉着“至圣先师”孔子的塑像，两侧为颜回、曾参、子思、孟子，称为“孔门四配”。

碧霞祠

为泰山女神碧霞元君祠宇，祠以山门为界分内外庙院，在院内东西两侧的御碑亭内立有清代乾隆皇帝御碑。院中置香亭，祠内的主体建筑是碧霞元君殿，内供碧霞元君鎏金铜像，殿东西各建有配殿，铁瓦覆顶，分别供奉送子与眼光娘娘铜质铸像。

玩家 解说

碧霞元君，俗称泰山娘娘，是泰山主奉的女神。道教素以泰山为“群山之祖，五岳之宗，天地之神，神灵之府”，故泰山碧霞祠之声望远播海内外，香火极旺，朝山进香者络绎不绝。

玉皇顶

泰山主峰之巅，因峰顶有玉皇庙而得名，殿内祀玉皇大帝铜像。神龛上匾额题“柴望遗风”。殿前有“极顶石”，海拔1545米，标志着泰山的最高点。极顶石西北有“古登封台”碑刻，这里是历代帝王登封泰山时设坛祭天的地方。

日观峰

观日出最佳的地方。峰上原有“迎旭亭”，现在是泰山气象站。在峰东侧依崖而筑的长廊，为观日长廊。峰西原有“登封坛”，为唐宋时封禅遗址。观日出是最动人心魄的，它是泰山最著名的四大奇观之一，被称为“旭日东升”。

瞻鲁台

在日观峰南侧，石梁突兀，平展如台，台

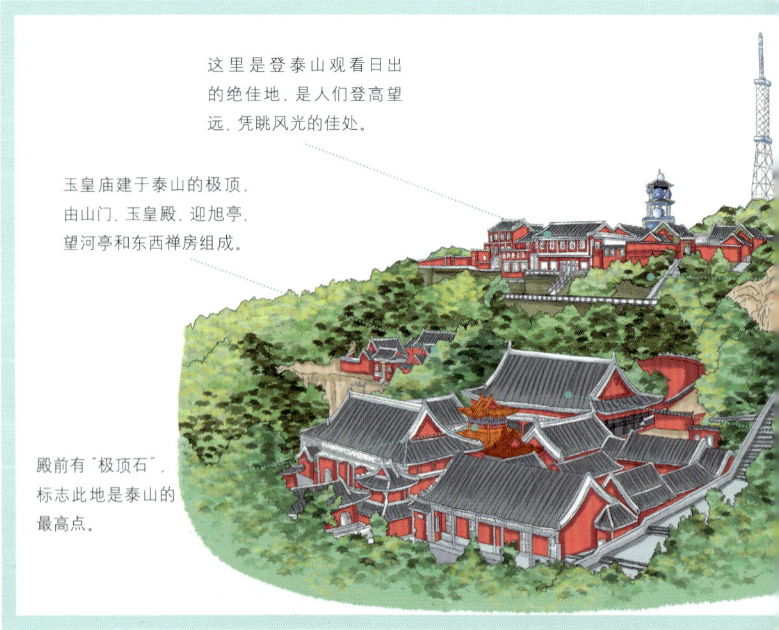

上有巨石，上刻“瞻鲁台”三个大字，寓意在此可远瞻鲁国曲阜。此处又称“舍身崖”，因旧时常有人于此为父母求福投崖舍身而得名。明万历初年，山东巡抚何起鸣在崖前筑石栏阻拦，遂更名“爱身崖”。

天烛峰
泰山最原始古朴的登山路线

天烛峰游览区即奥区，是泰山最原始古朴的登山路线，也是自然景观最集中、最优美的一条路线。这里山峰险峻，山谷幽深，奇松怪石遍布，山泉、溪流、瀑布随处可见，充满了自然的原生野趣，是喜欢探险游、自助游的最佳路线。

玩家攻略

1.可乘坐公交车往返。

2.从前山乘车或乘索道上山的游客到达极顶后，可选择从这条道下山，这样不仅免走重复路，而且可以更加全面地欣赏泰山美景。

泰山玉皇顶

玉皇顶傲视群峰，亭立峰巅，极目四望，确有“一览众山小”之感。

庙宇内祀玉皇大帝铜像，神龛上匾额题“柴望遗风”，说明远古帝王曾于此燔柴祭天，望祀山川诸神

泰山碧霞祠

望天门

陡石阶的尽头有一城门楼，建在两峰之间的天然隘口上，大有“一夫当关，万夫莫开”之势。望天门本身倒没什么奇特之处，特别的是它的地势位置乃绝佳的观景所在。据说站在望天门的门楼上望过去，对面就是大小天烛峰了。

大小天烛峰

大天烛峰、小天烛峰附近是泰山欣赏古松的绝佳所在，后石坞古松园就在这里。还有三池碧水，南为鉴池，传说为元君梳洗映容之处，又名“玉女洗头盆”；北为凤凰池；东北为饮虎池。双峰西南方附近天空山下是著名的道教庙宇景观群。

后石坞

后石坞旧称“后石屋”，早时又叫“后十五”，言此地距岱顶十五里。实际上岱顶距后石坞的直线距离不过1.5千米左右，因古时山路蜿蜒难行，故感觉道路漫长。后石坞自古就有“岱阴第一洞天福地”之称，此处峰峭壁陡，古松幽绝，石刻遍布，古庙掩映，是泰山的“后花园”。

玉泉寺

位于岱顶北，因南有谷山，东有玉泉，故名谷山寺、玉泉寺，亦名谷山玉泉寺，俗又称佛爷寺。玉泉寺建在群山环抱之中，密林掩映之下，高崖飞涧之上，人迹罕至之地。这里脱俗璞真，清幽古远，令人心境明朗。

天烛瀑

小天烛峰峰依九龙岗，岗上之水又从小天烛峰旁流下，于是形成瀑布。瀑布面北，亦有几十米长，古人称此为“千尺瀑”“千丈瀑”，来形容其长，今称其为“天烛瀑”。

岱庙 ⓦ

泰山最大的古建筑群

岱庙是泰山最大、最完整的古建筑群，是历代帝王举行封禅大典和祭祀泰山神的地方，同时也是泰山文物最集中的地方。这里保存了琳琅满目的历代帝王祭祀泰山神的祭器、供品、工艺品，并保存了大量的泰山典籍和道经。

玩家攻略

1.开放时间：3月1日至4月30日8:00~17:30；5月1日至8月31日8:00~18:00；9月1日至10月31日8:00~17:30；11月1日至次年2月28日8:00~17:00。

2.从火车站乘39路东环线，或者4路、33路公交车可到岱庙，乘出租车可到岱庙南门。自驾车沿东岳大街可到岱庙南门。

3.景区多为古建筑，请爱护文物，不要吸烟。景区内南北两端各有一处星级卫生间，可以免费使用。

4.东、西花园位于后寝宫北，园东置盆景，以泰山松柏为主，千姿百态，情趣盎然；有“小六朝”之称的松树盆景，据说是明代遗植，已有五六百年的历史，是泰山著名盆景之一。西园内以花卉盆景为主，在园内可欣赏一棵“云列三台”古柏，它被列为岱庙的八景之一。

泰山岱庙坊

遥参亭

又名“草参亭”，前临通天街，后与岱庙正阳门连通，为岱庙的前庭。历代帝王及王公大臣来泰山举行祭祀典礼，必先在此举行简单参拜之后，才能进入岱庙举行正式大典。

遥参亭为纵向二进式庭院，南山门、仪门、正殿、方亭、北山门依次坐落在通天街至岱庙的轴线上，正殿左右置配殿及厢房，其中轴线与岱庙中轴线一致。

岱庙坊

岱庙坊是岱庙的标志性建筑。坊起三架，中高错落，重梁四柱，通体浮雕。坊顶部为九脊庑殿歇山式，坊下前后滚墩石上皆饰立雕蹲石狮，石狮姿态各异。坊体上雕刻有不同的祥兽瑞禽图30余幅，图案设计均采用对称的手法，栩栩如生，情趣盎然。

正阳门

现在的正阳门是1985年按照宋代建筑风格重新修建的。进入正阳门，两扇朱红大门，门上镶有81个铁制馒钉，有铺首，象征着岱庙的尊严，古时候只有帝王才能从此门进入。正阳门为九脊单檐歇山顶，檐下斗拱出三翘四，远远望去翘檐翼然，翩翩欲飞。

东御座

东御座明代称为“迎宾堂”，清代拓建后供皇帝朝山时驻跸，改名“驻跸亭”。因建在东华门内，故今称“东御座”。东御座是岱庙内保存较为完整的一个院落。其正殿五间，在这里陈列着著名的御赐“镇山三宝”：沉香狮子、温凉玉圭和黄蓝釉瓷青花葫芦瓶。

天贶殿

天贶殿是岱庙的主体建筑，整座大殿雕梁画栋，贴金绘垣，丹墙壁立，雄伟峻极。殿内的东、北、西三面墙壁上绘有巨幅壁画

《泰山神启跸回銮图》，壁画描绘了泰山神出巡回銮的盛况。富丽堂皇的天贶殿，与北京故宫太和殿、曲阜孔庙大成殿并称“中国古代三大宫殿”。

链接

天贶节

农历六月初六，泰安举办天贶节。这天早晨，全家老少都互道恭喜，并吃一种用面粉掺和糖油制成的“糕盾”，有“六月六，吃了糕盾长了肉”的说法；还有“六月六，家家晒红绿”的俗谚，“红绿”指五颜六色的各样衣服。此外，还有给猫狗洗澡的趣事，叫作“六月六，猫儿狗儿同洗浴”。

厚载门

厚载门是岱庙的最后一道门，门上有“望岳阁”三间，站在阁上仰望岱岳雄姿，青山绕白云，绿树生轻烟，天门云梯婉若游龙浮挂天边。出厚载门北行为红门路，过岱宗大街不远即到登山之起点岱宗坊，由此起步，将步步登高，饱览泰山的最佳风景，直至登“天”。

天外村景区

山谷宽豁，视野较好

天外村游览区即“旷区”，指泰山西路，天外村至中天门一带。这里地处泰山之阳偏西位置，是泰山西溪流域，山谷宽豁，视野较好，光照充足，水韵充沛，远观泰山诸峰历历在目，到此尤觉视野开阔，景色宜人，心旷神怡，因而这一景区又被称为泰山的“旷区”。

玩家攻略

1.天地广场主要由方形广场、石雕连廊、圆形广场三部分组成，除具有交通组织、信息展示、售票检票、景观游览和旅游购物的功能外，还充分展示了中国传统历史文化中的精华——泰山封禅文化。

2.此条路虽然方便快捷，但是以牺牲众多景点为代价的。因此乘车到中天门后，建议再沿传统登山路攀爬至山顶。

黑龙潭

在泰山西溪百丈崖上，有瀑布飞流直下，声若雷鸣，状如挂着的千尺银练。瀑布常年倾泻，冲击崖下成潭，传说潭与东海龙宫相通，有龙自由来去，故名“黑龙潭”。“龙潭飞瀑”是泰山西溪名胜之一。

竹林寺

在泰山西溪谷中，黑龙潭的上边，今长寿桥东北，原来有一座寺，叫“竹林寺”，又名“悬云寺”。这里风景宜人，寺的周围翠竹青青，松柏苍郁，溪水潺潺，曲径通幽。向有“小径沿山，清流夹道，盘曲羊肠，景随步换”之誉。

黄溪河水库

黄溪河水库位于中天门西南黄溪河上游，是泰山景区海拔最高的水库，也是泰山供水系统的枢纽。同时依托水库打造泰山水景观，通过点缀小桥、亭榭、石子路，给游客足够的亲水空间，也成为天外村游览线路的一个新的景观基地。

扇子崖

扇子崖因其形如扇而名。这里山峰陡峭，古松挺秀，风景非常秀丽。崖西有铁梯，攀缘可登崖巅，北眺龙角山、九女寨历历在目，西望傲徕峰尽收眼底，向东俯视，龙潭水库宛如镶嵌在西溪的一颗璀璨的明珠，闪闪发光，成为游人跻险览胜的绝妙去处。

壶瓶崖

傲徕峰与扇子崖交接处有山口，山口后

泰山关帝庙

是长谷绝涧，因旧时多青桐，故命名为“青桐涧”。这里就是泰山女儿茶的原产地。涧北是壶瓶崖，崖之上怪石嶙峋，星罗棋布，又有一巨石宛如宝瓶，因之而名。游人站在山口，东瞻扇子崖如十壁城垣，摇摇欲坠，让人心惊目眩。

傲徕峰

傲徕峰又名“芙蓉峰”，峰虽高不过泰山主峰，但犀利峥嵘。东北，扇子崖在重力垮塌作用下，崖壁陡峭，远观如扇；东南，绝壁之下有月亮洞，内有月亮泉（据说，喝了月亮泉的水，会心明眼亮）。泉水自洞顶下注，冬结冰柱，春来依然，似龙宫冰窟。

红门线

各种人文、自然景观集中的精华登山道

红门线游览区即“幽区”，指泰山东路一线，从红门起始，经中天门至南天门为止。沿途林荫夹道，石阶盘旋，峰峦竞秀，泉溪争流，自然景观雄奇秀美，古迹众多，传统文化韵味浓郁，是各种人文、自然景观集中的精华登山道。

玩家 攻略

1.经石峪位于泰山斗母宫东北，峪中有缓坡石坪，上刻隶书《金刚经》，俗称“晒经石”，明隆庆年间万恭书刻“曝经石”。经石峪金刚经刻是中国现存规模最大的佛经摩崖刻石。

2.五大夫松位于云步桥北侧的五松亭旁，“五大夫松”石坊西有古松，又称“秦松”，“秦松挺秀”为泰安八景之一。五大夫松以西有拦住山，山坡上有望人松，又名“迎客松”，为泰山重要标志物之一。西北是朝阳洞，洞后壁有线刻元君像。

3.十八盘是泰山登山盘路中最险要的一段，共有石阶1600余级，为泰山的主要标志之一。此处两山崖壁如削，陡峭的盘路镶嵌其中，远远望去，恰似天门云梯。盘道两旁有“天门云梯”“神咒崇朝”“天地交泰”“松高峻极”“飞龙岩”“翔凤岭”“知止观止”等题刻。

4.若把岱庙作为登山的起点，乘坐3路、4路公交车到岱庙前门，游览完岱庙后，出后门向北行1.2千米，就可到红门登山处。全程9.5千米，盘道7000余级，其间几无平路。

5.山顶上有租军大衣的地方，最好不要在半路上租军大衣，不然是个负担。如果体力允许，自己最好备一件衣服。另外，冬季登山要记得戴手套，否则握着十八盘的铁扶手很凉。

6.水和食品要尽量配足，但同时要注意不要半路就把食品吃完。登山前最好配一根登山杖，在登山口有卖，注意讲价。徒步登山速度不要太急，照相尤其要注意脚下，所谓“看景不走路，走路不看景”。

7.乘车或步行到红门，经万仙楼、斗母宫，在岔路口右转，过漱玉桥、高山流水亭到经石峪。游完后原路返回岔路口，向上经壶天阁、回马岭到中天门。在中天门稍做休息后，沿着云步桥到十八盘。走完十八盘，就到达南天门了。

关帝庙

泰山盘道起点处的关帝庙，坐北朝南，里面供奉着关公。关帝庙依山就势而建，整体布局错落有致，主要建筑有山门、戏楼、拜棚、正殿、配殿等。进入山门，山门之上的建筑是戏楼，戏楼是当时商人举办庆典活动的地方。

万仙楼

位于红门宫北，为跨道阁楼式建筑，旧称“望仙楼”。原祀王母，配以列仙，后改祀“碧霞元君”。北向门洞额题“谢恩处”，相传旧时帝王登泰山，地方官员送驾于此，帝令回府，群官谢恩。楼四周镶有明清善男信女朝山的题名碑63块，楼东南侧有“隐真洞”。

泉水为“一线泉”，涧中泉水似银线垂挂。

斗母宫

位于万仙楼北，古名“龙泉观”。原为道教宫观，至清康熙初年改为尼姑住持的居室。宫内殿阁亭廊布局疏密得宜，建筑深秀庄严。东有“听泉山房”三间，可观赏中溪的“三潭叠瀑”。这里，重峦深涧，风景如画，自古便是听泉、观瀑、品茗、赏景的胜地。

中天门

中天门是泰山登山东、西两路的交汇点，峻岭阔谷，楼阁簇拥。东有中溪山突兀俏丽，可观日出，望晚霞；西有凤凰岭蜿蜒伸展，可远眺傲徕雄姿，俯视城郭新貌。伫立坊下，北瞻巍巍岱峰，众山拱立，林茂泉飞，缆车凌空，天然成画。

南天门

南天门又名“三天门”，是天庭仙境的大门。每当山间云雾出没、变幻无穷的时候，天门在云雾中时隐时现，十八盘似天梯倒挂，衬托得泰山主峰更加雄伟壮丽，“天门云梯”则成为泰山的一大奇观。

彩石溪景区

泰山休闲观光胜地

彩石溪游览区即“秀区”，位于泰山西麓，辖桃花峪、桃花源两个景区，素有“泰山森林博物馆”“泰山小江南”之美誉。这里涧曲林深，潭静瀑飞，峰崖耸峙，风光秀丽。尤其是暮春时节，满川桃花艳眼，红花绿树、青山碧水组成一幅优美的山水自然画卷。

钓鱼台

又名“羡鱼台”，钓鱼台下有个水潭，生长着泰山独有的赤鳞鱼。钓鱼台旁边有块大石，像一颗倒扣的大元宝，古称“石舟”，现在叫“元宝石”。南面的山峰叫作“金鸡岭”，奇石累叠如同雄鸡在昂首啼喔。东南的

碧峰寺

振翅峰下的寺庙叫作“碧峰寺”，寺中原供奉一尊铁佛，这里的铁佛十分灵验。寺旁的彩石崖石纹如画，美轮美奂，叹为观止；溪中奇石天成，肖形状物，栩栩如生。溪旁的彩石谷，彩石林立于潺湲溪水侧，水石相间如画。

彩石溪

进入桃花峪，行约2千米，溪中流水之下忽如彩石铺就，溪底一条条石纹五彩纷呈，阳光照耀下，分外生动，这就是著名的“彩石溪”。从彩石溪沿溪步行，只见溪中水清见底，野生赤鳞鱼戏游溪中，故又称此处为“赤鳞溪”。

红雨川

红雨川内幽深静谧，别有洞天。玄门、牛角洞、阳元石、混沌石林立其间，彩带坪如同一幅飘落在青山绿水之中的锦绣绸缎。每逢孟春时节，此处漫山遍野的桃花次第开放，红成一片，落英缤纷，桃花满川，胜似唐诗“桃花乱落如红雨”的意境，故称“红雨川”。

泰山彩石溪

景点推荐

泰山周边景点

方特欢乐世界 AAAA

以科技和幻想为主题的乐园

泰安市泰山区东部新区明堂路北首

4001660006

成人240元，儿童及65岁以上老人180元

泰山方特欢乐世界，属于第四代大型高科技科幻主题公园。景区将现代计算机、自动控制、数字模拟与仿真、数字影视等高科技手段与艺术完美结合，给游客带来一种全新的体验和一种新颖的参与方式。不仅惊险刺激，还将历史与未来交融、现实与虚幻重叠，使游客仿佛进入了一个梦幻般的乐园。

玩家攻略

乐园中的一些游乐项目会比较刺激、惊险，因此不适合儿童、老人、孕妇、恐高者等人群游玩，具体规定请您留意公园里各个游乐项目的指示公告。

虎山公园

清乾隆皇帝曾在此射虎

泰安市泰山区红门路

虎山公园涧深幽景秀美，以湖为中心，湖西南是儿童游乐园，有石雕十二属相；北是由长廊相隔的游泳池；东为动物园，山巅建高阁与西北侧的梳洗亭相对，东北角望岳亭与西南隅鸳鸯亭相望。公园依山傍城，青山碧水，阁桥廊亭相称，湖光山色与亭台楼阁相映生辉，是避暑休闲的胜地。

花样年华 AAAA

集多功能于一体

泰安市博阳路中段

50元

泰山花样年华景区定位休闲四季及欢乐度假，其主要拥有泰山冰雪文体中心、未来田园、亚龙湾水上乐园、热带风情、梦幻花都、动感地带、天合乐园，以及后期将打造的曼巴勇士拓展基地、四星级度假酒店九大业态。景区位于泰山脚下，地理位置优越，交通便利，是一个集休闲、观光、休验、娱乐、餐饮、科普等功能于一体的大型旅游文化项目，为游客营造了一个水的世界、花的海洋，使您可以在这里感受花样年华、青春时尚。

平湖现河公园

以休闲娱乐为主的观光公园

泰安市区望岳路

08:00~18:00

现河公园是以原现河故道改造而建成的，以游览、休闲、娱乐为主的观光公园。公园以现河为中心设景，有游廊水榭，有庭院台阁，有梅溪竹径，有景墙影雕。其中，尤以各种水榭最具特色。凭柱阁、临渊坊、倚玉轩和静心斋等均依水面而建，造型别致，形态优美。

空中观景塔

可远眺雄伟壮丽的泰山风光

泰安市岱岳区政府对过卧虎山上

泰山旅游空中观景塔坐落于泰安市岱岳区政府对过卧虎山上，塔内塑有泰山圣母、观音菩萨。塔顶为观景台，能容纳200余人，台内设有4台高倍望远镜，100千米外清晰观赏美好景色。雄伟壮丽的泰山风光，大汶河水像一条玉带从身边绕过，一眼望去俨然一幅美丽的画卷。

泰山温泉城 AAAA

国际温泉度假区

泰安市岱岳区徂徕镇

泰山温泉城文化旅游景区，是一处集温泉养生、康体娱乐和生态旅游等多种功能于一体的国际性温泉主题度假区。这里的温泉出水温度在50℃左右，属于优质天然高硫高钠的硅氟复合型医疗热矿水，富含多种对人体有益的微量元素和矿物质，极具医疗和保健的功效。

虎山公园

东平湖

玩家攻略

泡温泉浴时，切忌空腹或太饱时入浴，而且要多喝水，随时补充流失的水分；选择温度适合自己的温泉池，浸泡时间也不宜太长，否则会有胸闷、口渴、头晕等现象。凡是有心脏病、高血压或身体不适、营养不良等身体问题的人群，都不宜泡温泉。

徂徕山 AAAA

集自然与人文为一体的旅游区

泰安市岱岳区徂徕镇

0538—8090017

40元

08:30~17:00

也称“南泰山”，景区峰峦叠嶂，峭壁凌云，峡谷幽深，潭瀑相连，森林茂密，奇石满山，还有夕照佳境。景区森林覆盖率高，拥有多种动植物。公园先后修缮了多处文物古迹。这里既有北方粗犷雄浑的壮观，又有江南优雅妩媚的秀丽，被人誉为“江北小庐山”。

玩家攻略

1.在这里可以吃到劈柴炖鸡、各种野生山菜等美食，还可买到徂徕山柴鸡蛋、槐花蜜、蜂王浆、核桃、板栗、樱桃等特产。

2.徂徕山景区建有温泉城和滑雪场，喜欢泡温泉或者是滑雪的游客都可以来这里体验。

链接

趣闻典故

传说徂徕山的来历与八仙之一的张果老有关。当初张果老要与碧霞元君的道场泰山比高低，就倒骑驴从各地驮来很多山叠在一起，后来因为山太高，妖精众多，总是祸害百姓，于是他就被玉帝降罪了，一气之下挥鞭抽了这些山一下，它们就变成现在的徂徕山了。

天颐湖 AAAA

中国一流的旅游胜地

泰安市岱岳区大汶口石膏工业园东部

天颐湖水利风景区是中国一流的旅游胜地，构建“白天登泰山，夜晚观天颐”的旅游新景观。天颐湖景区建有天颐“海滨”浴场、大型音乐喷泉、水幕电影、沙滩足球等一系列游乐设施。其中水幕电影是景区内的特色景点。

莲花山

北方最大的观音道场

新泰市泉沟镇

莲花山古称“新甫山”，因九峰环抱状似莲花而得名。莲花山佛缘广聚，是中国北方最大的观音道场，也是齐鲁第一佛山，有“观音胜境、北方普陀”的美誉。

景区山势陡峭、奇峰林立、沟深谷幽、流泉飞瀑、岩石奇特，风景十分优美，在历史上吸引了很多文人墨客到此游玩题刻。观音朝圣是莲花山旅游的一大特色，景区风景优美、文化独特，是一个旅游休闲的佳处。

玩家 攻略

1.每年农历的二月十九、四月初八、六月十九、九月十九是莲花山佛教节会，游客届时可以来山中体验佛教文化的魅力。农历的六月初一至初六是莲花山“六月六”民间庙会，同时也是周边规模最大的民间节庆活动之一，游客届时可以来这里体验民俗旅游。

2.由于山势陡峭，游玩时务必穿防滑旅游鞋或登山鞋等，并按路标行进，以防迷路。

和圣园

📍新泰市宫里镇西柳村的和圣故里

和圣园景区坐落于鲁中徂徕山之阳，是集游览、观光、休闲娱乐、品德启发、文化体验为一体的主题公园，景区内有圣塑像、故居、祠堂、和圣墓等景点，此外还是中国历史上一代圣人柳下惠的故里。

东平湖 AAAA

有“小洞庭”之称

📍泰安市东平县

🚌乘坐东平县城到水浒古镇的旅游专线，可以游遍东平湖

东平湖是《水浒传》中八百里水泊唯一遗存的水域。景区文物古迹遍布，湖东岸有水浒英雄头领宋江攻打东平府城时的驻地，有后汉东平国宪王刘苍及其后代的墓葬地，还有东平古八景之一的“黄石悬崖”。

东平湖中的小岛叫“聚义岛”，历代都是军事要塞，更是水浒传中水浒英雄出没之地，传说“智取生辰纲”之后，晁盖、吴用、公孙胜、刘唐、阮氏三雄七个水浒头领为了躲避官府缉拿，便来到此岛寺院聚义，所以也称“聚义岛”。

东平湖风景区的自然景观吸引了历代众多的文人墨客，李白、韩愈、白居易、李商隐、辛弃疾等都曾留下了许多脍炙人口的诗篇。宋代文学家苏辙夜过东平湖（梁山泊），为其美妙的夜色所陶醉，也留下了“更须月出波光净，卧听渔家荡桨歌”的美好诗句。

景区三面环山，景色优美，风光秀丽，素有“小洞庭”之称，是难得的度假胜地。

玩家 攻略

东平湖景区环境优美，适合生产自然、绿色、无污染的农副产品，这里出产的松花蛋、五香咸鸭蛋、东平湖糟鱼、东平粥粉、真空鸡等，都是非常好的天然无公害食品，可以放心食用。

玩家 解说

东平湖中有一个小岛，名叫“土山岛”，岛呈椭圆形，据说历史上曾是九省御道，历来都是军事要塞。

水浒山寨

新版《水浒》主场景地之一

泰安市东平县侯河村

六工山水浒大寨是依东平湖、六工山而建的一处景区，新版电视剧《水浒》就是以这里为主场景地拍摄的。山寨建在离湖平面22米高的悬崖上，设有三关，气势雄伟，蔚为壮观。水寨有8艘古战船、2个瞭望台，并有吊桥和天桥平台与山寨连接，山水相连，浑然一体，是游客体验水浒文化、休闲度假的理想胜地。

玩家 攻略

景区没有公交车，只能乘坐从市区开来的班车，所以您一定要在乘车时问好上下车地点和返回时间，以免错过班车。

玩家 解说

六工山上有一座建福寺，过去人们称这里为“李密窝”。传说，瓦岗军首领李密曾在建福寺避难，所以得名。北宋末年，梁山好汉鲁智深投奔梁山时路过六工山，制服了寺内一班不务正业、拦路抢劫的僧人，使他们改邪归正，从此“李密窝”就被改名为“理明窝”了，六工山也因此成了梁山农民起义军北路的门户。

水浒山寨

腊山国家森林公园

腊山国家森林公园

“全国森林公园十大标兵”之一

泰安市东平县银山镇

25元

腊山国家森林公园依山傍水，山清水秀，石险、洞幽、树奇，绿荫掩映，秀丽多姿。景区美景很多，尤其称绝的是奇松怪柏，长势非常奇特。景区的古代建筑悬崖簇拥，翠柏虚掩，古往今来有众多文人墨客都曾留麒麟送子图石刻，这在国内十分少见，都被奉为国宝。

玩家 攻略

1.景区已修建了索道，还投资兴建了聚孝堂、聚仙阁、老君堂、盘路牌坊等十几处景点，令腊山公园秀姿倍增。

2.春夏秋三季是景区的最佳旅游季节，景区会定期举办旅游活动，有清明节庙会、每年农历二月二举办的“腊山庙会”等，都很有特色。

牛山国家森林公园

有着传奇故事的森林公园

肥城市高新技术开发区

牛山国家森林公园山清水秀，森林茂密，景色优美。牛山主峰穆柯寨是民间传说中北宋抗辽名将穆桂英的屯兵之处，是典型的冷兵器时代军事防御工程，也是牛山最为雄伟壮观、最富有传奇色彩的古迹，被称为“山东第一寨”。

玩家 攻略

景区交通不是很方便，所以如果您要来景区游玩的话，最好是驾驶私家车，便于游玩。

云蒙山

古代兵家圣地、北方植物王国

肥城市孙伯镇

0538—3777888

20元

云蒙山与泰山一脉相通，山上植被茂盛，花艳草鲜，风光秀丽，素有“古代兵家圣地、北方植物王国”之美誉，有孙伯陵、索鲁城等众多古遗址。

岱阳观又名“护鲁山泰山行宫”，始建于唐代，占地面积百余亩，有“行宫大殿”“药王楼”“文昌阁”“吕祖殿”“王母楼”“藏书楼”等景点。

肥城桃源世界

农业生态旅游区

肥城市仪阳乡刘台村

0538—3187779

50元　全天开放

肥城桃以个大、肉肥、味美而闻名中外，在古代就是历代皇室的贡品。桃源世界是以桃文化为主题的景区，是肥城的桃林精华之所在。春天，这里桃花如云似霞，万树争艳；

云蒙山

肥城桃源世界

秋天，这里硕果累累，香飘万里，犹如人间仙境。

玩家 攻略

1.肥城桃主要分布在仪阳乡、新城办事处和桃园镇。每年4月5~15日，举办桃花旅游节，桃花节开幕式在此举行，游客在观赏精品桃花的同时，还可以品尝地方风味——桃花宴。也可到夏威夷温泉度假村，洗有保健、美容之功效的桃花温泉浴。

2.在桃源山庄里，当地人设计了几处别致的农家庄园，用地方传统民居石头房子加以改造而成，每个房间都以各种桃的名称加以命名，具有浓郁的桃乡特色。

3.春天的时候，景区桃花盛开，十分漂亮。但是有一点需要注意，那就是对花粉过敏的人不适合来这里游玩，以免出现不适。

链接

趣闻典故

据史料记载，清朝咸丰年间，曾国藩南行途中专程来到肥城的盘龙寺，拜见当时的住持惠真大法师。大师用桃子来接待他，曾国藩品尝之后赞不绝口，于是就派人将桃子运往北京，进贡给咸丰皇帝，咸丰将其命名“佛桃”。从此，肥城佛桃闻名天下。

攻略资讯

- 交通
- 住宿
- 美食
- 购物
- 娱乐

交通

飞机

泰安本地没有机场，但是距离济南遥墙国际机场很近，乘坐飞机也很方便，每天都有从济南国际机场到泰安市区的往返巴士。

火车

泰安有泰安站和泰山站两座客运车站。泰安站位于泰安市岱岳区龙潭路南段，是高铁客运车站，凡是在泰安停靠的京沪高铁列车都在这个站停靠，目前每天在这个站停靠的列车有很多，南下北上都很方便；泰山站位于泰安市泰山区，是普通旅客列车停靠站，所有进出泰安市的旅客列车都在这里停靠。

汽车

泰安市的长途客运车辆多集中于泰安汽车站，位于泰安市泰山区龙潭路125号，市区内可乘坐多路公交车前往。

住宿

泰安

泰安现有众多星级酒店，低中档宾馆、招待所繁多，可接待不同层次的游客，满足各类需求。主要集中于泰山顶部以及泰安市区。

泰山顶上提供各种档次的住宿，设施相对完善。如桃花源索道口附近的云巢宾馆、玉皇顶附近的神憩宾馆等，都是值得体验的。山顶上也有经济实惠的小旅馆，

泰安铁道文化园区

泰安之夜

价位从几百到数十元不等，经常客满。山上经常断水，洗澡不太方便，但是观看日出非常便利。泰山脚下的泰安市区，无论是价格还是宾馆设施，都要比山上更胜一筹。

●花筑·泰山梅园小筑客栈

客栈位于环山路上，离尘不离城，交通便捷，东邻梅园公园，西毗普照寺。后院环境优美，有一处室内茶咖吧，整体古朴安静，是理想的下榻之所。 泰安市泰山区红门路28号

●泰安东尊华美达广场酒店

酒店背依中华国山——“五岳之尊”泰山，无与伦比的位置优势奠定了其独特的气质。这里是涉外旅游花园式酒店，拥有多间各式客房、套房，以及9间不同风格和规格的会议室，可满足不同的需求。这里深悟美食之道，中西餐都经过大厨之手，极具吸引力。另外，这里还有健身中心、游泳池、SPA、棋牌室等完善的娱乐设施，如同一剂精神良药，为你解除疲惫。 泰安泰山区迎胜东路16号

泰安城区图

美食

泰安

泰安市及泰山附近有众多特色美食，大致可分为风味筵席和小吃两大类。风味筵席主要是药膳宴和野菜宴，色香味俱全，营养丰富；小吃类则有煎饼、牙枣、干炸赤鳞鱼等。

●泰安煎饼

泰安煎饼以玉米、高粱、谷子、地瓜干等为原料，吃起来略带酸味，香软可口。煎饼卷大葱更是妇孺皆知的街头小巷大众美食。

泰安煎饼

●干炸赤鳞鱼

赤鳞鱼系泰山特产，干炸赤鳞鱼鱼体呈弓形，颜色淡黄，外焦酥，里鲜嫩，蘸以椒盐佐食，风味尤佳。

干炸赤鳞鱼

●药膳宴

泰安的厨师们通过发掘利用泰山丰富的中草药资源，研制推出了泰山药膳宴。药膳对于防病治病、延年益寿有良好的功效，主要菜点有灵芝蒸鸡、灵芝蒸鸭、何首乌炖羊肉等。

●野菜宴

泰山山高林密，也为各类野菜生长提供了自然条件。泰山野菜宴可分为冷盆类、油炸类、蛋炒类、腌制类、汤羹类等，尤以姜汁荠菜、炸荷香、炒山鸡等最有名。

●酱包瓜、酱摩茄

酱包瓜采用莴苣、黄瓜、杏仁、藕、青红丝等做馅，然后装入酱好的瓜皮内缝合，瓜皮要用未成熟的鲜嫩甜瓜。吃的时候鲜脆清香，酱味浓郁。

酱摩茄选用黑色坚硬茄子，用烧砖磨去茄皮，榨去茄汁，盐腌后再榨出盐水，投入新鲜甜酱缸内，半月后捞出上市。入口时只觉清香肉嫩，回味无穷。

购物

泰山这片神奇的土地上孕育了品类繁多的土特产，肥城桃、泰山板栗、宁阳大枣并称“泰山三大特产”；此外，泰山核桃、泰山大货山楂、泰山红玉杏、泰山美人梨（俗称小白梨）、三岔红星苹果、东平洋香瓜、牙枣、鹿角菜以及“中国八珍”之一的赤鳞鱼等，亦小有名气。

娱乐

泰安

来到泰安，很多人的首选娱乐项目就是去五岳之首的泰山，攀上岱顶，领略“会当凌绝顶，一览众山小”之感，或一赏泰山日出的壮美。泰安市虽无大城市的喧哗时髦，近些年来也陆续开辟了不少娱乐场所，比如卡拉

OK、网球、保龄球、桑拿等娱乐项目也日益丰富，当然魅力最大的娱乐活动仍然是传统的登山活动。

●泰山国际登山节

泰山国际登山节是泰安的一项重要节庆活动。登山节一般在每年的秋季举办，这个季节的泰山秋高气爽、风景秀丽，很适合户外运动。自从1987年9月举办第一届泰山国际登山节以来，至今每年举办一次，来自世界各国及国内来宾和登山健儿欢聚一堂，参加各种节日活动，如徒步登山比赛、自行车登山比赛等，场面非常热烈。

举办时间：每年9月

地点：泰山旅游风景区

●“泰山祈福”节会活动

“泰山祈福”是泰山风景名胜区围绕元旦、春节、元宵节三大时间节点，以“薪火传齐鲁，祈福迎新年”“迎鸿福，祈新年”等为主题，面向国内外普通游客、香客开展的一系列仪式表演活动。包括“岱庙至玉皇顶‘登泰山，保平安’祈福一日游”“泰山极顶迎接第一缕曙光”“迎新年倒计时”“游千年古道，观封禅大典”等一系列活动，丰富多彩。

举办时间：元旦、春节、元宵节

地点：泰山风景名胜区

●“泰山农家过大年”节会活动

“泰山农家过大年”节会活动，是泰山脚下的埠阳庄村和白马石村举办的一个特色民俗节庆活动，活动的主要内容是“欢欢喜喜过大年，泰山民俗迎新春”“吃农家饭，住农家院，干农家活，看农家景，享农家乐”等。在这里，游客可以抓山鸡、采山参，体会农家劳作的情景；可以和家庭主妇一起揉面、剁馅、擀面皮、包水饺；也可以坐在灶前，点起柴火，亲自在鏊子上摊一张薄如蝉翼的泰安煎饼。游客在这里可以吃到特色豆腐宴和传统民俗婚俗宴，可以体验泰山传统民居及农民的生产、生活，还可以购买泰山核桃、板栗、女儿茶、石榴、赤鳞鱼等土特产，绝对是物超所值，不虚此行。

举办时间：每年农历腊月二十三至农历正月十五

地点：泰安市泰山区邱家店镇埠阳庄村和泰山区白马石村

●肥城桃花节

肥城桃花节是肥城市举办的一项以桃花为主题的特色节庆，其中包括全国桃木旅游商品创新设计大赛、“四月桃花开，肥城等你来”万人赏花行、全国知名木雕大帅肥城行、“桃都送吉祥，休闲桃乡行”系列文化之旅等活动。

举办时间：每年4到5月份

●宁阳梨花节

宁阳梨花节是泰安市宁阳县举办的一项特色节庆，主要活动有宁阳民间才艺大赛、大红枣文化艺术团系列文艺演出、“万亩梨园游”等，非常多样。

举办时间：3月28日至4月10日

地点：泰安市宁阳县葛石镇神童山风景区

泰山观日出

发现者旅行指南

鲁西南

（含济宁、枣庄、菏泽）

概览

亮点

曲阜三孔景区

由孔庙、孔府、孔林构成，是拥有近千间建筑的宏大建筑群，被世人尊崇为世界三大圣城之一。

曲阜孔林

微山湖·微山岛

中国北方最大的内陆岛，每年盛夏，岛周围野生荷花连片盛开，还有微子墓、汉代张良墓、春秋目夷墓等历史遗迹。

水泊梁山

水浒故事的发祥地，因古典名著《水浒传》而驰名中外，是全国唯一一处以农民起义遗址为游览内容的风景区，山水交错，景色秀丽。

台儿庄古城

位于京杭大运河的中心点，拥有北方大院、徽派建筑、鲁南民居等八种建筑风格，既壮观沉实又灵巧秀美，有“天下第一庄”之称。

抱犊崮

以“雄”“奇”“险”“秀”居鲁南72崮之首，有丰富的地质岩层、大量的生物化石、擎天一柱一指、美丽的石钟乳等景点。

曹州百花园

园内培植精品牡丹20万余株，观赏芍药10万余株，为“中国牡丹城”的主要牡丹精品园之一。

线路

济宁休闲二日游

第一天游览济宁市中心的太白楼，游览完毕后步行前往声远楼、铁塔寺参观，午餐可自备，也可前往北湖品尝湖鱼和莲藕等美味。下午主要游览北湖。

第二天早晨乘车到凤仙山参观游览，之后在凤仙山脚下乘坐到水泊梁山景区的旅游专线车，午餐可自带在车上解决，也可到了梁山景区再吃。下午游览完水泊梁山后，乘车到中都佛苑和曾子庙参观。

菏泽精华二日游

第一天早上先游览古今园和曹州百花园，午饭自备，也可就近购买，之后下午游览冀鲁豫边区革命纪念馆和曹州书画院。

第二天早上前往孙膑旅游城参观，之后再到附近的浮龙湖旅游度假区游览。中午可自带午餐，也可在浮龙湖景区附近吃。下午游览金山旅游区和仿山旅游区。

为何去

济宁是著名的孔孟之乡、礼仪之邦、水浒故里，这里有着“三皇五帝”的活动踪迹，诞生过黄帝、少昊、孔子、孟子等众多历史名人，还有众多独具特色的节庆，可以称得上是“孔孟桑梓之邦，文化发祥之地”。

南阳古镇

枣庄有被称为“京杭运河仅存的遗产村庄”的台儿庄古城，有松柏茂盛、云雾缭绕的抱犊崮森林公园等众多旅游好去处，素有“鲁南明珠”之称。

菏泽历来有“花乡水邑、林海商都”的美称。菏泽历史悠久、名士辈出，还是我国著名的牡丹之乡、武术之乡、书画之乡、戏曲之乡和民间艺术之乡。

何时去

通常夏季是济宁旅游最旺的季节，但夏季多雨，游客出行需携带雨具。秋季天气晴朗，是登山赏红叶的好时节。此外，在济宁当地重大节日期间出游，也是不错的选择。

到枣庄旅游，选择春、秋两季最为适宜。每年农历三月十二，枣庄山亭区有“梨花节”，此时到枣庄观花赏花，是不错的选择。

菏泽春、秋季温度刚好，每年4月菏泽国际牡丹节隆重开幕，实为最佳旅游时间。秋季天高云淡，除了吃海鲜，到金山旅游区、孙膑旅游城等爬山郊游都是不错的选择，要注意携带滋润护肤品。

孔林

区域解读

济宁区号：0537
枣庄区号：0632
菏泽区号：0530
总面积：27 803平方千米
总人口：2080.35万人

地理 GEOGRAPHY

区划

济宁下辖2区（任城区、兖州区）、2市（曲阜市、邹城市）、7县（微山县、鱼台县、金乡县、嘉祥县、汶上县、泗水县、梁山县）。

枣庄下辖5区（薛城区、市中区、峄城区、台儿庄区、山亭区）、1市（滕州市）。

菏泽下辖2区（牡丹区、定陶区）、7县（曹县、单县、成武县、巨野县、郓城县、鄄城县、东明县）。

地形

济宁全市地形以平原洼地为主，地势东高西低，地貌较为复杂。东部山峦绵亘，丘陵起伏。南四湖（微山湖、昭阳湖、南阳湖、独山湖）以东为泰沂山前冲积平原，自东向西倾斜；南四湖以西为较平坦的黄泛平原，自西向东倾斜，起伏较小。

枣庄市地处鲁中南低山丘陵南部地区，属于黄淮冲积平原的一部分。地势呈东高西低，北高南低，由东北向西南倾伏状。枣庄境内河流属淮河流域南四湖——运河水系。

菏泽市地处古今黄河之间的三角地带，大部分为黄河冲积平原，地势平坦，土层深厚。菏泽境内水资源丰富，黄河自东明县焦园乡十家堤入境，境内长185千米，为西南、东北流向。菏泽有流域面积50平方千米以上的河流80多条，多为东西流向，均属淮河水系。

气候

济宁位于东亚季风气候区，属暖温带季风气候，四季分明。夏季多偏南风；冬季多偏北风，多晴寒天气；春季易旱多风，回暖较快；秋季凉爽，但时有阴雨。

枣庄市属暖温带大陆性季风气候，光照

枣庄熊耳山双龙大裂谷

充足，热量丰富，降水较多，四季分明，是山东省降雨量最充沛的地区之一。

菏泽市属温带季风大陆性气候，夏热冬冷，四季分明。春季少雨，南北风频繁交替，气温回升较快；夏季高温湿润，常刮东南风，降雨集中；秋季雨量逐渐减少，风向由南转北，降温迅速；冬季雨雪稀少，多刮北风，气候干冷。

最美湿地微山湖湿地

空中鸟瞰，在鲁苏皖三省交界处，有一条巨龙南首北尾、斜卧在齐鲁大地，它就是微山湖。微山湖是我国最大最美的国家级湖泊类湿地。

微山湖四周有白马河、泗河、洸河等10余条大河，有如条条龙须。湖面上星罗棋布的渔村像一片片鳞甲，沿湖的滕州、邹城、兖州、鱼台、嘉祥、沛县、丰县、微山等10余座县城，点缀在巨龙的周围，像粒粒珍珠，熠熠生辉。

微山湖又名“南四湖”，由微山、昭阳、独山、南阳四湖组成。南北长达120千米，东西最窄处5千米。总面积1260多平方千米。

每至盛夏，微山湖数百里湖面花团锦簇，荷花飘香。百亩、千亩、万亩、十万亩，大小片不等，接天连壤，一派壮观景色。这里最壮观的荷花群有三处，微山岛西至爱湖这一片荷花，就足有十万亩，留庄、南阳两镇也各有数万亩。荷花纯系野生，有红、白两色，红的嫣然如霞，白的清丽典雅。面积如此之大的荷花荡，非但山东省罕见，全国亦不多见，这确是微山湖的一大奇观。

历史 HISTORY

济宁历史大事记

上古时期，济宁为东夷昊族建立的有仍氏部落方国。

公元前1046年，周武王伐纣灭商，将其胞弟、王国宰辅周公旦封于曲阜，立国为“鲁”。曲阜是当时除周王朝首都镐京外全国文化最发达的城市。

公元前195年，汉高祖刘邦经过鲁地时，祭孔子墓，并封孔子九世孙，开创了历代皇帝祭孔的先例。

汉景帝三年（公元前154年），鲁王兴建王宫，在拆除阙里孔子旧宅时发现孔鲋所藏《尚书》《论语》《诗经》《仪礼》等古文经书竹简，使孔子思想得以流传推广。

公元739年，唐玄宗封孔子为“文宣王”，祭孔时使用了原本仅限于古代天子用的64人的“八佾之舞”，此为祭孔大典成为“国之大典”之始。

孔府典籍厅

北宋宣和元年（1119年）至三年，宋江聚众梁山泊起义，反抗官府。

元至正八年（1348年），济州治所定治于任城，以其地势高可免水灾，能保安宁，遂名济宁。

清康熙七年（1668年）6月17日夜，邹县发生地震，震塌房屋，死亡百余人。

名单 济宁历史名人

三皇五帝之黄帝

思想家、教育家、儒家创始人孔子

孔子弟子颜回、子路、曾参

土木工匠祖师鲁班

春秋末期史学家左丘明

儒家学派集大成者孟子

墨家学派的创始人墨子

西汉著名经学大师匡衡

东汉哲学家、思想家仲长统

“建安七子”之一王粲

“魏晋玄学清谈”开创者之一王弼

唐文成公主李雪雁

中医小儿科之祖、“六味地黄丸”发明者钱乙

孔子64代孙、《桃花扇》作者孔尚任

枣庄历史大事记

7300年前，人类就在枣庄这片土地上繁衍生息，这里创造了灿烂的“北辛文化”，这是迄今为止黄淮地区考古发现最古老的文化，也是东夷文化的源头。

大约4000年前，夏朝车正、薛国人奚仲在奚公山造出世界上第一辆马车。

春秋时期，境内始开凿运河，台儿庄城得以兴盛。

1878年，枣庄成立了中兴煤矿，这是国内最早的三大矿之一。

1912年，私人集资、国人自建的台枣铁路全线通车，这是山东最长最早的商办铁路，是中国铁路史上的一大创举。后又修建临枣支线与津浦铁路相连，抗日战争期间著名的“铁道游击战”就诞生在这里。

1938年春，台儿庄战役打响，中国军队与日军激战近半个月，最终取得胜利，是中国军队抗战以来的一次空前胜利。

名单 枣庄历史名人

夏朝车正、造车鼻祖奚仲

商汤贤相仲虺

战国思想家、墨家鼻祖墨子

战国四君子之一孟尝君

战国勇于自荐的毛遂

汉初政治家叔孙通

汉代凿壁借光的匡衡

汉代清节宿儒王良

菏泽历史大事记

●先秦时期

公元前16世纪，商汤灭夏建商，定都于亳（今曹县境内）。

公元前11世纪，周武王封其弟振铎为曹

伯，在陶丘（今定陶境内）建立曹国；封其弟季戴为郕伯，在城阳建立郕国；封其异母弟于郜（今成武县郜鼎集），建立郜国。后周成王封少子姬臻于单父（今单县），建单子国。

公元前651年，齐桓公会诸侯于葵丘（今五霸岗村），成为霸主。

周襄王二十年（公元前632年），晋、楚两军交战，晋军避实就虚，退避三舍，在城濮（今鄄城县临濮集）大败楚军，史称“城濮之战”。晋国确立了称霸的地位。

周元王三年（公元前473年），越国上将军范蠡弃官定居于陶（今定陶），经商致富，三致千金，称“陶朱公”。

周安王二十一年（公元前381年），战国时期著名军事家吴起（今定陶人），被楚国贵族杀害，变法失败。

●秦汉至明清

汉高祖五年（公元前202年），刘邦在汜水之阳（今定陶县官堌堆）即皇帝位。

东汉建安二年（197年），济阴太守夏侯惇从南方引来稻种，在区内引灌种稻。

公元875年，王仙芝起义占曹、濮；冤句（今东明）人黄巢，起义响应，几个月里，义军发展到数万人，横扫千里，所向披靡，菏泽是义军的发源地。

宋靖康元年（1126年），金人大举进犯，东明陷入重围，与京城消息中断。知县宋晟督兵力战，坚守县城达一年之久，宋钦宗对其褒奖。

金大定二十七年（1187年），黄河在境内决口，水淹曹、濮二州。由于河水泥沙沉积，“菏泽”这一天然湖泊被淤平。

1368年，黄河决口于东明响子口，损坏官民房屋不可胜数，人口大减。

清雍正十三年（1735年），曹州升为府，赐名菏泽，这是菏泽为政区名之始。

●近现代

清光绪元年（1875年），山东巡抚丁宝桢创修黄河南岸障东大堤，上起东明谢寨，下至梁山十里堡，长125千米。

清光绪二十三年（1897年）10月7日，巨野县农民刘德润、奚老五率众夜入磨盘张庄德国天主教堂，杀死两名德国传教士。这就是震惊中外的“巨野教案”（亦称“曹州教案”）。

1938年6月9日，蒋介石集团在郑州花园口炸堤放水，使豫、皖、鲁3省44县尽成泽国，黄河主流直趋东南夺淮入海，菏泽境内黄河河道逐渐干涸。

名单 菏泽历史名人

中国历史上第一位奴隶出身的宰相伊尹

周文王六子、曹国开国君主曹叔振铎

战国时齐国军事家孙膑

战国著名军事家吴起

汉高祖刘邦正配夫人吕后

汉朝著名将领彭越

三国时期曹操的谋臣董昭

唐末农民起义领袖王仙芝、黄巢

北宋末农民起义领袖宋江

抗日战争爱国将领赵登禹

抗日奇兵铁道游击队

相信很多人看过电影《铁道游击队》，这支特殊的抗日武装给人留下深刻印象，故

台儿庄

事的原型就是八路军一一五师鲁南支队领导下的抗日队伍。

铁道游击队作战灵活机动，如同神出鬼没、来无影去无踪的“飞虎”，打得日军心惊胆战。日军背后把铁道游击队叫作“飞虎队”，谈“虎”色变。

游击队员屡建奇功。1941年冬天，战斗在鲁南山区的两万多八路军还没有穿上棉衣。为了解决部队的过冬棉衣，游击队截获了鬼子运布匹的火车，一次缴获了一千多匹布匹。

为了打通苏北、山东抗日根据地与延安的联系，打破日军对铁路沿线的严密封锁，铁道游击队又与运河支队等抗日武装一起建立起微山湖秘密水上通道，担负起护送八路军高级干部的任务，护送过刘少奇、陈毅、罗荣桓等百余名领导人及千余名抗日将士，被肖华将军誉为“怀中利剑，袖中匕首”。

铁道游击队挥戈于百里铁道线上与日伪展开殊死搏斗，与日军周旋了六年，经历大小战斗数百次，破坏了日军铁路运输线，大大牵制了日军的兵力，配合了主力部队的作战，令日伪闻风丧胆，是一支抗日奇兵。

抗日战争时期曾建立秘密水上通道的微山湖

文化 CULTURE

圣人故里曲阜

曲阜是周朝时期鲁国国都，这里是我国古代伟大的思想家、教育家、儒家学派创始人孔子的故乡，被西方人士誉为“东方耶路撒冷”。

春秋末期，孔子出生在鲁国陬邑昌平乡。他打破了“学在官府”的传统，在鲁国创办私学，聚徒讲学，传授“六艺”，诲人不倦，传播文化，鲁国俨然成了全国的教育中心。他适齐仕鲁，周游列国，积极从事政治活动。晚年，删《诗》《书》，订《礼》《乐》，赞《周易》，修《春秋》。孔子死后，儒家学说被历代学者逐步发展、改造，奉为中国封建社会的正统思想，从西汉至清末的两千年间，在中国一直居于正统地位。

在曲阜815平方千米的土地上，有各类文物古迹600余处，其中6处列入全国重点文物保护单位，孔庙、孔府、孔林还被列入世界文化遗产。

京杭大运河的重要枢纽——枣庄

京杭大运河的贯通直接导致了南北方农业生产技术的广泛交流、南北方农作物品种的相互移植与栽培，促进了南北方商品农业经济的发展。枣庄作为运河上的一环，在历史上起到了重要的作用。

枣庄的水运中，万年闸港和滕州港起着重要的作用。京杭大运河从峄城区南部穿过，在峄城区有18千米的河段，占流经枣庄运河的31%，是北货南运的重要通道。运河上来来往往的船只，呈现出一片繁忙景象。万年闸港位于京杭运河与206国道的交汇处，明清以来，商贾云集，是南北货物运输的要道，享誉大江南北。

被世界旅游组织誉为“活着的运河”“京杭运河仅存的遗产村庄”的台儿庄古城，历史上是一座商旅所萃、居民饶给的运河名城。它形成于汉，发展于元，繁盛于明清，呈现出“商贾迤逦，一河渔火，歌声十里，夜不罢市”的繁荣景象。

如今的台儿庄古城面积2平方千米，53处战争遗迹保存完好，古河道、古码头依旧，是一座可以舟楫摇曳、遍游全城的东方水城。这里还有京福高速、韩台路、津浦铁路经过，一水四路造就了天然名港。占地33.33多公顷，吞吐量达500万吨的现代化综合性内港，集休闲、旅游、度假于一体，货船过闸的场面何其壮观，成为新兴的旅游景观。

栩栩如生的曹州面人

菏泽古称“曹州”，曹州面人是一种传统的造型艺术。面塑俗称“捏面人”，它以细小麦面和江米面为主要原料，加入适应的颜料，分别和成不同色彩的面团，用锅蒸熟后再配上适量防腐、防蛀、防干剂等，然后借助于批刀、塑刀、小剪刀、梳子、骨簪、花纹印章等工具，用手捏制成各种各样栩栩如生的塑像。由于它制作精巧，形象逼真，逐渐形成一种富有观赏价值的艺术珍品。

曹州面人最早起源于曹州（今菏泽市牡丹区）马岭岗镇穆李村。相传早在尧舜时代，地处黄河流域的菏泽就常因黄河决口，天灾人祸几乎不断。当时，当地人们为避灾祸、求平安，常捕杀猎物，敬天地、求神灵、祭奠列祖。后来为了节约，便使用面粉调和后捏成猪、羊，代替活物，即所谓“花供”。这就是早期的菏泽面塑。到了唐代便出现生面塑、熟面刷色塑和熟面染色塑三种。

曹州面人历经沧桑，几度沉浮。曹州面人采用可塑性较强的白面和糯米面为原料，染成黑、白、蓝、绿、红、黄、紫等多种颜色，由塑动物、瓜果发展到塑人物，使面塑初步形成艺术品。曹州面人造型简练生动、形象逼真传神、比例夸张适当、色彩艳丽单纯，是中国乡土文化的重要代表，具有长久的生命力，深受广大人民群众的喜爱，具有极高的欣赏价值。现在的曹州面人基本脱离民俗功用，成为一种集观赏和把玩于一体的民间工艺品。

景点推荐 济宁运河沿线

微山湖·微山岛 AAAAA

中国北方最大的内陆岛

- 济宁市微山县
- 在微山县乘县内公交车即可到达
- 0537—8550005
- 免费
- 全天

微山湖是中国第五大淡水湖，也是中国北方最大的淡水湖，是中国荷都、北方水乡和铁道游击队的故乡。微山湖以荷花最为出名，每到夏日荷花盛开，只见湖面全是荷叶与荷花。微山湖物产丰富，各种水产品应有尽有，是喜欢游览水乡的游客必去之地。

微山岛位于微山湖的东南部，微山岛钟灵毓秀，人文荟萃，历史悠久，古迹众多，历史遗迹有微子墓、汉代张良墓、春秋目夷墓等。微山岛是铁道游击队、微湖大队、运河支队等革命武装成长的摇篮。坐落在岛上的铁道游击队纪念园被命名为“济宁市爱国主义基地”和“山东省国防教育基地”。

玩家攻略

1.微山湖是电影《铁道游击队》《月夜》，电视剧《花开的美丽季节》等的拍摄地，同时也是亚洲最大的天然荷花池，风光秀丽，让人流连忘返。

2.每年7~8月，十万亩荷花开遍湖中，蔚为壮观。7~8月还是捕鱼季节，此时来微山湖

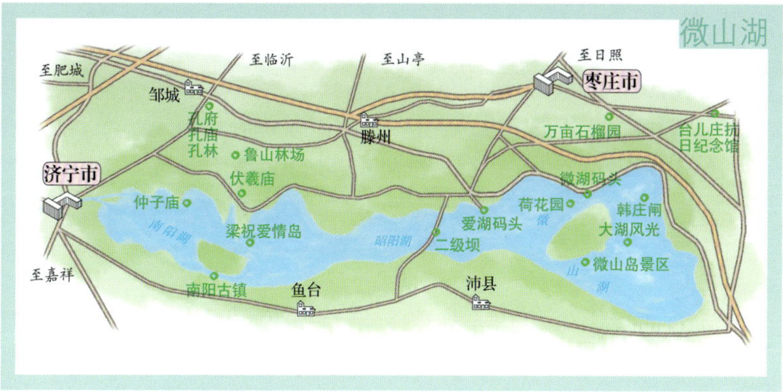

既可欣赏荷花，还能品尝时鲜。一年一度的荷花会每年8月在荷花景观最集中的小微山湖举行。

3.保护区是迁徙水禽及其重要的越冬栖息地，区内共有鸟类205种，其中国家一、二级重点保护鸟类主要有大鸨、大天鹅、白枕鹤、灰鹤、鸳鸯等26种。可以过来赏鸟。

4.以微山湖淡水鱼为主要原料制作的百余种湖鲜名吃，如漂汤鱼丸、老鳖靠河崖、“霸王别姬”等闻名遐迩，微山湖甲鱼、四鼻孔鲤鱼、麻鸭及微山湖无铅松花蛋、灰蛋、麻鸭蛋、荷香妙龄鸭、五香扒鸭等也是美名远扬。还可在微山岛渔村，品尝渔家人亲手做的渔家饭菜，微山鱼宴不容错过。

5.微山岛景区的沟北村，有陈家湾渔家乐专业合作社，主要提供原生态的渔民生活体验，例如划渔民小木船、看鱼鹰表演、跟渔民捕鱼、看荷花摘莲蓬等，还有原生态渔家餐饮和住宿。

6.微山湖上可借宿渔民家，一般需自备睡袋。当然也可以住在微山岛上，微山岛上有商务宾馆，备有标准间，价格一般在200元左右。

南阳古镇 AAAA

中国运河第一古镇

济宁市微山县南阳镇

40元（含往返船票，到景点须另购票）

古镇南阳——运河四大名镇之一，由东西长3500米、南北宽500米的主岛和多个自然小岛组成，周围碧水环抱，运河从中间穿过。在明清时期，在这个湖中的小小陆地上曾经吸引、云集了当时全国各地的商贾、名门，有“晴天不见日，雨天不漏水”的说法，造就了它空前的繁荣。

玩家攻略

1.在景区可到湖上乘船冲浪或泛舟古运河上，也可观看鱼鹰表演，观渔家婚礼，赏渔民捕鱼，跟着渔民捕鱼拾网、下篮垂钓、摘菱采莲，还可在浅水池摸鱼、鸭圈捡鸭蛋、观看民俗表演等。

2.现在的和合居（康熙御宴坊）是南阳古镇重新选址建造的，可在此品尝满汉全席大宴。来王苏白村，除了充分享受湖区生态的熏陶，正宗地道的湖味美食也是不可错过的一道大餐。

3.南阳镇还有许多渔家特色餐厅、水上餐厅，食在渔家是一件乐事。生拌乌鱼丝、咸鸭蛋、炒田螺、四鼻孔鲤鱼、烧野鸭等解馋的湖鲜，堪称世上一绝。

宝相寺 AAAA

享有“第二法门寺”的美誉

济宁市汶上县

在汶上县城乘坐公交车即可到达

50元

宝相寺始建于北朝，最初名叫“昭空寺”，宋真宗封禅泰山时曾驻跸汶上，御赐寺名为“宝相寺”。寺院历经千年香火不衰，是历代帝王将相、文人墨客礼佛观光的风水宝地，是齐鲁大地上的佛寺名刹，被誉为“北朝最初名胜，东土第一道场”。

宝相寺供奉殿现供奉有释迦牟尼檀木贴金大佛、青石彩塑十八罗汉。佛都圣迹珍宝馆则陈列了汶上从远古至民国时期发现的历代文物和太子灵踪塔塔宫内发现的石匣、舍利、金棺等圣物。

玩家 攻略

1.景区有五大旅游亮点：一是九龙浴佛、荷花撞水，佛祖出世；二是五彩琉璃透彻卧佛，佛祖涅槃升天；三是宝塔佛光，佛祖显灵；四是夜空祥云，佛祖现世；五是每逢佛教重要节日都举行“梵天佛韵”大型文艺演出，演示佛祖出生、出家、成佛、涅槃、佛牙舍利到汶上的故事。

2.每月的阴历十五举行皈依仪式，每年的农历三月举办灵踪文化节，节日期间游客众多，请注意游览时间。

太子灵踪塔

太子灵踪塔整体雄伟壮观，巍峨挺拔，结构坚固，底层是莲花座造型，塔身全部用青砖砌成，呈八角形，充分体现了宋代的建筑风格。塔体东、西、南、北各设一券门佛龛，龛内供奉佛像，北面龛门为拜塔引路甬道。尤其是第三层飞檐下饰的莲花宝座，体现了太子灵踪塔在佛塔中至高无上的地位。

宝相寺

中都博物馆

双层双檐楼阁式建筑，双拱彩绘，雕梁画栋。博物馆气势恢宏，造型独特，设施完善，功能齐全。馆内分东西两个展室，展品丰富多彩，琳琅满目，尤其是细石器、陶瓷器、太子灵踪塔面世的佛牙、舍利等佛教界至高无上的圣物，成为馆藏文物的一大特色。

水泊梁山 AAAA

水浒故事的发祥地

济宁市梁山县越山南路36号

55元

水泊梁山是水浒故事的发祥地，梁山地处黄河下游、汶水和济水汇聚地，绿柳垂岸、粉荷满地、水鸥翔集，风光宜人，人称“小洞庭”。五代以后，梁山水泊面积渐大，到宋代时形成以梁山为中心的八百里水泊，成为藏龙卧虎、英雄豪杰出没的地方，著名的水浒故事就诞生在这里。景区建有水浒寨、忠义堂、石碣亭等景点。

玩家 攻略

1.游览的过程中，可以欣赏民间艺术表演、水浒情景剧表演等具有水浒特色的各种演出活动。景区的入口处有具体的演出时间安排表，各种表演即将开始之前景区会有广播提示，可安排好游览时间，就近观赏。

2.每年9月中旬举办梁山水浒文化节，每届会有大型文艺演出、演武大会、美食活动、摄影活动等丰富多彩、不同形式的专项活动，非常热闹。

3.在这里还可充分体验梁山民间艺术的魅力和水浒遗风，聆听具有传统水浒说唱形式的山东快书、莲花落、琴书、碗乐独奏等；欣赏“威风锣鼓”“好汉迎宾”“菊花会”等气势恢宏的表演；观看梁山武术及民风习俗斗鸡、斗羊等精彩演出；品尝水浒宴，感受大碗喝酒、大块吃肉的水浒豪情。

4.另外，还有骑马上梁山的特色游览项目，可骑马经梁山马道直达山顶聚义堂。

玩家解说

根据《水浒传》的描写，在原址上先后修复了水浒寨、忠义堂、石碣亭、黑风口、断金亭、宋江马道、宋江井、练武场、莲花台、问礼堂、杏花村、环山河、陈列馆等景点，并塑有形象逼真的《水浒传》作者施耐庵雕像、水浒人物石雕群、36大罡彩色玻璃钢塑像和127平方米的大型唐三彩壁画《水浒英雄聚义图》。

杏花村

梁山东麓山坳间一片开阔地，上植千株梨杏，人称十里杏花村。每至阳春三月，梨花、杏花一片雪海琼涛，争妍斗芳，云蒸霞蔚，香飘十里，景象十分壮观。相传这里是《水浒传》中描写的王林卖酒的地方。而今的杏花村，老树犹在，步入了杏林之中，只觉得花更艳，香更浓，徜徉在杏花村里，展现在游人眼前的是一幅洋溢着青春气息的春光画卷。

菊花会

菊花会是梁山风景区聚义厅内的实景剧表演。宋江自盟誓之后，一向不曾下山，不觉炎威已过，又到秋凉，重阳节近。宋江便叫宋清大摆筵席，与众兄弟同赏菊花，唤作菊花会。但有下山的兄弟们，不论远近，都要召回山寨来赴筵。

宋江等梁山好汉在作战时，击鼓迎战，鸣锣收兵，进退有序，取得了胜利，于是流传下威风锣鼓。看威风锣鼓，在未见其形时，就早闻其声了，而且如雷贯耳，非同凡响。

水泊梁山

梁山寨

它是景区的核心建筑，也是当年义军的“心脏”——指挥中心。该建筑由演兵场、山门、忠义堂、中廊、回廊栈道、议事房及望楼组成。建筑强化了水浒特色，追求强悍、粗犷、苍劲、豪放的阳刚之气，从建筑到内饰均以场景化为主格调。在建筑造型上体现出茁壮质朴与力度，用建筑体现了梁山的个性魅力。

梁山影视城

影视拍摄、休闲旅游地

济宁市梁山县

梁山影视城坐落于梁山脚下，是集影视拍摄、休闲旅游于一体的大型综合项目。影视城以复原宋代风格为主，有综合影视拍摄与旅游经营功能。

梁山影视城充分体现深厚的水浒文化内涵，挖掘水浒旅游潜力，通过拍摄“水浒英雄谱”系列数字电影，借助媒体的轰动效应，把梁山水浒旅游真正做成“水浒的世界，世界的水浒”。

铁塔寺

名副其实的千年古刹

济宁城区中心古槐路东

铁塔寺又名“崇觉寺”，平面呈长方形，坐北朝南，巍峨挺拔，大雄宝殿、声远楼等雄伟恢宏，依稀可见当年的非凡气势和壮伟。阳光下，金色的塔顶，玄色的塔身，紫光吐辉。斗拱雕花的平座、围栏、飞檐及金光闪闪的天门，设计精巧，造型奇特，昂然耸立，蔚为壮观。

声远楼

砖木结构亭阁式建筑

济宁市任城区铁塔寺街中段

声远楼建在4.5米高的台基上，顶覆灰瓦，挑脊上饰有按序排列的鸱吻、飞禽、走兽等。楼内悬挂一口宋代铸制的巨型铁钟，撞击铁钟，响彻全城，声远5000余米，故名“声远楼”。明万历年间济宁道台龚勉题“声远楼”匾额一方，悬在二层檐下正前方，字体雄浑，特别醒目壮观。

太白楼景区

肃穆沉静、碑石林立

济宁市任城区太白楼中路71号

免费

09:00~17:00（周二至周日）

太白楼景区位于古运河北岸，是为唐代大诗人李白而建的专题性纪念馆。今太白楼是1952年时在高4.55米的城墙原址上重建的，为七开间、两层重檐歇山式建筑，灰瓦顶、青砖砌体，朱栏游廊环绕。馆内展出了李白生平事迹及大量书法名家的墨迹珍品，楼外青松掩映、花木扶疏、碑石林立，引人入胜。

玩家 攻略

太白楼紧邻人民公园，这是一座建于1952年的老公园，是借老城墙为山、护城河为水而建成的综合性公园。园中假山亭台、碧树幽径，集文化、休闲、健身于一身。

玩家 解说

据历史记载，李白从唐开元二十四年（公元736年）移居东鲁任城（今山东济宁市中区），直到唐乾元二年（公元759年）才将子女从东鲁接往楚地，期间李白及其家眷在济宁寄住达23年之久。

济宁东大寺

鲁西南伊斯兰教的活动中心

济宁市任城区小闸上河西街4号

东大寺坐落在济宁南关回族聚居区内，是鲁西南伊斯兰教活动中心，因为寺庙位于京杭大运河畔，依河而建，因此又叫“顺河清真东大寺”。东大寺中轴线上主要建筑有大门、邦克亭、大殿、望月楼四部分，中轴线两侧是南北讲堂、水房、碑廊等。整个寺院呈长方形，对称严谨、建筑规整，是标准的龙首式建筑群。

玩家 攻略

因为东大寺是一座清真寺庙，所以有很多不同于内地佛教寺庙的风俗和禁忌，游客在参观的时候一定要注意寺院的有关规定，避免不恰当的举动。

青山寺

以惠济公庙为主体的建筑

济宁市嘉祥县城南8.2千米的林木葱茏的青山西侧

青山寺坐东面西，顺应山势，层层递升，设计巧妙，别具一格。崇宇高阁，掩映于古树翠柏之中，景色颇为壮观。从山下望去，在中轴线上的建筑有6个层次，在惠济公大殿两侧，还有白玉宫、享殿、子母殿、万佛阁、关帝庙、迎客厅等附属建筑。

玩家 解说

大殿后有山泉一眼，名“感应泉”。泉水经殿底暗道，由碑底部之龙口中喷涌而出，常年不息，如珠似玉，纷纷泻入玉液池中，久雨不溢，常旱不涸，池水如碧，清澈见底。泉、池以殿相隔，如不留意观察，人们多不知泉由何来，池水何去。这一奇幻景致，既是天工，又是建造者的匠心独具。

曾子庙

孔子弟子曾参的祠庙

济宁市嘉祥县城南17.5千米满硐镇南武山之阳

曾子庙是孔子的著名弟子曾参的祠庙，明嘉靖九年（1530年）曾参被改封为宗圣曾子，故曾子庙又称“宗圣庙”。曾子庙建筑雄伟，碑碣林立，古柏森然，是山东省著名的古建筑群之一。曾子庙的主体建筑是宗圣殿庙，大殿飞檐挑角，彩绘斗拱，望板描龙。门前两石柱平雕云龙戏水，其余平雕菊花、牡丹等花卉。雕技高超，意境新颖。

声远楼

景点推荐 曲阜周边景点

孔庙 AAAAA 文

全国最大的孔庙

曲阜市明故城

0537—3709609

联票（包括孔庙、孔府、孔林）140元，孔庙80元

孔庙位于曲阜城中央，是中国现存规模仅次于故宫的古建筑群，堪称中国古代大型祠庙建筑的典范。孔庙始建于公元前478年，以其故居为庙，岁时奉祀。西汉以来历代帝王不断给孔子加封谥号，孔庙的规模也越来越大，成为全国最大的孔庙。

孔庙的建筑群贯穿在南北的一条中轴线上。中路从金声玉振坊起，由南向北依次要穿越棂星门、太和元气坊、圣时门、过壁水桥。进大中门后，再经奎文阁、十三碑亭、大成门、杏坛、大成殿、寝殿到最后一座殿堂——圣迹殿，这是孔庙的主体。庙内有殿堂、坛阁和门坊等460多间。孔庙四周围以高墙，配以门坊、角楼，黄瓦红垣，雕梁画栋，碑碣如林，古木参天……被古建筑学家称为世界建筑史上的“孤例”。

玩家攻略

1.阙里宾舍与孔庙、孔府邻近，有鲁菜精品孔府家宴、孔府喜宴、孔府寿宴。杏坛宾馆距“三孔”圣迹近在咫尺，有“孔府宴”及各种美食精品，距孔府、孔庙仅200米的大成旅游宾馆，有特级厨师、糕点师精心制作的鲁菜、川菜及多种风味小吃。

2.景区周边住宿地方较多，有邮政宾馆、裕隆大饭店、阙里宾舍、龙泉宾馆、曲阜大酒店、旅游宾馆、杏坛宾馆等。

3.《祭孔大典》是曲阜专门祭祀孔子的大型庙堂乐舞活动，亦称“丁祭乐舞”或“大成乐舞”，是集乐、歌、舞、礼为一体的综合性艺术表演形式，于每年9月28日孔子诞辰时举行，值得观赏。

4.汽车站里面通常会有人卖《孔子与曲阜》（共五本），对“孔子小传”“孔氏家族”“孔府”“孔庙”“孔林”都介绍得非常详细。

链接

曲阜三孔景区

三孔，即位于曲阜的孔府、孔庙、孔林三处景点。东方圣城曲阜是孔子的故乡，集古城古镇、名人遗迹、纪念建筑、寺庙等于一体的历史古城，是儒家文化的首创之地。

穿行于孔府的六厅二门，会有置身于王宫的错觉，眼到之处皆是文物，无论是牌匾还是大门，都有其深刻的内涵。极具东方建筑特色、规模宏大、气势雄伟的孔庙，是祭祀孔子的地方，这里也体现了东方建筑特色。此外，有“碑林”之称的孔林，虽是孔子的家陵，但却具有浓郁的文化积淀。

曲阜孔庙奎文阁

孔府 AAAAA

有“天下第一家”之称

曲阜市明故城　联票（包括孔庙、孔府、孔林）140元，孔府60元

孔府本名“衍圣公府”，位于孔庙的东侧，是孔子嫡长孙的官衙和府第，具有“天下第一家”之称，也是中国封建社会官衙与内宅合一的典型建筑。

孔府分前后九进院落，东中西三路布局，有前厅、中居和后园之分。前厅是衍圣公处理公务的场所；中居是衍圣公及其眷属活动的地方；内宅的前后楼是府上老爷、太太、少爷和小姐的住房，现陈列着当年的生活用品。最后一进是花园，又名“铁山园”，园内假山、鱼池、花坞、竹林以及各种花卉盆景等一应俱全。

玩家 攻略

1.孔府中的孔子手章不错，夜市就有卖，可以自己买了自己刻字，也可以在地摊上刻字。

2.曲阜是我国碑帖的主要产地之一，这里碑帖资源丰富，存有西汉以来历代碑刻5000余块，是我国石碑最为集中的地方之一。曲阜碑帖有1000余种，以孔庙汉魏北朝碑刻为主，尤以礼器碑、史晨碑、乙瑛碑、孔宙碑、张猛龙碑和贾使君碑等碑帖最为著名。此外还有米芾、赵孟頫、董其昌、翁方纲、何绍基等历代名家题写的原碑精拓本。

孔府重光门

玩家 解说

衍圣公世代恪守“诗礼传家”的祖训，着意收集历代礼器法物，藏品10万余件，尤以孔子画

孔府菜

孔府菜是中国著名的官府菜，在我国的饮食文化中享有很高的声誉。孔府菜选料广泛，制作精细，注重营养、豪华、奢侈，讲究礼仪。其筵席礼仪庄重，讲究盛器，菜名寓意深远。它源于地方，名于官方，传于民间，融宫廷美食、贵族饮食、地方饮食、民间饮食、家庭饮食于一体，以孔子思想及其在历史中的地位为依托，不断发展，雅俗兼备，风味独特，是中国饮食文化必不可少的一部分。2011年，“孔府菜烹饪技艺”成功入选《国家级第三批非物质文化遗产名录》。

孔府菜的制作是一个完整的独立体系，菜式从高档到低档，从荤品到素馔，从宴用到日常食肴，可谓样样俱全，应有尽有。从不同菜式在不同场合的用途来看，孔府菜由祭祀菜点、宴用菜点和家常菜点三大部分构成。孔府菜的用料，上至山珍海味，下至瓜果菜豆，乃至野蔬笋根，品种千余个。制作风格上，孔府菜选择性地吸取了鲁菜、苏菜、清宫菜等各菜系之精华，整体上具有鲁菜、苏菜亦即清宫菜的某些特征，但又形成了极具富贵气息、造型极趋美感、菜品极具文化韵味等孔府菜所独有的风格和特点。

孔府菜注重质地、味道、火候等菜品本身的质量要求，同时重视菜肴的形态美。特别是宴用菜点，优质的原料、美好的口味、典雅的盛器，再赋予一个优美生动的形象，使孔府菜体现出一种浓厚的富贵气息，具有别于其他菜系的独特气质。其中的一品豆腐、神仙鸭子、八仙过海闹罗汉和金钩挂银条等都是孔府菜中值得品尝的美味佳肴。

像、元明衣冠、衍圣公及夫人肖像著称于世。

孔府最著名的珍藏还有明清文书档案，它是孔府400多年各种活动的实录，共有30多万件，是中国数量最多、时代最久的私家档案，对于研究中国明清史特别是明清经济史具有重要价值。

孔林 AAAAA

孔子及其家族专用墓地

曲阜市北郊

联票（包括孔庙、孔府、孔林）150元，孔林10元

孔林本名“至圣林”，是孔子及其家族的专用墓地，也是目前世界上延时最久、面积最大的氏族墓地。自汉代以后，历代统治者对孔林重修、增修过13次，以至形成现在的规模，整个孔林比曲阜老城区要大得多，2000多年来葬埋从未间断。

在万木掩映的孔林中，碑石如林，石仪成群，除一批著名的汉碑移入孔庙外，林内尚有李东阳、严嵩、翁方纲、何绍基、康有为等明清书法名家亲笔题写的墓碑。因此，孔林又称得上是名副其实的碑林。

玩家 解说

孔子死后，弟子们把他葬于鲁城北泗水之上，那时还是“墓而不坟”（无高土隆起）。到了秦汉时期，虽将坟高筑，但仍只有少量的墓地和几家守林人。后来随着孔子地位的日益提高，孔林的规模越来越大。

东汉桓帝永寿三年（157年），鲁相韩勅修孔墓，在墓前造神门一间，在东南又造斋宿一间，以吴初等若干户供孔墓洒扫，当时的孔林“地不过一顷”。到南北朝高齐时，才植树600株。宋代宣和年间，又在孔子墓前修造石仪。据统计，自汉以来，历代对孔林重修、增修过13次，增植树株5次，扩充林地3次。

万古长春坊

明万历年间修建的牌坊

曲阜城北门外至孔林大门以南的神道中间

万古长春坊为明万历二十二年（1594年），巡按连标、巡抚郑汝璧建。清雍正年间重修加固。明间两石柱前后各浮雕两条盘龙，再外两石柱只有上部各雕一条龙，最两边的柱上部各雕一只立凤凰。

明间额枋南面雕双龙戏珠，北面雕双狮戏球，次间均雕双凤朝阳，梢间前后雕双龙戏珠。坊额刻于明间花板上，正书“万古长春”四个大字，笔势沉厚，字体端庄。石柱前后用石抱鼓，鼓上浮雕石狮子，两侧面上分别浮雕龙、鹿、牡丹等图案。此坊矗立于神道上，更显得雄伟精美。

玩家 解说

此坊为石质结构，是一座六楹精雕的石坊，六柱五间五楼，庑殿顶，其支撑的6根石柱上，两面蹲踞着12个神态不同的石狮子。坊顶雕瓦垅及脊兽，檐下雕有斗拱。额坊、立柱、花板遍

曲阜孔林

布精美的雕刻，柱、枋深浮雕，花板浅浮雕。

颜庙 文

祭祀孔子大弟子颜回的庙宇

曲阜市区北部城北门内陋巷街，与孔府后花园隔街遥对

颜庙原名“复圣庙”，为祭祀孔子的大弟子颜回而建。颜庙东中西三路布局，前后五进庭院。正殿复圣殿供奉颜子塑像，西路奉祀颜回之父颜路，主殿礼国公殿为元代建筑。

颜庙内共有碑碣60余块，其中有两块是元朝所立的“大元敕赐先师充国复圣公新庙碑”和“大元加封颜子父母制词碑”。两碑均用古蒙古文与汉文对照刻成，上面记述了当时加封颜回及其父母的情形，对研究古文字学有一定的价值。

链接

颜回小传

颜回是孔子的弟子，儒家学说的杰出继承人，品德高尚者的代表，受到历代帝王的褒扬和名人的颂赞。据说颜回是一位贤者，他独自住在陋巷中，过着极其简朴的生活，孔子夸他对物质生活的要求很低，“一箪食，一瓢饮”就足够了，对于德行却有着很高的要求。在《论语》中有不少关于颜回的记载，因而他也成为后世人最为熟悉的孔门弟子之一。

孔子六艺城 AAAA

展示孔子六艺的精髓

曲阜市南新区春秋路15号

0537—4494810 40元

08:30～17:00

曲阜孔子六艺，是以孔子倡导的“礼、乐、射、御、书、数”六艺为引线，运用现代声、光、电等技术，集知识性、趣味性、参与性于一体的大型现代化旅游景区。六艺城的主体建筑由两个半圆组成，依次为书厅、御厅、射厅、乐厅，中间托起一个圆柱形球体建筑——数厅。主体建筑前面是大型微缩景观“礼厅”。

玩家 攻略

1.景区有孔子六艺文化体验游、孔子六艺修学游、中华成人礼仪、祈福游等丰富多彩、新颖别致的游园项目。主要内容包括：体验开城迎宾礼、入泮礼、祈福礼；修习孔子六艺，感悟儒家文化；参与打腰鼓、抬花轿、纺鲁锦、织麻布等民俗表演。

2.每天在孔子六艺大剧院还举行孔子六艺乐舞和仿古祭孔乐舞表演。

3.孔子六艺城燕乐宫是一处集餐饮、观赏乐舞、娱乐、会务服务于一体的旅游场所，每天午宴、晚宴提供孔府三大宴（家宴、喜宴、寿宴）、鲁菜精品和具有地方特色的美味佳肴。同时专场演出孔子六艺乐舞、宫廷和民族乐舞、器乐节目等。

石门山

因两山对峙如石门而得名

济宁曲阜市石门山镇

30元

08:30～17:30

石门山原名“龙门山”，因为山上有两座山峰对峙，犹如石门，所以得名。石门山主峰是胜涵峰，山上有水雪洞、蟠龙洞等24个景点，其中“石门月霁”是其中亮点。景区内山峰峻峭、洞壑深幽、林木葱茏、风光秀丽，蕴藏着历史悠久的自然景观和久负盛名的人文景观，有峻险、雄伟、秀丽、青翠的特点，自古以来就是帝王将相、文人墨客观光游览的好去处。

玩家 攻略

石门山上景点众多、景色秀美，是夏天消夏避暑的好去处，而且夏天正是这里一年中最美的季节，很值得一游。

链接

趣闻典故

李白、杜甫结伴游齐鲁时曾在石门山宴别，相传他们同游石门山并见到了隐居山中的张叔明。三人在张叔明亲手种植的一棵梨树下食梨、饮酒，杜甫吟出了“杜酒偏劳劝，张梨不外求”的佳句，李白则留下了脍炙人口的《鲁郡东石门送杜二甫》。

孟母林

寿丘·少昊陵

我国著名古陵之一

曲阜城东4千米的旧县村东北

据历史记载，黄帝之子少昊建都穷桑，后徙曲阜，在位84年，寿百岁而终，葬于鲁故城东门之外的寿丘。

寿丘是北宋时用石块叠砌而成，形如金字塔，故有“中国金字塔”之称。少昊陵由南至北依次是少昊陵石坊、陵门、享殿和陵墓。陵墓顶供奉石刻少昊像。陵园内有重修陵墓和历代祭祀的纪事碑石刻多座，桧柏森森，芳草如茵。

玩家 解说

少昊，号金天氏，传为黄帝之子，五帝之一。“能修太昊之法，以金德王天下”，曾都于曲阜。史传，在少昊诞生的时候，天空有五只凤凰，颜色各异，按五方的颜色红、黄、青、白、玄组成，飞至少昊氏的庭院，少昊便以玄鸟作为本部的图腾。后迁都穷桑（曲阜），设工正、农正，分别管理手工业和农业，以发展生产。同时，“正度量”、观测天象、制定历法、发明乐器、创作乐曲，并以鸟命官，死后葬于此。少昊时期在我国原始文明发展史中起到了重要的作用。

周公庙

鲁国的祖庙

曲阜城东北1千米处

周公庙即“鲁太庙”，鲁国的祖庙，坐落在原鲁国国都的宫殿区范围，即“左祖右社”。周公庙现今所在之地也是鲁国故城遗址。周公庙历经宋、元、明、清修建，形成现在的规模。

元圣殿是周公庙的中心建筑，大殿阔五间深三间，绿瓦彩绘。殿内正中上悬“明德勤施”匾额，左右两旁抱柱悬挂巨幅木雕对联。殿中神龛内端坐周公塑像，东旁配坐鲁公伯禽塑像，西旁侍立“金人”塑像，“金人”背后书有周公口嘱的铭文。

链接

洛阳周公庙

周公庙有两处，一是山东曲阜的周公庙，二是河南洛阳的周公庙。河南省周公庙位于洛阳市区定鼎南路，传由隋代末年王世充为奉祀周公而建，现辟为都城博物馆。现存大殿、二殿、三殿、左右厢房等建筑。

鲁国盛世文化城 ㊖

我国保存最好的先秦城址之一

曲阜城东北1千米处

即重建的鲁国都城遗址。鲁国都城略呈方形，始建于西周初年。都城严格按照周礼的规定建造，前朝后市，左坛右社。宫城位于都城中心，周围为宫墙。城内有10条交通干道，东西向、南北向各10条。南北向中间一条北起宫城，穿过东南门，直达雩坛，是城市的中轴线。鲁城现在地上仍保存着5000多米城墙，地下文物丰富，是我国保存最好的先秦城址之一。

玩家 解说

公元前1045年，周灭商后大封天下，武王之弟周公姬旦被封于曲阜，为鲁国。周公辅佐天子，其子伯禽代父就封，先后传二十五世三十四君，至公元前249年被楚所灭。

孟母林

孟子母亲及孟氏族人的墓地

曲阜城南13千米的凫村

孟母林是孟子母亲仉氏及部分孟氏族

孟庙乾隆碑亭

人的墓地，整个墓地遍植桧柏，古木苍翠、浓荫蔽地。林内墓冢累累，外围石墙，内有元明清历代石碑数通。入林后，神道尽头为享殿院，以红色墙垣围成。堂后有孟母墓碑，碑与坟分离，碑西50米处为孟母墓，前有供案、石鼎、石瓶。

玩家 解说

“孟母三迁”“断机教子”的动人故事家喻户晓。为纪念这位伟大母亲，在孟子故乡邹县，很早就建有孟母庙、孟母林，并保存了孟母故宅、孟母井、孟母断机处等遗址。孟母林环山而建，山林合为一体，林内松、柏、桧、楷、榭等各类古树数以万计。那里除孟母和她丈夫孟激的墓外，历史上孟氏子孙死后也都葬于林内，也是中国少有的保存完整的氏族墓地之一。

尼山圣境

文化休闲度假胜地

曲阜市圣像路9号

400－688－2323

110元

尼山圣境位于曲阜市的尼山之中。整个景区被连绵起伏的山峦环抱，山清水秀，景色宜人。在依山傍水的美景中，错落有致的仿古建筑群，气势恢宏，尽显儒家文化的庄重与威严。

在尼山圣境的中心位置，矗立着世界最高的孔子像。这座雕像以流畅的线条和生动的神态，栩栩如生地再现了这位伟大思想家的形象。看着孔子像，人们仿佛能听到他那睿智的话语，感受到他对人类文明的深远影响。

无论是远观还是近瞻，尼山圣境都给人以强烈的震撼和感动。这里不仅有壮观的自然景色，更有深厚的文化底蕴。每一个到访的游客，都会被其独特的魅力所吸引，心生敬意。

尼山孔庙及书院景区 AAAA

围垣缭绕、环植松柏

曲阜市尼山镇

尼山孔庙及书院景区位于曲阜城东南30千米。景区中峰东麓有孔子庙和尼山书院等建筑物，以及五老峰、鲁源林、智源溪、坤灵洞等“尼山八景”。尼山孔庙位于尼山中峰东麓，距今已经有1000多年的历史了。现在的庙院围垣缭绕、环植松柏，共有院落五进、殿堂50多间。

链接

趣闻典故

相传，孔子的母亲颜徵曾在尼丘山祈祷而生下孔子，但是孔子出生后，他的父亲叔梁纥嫌他相貌丑陋，就把他抛在了山上。正巧有一只母虎经过，将他衔入洞中乳养，所以得名“坤灵”。

孟庙 AAAA 文

祭祀孟子之所

邹城市亚圣路1498号，西与孟府相邻

0537－5221377

孟庙孟府联票40元

孟庙又称“亚圣庙”，在邹城城南，为历代祭祀孟子之所。孟庙是一处长方形、具有五进院落的古建筑群，以主体建筑亚圣殿为中心，南北为一中轴线，左右作对称式排列，院落五进，殿宇64间，占地4公顷多。

亚圣殿位于南北中轴线上，为庙内主体

建筑。殿为七开间周围迁廊；石质檐柱，南面的八根石柱满布浅浮雕，刻云龙纹；重檐歇山顶，屋面满铺绿色琉璃瓦，充分体现了我国劳动人民的创造才能和古建筑的特点，是国内宋元至明清时期的古建筑代表作品。

孟庙古树是孟庙一大奇观。庙内古树多为古老的松桧和侧柏，又有银杏、古槐、紫藤等点缀其间。这些树木，冬夏常青，形状特殊别致，如虬如龙，如兽如凤，千奇百怪，姿态各异。古柏抱槐、藤系银杏、桧寓枸杞、洞槐望月，被誉为孟庙“古树四奇”。

玩家 攻略

孟庙每年春秋两季举行“丁祭”仪式。另外，每年农历正月十六还有古庙会。

孟府 AAAA 文

孟氏嫡系后裔居住的宅第

邹城市城南，孟庙西侧

0537—5252098

孟庙孟府联票40元

孟府位于孟庙西侧，门楣正中悬有“亚圣府”贴金巨匾，是孟氏嫡系后裔居住的宅第，始建于北宋晚期。元文宗至顺二年（1331年），孟轲被封为“邹国亚圣公”，孟府因此被称为“亚圣府”。

孟府是一座典型的中国封建贵族府第，呈长方形，其建筑布局严谨，主要建筑分布在南北中轴线上，前后由七进院落组成，前为大堂官衙，中部为内宅，后为花园，西路为孟氏家学“三迁书院”。

玩家 解说

孟府始建年代不详。据孟庙内现存明洪武六年（1373年）立《孟氏宗传祖图碑》记载：“宋仁宗景祐四年（1037年），孔道辅守兖州，访亚圣坟于四基山之阳，得其四十五代孙孟宁，用荐于朝，授迪功郎，主邹县簿，奉祀祖庙。迪功新故宅，坏屋壁乃得所藏家谱。”这说明北宋景祐年间就已经修建了孟府，但位置所在不详。根据孟府大堂前现存几棵相当古老的桧树，及同孟庙毗邻的建筑布局来考证，在宋宣和三年（1121年）第三次迁建孟庙于城南的同时，迁建孟府于孟庙之西侧。

明鲁荒王陵 AAAA

规模宏伟、庄严肃穆

邹城市城东北12千米处的九龙山南麓

明鲁荒王陵是明太祖朱元璋第十子鲁王朱檀及其妃子的陵墓，规模宏伟、庄严肃穆，建筑典雅富丽，是一处典型的明代亲王陵园，也是山东省发掘最完整、出土文物最丰富的明代墓葬。

陵园分内城和外城，修有内外护城河。进入神道的第一座门坊为午朝门，接着是御桥，过了御桥就是内城门。出陵园后门就是方城明楼，它是地宫的重要标志，站在方城的回廊上，可以饱览陵区的风光。

玩家 解说

朱檀信奉道教，终日焚香诵经、烧炼“仙丹”等求不老之药，结果仅活了19岁，朱元璋觉得他的行为荒唐，于是谥封他为“荒王”，所以他的陵墓就被称为“鲁荒王陵”了。

峄山 AAAA

素有“岱南奇观”“邹鲁秀灵”之美誉

邹城市峄山镇

0537—5670091

55元

05:00~19:00

峄山又名邹峄山、邹山、东山，海拔582.8米，自然景观优美奇特，素有“岱南奇

孟府

观”“邹鲁秀录”“天下第一奇山”的美誉。峄山在古代名气就很大，孔子、孟子、秦始皇、李斯等都曾登临览胜，并且在峄山留下了300多处著名的摩崖刻石和碑碣，为峄山增添了奇异的历史文化光彩。峄山景点众多，集泰山之雄、黄山之奇、华山之险于一身，形成了独具一格的自然之美。

玩家攻略

1.每年农历二月初二前后，举行峄山古庙会，一般为期三天。每逢此时，周围方圆百里的人们蜂拥而至，或逛庙会、登山踏青，或给龙王进香，以求风调雨顺、五谷丰登，等等。

2.峄山海拔虽然不高，但是山路还是不太好走，建议登山时穿着适合运动的衣服、鞋，确保安全。

链接

趣闻典故

峄山有一处“三问石”，传说当年梁祝同游峄山来到这两方巨石面前，祝英台看这两方相依巨石很像情侣，于是暗自感动，便问梁山伯这两方巨石像什么。岂料梁山伯没有猜到其中深意，说了三次都不对，于是后人就将这两方巨石命名为“三问石”了。

野店遗址

大汶口文化遗址

邹城市峄山镇野店村南

野店遗址处于依山傍水的高地，便于耕作和采集，是新石器时代原始先民们理想的生息、劳动、繁衍之地。遗址文化内涵丰富，保存完整，对研究我国原始社会文明史具有重要价值。这里发现大汶口文化墓葬100余座、灰坑17个、房址6座、陶窑2座，龙山文化房址1座、灰坑6个，反映了当时农业经济在人们的生活中占有重要地位。

安山寺

兖州博物馆

有文物3500多件

兖州区中心的文化东路53号

0537—3412967

博物馆呈南北向，北部为兴隆塔游览区。中部是陈列馆，陈列馆建筑采用仿汉阙、大斜坡房顶的外观造型，气势宏伟，古朴典雅，庄重大方，与兴隆塔前后呼应，浑然一体。兖州博物馆馆藏丰富，有自大汶口文化至明清历代文物3500多件，包括兴隆塔塔底出土的珍贵文物。

兴隆庄煤矿

一座大型现代化矿井

兖州区兴隆庄镇

兴隆庄煤矿是兖州区西南部一座大型的现代化矿井，现已开设了拓展训练、井下体验等工业旅游项目。游人在矿区体验花园般的美景后，还可进行拓展训练，或深入1500米的井下，体验神秘而美丽的井下世界。兴建的山东兴盛拓展训练中心是目前山东省设施最全、师资力量最雄厚、自然环境最优美、安全性最高的大型专业化基地。

安山寺

享有“安山春秀”之称

济宁市泗水县泗张镇

安山寺是一处以佛教旅游和宗教朝拜为主的名刹，现存大雄宝殿、伽蓝殿、祖师殿、华佗殿等佛教建筑。寺前有千年夫妻银杏树两棵，树冠如盖、根深叶茂，蔚为壮观，此外还建有放生池和莲花池等。整个寺依山傍水、松柏遍地，环境幽雅，景致迷人，历来是旅游避暑的名胜之地，享有“安山春秀”之称，是泗水十景之一。

玩家攻略

在寺院南侧1千米处，有一个万亩桃园，每年春天，桃花盛开、游人如织，为安山寺增添了一道亮丽的风景线。

泉林泉群

名泉荟萃、泉多如林

济宁市泗水县泉林镇

泉林泉群风景区因名泉荟萃、泉多如林而得名，是一处以观泉赏景、亲水品鱼、休闲度假为主的省级风景名胜区。

景区历史悠久，文风鼎盛，孔子曾在这里设坛讲学，宋代理学家朱熹也曾在这里游览，清康熙、乾隆皇帝多次驻跸泉林，留下了大量赞美诗文。景区有“名泉七十二，大泉数十，小泉多如牛毛”，杨柳依依、绿草茵茵，风景非常秀美。

玩家攻略

1.景区内以泉水为主要景观，水深、面广，周围湿滑，不宜穿高跟鞋，小心落水。

2.景区内泉水众多，古迹遍布，泉水四季恒温在14~18℃，全年都可观赏到优美的泉水景观，还可品尝泉水泡茶和特色虹鳟鱼。

3.泉林附近的土特产很多，最著名的当属御膳香蛋。这种蛋原是贡品，是用产于泉水中的鸭蛋经过特制加工，蛋黄呈红色、蛋清透亮、香味浓郁、营养丰富，久负盛名。

凤仙山

素有“小泰山”之称

济宁市泗水县柘沟镇北3千米

凤仙山又名“奉仙山”，素有“小泰山”之称，有大小山头12座，主峰高608米，被誉为“泗水第一山”。凤仙山古木参天，原始森林遮天蔽日，悬崖矗立，怪石嶙峋，洞穴幽

泉林泉群

深，山水倒映，连同众多的景点、优美的传说，形成了凤仙山独特的旅游景观。凤仙山春天藤花遍地，夏日飞瀑流泉，秋天红叶满天，冬日苍松翠柏，一年四季，生机盎然。

龙门山

泗水第二大名山

济宁市泗水县城西北16千米，泗水、宁阳两县交界处

龙门山是泗水第二大名山。此山峰峦叠嶂，山势陡峭，松柏郁葱，流水潺潺，为历史名胜之地。龙门山又名龙门口、咯栳崮，自古以来“云过龙门即雨”，堪为今古奇观，龙门灵雾为泗水十景之一。

灵光寺位于龙门山南麓，灵光寺顶建无梁宝殿、观音堂，另有圆寂祖冢觉灵塔、普同塔两座；中建大雄宝殿、伽蓝殿、祖师殿，前为天王殿，与山门成一中轴线；东钟楼、西鼓楼分列在天王殿两边。

除此之外，山中还有赟公古杏、赤龙潭、将军石、鸡冠山、故事井、木東香等自然奇观。

景点推荐 滕州周边景点

盈泰温泉 AAAA

综合性服务场所

📧 滕州市区南3千米104国道西

¥ 68元

盈泰生态温泉度假村是一处集生态餐饮、温泉洗浴、宾馆住宿、旅游度假、休闲娱乐、体育健身、会议会展为一体的综合性服务场所。

生态温泉洗浴中心把地下1580米的原生态温泉水引入浴池，并设有瀑布浴、药浴、火龙浴等。露天温泉浴场分为冬温夏清、智者乐、中药谷、无香池、文公池、贵妃池、翠竹池、逍遥池、醉酒池九个池区。

玩家攻略

1.盈泰水上人间是生态温泉度假村最具代表性的娱乐项目，内设人造海浪沙滩浴场、41米长的高空激情滑道、时尚新颖的卡丁车场、激流勇进的漂流河、CS反恐模拟战场以及乒乓球和跆拳道两个健身场馆。

2.景区生态餐饮中心以鲁菜菜系为主，兼具南方诸菜系精华，口味独特、制作精细，体现了生态餐饮的经营理念，非常值得品尝。

墨子纪念馆

综合性庭院式建筑群体

📧 枣庄滕州市塔寺街78号

¥ 免费

墨子纪念馆坐落在枣庄市滕州荆水河滨、龙泉塔畔，是一处集学术研讨、图书资料收藏、科技教育、参观游览于一体的综合性庭院式建筑群体。

纪念馆是世界上唯一一座专门研究墨子文化、收集墨子资料、展示墨子研究成果的场馆，由东、西、北三部分组成。东院为展厅，西院建有目夷亭和名人题词碑廊，北部为图书资料楼，收藏国内外墨学研究图书资料。

玩家攻略

每年秋季是景区最佳旅游季节，因为这个时候不但可以和滕州其他景点进行联合游，而且还是举办国际墨子研讨会的时间。

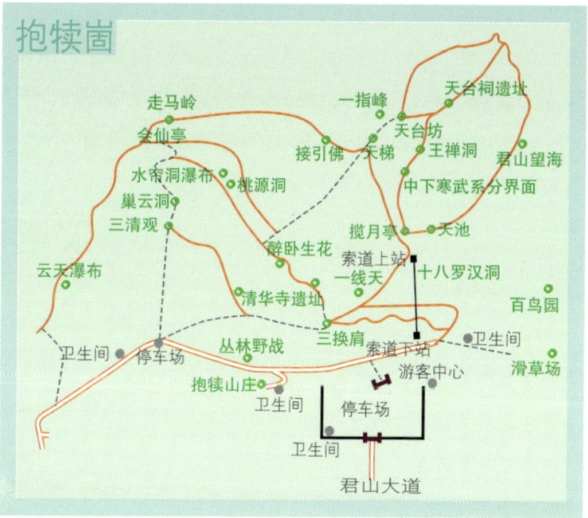

微山湖湿地红荷风景区 AAAA

荷花观赏地区

50元

08:00～18:00

微山湖湿地红荷风景区有55千米的湖岸线、丰富的物种资源、万亩的野生红荷、数十平方千米的芦苇荡及国内罕见的水上森林，风光旖旎、美不胜收，素有中国“荷都”之称。

景区内山水辉映、碧水白帆、红荷绿苇、鸥鹭翱翔，一年四季如诗如画，不仅是游客体验水乡风韵、感受湿地风情、尽览生态胜景的胜地，也是休闲度假的好去处。

玩家攻略

1.景区每年7～8月有“中国·滕州微山湖湿地红荷节”等节庆活动。

2.微山湖老鳖，也称“甲鱼”，是微山湖的名贵水产品。这里有用甲鱼做成的甲鱼汤，是滋补的佳品，老少皆宜。用甲鱼与农家鸡做成的“霸王别姬”，不仅味道极其鲜美，而且寓意独特。

抱犊崮森林公园 AAAA

寒武纪地层发育的典型代表

枣庄市山亭区东北20千米处

抱犊崮国家森林公园位于枣庄市山亭区境内，是国内罕见的天然杂木林汇集区。

抱犊崮古称楼山、仙台山、君山，海拔584米，与龟龙湖交融一体、山水相连，气势磅礴、壮观巍峨，是古峄县八景之首，被称为“天下第一崮”。景区群山绵延、峰头林立，在崮西南麓有一条深涧大壑，东侧有清华观和巢云观，半山处还有数十个山洞，洞内外石壁雕有千姿百态的佛像，都非常珍贵。

玩家攻略

抱犊崮国家森林公园每年农历三月十五有“古庙会”；“五一”黄金周举办“登山节”；10月下旬还有抱犊崮红叶节，十分热闹，游人络绎不绝。

链接

趣闻典故

传说古时山下有一个老汉为了躲避官吏的苛捐杂税想搬到山上，可是老汉家的耕牛无法上去，他只好抱着一只牛犊上了崮顶，在这里开荒种田，艰苦度日。老汉平日饥食松子茯苓，渴饮山泉甘露，久而久之竟然神清目朗、风骨脱俗，后经仙人点化飞升而去，抱犊崮因此而得名。

熊耳山地质公园 AAAA

山东仅有的石灰岩地质地貌奇观

枣庄市山亭区北庄镇

熊耳山国家地质公园是泰沂山脉南部的一个崮形群体，是我国罕见的崮形山体岩溶地质地貌。景区以熊耳山为主体，集双龙大裂谷、溶洞群、龙抓崖、迷宫洞等自然奇观为一体，堪称“天造地设、鬼斧神工”之作，是“山东仅有、国内罕见”的石灰岩地质地貌奇观，更是探险旅游爱好者的绝佳选择。

玩家 攻略

1.熊耳山周边民风淳朴浓郁，其生产和生活方式十分独特，农作物和果品物产极其富饶。独具特色的洪门生态葡萄村，被农业部命名为“生态庭院示范村”；红山峪民俗村代表了中国北方山村的生活特点，是一道亮丽的民俗风景线。

2.景区里面有“抱犊山庄”可供游客食宿，山庄里有60余个床位。

3.景区裂谷内悬崖陡峻、壁立千仞，岩缝中松柏苍翠，岩壁上钟乳石千姿百态，生长在悬崖上的山葡萄、何首乌等盘根错节，令人叹为观止，是攀岩和探险爱好者的理想去处。

枣庄市月亮湾旅游区

休闲观光、度假养生的湿地公园

枣庄市山亭区城头镇

月亮湾景区得天独厚的地理位置使其拥有独特的自然风光。景区内，碧波荡漾，绿树成荫，百鸟欢歌，一步一景，给人留下深刻的印象。精心打造的景观步道、观景台等设施，更让游客可以近距离感受大自然的魅力。

汉诺庄园 AAAA

餐饮生态休闲旅游景区

枣庄市山亭区新城汉诺路6号

汉诺庄园坐落在枣庄市山亭区翼云山南麓的银山脚下，是一家集葡萄种植技术研发、葡萄酒酿造、温泉洗浴、休闲旅游、餐饮接待、生态农业观光、拓展训练等多种功能于一体的现代化、综合性农业产业化景区。

庄园有奥特汉诺酒堡、汉诺庄园欧情园、原木生态大门、迎客松、迎宾葡萄大道文化长廊等配套景观设施，是集葡萄苗木繁育种植、葡萄酒酿造、乳制品加工等诸多功能于一体的现代化欧式庄园景区。

玩家 攻略

景区建有中式包房、西式餐厅、跑马场、网球场、山地自行车场等场所，可以满足游客的多重需要。

熊耳山双龙大裂谷

景点推荐

枣庄周边景点

台儿庄古城 AAAAA

京杭运河的遗产村庄

枣庄市台儿庄区大衙门街西首

0632—8116666

118元

台儿庄古城既是民族精神的象征、历史的丰碑，也是运河文化的载体，至今仍保留有不少的遗存，被世界旅游组织誉为“活着的运河”“京杭运河仅存的遗产村庄”。古城中汇集了茶楼、客栈、山东非物质文化遗产展示等，在这里你可以享受到精致的旅游产品，感受到丰富的文化内涵。

玩家攻略

台儿庄古城是一座“休闲古城”，城内不仅有茶楼、戏台、药铺、客栈等传统店铺，也有酒吧、演艺厅、4D影院、大战主题公园、大型实景演出等现代休闲娱乐场所。

北城河景区

以各类江北水乡湿地植物为特色的城市湿地公园，共有九个相连的汪塘，并与护城河相通。主要景点有荷花淀、水莲汪、芦花荡等特色湿地景观，并有桃花坞、杨柳岸、杏花渡、水杉堤泰山行宫等岸上景点和服务区。

花门楼景区

一个以板桥汪、花门楼等汪塘传统园林景观为特色的休闲景区，主要景点有板桥、花门楼、万水桥、兰陵书院、台儿庄水文化

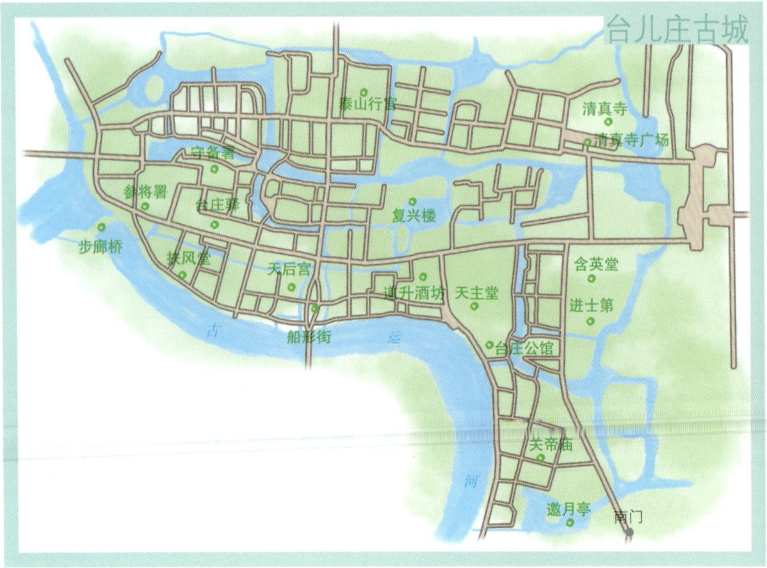

艺术馆、兰陵县政府旧址、大战弹迹墙参观点、花门楼一小什刹水上街市等。

◘ 运河街市景区

一个以休闲和运河景观风貌观光为特色的景区，主要有天后宫及戏台广场、漕运广场、胡家大院、郁家码头、台儿庄闸遗址公园、双巷码头、王公桥码头、“泰山堂”私塾、台儿庄大运河历史文化展览馆、中和堂、德和祥、大战遗址公园等景点。

◘ 水上街市景区

一个以传统商业街购物为主题的景区，主要有万家大院、赵家大院、吴家票号、新河街一王楼街等商业街市、天后宫码头、复兴楼、小碱洲等景点。

台儿庄大战纪念馆 AAAA

融展览馆、书画馆、影视馆、全景画馆为一体的纪念馆

✉ 枣庄市台儿庄区马湾

¥ 免费

台儿庄大战纪念馆由纪念碑、展览馆、影视馆、全景画馆组成。纪念碑碑名由国防部原部长张爱萍题写，碑文由程思远撰著。

整个纪念馆融展览馆、书画馆、影视馆、全景画馆为一体，气势雄伟、庄严肃穆。展览馆展出中日双方资料和实物600余件，还藏有当年参战将士及其家属、书画家、知名人士的书画作品近千幅。

玩家 解说

全景画馆是我国唯一一家以抗战为题材的大型全景画馆，它是18边形的筒式建筑，高28米，直径43米，建筑面积3100平方米，包括绘画、地面塑型、灯光、音响和解说五个部分，生动地再现了中国军队在台儿庄迎击日军、浴血奋战，直到取得胜利的历史过程。

李宗仁史料馆

爱国主义教育基地

✉ 枣庄市台儿庄区康宁路8号

李宗仁史料馆建在台儿庄老火车站旧址上，三面环水、风光秀丽、建筑风格独特，为当地的一大旅游景点。

李宗仁史料馆由四个展室和一个影视

厅组成，一展室展示李宗仁的故乡家世，以及两次北伐战争；二展室展示台儿庄大捷，李宗仁任指挥，竞选副总统（1948年）；三展室展示李宗仁回归祖国以及国家领导人对其的接见、宴请；四展室展示李宗仁回国后到各地的参观访问，晚年的生活，直至去世。影视厅有李宗仁回国时的实况录像等纪实片。

龟山

溶洞奇观

枣庄市市中区孟庄镇

龟山地质公园坐落在枣庄市市中区，面积238万平方米。龟山历史悠久，从商朝到明清，先人活动的踪迹遍布山原，其中有镌刻精细的八卦图、香烟缭绕的紫云观、雄伟壮观的古山寨等。山上峰雄石奇、林木茂密，春天花海一片，秋天硕果累累，一年四季郁郁葱葱。

玩家攻略

1.山下周村水库有各种水上游乐项目可供选择。

2.每年农历二月十九日，在山上举行龟山古庙会，是本地著名的佛教香火胜会。

3.龟山下有一座周村水库，游客可以戏水泛舟、临水垂钓，也可以在岸边品尝当地特色，好不惬意。

龟山

链接

趣闻典故

传说宋代宣和年间，东海里有个神龟，在听说水泊梁山英雄的故事后想来看个究竟。来到梁山后，神龟正赶上两军对阵，于是就用法力帮助宋江大获全胜。不料这一举动触犯了神界的清规戒律，于是被罚驮日爬山，这便是龟山的来历。

甘泉禅寺

鲁南名寺之一

枣庄市市中区齐村镇甘泉寺

甘泉寺占地面积0.73公顷，布局巧妙，规划合理，飞檐斗拱、雕梁画栋，法度森严，气势恢宏，独具名寺风格。寺内有大雄宝殿、天王殿等殿阁。殿内金身佛像，神态各异，栩栩如生。寺内还存有历代修建寺院的石碑及窑神庙碑。甘泉在寺内的西北角，泉水喷涌，经年不息，放生池及寺里用水都取之于此泉。

玩家攻略

每逢佛教节日，景区会举办各种佛教法式活动。每年农历三月初三还举办甘泉寺庙会，此时附近村庄桃花盛开，香飘四野，来自四面八方的香客云集，香雾缭绕，盛况空前。

鲁南水城·枣庄老街 AAAA

获得“国家级体育公园”称号

枣庄市市中区西昌路中段

全天开放

鲁南水城·枣庄老街是按照“江北水乡·运河古城”的设计风格进行定位的，建筑风格古朴独特，融合了徽派建筑风格、苏州水街风格和北方民居建筑风格，设有室内水街等景点。整个水城内共有11条水街，建有小桥32座，是一处集观光、度假、生态与体育健身、休闲娱乐、趣味教育为一体的旅游景区，同时也是一处集购物旅游、休闲娱乐、餐饮食宿为一体的特色商业区。

玩家 攻略

水城全天候开放，经营种类和特色各异的商铺随处可见，对于喜欢休闲娱乐的游客来说，这里无疑是一个好去处。

冠世榴园 AAAA
世界最大的石榴园林

枣庄市峄城区西部

30元

冠世榴园生态文化旅游区面积达8000公顷。景区素以历史之久、面积之大、株数之多、品色之全、果质之优而闻名海内外，是我国最大的石榴园林，因此被誉为“冠世榴园”。

景区幽谷异洞、奇石怪峰、流泉飞瀑、古木奇树、碑碣石刻点缀其间，自然景观与人文景观融为一体、交相辉映，蔚为壮观，是一处集自然山川、生态园林、民俗宗教、人文历史、观光游览、休闲度假为一体的综合性旅游区。

冠世榴园千年古檀

玩家 攻略

1.每年9月中旬石榴成熟季节，在冠世榴园举办“中国枣庄国际石榴节”，包括大型游园、石榴文化研讨、榴园摄影书画作品展、石榴产品展示、名特优新商品展销、文艺演出、经贸洽谈等一系列活动项目。

2.每年春季清明节，这里举行始于明代的青檀庙会，是集旅游、经贸、文化为一体的地方传统民俗活动。庙会期间，方圆百里的城乡居民都来这里踏青游玩、赶庙会。

3.景区有很多特产和美食，著名的有刘庄小枣、软仁石榴、榴芽茶等，以及道北羊肉汤、张家狗肉等，都很值得一尝。

铁道游击队纪念公园 AAAA
以铁道游击队为主基调

枣庄市薛城区

免费

铁道游击队纪念公园是以铁道游击队为主基调，集教育、游览、娱乐为一体的公园。

公园环境幽雅、景色宜人，景点布局错落有致，观赏性强。公园有薛国聚贤亭等八个形状各异的凉亭，有广场、甬道、纪念碑等八大景区共20多个景点，有黑松、紫荆、龙柏等百余个绿化树种8万多株。登上铁道游击队纪念公园的临山主峰，可东望枣庄新城，西观微山湖美景，薛城美景尽收眼底，视野非常好。

玩家 解说

铁道游击队影视城，是一个集红色旅游景观、大型影视剧拍摄和爱国主义教育基地为一体的红色旅游经典景区，这里实景搭建了当年的很多景观，再现了当年抗战的烽火场面。

景点推荐

菏泽旅游区

曹州百花园

菏泽牡丹精品园

菏泽市牡丹区洪庙村北部

曹州百花园位于菏泽市北郊，原名“万花村”，始建于明朝嘉靖年间。如今是菏泽牡丹、芍药观赏，培育，科研和商品化生产、销售的主要基地，成为“中国牡丹城”的主要牡丹精品园之一。

该园牡丹名贵品种繁多，有红、黄、蓝、白、黑、绿、紫、粉、复色九大色系，并且多次引进了宁国、兰州、美国、日本等地优质牡丹品种。百花园还集国内外观赏芍药优良品种300余个，八色俱全，“黄金轮”“红银针”“菊峰”“杨贵妃出浴”等皆为芍药中之珍品。

玩家解说

曹州百花园自育的牡丹新品种“景玉”“春红娇艳”等先后荣获国家科技成果“优秀奖”“新品种奖”“优质奖”等27个奖项。在1999年昆明世博会上，本园参展的牡丹新品种“乔子红”获得大奖，“曹州红”“向阳红”“百园奇观”“万花争春”“景玉”“春红娇艳”等35个品种分别荣获金、银、铜奖，是世博会获奖最多的单位，被誉为“菏泽牡丹精品园”。

园内植有明代牡丹一株，高丈余，冠5米，枝繁叶茂，每年开花400余朵，是世界上历史最悠久、植株最大的牡丹，观赏者皆称“牡丹王”。

曹州牡丹园 AAAA

菏泽面积最大的牡丹园

山东省菏泽市牡丹区人民北路1000号

07:00—21:00

曹州牡丹园是菏泽面积最大、品种最多的牡丹园。曹州牡丹园是在明清以来风格不一、大小不等的10多处牡丹园的基础上发展起来的，其中包括赵氏园、桑篱园、毛花园、铁藜寨花园、大春家花园、军门花园等。

观花楼、天香阁是园内主体建筑，造型新颖别致、古朴典雅，登楼眺望，园中景色尽收眼底。南大门以内为西观赏区，这里除大片牡丹外，还有松柏编制的鸟兽、人物和牌坊。北大门以内为北观赏区，除有大面积的牡丹、芍药外，还建有现代化的大型暖房及中国园林式的院落。园中心，垂柳掩映下有一座花亭，可供游人小憩，领略园内风光。

曹州书画院

规模宏大的书画院

菏泽市牡丹区广福街260号

曹州书画院是集书画研究、创作、展览、交流、收藏为一体的文化事业单位，目前为全国地市级规模最大的画院。

院内建筑既有传统的民族特色，又有现代的园林风格；既有藤廊、亭台、假山、喷泉、千字文石刻壁，又有松竹斗奇、百花争艳的幽雅景观，宜书宜画。东西两大展厅，面积900多平方米，先后承办、举办各种展览200多场次，成为集多功能于一体的文化艺术殿堂和书画活动中心。

冀鲁豫革命纪念馆

古今园

独具特色的牡丹主题园林

菏泽市牡丹区牡丹街道

市内可乘坐3、8、16等路公交车前往　20元

古今园是以松编造型独具特色的牡丹主题园林，主要景观除牡丹外，另有芍药、孜诵坊、松狮、松猴、松鹤、线柏、金丝吊蝴蝶等10多个景点。古今园由明朝洪武年间王猛创建，清乾隆年间王孜诵捐资重建，清末王愈昌再次重修。花园于1958年重建，建了门楼和花亭，编制了松坊、松兽等，改名为“古今园”，取历尽沧桑，阅古历今之意。

冀鲁豫边区革命纪念馆

大型跨省革命历史性建筑

菏泽市牡丹区丹阳路1111号

免费

冀鲁豫边区革命纪念馆集展厅、画馆、广场建设于一体。纪念馆主体建筑由展厅和全景画馆组成，全面系统地反映了20世纪三四十年代冀鲁豫边区党政军民不怕牺牲、前仆后继、不屈不挠、英勇奋进的革命精神，既是爱国主义教育和革命传统教育的基地，又是人们休闲娱乐的场所。

玩家攻略

纪念馆周边有很多菏泽小吃可以品尝，如菏泽明德园排骨、曹县米家牛肉、曹州烧饼、菏泽水煎包、单县羊肉汤等，都非常不错。

孙膑旅游城 AAAA

著名军事家孙膑故里

菏泽市鄄城县箕山镇

在鄄城县内乘坐公交车即可到达

孙膑旅游城分为三大区域，即孙膑纪念区、佛教文化区、园林游览区。其中，孙膑纪念区有孙膑纪念馆、孙膑墓等景点，园林游览区包括林荫道、公园、圆融湖等景点，佛教文化区的主要建筑由放生池、天王殿、圆通殿等组成。整个旅游城内遍植各种树木花草，是休闲避暑、观光旅游、览胜游乐的好去处，成为我国北方继泰山、“三孔”之后又一旅游观光胜地。

玩家 攻略

景区关闭时间较早，所以如果你要来这里旅游的话，一定要提前安排好时间。

链接

趣闻典故

相传，伏羲创建了迷魂阵，而孙膑是将它沿用到军事中的第一人。孙膑智斗庞涓时，在这里摆了迷魂阵，把八方抽去一方，只剩下七方，庞涓大军来到此地就被围困住，最后兵败。

东山禅寺

佛教活动场所

菏泽市鄄城县城区孙膑路北段 在鄄城县内乘坐公交车即可到达

孙膑旅游城

东山禅寺，位于鄄城县城区孙膑路北段，占地面积1.67公顷，建有山门、大雄宝殿、斋堂、讲堂、南北配楼等建筑，是江北地区重要的佛教活动场所。其中，大雄宝殿内供奉的是释迦牟尼的佛像。

玩家 攻略

东山禅寺周边有许多的景点，都很不错，可以顺便游览一下。

沙土庙景区

冀、鲁、豫、皖宗教活动的中心

鄄城县闫什镇闫什口村

在鄄城县内乘坐公交车即可到达

沙土庙至今已经有1000多年的历史了。历史上，庙宇曾历经兵灾水患，多次蒙难又多次复修，并逐渐扩建，到清末民初时，沙土庙已经成为一座集儒释道为一体的鲁西南第一综合大庙，是冀、鲁、豫、皖宗教活动的中心。庙中建筑风格各异，神佛雕塑神态逼真。

玩家 攻略

每年的农历正月十六日、三月初三、十月初六是沙土庙的传统庙会，会期一般为6天，届时将有戏剧、杂技、民乐等民间传统文艺活动为庙会助兴。

链接

趣闻典故

相传，当年唐太宗东游泰山时经过沙土庙一带，夜里梦见泰山圣母迎驾，为了感谢圣母迎驾之恩，于是堆沙为庙，率众礼拜。后人在这里修建了泰山行宫，后来就变成了沙土庙。

浮龙湖

体现浮龙湖的旅游精华

菏泽市单县浮龙湖生态旅游经济开发区

在单县乘坐当地公交车，可以到达景区

免费

全天开放

浮龙湖旅游度假区面积50平方千米，

以回归自然、保护生态、休闲度假为主要风格。

度假区集中体现了浮龙湖的自然生态景观和旅游资源的精华，由三部分组成，主要包括人造沙滩游泳区、垂钓区、水上乐园、游艇俱乐部等景点，是一处具有鲁西南地方特色、现代元素和历史古迹特点的旅游景区。

玩家 攻略

景区景色优美，湖心岛上还有茶社，游客可以在这里饮茶观景，别有一番情趣。

金山
颇负盛名的历史名山

菏泽市巨野县

金山旅游区位于巨野县城东南23千米处，素有“天下之中第一山”的美誉，是一座颇负盛名的历史文化名山。

金山历史悠久，景色秀丽，春天百花怒放，夏日松涛宜人，金秋牡丹飘香，隆冬雪满枝头，景色非常漂亮。景区有麒麟洞、龙虎洞、金牛洞、玉兔洞等多处天然溶洞与圣母泉、神水泉等多处泉水，都是非常不错的景点。

玩家 攻略

景区建有金山水城、钓鱼池、放生池等景点，已经成为集休闲、娱乐、度假为一体的综合性旅游区，可以满足游客的多种休闲娱乐需求。

玩家 解说

金山水系景观建设项目总占地面积1014公顷，总投资1亿元人民币。金水河环金山一周，并与庐山湖、孙山湖、慈云湖、神农湖相连，山因水活，水随山转，湖光山色，交相辉映，形成一河连四湖的山水二重奏。新规划的金山休闲农业观光园占地73.33公顷，总投资5000万元，也是休闲度假的好去处。

仿山

仿山风景区
周代曹国国君墓地

菏泽市定陶区城北6千米

仿山旅游区是西周曹国国君墓群地，文化底蕴深厚，是苏鲁晋冀豫皖周边闻名遐迩的名胜古迹和旅游胜地。

旅游区以曹文化和陶朱儒商文化为主题，以儒商文化为灵魂，以田园水景为特征，以范蠡文化园、五湖乐园、世外陶村、陶朱公商贸区、陶都神苑五大板块为支撑，是一处融农业观光、城郊游憩、商务旅游、宗教览胜等旅游功能于一体的综合性文化生态旅游区。

玩家 攻略

仿山景区建有人工仿山湖，游客可以荡舟湖中，欣赏景区的湖光山色。

佀钟祠
典型的明代古建筑群

菏泽市郓城县城东南佀楼村

佀楼村中的佀公祠堂属于典型的明代古建筑群。院内摆设御赠石供桌，4个龙虎墩，石马、石羊、石猪、石丞相、华表各1对，

水浒文化城

御碑4座，全为汉白玉石料。

2001年，侣公祠堂改建为“侣钟纪念馆”，改建后的纪念馆富丽堂皇，馆内汉白玉石桌、龙虎墩、石马、石羊、石猪、华表、御碑等俱全，还有侣钟塑像1尊、壁画20幅、展橱6个，悬挂有神道碑文、监察御史墓表、科贡碑文等条幅。

水浒好汉城 AAAA

水浒文化景区

菏泽市郓城县西门街南段

0530－6896888

60元

水浒好汉城是一处水浒文化景区。景区主体建筑都是明清时期的古代建筑，具有非常高的文物价值。

整个景区分为三个功能区，分别是武术教学区、武术修学演艺区和历史文化展区。值得一提的是，景区仿照《水浒传》中描述的场景，恢复了宋江武馆、乌龙院、酒坊、茶肆、宋代钱庄、纸牌作坊、古筝作坊等建筑，打造了一处水浒文化及北宋时期郓城民俗文化的展示中心，很有特色。

玩家 攻略

水浒好汉城离郓城县城很近，吃饭的时候可以去县城吃，不仅价格便宜，而且非常实惠。你还可以顺便在县城里逛一逛，感受一下当地的氛围。

黄泥岗

智取生辰纲之地

菏泽市郓城县东南16千米的黄集镇

据说，此处便是当年晁盖、吴用智取生辰纲之地。郓城县文物管理所保存有一块黄堆集出土的明朝万历十九年（1591年）的“重修五圣庙记”石碑，碑文记载该地既是渔人休憩之地，又处于宋时水陆交通要塞。由于后人取土和黄河淤积，此地已不见往日的堆突坦荡。但一进村口，仍可看出高于四周之地。一块镌有“黄泥岗”字样的巨石，立于村头路边，旁边一块石碑上详细记载了晁盖、吴用等人智取生辰纲的经过。

攻略资讯

- 交通
- 住宿
- 美食
- 购物
- 娱乐

交通

飞机

济宁曲阜机场位于济宁市嘉祥县纸坊镇，在济宁市区西南24千米处，现已开通了济宁至北京、上海、广州、成都、沈阳、重庆、昆明等国内热点城市的航线。

由于机场比较小，班次不是很多，也可选择济南机场作为中转站，再从济南乘坐大巴或者火车前往济宁。机场大巴由机场至济宁新体育馆，发车频次依航班动态而定。白天乘出租车到达市区大约40分钟，50元左右。

菏泽城市风光

火车

●济宁

济宁火车站：是济宁市的一座普通客运列车车站，现在每天有20对旅客列车经停，可以到达北京、上海、长沙、武汉、深圳等全国主要城市和地区。

曲阜东站：是济宁的另一座火车站，车站位于曲阜市东南部，距离市中心约6千米，每天有大量的高铁和动车组列车经停，从济宁发往沿线的主要城市。

●枣庄

枣庄站：位于枣庄市薛城区祁连山路，是京沪高铁自北京方向在山东停靠的最后一站，是一座二等客运车站，可以到达京沪高铁沿线的所有主要城市。

枣庄西站：坐落于临山路，可以抵达杭州、青岛、北京、天津、上海、昆明等全国主要城市。

●菏泽

菏泽火车站：坐落在菏泽市东关地区，是鲁西南较大的集客、货运业务于一体的综合站，可以到达北京、天津、济南、青岛、深圳、南宁等全国重要城市，市内可乘坐公交车前往。

台儿庄全景

汽车

济宁汽车总站：位于建设南路与南文昌阁街交汇处北约40米路东，客运班次包含了山东省内和省外的主要线路。济宁市内从火车站乘坐4、9、28等路公交车下车即是。济宁汽车北站位于建设北路与金宇路交叉口，车次线路以发往省外为主，有发往北京、上海、南京、宁波等的车次。济宁市内可乘坐2、7、91等路公交车前往。

枣庄新城客运中心站：位于枣庄市市中区光明东路2711号，为枣庄市长途汽车总站、公交总站及BRT换乘枢纽。市内可乘坐T2、B10路公交车前往。

菏泽汽车总站：位于菏泽市牡丹路1100号，是鲁苏豫皖四省交界处最重要的公路客运枢纽，每天与全国60多个大中城市通达客运班车，形成了以菏泽为中心，联络鲁、苏、豫、皖等全国13省市的公路客运网络。

市内交通

●济宁

济宁市现有公交运营线路82条，覆盖了市区范围内的所有主要区域和景点，为广大市民和游客提供了便捷的出行选择。

济宁市出租车起步价为7元2千米，基本运价1.6元/千米。时速低于12千米，累计等时超5分钟，每分钟加收0.4元。

●枣庄

枣庄市拥有公交线路73条，在市区范围内，公交线路紧密相连，形成了四通八达的交通网络。无论是居民区、商业区、办公区还是学校等地方，公交线路都能到达，满足了市民的日常出行需求。部分公交线路还延伸至市郊地区，使得市郊的居民也能享受到便捷的公共交通服务。

枣庄台儿庄建筑风光

枣庄市出租车起步价为7元2千米，基本运价1.6元/千米。

●菏泽

菏泽市目前有公交线路49条，覆盖了市区的主要干道和商业区域，为广大市民提供了便捷的出行选择。

菏泽市出租车起步价为7元2千米，基本运价1.6元/千米。

住宿

济宁

济宁可供住宿的酒店和旅馆很多，各种档次都有，而且旅游住宿的价格相对便宜，标准间通常150~500元／晚。住宿区域主要在济宁市中心区域，也可选择住在开发区，开发区价格上可能要稍微贵一点。

●香格里拉大酒店

酒店位于 “孔子故里”——曲阜，地处春秋中路，从酒店步行即可前往孔庙，近孔子六艺城，地理位置优越，出行便利。

酒店设计以儒家思想为理念，曾在美国酒店设计杂志社举办的“酒店设计大赛”中荣获“豪华高级酒店系列”之空间设计大奖。并配以现代化的客房、餐饮、宴会、会议及康乐设施，融入香格里拉一贯热情好客的服务，是探寻孔子文化遗迹的理想落脚点。

✉ 曲阜春秋中路3号

枣庄台儿庄夜景

●京杭假日饭店

京杭假日饭店位于济宁市中心的商业黄金地段，与文化广场和人民公园隔路相望，地理位置优越，交通便利。✉ 济宁市任城区运河城C座

枣庄

枣庄旅游住宿设施完善，主要集中在市中心区域，星级酒店和不同档次的宾馆、旅社齐全，可满足不同的住宿需求。

●曼居酒店（枣庄衡山路店）

曼居酒店位于市中心，交通便利，周边配套齐全。酒店拥有宽敞明亮的客房，极富现代感的装修风格，让您感受到时尚与舒适的完美结合。此外，曼居酒店还提供24小时贴心服务，为您的旅途增添一份温暖和关怀。✉ 枣庄市中区衡山路与兴华路交叉口安侨学府一品

●东方·水景花园酒店（台儿庄古城风景区店）

酒店坐落在台儿庄古城内，是一座集观光、住宿、娱乐、休闲度假为一体的园林式豪华酒店。在这里，您可以在古色古香的环境中感受到现代生活的舒适，享受一段难忘的旅程。

✉ 枣庄台儿庄区古城顺河街26号

菏泽

菏泽的星级酒店不多，但基本能够满足来菏泽旅游的住宿需要。牡丹区是菏泽市住宿比较集中的区域，距离菏泽火车站、汽车站较近，附近交通便利，购物旅游都非常合适。

●银盛国际酒店

银盛国际酒店，是一家四星级旅游饭店，位于菏泽市区中华桥东，毗邻天香公园，紧邻中华路核心商务区和赵王河景观带，周边金融、保险、电信、商业等机构密布，地理位置

优越，交通十分便利。✉ 菏泽市开发区中华路1256号

●和平大酒店

和平大酒店，位于菏泽和平广场，毗邻菏泽火车站，周边有天香公园等景点，地理位置优越，交通便利。✉ 菏泽市开发区和平路1166号

美食

济宁

济宁饮食风格大致属于鲁菜范畴，山东省其他地方能够品尝的美食，在济宁也都吃得到。不过济宁不靠海，因此海鲜类的饮食在济宁格外贵，山珍还可以尝尝，比如蘑菇、山野菜等在济宁当地的很多餐馆都吃得到。值得一提的就是济宁北湖的鱼，味道鲜美，而且是活鱼现杀，比较有特色。另外，上官扒鸡、清真牛肉等也是不错的美味。济宁的传统特色小吃还有甏肉干饭、菜饼、酱菜、挎包火烧等。

●甏肉干饭

甏肉干饭为济宁传统特色小吃，人们把用陶器炖出来的肉和大米饭放在一起吃，风味独特。随着社会经济的发展，甏肉干饭又增加了卷煎、面筋、肉芯丸子和鸡蛋等一系列菜品。

甏肉干饭

●菜饼

菜饼是济宁传统特色小吃，人们用蔬菜和白面放在一起用油煎熟，别有一番风味。如今的菜饼又增加了海鲜、鱼肉、南瓜等多个品种，济宁各早餐店有售。

●玉堂酱菜

玉堂酱园是济宁的老字号，为济宁名特酱菜。主菜有包瓜、磨茄等。酱花生米是慈禧太后夸过的“味压江南”的美食，别有特色，很值得人回味。

酱菜

●挎包火烧

挎包火烧是微山湖区特有的面食，火烧内部受热膨胀，外皮向两面鼓起，香脆焦酥；内里有五六层夹层，疏松柔软。如再有碗菱米粥佐之，会使人更觉满口增香，食欲倍增。

枣庄

枣庄饮食历史悠久，种类多样，遍布于枣庄大街小巷的羊肉汤，以“汤鲜味美、肉质滑

驴肉

嫩”而闻名天下，是当地老百姓喜爱的风味名吃之一。枣庄羊肉汤尤以山亭的最为著名，素有“鲁南第一汤”之称。薛城糁汤、齐村二街豆腐、煎饼、南石驴肉等美食也很不错。

●羊肉汤

羊肉汤是枣庄的第一名吃。枣庄羊肉汤放十几味中药和数种调料，煮的时候火候要掌握得非常好，煮熟后选最好的羊肉加上辣椒、芫荽、味精、醋等佐料装盘。厨师的刀工也要最好，肉要切得非常薄，要均匀。

●齐村二街豆腐

枣庄齐村二街豆腐用当地的泉水、黄豆和盐卤制作，将此豆腐配以笋片与虾制成菜肴，成为历代名馔美味，久吃不厌。

●南石驴肉

南石驴肉制作时精选健壮老驴肉，配天然中药材20多种，用多年老汤文火炖6~8小时即成，驴肉色泽深红，味道鲜美，口感纯正。

菏泽

菏泽物产丰富，饮食风格基本遵循鲁菜的传统口味，口感浓郁，菜品颜色明艳，引人食欲，比较著名的特色菜有曹县烤牛肉、成武白酥鸡等。菏泽拥有许多独具特色的食品，如烤扁土豆、菏泽板面、单县羊肉汤、木瓜猪脚黄豆汤等都是当地非常有特色的地方名吃。

菏泽牡丹区的步行街附近齐集了当地具有特色的小吃和知名饭馆，在那儿不但可以品尝到山东美食，也能吃到四川、东北等地的特色菜。

●曹县烧牛肉

曹县烧牛肉是菏泽非常具有代表性的特色佳肴，此菜成品牛肉呈红褐色，咸而不腻，香味纯正。菏泽当地各大小餐馆均可品尝，通常35元左右一盘。

●成武白酥鸡

白酥鸡是菏泽特有的一道名菜，此菜蒸

羊肉汤

制而成，鸡肉底红顶白，以绿叶菜衬底，白绿相映，酥松细嫩，软而不散，味鲜而美，清淡爽口，深受食者喜爱。菏泽大小餐馆都吃得到。

●菏泽板面

菏泽板面一是面好，二是汤料也够味。面条细白滑嫩，晶莹透亮。厨师会拿嫩嫩的青菜放在上面，浇上煮好的汤料，白、绿、红的搭配把人的食欲瞬间勾了起来。

●单县羊汤

单县羊汤呈白色乳状，鲜洁爽口、不腥不膻、独具特色；天花汤健脑明目，适合老年人和神经衰弱者食用；口条汤壮身补血，最宜病愈大补；肚丝汤可细嚼慢饮；眼窝汤肉烂如泥；奶渣汤沙中带甜。此外，还有马蜂窝汤、三孔桥汤、腰花汤、肺叶汤、肥瘦汤等，各具风味。

购物

济宁

济宁物产丰富，城前的板栗、西红柿、泗水西瓜、泗水裘皮羊、泉林鸭、长沟葡萄、香城山楂、金乡贡米、瓦屋香椿芽、元丰核桃等，都是闻名远近的土特产，也有济宁心酒、梁山义酒、扶兴和毛笔、姚村凉席、嘉祥石雕、泗滨砭石等特产及工艺品。

●瓦屋香椿芽

瓦屋香椿有自己的产品特点：其一，叶梗通绿，嫩尖儿稍红，俗称“绿芽”；其二，枝杈呈环抱状，无开张；其三，香味浓郁纯正，经久不变；其四，煮后为浑汤，养分含量高；其五，耐贮存，一年之内其色香味均不减，枝叶不散不落。

●姚村凉席

姚村凉席已有近200年历史。如今，席编业制作工艺更为精致，用秸秆篾条编织的各种型号的白凉席，光滑洁净、凉爽离汗，是夏季铺床的佳品。

香椿芽

●嘉祥石雕

嘉祥为“中国石雕之乡”，新时代的嘉祥石雕艺人吸取木雕、玉雕等技术之长，运用高科技手段，以当地盛产的天青石为主原料，辅以大理石、汉白玉等名石珍品，雕刻成千姿百态的现代工艺品。

枣庄

枣庄山川秀美，物产丰富，尤以枣庄山亭梨、长红枣、峄县石榴最为著名，果品栽培历史悠久，口味纯正，品种多样，与其相关的各类产品如果酒、果汁、果脯、枣花蜜等，更是种类丰富，风味独特；万亩枣园、万亩梨园、万亩榴园，树影摇曳，山花烂漫，果味飘香，不但可以品尝鲜果美味，也是亲近山林、观光休闲的绝好去处。

●薛城冬枣

薛城冬枣是果品中的佼佼者，从果实上分为光圆形与扁圆突棱形两种。圆形冬枣果实光滑，果肉脆甜；扁圆突棱形冬枣果实有不规则的突起，果肉绵而甜。

●张庄石榴

枣庄薛城区张庄盛产的石榴，大青皮果大味甜、耐贮运；大红袍单果重达千克以上，粒粒透明如玛瑙，以其美观艳丽、汁多味浓著称，被誉为“九州名果”。

菏泽

菏泽依托自身自然条件优势，物产比较丰富，主要特产有中华三香酒、鲁锦、曹州镜面柿（耿饼）、青猾皮、曹州面塑、白柳条编等。虽然不是非常热门的旅游城市，但特色商品都能体现自己的独特风格，消费水平也属于中低档，是很适宜购买的旅游纪念品。

菏泽市内的主要购物商圈是牡丹区内的步行街，那里除了可以购买日常吃、穿等生活用品，菏泽特产也应有尽有，有银座商场、菏泽百货大楼、大型超市等购物场所。但如果想买菏泽的牡丹盆景，最好还是去百花园，不仅品种繁多，而且价格上也便宜不少。

耿饼

●中华三香酒

中华三香酒是菏泽具有地方特色的酒品。酒的香型主要分为三种：浓香酒窖香浓郁、绵甜甘冽；酱香酒优雅细腻、回味悠长；清香酒醇甜柔和、余味爽净，给人耳目一新的感觉。

●耿饼

曹州耿饼由镜面柿加工而成，橙黄透明，肉质柔软，霜厚无核，入口成浆，味醇甘甜，个大味美，晶莹剔透，耐存放，久不变质，历来为柿饼中上品。

●青猾皮

青猾是世界上独有的品种，青猾皮是羊羔生下后1~3天内宰剥加工制成的毛皮，称“猾子皮”，因其色青故叫“青猾皮”。其毛呈卷曲状，柔软轻薄，有较好的保暖性，为制作裘服的上等原料。

●鲁锦

鲁西南地区民间的棉织花布（粗布），织工精细、绚丽多彩，采用传统的纺织工具和天然颜料与娴熟的技艺织成，图样花色品种繁多逾千种，且布局设计、纹路构图严密，古朴典雅。

●菏泽面塑

古曹州曾有三绝——牡丹、面人和耿饼，曹州面人带有浓厚的民间风味，师傅们在短短几分钟就能捏出逼真的花朵、活泼的娃娃、可爱的动物等让你喜欢的面人。

娱乐

济宁

济宁市多山、多水、多圣人，文化底蕴浓厚，是中华文明的重要发祥地和儒家文化

菏泽国际牡丹花会

发源地。始祖文化、孔孟文化、运河文化、水浒文化、佛教文化、李白文化、梁祝文化、汉碑汉画像石文化、山水文化等十大文化交相辉映，形成了“东文西武、南水北佛、中古运河”的旅游格局。

●大型原创舞剧《孔子》

舞剧《孔子》既有气势恢宏、撼人心魄的大场面，又有人物内心的细腻刻画，在创作中特别突出了传统艺术表现形式的科技创新，充分利用了水幕、雾幕等技术，让观众产生听觉、视觉和心灵上的强烈震撼和冲击。

枣庄

枣庄的民俗娱乐丰富多样，多彩多姿。山花皮影闪现着传统的深邃；柳琴流动，跳跃着快乐的音符；万亩石榴花摇曳，展示着枣庄的魅力与风情。

菏泽

菏泽素有“戏曲之乡”的美誉，山东梆子、大平调、枣梆、两夹弦、四平调等菏泽地方剧种，无论是唱腔还是表演都独具韵味，乡土气息浓郁。山东琴书、京剧、评剧、豫剧、河北梆子、曲剧、越剧、坠子等曲艺，也在菏泽大放异彩，呈现出百花争艳之势。另外，斗鸡、斗羊等一些传统娱乐活动在菏泽也比较流行。

节日和重大活动

节日	位置	时间
中华母亲文化节	邹城市	4月22日至5月6日
中国嘉祥石雕艺术节	济宁市嘉祥县	9月24～26日
中国孔子国际文化节	曲阜市	9月26日至10月10日
枣庄梨花节	枣庄山亭区万亩梨园	农历三月十二
刘村梨花节	滕州市柴胡店刘村梨园	每年4月的清明节前后
曹州灯会	菏泽城内	农历正月十五晚上
菏泽国际牡丹花会	菏泽市内	每年的4月
孙膑文化旅游节	菏泽市鄄城县	9月22～25日

发现者旅行指南

临沂·日照

概览

亮点

沂水地下大峡谷

洞穴两壁如刀削，地下暗河长而曲折，属中国独一无二的地下大峡谷，被誉为“中国地下河漂流第一洞”“江北第一长洞”。

沂水天然地下画廊

由天然地下画廊、怡然居度假村、生态山林三部分组成，是一处集地下奇观、休闲娱乐、餐饮、居住、健身等为一体的休闲游乐中心。

蒙山旅游区

山东十大最美的地方之一，自然风光秀丽，兼有泰山之雄壮、黄山之秀美、华山之险峻、雁荡山之奇绝。

万平口海滨

万平口海滨风景区

景区突出生态和海洋的主题，融入了人与自然和谐共处的理念，以优美宜人的自然环境、湿润清新的空气、宽阔洁净的沙滩、清澈透明的海水和明媚灿烂的阳光著称于世，最能体现日照“蓝天、碧海、金沙滩”的特色。

线路

沂蒙风情二日游

第一天首先参观银雀山汉墓竹简博物馆，之后到天宇自然博物馆游览。午餐后，游览王羲之故居和诸葛亮文化旅游区。

第二天乘坐到蒙山云蒙景区的旅游车到山脚下，游览观瀑亭、水帘洞、雨王庙，午餐后去奇石园，有时间的话还可以乘车到蒙山龟蒙景区，登蒙山主峰龟蒙顶，参观茶山景区。

日照海滨二日游

第一天上午前往万平口海滨游览，然后去世帆赛

海滨国家森林公园

基地、灯塔参观，午饭可以在万平口附近的大排档解决。下午前往海滨国家森林公园，还可以去第四海水浴场，晚饭就在森林公园附近的任家台享用，晚上选择住任家台或回市区。

第二天早上前往桃花岛，游览完毕回到陆上就到中午了，吃过午饭后下午去游览刘家湾赶海园。

为何去

五莲山

临沂，古称“琅琊”，是中华文明的源头之一，是东夷文明和凤凰文化的重要发祥地，历史上著名的革命老区。

日照是一座美丽的滨海城市。这里依山傍海、风光秀丽、气候宜人，素有“东方太阳城”的美誉。

何时去

临沂风光

临沂秋季凉爽宜人，是旅游的最佳时间，可选择地下大峡谷、蒙山旅游区、八路军一一五师司令部旧址旅游区等景点。

四季出游日照，都可领略碧海蓝天的海滨美景。夏季尤佳，夏季海水温度高，很适合游泳，第三海水浴场这里浪稳，滩宽，沙质好。白天去游泳、捡贝壳、堆沙子，晚上则可以赤脚漫步。第四浴场的沙质更为精细，被誉为“日照最好的金沙滩”。

万平口

区域解读

临沂区号：0539
日照区号：0633
总面积：约22 566.1平方千米
总人口：1396.83万人

地理 GEOGRAPHY

区划

临沂下辖3区（兰山区、罗庄区、河东区）、9县（沂南县、郯城县、沂水县、兰陵县、费县、平邑县、莒南县、蒙阴县、临沭县）、2个国家级开发区（临沂高新技术产业开发区、临沂经济技术开发区）、1个省级新区（临沂临港经济开发区）。

日照市下辖2区（东港区、岚山区）、2县（莒县、五莲县）和日照经济技术开发区、高新技术产业开发区、山海天旅游度假区。

地形

临沂地处鲁中南低山丘陵区东南部和鲁东丘陵南部，地势西北高东南低。临沂市地形复杂，差异明显，山地、丘陵、平原面积各占总面积的1/3。以沂沭河流域为中心，北、西、东三面群山环抱，境内山脉自北而南有鲁山、沂山、蒙山、尼山四条主要山脉。境内水系呈脉状分布，有沂河、沭河、中运河、滨海四大水系，属淮河流域。

日照地处海滨，属鲁东丘陵，地势背山面海，中部高四周底，略向东南倾斜。境内地貌类型多样，有平原、山丘、水域、湿地、海洋等丰富多样的自然景观。日照境内河流纵横，较大河流18条，分别归属沭河、潍河，除潍河流入渤海外，其余流入黄海。日照海岸位于黄海中部，岬湾相连，北起甜水河口，南到绣针河口，属于比较平直的基岩沙砾质海岸。

气候

临沂市属暖温带大陆性季风气候，四季分明，气候温和，光照充足。临沂市春季干旱多风，夏天炎热多雨，秋天凉爽干燥，冬天寒冷少雨雪，形成了春旱、夏涝、秋又旱，旱涝不均，无霜期较长的气候特点。

日照属暖温带半湿润季风区大陆性气候，四季分明，夏季高温多雨，冬季寒冷少雨，非常潮湿。因其濒临沿海，受海洋影响显著，相对同纬度其他内陆地区四季温差较小，因此冬无严寒，夏无酷暑，温度适中。

历史 HISTORY

临沂历史大事记

距今5000年前，临沂人就掌握了酿酒技术、使用砭石治病的技术等。

商朝时期，临沂有过郯、莒、费诸方国。

春秋鲁哀公三年（公元前492年），临沂城始建，称“启阳”，距今有2500多年的历史。

西汉后期，经学家王吉移居临沂都乡南

蒙山鹰窝峰

仁里（今临沂市兰山区白沙埠镇孝友村）。王吉为有史可考的琅琊郡（国）临沂王氏家族的始祖，王氏在这里繁衍生息了400余年，并成为国内著名郡望。

东汉时，临沂城为琅琊王刘京国郡。

明洪武元年（1368年），时任沂州指挥的周德才将临沂城拆除，将土城改建成砖城。

1940年7月，山东解放区在沂南县青驼村成立了山东战时工作推行委员会，这是党领导的山东革命根据地人民当家作主的第一个红色政权，也是山东省政府的前身。

1945年8月13日，山东省人民政府在莒南成立，这是中国共产党成立的第一个省级人民政府。

1947年3月，国民党军集中兵力对陕北和山东实施重点进攻。在山东战场，解放军华东野战军在蒙阴县东南孟良崮地区，全歼国军整编第七十四师，史称"孟良崮战役"，有力地配合了陕北和其他战场的作战。

名单 临沂历史名人

春秋末孔子学生曾参

秦朝名将蒙恬

东汉天文学家刘洪

三国蜀汉丞相诸葛亮

东晋书法家、文学家王羲之

唐代书法家颜真卿

清末名将左宝贵

日照历史大事记

西周初年，"东夷之士"姜太公帮助武王伐纣，建立了周朝。

公元前11世纪，周灭商后，封少昊之后裔为莒国君，定都今莒县城阳。

宋元祐二年（1087年），取"日出初光先照"之意，置日照镇，始有日照之名。

名单 日照历史名人

周朝军事家、政治家姜尚（姜子牙）

南北朝时期著名文学理论家刘勰

明万历讲士、著名学者焦竑

亘古灿烂的莒国文化

"莒"这个字一般人都不认识，读作jǔ。据考，莒为地名，始自原始社会的部落，是古夷人伯益后裔的聚居地。在数千年的岁月中，莒地积沉了丰厚的文化，留下宝贵的精神财富。从莒县陵阳河出土的刻有象形文字的大口尊和陶质牛角号，把华夏文明史前推了一千年。

春秋战国时期的莒国，国力强盛，多次参与列国间的会盟和战争，鲸吞不少周围的小国。当时的莒国，在众大国之间纵横捭阖，和合力邦，为安定四方、重生保民都起到一些作用，列国无不重视，万民仰止，具有良好的声誉。后因莒国国君无道，为楚所灭，继归齐国。周代之后，莒文化得到不断发展，英才辈出，如刘勰，为中华文化的发展起到了不可估量的作用，作出了重要贡献。

春秋至战国初期，莒国三代古国都城位于今莒县县城的四周，东临沭河，西傍柳青河。都城由大小城组成，面积约25平方千米，大段城墙犹存，至今仍然雄伟壮观。现存断垣1650米，高7至8米，宽40米。城内冶铁、铸钱、制陶作坊遗址历历在目。

故城西北角在前城子后村南50米，西墙伸到刘家菜园、韩家菜园前至南关村的消气岭以东。东南角湮没已久，无从查考。东墙所经至傅家洼以西，地名为“城子”。外城西北角“城子口”东西各有一段长200米、高3米的残墙。东南至潍徐公路有明显的高地，特别是“消气岭”一带，墙基仍高2米多。

美丽而古老的莒国历史悠久，历代均有杰出文化艺术人才，创造并延续了灿烂的莒文化，与齐鲁文化并称齐鲁莒文化，成为中国古文化的发源地之一，至今为世人所传颂。

革命老区——临沂

在抗日战争和解放战争时期，临沂市是著名的革命根据地，山东解放区的首府。这里曾是中共中央华东局、山东分局、山东军区、山东省政府、八路军一一五师、新四军军部、抗日军政大学一分校等党政军机关驻地，刘少奇、徐向前、罗荣桓、陈毅、粟裕、罗炳辉等老一辈无产阶级革命家曾在这里战斗、生活过，留下了大量的革命遗迹。

临沂有“小延安”之称。战争年代，沂蒙人民为抗击外来侵略和中国革命的胜利作出了巨大的贡献和牺牲，数万沂蒙优秀儿女献身疆场。车轮滚滚的支前队伍、送子送郎参军的动人场面、战场上宁死不屈的精神、沂蒙红嫂的感人故事、支前模范“沂蒙六姐妹”等拥军支前的楷模，名垂青史的孟良崮战役和淮海战役记下了这一段光荣的革命业绩。在

临沂孟良崮战役烈士陵

社会主义建设时期，沂蒙人民发扬光荣传统，弘扬沂蒙精神，战天斗地，改造山河，发展生产，建设家园，涌现出厉家寨、王家坊前、高家柳沟等一大批享誉全国的先进典型。

临沂精神与井冈山精神、长征精神、延安精神、西柏坡精神一样，都是中华民族精神的具体表现，体现了崇高的社会主义价值观念和道德要求，都值得我们永远坚守。

文化 CULTURE

东方太阳城

日照市是中国远古时期的太阳文化起源地，是世界五大太阳文化起源地之一，历来有太阳崇拜的习俗。

据乾隆年间《日照县志》记载，宋元祐二年（1087年）置日照镇，属莒县，取“日出初光先照”之意，始有“日照”之名。而日照也被称为“东方太阳城”。

地下考古和史料记载表明，日照是《山海经》中“羲和浴日”所在地“嵎峡”“汤谷”，即古人祭祀太阳神的地方。坐落在日照中部沿海地区的天台山距离国家级历史文物保护单位尧王城遗址仅4千米，是尧王城古国（“十日国”“羲和之国”）的大型祭祀地。日照市东港区涛雒镇的天台山上仍然留有太阳神石、太

阳神陵、大羿陵、老祖象、东方神龙、老母庙、石鸡、石椅、石磨、日晷等与太阳崇拜有关的遗迹。莒县凌阳河出土的“日火山”和“日火”陶文以及陶器上出现的大量太阳纹，都充分证明日照地区东夷先民的太阳崇拜传统。日照一带的先民早在5000年前，就已掌握了用日出方向判断四时，并将这种原始历法用于发展农业和航海事业，祭日活动。

日照有一个民俗节日叫太阳节。每年的农历六月十九，农民把新收获的麦子做成太阳状的饼，供奉太阳，感谢太阳给了大地阳光，让农民获得了丰收。据说，后来这饼越做越大，厚的就叫锅饼，薄的就叫煎饼，这就是山东大煎饼的来历。

农民画乡日照

日照和上海金山、陕西鄠邑，并称中国“三大农民画乡”。日照农民画已成为日照的一大艺术品牌，也必将会对未来日照的文化发展、艺术探索和创新带来深远的影响。

日照农民画多取材于乡村或渔民生活，构图夸张而生动，色彩艳丽而鲜明，质朴中流溢着奇异的想象。时至今日，日照农民画创作作品数千件，其中100多件在全国展览中获奖，80余件被国家收藏，另有300余件被文化部作为对外交流项目带到国外展出。

近年来，日照农民画作者进一步吸收日照抹画、剪纸、年画的特点，使日照农民画的民俗生活特点更加突出，艺术形式更加质朴、率真、丰富。日照农民画的代表作有傅承峰的《大篷歌》、黄奎军的《斗鸡》、付承玉的《养鸽》等。

山东的代表食物煎饼

临沂煎饼是沂蒙山区民间传统家常主食，可以说是山东的代表食物之一。临沂煎饼历史悠久，相传孟姜女哭长城，所带食物即煎饼。

临沂煎饼种类众多。从制作使用的原料上分，有麦子煎饼、玉米煎饼、小米煎饼、高粱煎饼、大豆煎饼、地瓜煎饼、荞麦煎饼、山芋煎饼等，用什么原料制作的，就叫什么煎饼；从制作所使用的工具上又分为手工煎饼和机器煎饼；从制作方法上，分为摊煎饼、推煎饼、擀煎饼、滚煎饼等；从口感上分，又有酸煎饼、甜煎饼、原味煎饼等。不同的烙制工具，不同的原料，不同的制作方法，其色泽、味道、形状也各不相同。

山东人吃煎饼最喜欢用煎饼卷大葱，蘸上甜面酱，为人间佳品。现在，吃法更加多样，卷猪头肉，卷芹菜牛肉渣，卷炸黄鲫仔鱼，卷鲜香椿、腌咸菜、蒜薹、辣椒等，五花八门。更有人把鸡蛋打在刚烙好还未下鏊子的煎饼上；有的将大枣煮熟，搅在糊中，做成营养丰富、口感软甜的煎饼；有的把韭菜、鸡蛋、豆腐炒好，放入新摊的煎饼中，再用少量油煎过，做成菜煎饼等。

清代蒲松龄在其《煎饼赋》中写道：“煎头则合米豆为之，齐人以代面食。”“圆如银月，大如铜缸，薄如剡溪之纸，色如黄鹤之翎，此煎饼之定制也。”蒲松龄对煎饼的夸赞并不是夸大其词。食用煎饼需要较长时间的咀嚼，因而可生津健胃，促进食欲，促进面部神经运动，有益于保持视觉、听觉和嗅觉神经的健康，延缓衰老，不失为一种保健食品。

煎饼卷大葱

景点推荐

临沂市区景点

临沂国际影视城

河东区太平街道北1千米，观唐温泉南5千米沙岭子村

乘206、256路即到

临沂国际影视城集江浙水乡之精华，融徽派建筑之风格于一身，包括沂州城关区、店铺街市区、府衙庙会区、名人府第区、秦楼楚馆区、沂水风情区、模拟拍摄区、好莱坞演艺区、山洪暴发区、影视宾馆区等景区。

玩家攻略

1.《暴雨山洪》是临沂国际影视城南国古城景区推出的大型实景式演绎项目，是具有影视特色的灾难体验性的旅游项目：巨大的山洪从对面的山寨里奔涌而下，水势翻滚异常凶猛……瞬间再现暴雨如注，山洪如兽，人们死里逃生的场景。

2.景区有亚洲蛇王等世界吉尼斯奇人给大家带来惊险刺激的绝技表演，还有鼻子拉汽车、脖子横刀拉汽车、生吞活蛇、蛇钻七窍、美女与蛇等精彩节目。

3.这里的动物表演有狮虎迎宾、猴骑自行车、狗熊晃板、老虎（钻圈）跳方台、猴走钢丝（晃板）、老虎骑马、羊蹬花瓶、狗熊走钢丝、狮虎滚球、狗熊骑自行车、老虎过桥或拉车等，丰富多彩。

4.景区有阿佤少数民族风情歌舞表演，主要内容有狩猎舞、七月火把节、甜蜜蜜、泰国长

临沂国际影视城

尹舞、火把舞、月亮升起来、草裙舞、我是谁等，白天互动节目有竹竿舞、草裙舞，是演员与游客互动的天地。

临沂动植物园 AAAA

大型高档次、综合性公园

临沂市经济技术开发区沭河大道与延安路交会处西500米

乘坐旅游专线3号线即可到达

45元

临沂动植物园位于沂河、柳清河交汇处，三面环水，总面积133.33余公顷，规模宏大、气势雄伟。

临沂动植物园有着"自然、幽静、野趣、戏水、粗犷"的特点，充分利用自然地理优势，与沂蒙湖万亩水面相连，开发有沙滩浴场，是休闲娱乐的好去处。

玩家 解说

动物园内引进饲养动物近百个物种，一千多头：东北虎、非洲狮、金钱豹颇具王者雄姿；大羚羊、剑羚、跳羚温柔善良；高个子长颈鹿迈着绅士的步子，英姿飒爽；河马总是张着天下第一的大嘴巴；机灵的猴子、憨态可掬的黑熊，给你意外的惊喜；四不像、牦牛、骆驼不知疲倦地奔走。

汉墓竹简博物馆

我国第一座汉墓竹简博物馆

临沂市兰山区沂蒙路212号

公交车K11等多路可达

0539—8312649

免费

银雀山汉墓竹简博物馆位于临沂城东南部银雀山上，系遗址性专题博物馆，地下有规模较大的汉代墓群。该馆为古典宫廷式建筑，馆内除了珍贵的竹简外，还陈列了1970年以来在金雀山、银雀山百余座墓葬中出土的部分文物精品，为研究秦汉时期的人文风情、绘画提供了珍贵资料。

玩家 解说

银雀山汉墓厅居博物馆院内南侧，厅中央是复原的一号、二号西汉墓穴，所有随葬品复制后，按原状摆放在棺椁内。椭圆状展厅周围墙壁上有汉墓发掘现场和出土竹简时的照片。两座汉墓中出土竹简7500余枚，其中有《孙子兵法》《孙膑兵法》《六韬》《尉缭子》《管子》《守法守令第十三篇》等先秦古籍。失传100多年的《孙膑兵法》和《孙子兵法》于1972年同时出土，解开了历史上存在的孙子和孙膑是否是同一人、其兵书是一部还是两部的千古之谜，系新中国成立以来十大考古发现之一。二号墓共出土竹简32枚，系《汉武帝元光元年历谱》，是迄今为止我国发现最早、最完整的古代历谱。

茶山中华园艺

以茶山园艺旅游区为主题

临沂市兰山区李官镇文泗路茶山旅游区

乘临沂市59路公交车在田庄子站下，步行即可到达

08:00～18:00

茶山园艺旅游区被誉为临沂的"后花园"，旅游区总占地面积3066.67公顷，其中466.67公顷的九鼎莲花山景区内开发了天齐庙、李小寨、莲花池、月亮湾等游览参观点。

玩家 解说

茶山园艺旅游区充分利用果园面积大，土壤条件好，适合多种林果树生长，农业旅游资源十分丰富的优势条件，因地制宜，建设了万亩桃园、中

华树种集锦园、农业果茶高科技示范园、奇树园、茗香苑、果园超市等农业旅游观光点，开通了“桃路十八湾”旅游线路，铺衬了“红色盘山路”。

园内点缀了艺术盆景，并在不同季节推出了不同旅游项目，如“春桃花、夏绿荫、秋果实、冬雾凇”等观光和果品采摘等游客参与性较强的游乐项目，并建设了莲花山庄、杏花村酒店等旅游住宿度假设施，旅游服务功能完善，是休闲度假、农业观光的胜地。

王羲之故居

纪念王羲之的地方

临沂市兰山区洗砚池街21号

市区乘坐6路公交车到王羲之故居站下车即到

20元

王羲之故居为古典园林式建筑，洗砚池正对大门，传说，王羲之幼年时刻苦练字后即到池中洗刷砚台，长时间后以至于池水呈墨色，于是人们名曰“洗砚池”。

在洗砚池的北面约10米，是高出地面2米的晒书台，为当时王家晒书之所。在晒书台北面约10米处，有5间仿古建筑，是现代人修的琅琊书院，里面珍藏着王羲之的碑帖、碑刻，以及书法名家的真迹。在故居西侧是百米长的书法碑廊，均为当代书法名家的手迹。东侧则是亭榭、小桥及一片片竹林，景色宜人。

王羲之故居鹅池

盛能游乐园

综合性大型游乐园

临沂市罗庄区盛庄镇临沂市电厂西侧

盛能游乐园是集游乐、度假、休闲养殖于一体的多层次、高规模的综合性大型游乐园。这些景点的建成，将一个昔日荒草杂生的低洼地初步改造成罗庄区最大的综合性游乐园。

玩家解说

生态园酒店是临沂首家集生态农业观光与绿色餐饮服务为一体的综合性生态观光园，主要由绿色餐饮区、观光区组成。

生态园根据荷兰智能温室的特性建设，造型别致，具有良好的通透性，园内奇石假山、小桥流水、奇花异草，使人流连忘返。在这植物大观园里，能欣赏到哥伦比亚火鹤、荷兰郁金香、莫里亚斯合欢、非洲的海枣、西双版纳的蒲葵以及台湾的苏铁、蝴蝶兰等，千姿百态，姹紫嫣红，美不胜收，使您仅在一次游览中仿佛走遍了世界，观遍了世界名花。

临沂滨河景区

全国最大的城市湿地

临沂市沂河、祊河城区段，北起汶泗路汤头桥和北外环，南至刘家道口水利枢纽

临沂滨河景区是城市湿地，集“水、岸、滩、堤、路、景”于一体，是具有防洪、休闲、娱乐、文化、旅游等多功能的旅游景区。

景区建有沂蒙广场、凤凰广场、迎宾广场等9大主题广场，有沂蒙路祊河桥、解放路沂河桥等15座景观桥，有缤纷世界、奇石园、柿子园、石榴园等18个生态园区，拥有18平方千米的绿地。

玩家解说

临沂滨河景区交通便利，沂河、祊河水、路、滩、堤、坝、桥相互连接，贯穿各个景点，沟通临沂城区。临沂滨河景区也是动植物生长的王国，景区内有乔木、灌木、草本、水生植物数百种。其中，林果类木本植物有53种，水生植物146种。滨河湿地动物资源丰富，鸟类有120余种，爬行动物13种，鱼类21种，其中大多是沂河的特产。

景点推荐

临沂周边景点

蒙山 AAAAA

山东最美的地方之一

临沂市蒙阴县

从平邑县城乘坐开往蒙山的旅游专线车，在景区下车即可

0539－4406289

通票150元，云蒙山70元，龟蒙山70元，沂山60元

08:00～17:00

蒙山旅游区是山东十大最美的地方之一，分为龟蒙、云蒙、天蒙和彩蒙四个景区。蒙山自然风光秀丽，兼有泰山之雄壮、黄山之秀美、华山之险峻、雁荡山之奇绝。春天层峦叠翠，林海花潮；夏季飞瀑流水，云雾缥缈；秋时漫山碧透，红叶映照；冬日银装素裹，分外妖娆。

蒙山叠翠为蒙山旅游区内蒙阴县古八景之一，因蒙山东西绵延百里，奇峰耸立险峻，山势逶迤起伏，错落有致，植物资源丰富，林木葱郁，灌丛繁茂，花香遍地，层林尽染，苍翠欲滴，气候奇特，常有蓝色薄雾笼罩整个蒙山，蓝雾清葱明丽，透映着群山峭岩，幽谷深邃，故谓“蒙山叠翠”。

玩家攻略

1.景区内有拓展训练基地、采摘园、索道、山林冲锋车、费县叁贰玖汽车营地、4D影院等。

2.森林漂流全长3000米，沿山谷河流两侧而建，蜿蜒曲折，迂回激荡，穿丛林，越河谷，享受森林幽静之动感快乐。

3.可在蒙山明竹山庄度假村、东山宾馆、沂蒙人家大酒店等地方品尝到蒙山全羊、胡家庄全鸡、麻辣兔头、沂蒙煎饼、蒙山蜂蛹等特色美食。

4.每年三月初三，举办蒙山雨王庙庙会，届时不仅可以欣赏到热闹异常的庙会盛况，感受过节氛围，还可以置身于森林中，感受大自然的气息。另外，每年“五一”“十一”期间有蒙山登山节。

5.山上极顶风大，气温低，需要带外套。游览时也要注意“走路不观景，观景不走路”。

6.景区物产丰富，最负盛名的有沂山全蝎、沂山板栗、沂山蘑菇、沂山槐花蜜，都是非常地道、健康的食品。

玩家 解说

登观峰台可观日出，蒙山群峰尽收眼底；穿蒙山石林如入仙境，石林排空，峥嵘而立；临百丈崖心旷神怡，有一种回归大自然的感觉。登二郎帽子山，如见杨二郎担山造乾坤；入铁拐李葫芦谷，可见铁拐李的宝葫芦；临戏仙台，仿佛听见八仙饮酒嬉戏。

云蒙景区

临沂市蒙阴县桃墟镇

“蒙阴”因位于蒙山之阴而得名。蒙山之阴（即北坡）风景秀丽，自然景观和人文景观十分丰富，名胜古迹颇多。蒙山北坡森林面积2万余公顷，素有百里林海之称，已被辟为国家森林公园。自然景观有林海花潮、水帘洞、后花园、观峰台、百丈崖和云蒙湖等，人文景观有二郎帽子山、铁拐李葫芦谷、雨王庙、戏仙台等。

链接

蒙山鹿苑

蒙山鹿苑是蒙山一座小型动物园，内有高贵典雅的梅花鹿，生动活泼的猕猴，色彩斑斓的锦鸡、孔雀等动物。整个苑区依山傍水，层次分明，结构合理，来到这里，满眼的青山绿水，生机勃勃的动物群体，幽静清新的苑区环境与城市动物园有着迥然不同的感觉。

彩蒙景区

蒙山山脉东端的沂南县双堠镇西南端

08:00～18:00

彩蒙景区面积52平方千米，主要包括五彩山、大青山、大顶子、猫头山等山峰，当地人素以“五彩山”代称彩蒙景区。景区阳坡缓和，阴坡陡峭，峰峦叠嶂，沟壑纵横，有春樱、秋栗、夏瀑、冬雪四季美景。金蟾迎宾、仙女晾衣、青山叠瀑、龙潭戏水等景点众多，远近闻名。

玩家 解说

在五彩山，伴着水的是五光十色的彩石。最有名的是金山溪中的白莲石，五彩之中又显出道道白色花纹，人称白莲石。传说五位仙女，在此水中沐浴嬉戏，一放牛郎刚好路过，冲散五名仙女，慌忙之间，将彩链留落在此，又称其为彩练石。到五彩山的游人，有许多就为采石赏石而来，沂南县一位奇石收藏爱好者在此发现的“春意图”“草原景”两块奇石，被推为石中珍品。

龟蒙景区

临沂市平邑县境内，距平邑县城20千米

08:00～17:00

龟蒙景区现为国家地质公园、国家森林公园，主峰龟蒙顶海拔1156米，为山东第二高峰，其状如神龟伏卧云端而得名，与泰山遥遥相望，被誉为“岱宗之亚”。龟蒙景区自然风光优美，以鹰窝峰为最佳；人文景观丰富，以白云岩为最妙。清澈的山泉，神妙的奇石，茂密的森林，奇绝的蒙顶风光，令人赞叹不已。

天蒙景区

临沂市费县东蒙镇蒙山森林公园

乘万达城乡公交车到蒙山森林公园下车即到，也可以从费县县城打车到景区 70元

08:30～17:00

天蒙旅游区面积203平方千米，蒙山第二高峰“玉柱峰”直插云霄，“望海楼”为蒙

蒙山彩蒙景区

山观东海、看日出最佳处，玉皇顶、葫芦崖、塔山、舌头崮等山峰都有许多迷人动听的故事。春季林海花潮，夏季飞瀑流水，秋季红叶映照，冬季玉琢冰雕。“德式天主教堂”别具一格，“百年岩凿引水渠”令人叹服，明代建筑“玉皇庙”为道教圣观，仿古建筑“鸟展馆”列有鸟兽标本百余种。

链接

塔山

塔山位于费县县城北21千米处，北靠玉皇顶，是蒙山东段高峰之一。山体由太古界泰山群麻岩构成。草木茂盛，峰奇石怪，山泉流泻，风景宜人，是费县最佳自然景观之一，是不可多得的避暑胜地。

孟良崮 AAAA

沂蒙红色之旅的标志性景观

临沂市蒙阴县垛庄镇

免费

08:30～16:00

在蒙阴县城汽车站乘坐开往孟良崮的专线巴士

孟良崮旅游景区坐落在沂蒙山区腹地，区域内山峻峰险、植被茂密，既是国家级森林公园，又是全国著名的革命传统、爱国主义、国防教育基地。景区分为孟良崮纪念展馆区和孟良崮战役遗址展馆区两部分。纪念展馆区由三部分组成，分别是孟良崮烈士陵园、战役纪念馆和烈士墓地，战役纪念馆建设宏伟壮观，用高科技手段把1947年孟良崮战役的战况再现在世人的面前。

蒙山龟蒙景区

玩家 解说

孟良崮景区规划建设了纪念馆、游客中心、综合售票中心、星级厕所、贵宾接待室、宾馆、综合办公楼、孟良崮特产购物中心等旅游配套设施。新纪念馆总建筑面积3682平方米，除展示战役实物、图片等珍贵历史资料外，还利用声、光、电、3D150°环幕立体影院等高科技手段，再现当年残酷激烈的战争场面和人民战争的波澜壮阔。

诸葛亮文化旅游区

展示诸葛亮智圣文化

临沂市沂南县卧龙山路西首

乘坐2、3、4路公交车即到

诸葛亮文化旅游区占据着卧龙山整个东部山体，上半部分山翠水清，风光秀美，整个山体遍布奇石，形态各异。下半部分以一代智圣诸葛亮的生平为主线，仿汉代的建筑风格，可以充分领略到一代智圣的丰功伟绩、汉代的文化气息以及阳都的人杰地灵。

竹泉村 AAAA

山东省“逍遥游”首批示范点

临沂市沂南县铜井镇竹泉村

从沂南县长途汽车站对面的公交车站乘坐开往鲁庄的公交车，到竹泉村下车即可

98元

08:00～18:00

竹泉村旅游区位于沂南县北部，距县城

竹泉村

12千米。元明时期这里叫“泉上庄”，清朝乾隆年间改名竹泉村。古村庄泉依山出、竹因泉生，村民绕泉而居、砌石为房，竹林隐茅舍、家家临清流、田园瓜果香，是我国北方少见的桃花源式的古式农村。

玩家攻略

游乐在竹泉，可登上山顶欣赏美景，也可体验各种游乐项目，如手摇船、水上拓展、水上挑战者、激情漂流、滑行龙、动感滑草、真人CS对抗、垂钓野炊等多种游乐设施。

在竹泉村中有一处泉眼，水边有许多竹子，这就是竹泉。泉水四季恒温，富含人体必需的十几种微量元素，村里人常年饮用这里的水，都非常长寿。来这里一定要尝一尝。

天宇自然博物馆 AAAA

自然地质博物馆

临沂市平邑县城莲花山路西段

在平邑县城，乘坐城乡公交车，在博物馆下车即是

通票70元

08:00～17:00

天宇自然博物馆的馆藏展品主要以矿物标本和古生物化石为主，9个矿物标本展厅内收藏有世界各地的珍奇标本上万件；在5个“贵州关岭生物群”展厅中，则展示了产于三叠纪地层的各种古生物化石标本近万件；馆内还收藏有“山旺生物群”地层中的近千件鹿类、犀牛类化石，都非常难得一见。

中华银杏园 AAAA

优良银杏品种培育基地

临沂市郯城县新村银杏产业开发区

郯城县新村银杏产业开发区因盛产银杏而闻名全国，是名副其实的“银杏之乡”。开发区银杏种植面积1866.67多公顷，在全国率先研究开发、培育成功了三年挂果、五年丰产的银杏优良新品种，改变了“桃三杏四梨五年，无儿不建白果园”的传统观念，建成了全国最大的银杏苗木种植基地和优良品种培育基地，具备了产业化、规范化、标准化的生产规模。

由于园内银杏树众多，郁郁葱葱，气温相对要比园外低5～6℃，空气中每立方米负氧离子含量180余万个，吸引了众多游客、村民前来避暑纳凉，成为消夏的好去处。中华银杏园也被誉为“自然之奇迹，休闲之胜地”。银杏园里悠长的大道、杏林茶屋、欢歌喷泉、浪漫花屋等都点缀在银杏林中，给中华银杏园增加了更多浪漫的气息。

天宇自然博物馆剑龙化石

沂蒙云瀑洞天 AAAA

天然地质博物馆

临沂市费县东蒙镇

70元

08:30～17:00

沂蒙云瀑洞天旅游区由指动石、天蒙湖、醉石林、云龙瀑、通天峡五个游览区构成。景区“幽谷挂云瀑，石林醉天湖”，素有“天然地质博物馆”“天下巨石第一阵”的美誉，园区内有指动石，长7米，宽5米，重达百吨，但是令人称奇的是，如此庞然大物却能“一指而动”，你只要用手指对石头发力，它就能动，非常神奇。

韩书凡奇石艺术馆

仿古式艺术馆

临沂市费县城北1千米处沂蒙路

艺术馆距费县汽车站3千米，乘车10分钟即到

韩书凡艺术馆是当代著名工艺美术大师韩书凡先生亲手设计建筑的一座仿古式艺术馆，坐落在费县城北1千米处的万松山山麓，其馆舍建筑将北方和南方建筑艺术风格融为一体，布局严谨、疏密得当、错落有致。

天马岛

鲁东南群山之冠

临沂市莒南县大店镇陡山

78元

全天开放

在临沂市区乘坐开往大店的长途客车，在景区下车即可

天马岛主峰海拔662.2米，是鲁东南群山之冠。山的周围有湖泊环绕，湖水清澈、醇美甘洌，很有“水作琴中听，山疑画里看”的江南诗韵，山水相映，气候宜人。景区主要由金顶游览区、狮子峰游览区、温泉旅游区、康体养生会所、高档酒店区、别墅度假区等部分组成。

马髻山

蒙山沂水中的璀璨明珠

临沂市莒南县城北10千米

08:00～17:00

免费

马髻山景区是蒙山沂水锦绣山川中一颗璀璨的明珠，一朵绚丽的奇葩。

马髻山四奇：芦苇长上马口石，银鱼万条游天池，天蟾绿背红肚皮，山顶黑土不见底。马髻山四怪：马髻四方像天台，山顶倒比山帮矮，十万巨石天外来，陕北山丹丹遍山

天马岛

开。马髻山四险：七十二道鹰愁涧，钻天鹞鹰飞三天；八十一座擎天峰，峰峰高耸入云端；千丈悬崖如刀削，猴子见了也胆战；万仞绝壁倒卷帘，神仙看了也心寒。马髻山四秀：三面碧水四面山，流泉飞瀑挂山川，云海蒸腾托红日，古松老藤伴月眠。

玩家 解说

马髻山下的天湖，水域辽阔，水面面积有三个西湖那么大，烟波浩渺，水质纯美甘冽，似一件湛蓝色的罗裙，把马髻山环绕装扮得分外娇美。湖上栖息着天鹅、大雁、鸳鸯、鸬鹚等珍贵鸟禽，是一个天然野生动物保护区。

山东省政府旧址 ㊫

山东第一个省政府诞生地

临沂市莒南县大店镇

0539—7813115

在临沂市区乘坐开往景区的流水班车，在景区门口下车即是

景区有一一五师旧址、一一五师纪念馆、山东省政府旧址、山东省政府成立纪念馆等景点。景区以丰富、翔实、生动、系统的史料、实物和场景，全面反映了在血与火的革命战争年代，老一辈无产阶级革命家带领山东军民进行艰苦卓绝的革命斗争所取得的丰功伟绩。

景区还有华夏第一庄园——大店庄氏庄园，这是一座有着600多年历史的古建筑群，这里曾经产生了一个庞大的地主家族群体，产生了300多个堂号，著名的有72家堂号，因此被称为“华夏第一庄园”。

天佛旅游区

真山、真水、真大佛

临沂市莒南县城天桥路北首

0539—7312273

莒南天佛旅游区位于莒南县城北，天然大佛头枕西南青山，脚抵东北明湖；天庭饱满，地阁方圆，狮鼻微翘，笑口常开，慈眉善目，五官清晰，四肢分明，神态安详，蕴含玄妙，大有呼之欲出之感。

旅游区内卧佛寺香火旺盛，为鲁南、苏北佛教文化中心。那株历尽千年沧桑的唐槐至今仍枝繁叶茂，春华秋实，成为卧佛寺活的见证。卧佛寺整个寺院古建筑群古朴典雅，飞檐斗拱，雕梁画栋，雄伟庄严。

玩家 攻略

1.莒南天佛从不同的角度看，可表现出不同的形象，非常奇妙。从南看是天佛，从东看是长发飘逸的观音菩萨，从东北看又是一只威风凛凛的猛虎。一山三景，世界奇观。

2.在这里可以买到莒南绿茶、莒南花生、莒南板栗、莒南毛驴肉、莒南石雕石刻、莒南磨料磨具等特产美食。

3.景区周边有天佛山度假村、滨海度假村、金胜大酒店、桃源大酒店、天然居大酒店、天湖金岛度假村等住宿地。其中天佛度假村位于天佛景区内，北依卧佛山，东临虎园水库，依山傍水，风景秀丽。

山东省政府旧址

景点推荐

沂水旅游区

山东地下大峡谷 AAAAA

中国地下河漂流第一洞

临沂市沂水县院东头镇马家崖村

临沂市乘大巴至沂水县，再转乘至景区的专线车即可

0539—2559999

98元

08:50～16:00

山东地下大峡谷，地处风景秀丽、远近闻名的龙岗山山下，该洞穴已探明长度6100米，最高处达30米，两壁如刀削，景观较为集中，地下暗河长而曲折。据专家考证，属中国独一无二的地下大峡谷，被誉为“中国地下河漂流第一洞”“江北第一长洞”。在这里可观琼瑶仙景，赏地下三峡，玩暗河漂流，尽情地感受惊、险、奇。

山东地下大峡谷地下暗河水量充沛，四季长流，地下河瀑布十分壮观，在我国北方溶洞内实属罕见。利用暗河水势开发的1000米漂流项目，被上海大世界吉尼斯纪录总部认证为“中国最长的溶洞漂流”项目。

玩家解说

地下大峡谷洞内有一河、九泉、九宫、十二瀑、十二峡等景观100余处，峡谷中有高近四十米的峭壁，有五彩纷呈的天穹，有深不见底的洞下石隙，有形态各异的天锅螺顶，有似银河倒倾的天瀑。宽处可容百余人，最窄处只能一人通过。而且洞中有洞，峡中有峡，石上有石，景中有景，大量千姿百态的石笋、石柱、石旗、石幔、石钟乳及鹅管点缀其间，构成了一幅气势恢宏的洞中峡谷雄奇画卷，令人叹为观止。并且洞内常年温度在17~18℃，冬暖夏凉，四季宜人。

灵泉寺

大自然造就的人间乐土，仙人汇聚灵气之地

临沂市沂水县龙家圈

因寺内灵泉而得名的千年古寺——灵泉寺始建于唐贞观年间，寺院依山而建，气势恢宏。寺院内五株唐植古银杏树茂密参天，其中被誉为“世界亚雄”的一株更是气度非凡。罗汉殿内五百罗汉栩栩如生，尽显世间五彩人生。灵泉、观凌晨殿、南海轩更添寺院之灵气。

雪山彩虹谷 AAAA

集观光、休闲、娱乐、度假、CS野战培训等功能于一体

临沂市沂水县沂河山庄东2.5千米

乘坐沂水2路公交车，到雪山彩虹谷下车即是

0539—2315678

20元

08:00~16:30

雪山彩虹谷景区总面积350公顷，是集观光、休闲、娱乐、游玩、度假、表演于一体的大型旅游景区。景区内奇松、密林、红叶、峭壁、怪石、溪流、崖壁浑然一体，主要包括雪山、大山及马山，雪山树木葱郁，奇石林立，自古就有“雪山七十二景”之说。有雪莲湖、彩虹谷、情人谷、欢乐谷、野战谷等景点，还有滑草、摸鱼等娱乐项目。

走进彩虹门，游客仿佛进入雨中胜境，头上彩虹环绕，脚下溪流潺潺，游道中分布着桥、台、亭、榭，让游客感受到回归自然的惬意。景区还有金匣石、老蚕石、磨镰石、蛤蟆石等石景，形态逼真，令人叫绝。

雪山彩虹谷

沂水天然地下画廊 AAAA

江北第一溶洞

临沂市沂水县院东头镇留虎峪

0539—2599999

75元

08:00~16:30

在沂水县城，乘坐开往院东头的班车，在景区下车即可

沂水天然地下画廊旅游风景区是一处集地下奇观、休闲娱乐、科普、健身等于一体的休闲游乐景区。景区由三个部分组成，分别是天然地下画廊、怡然居度假村和有“沂蒙第一生态谷”之称的生态山林。

尘封百万年的“天然地下画廊”位于九顶莲花山麓，全长6600米，由全国著名学者、国画大师范曾亲笔题写洞名，被众多专家誉为“江北第一溶洞”。洞内钟乳遍布，石笋林立，108处主要景观形态各异，令人叹为观止。“北国风光”“宇宙奇观”“南国风情”“海底世界”四幅各具特色的巨幅画卷，被洞内数道石门相隔，自然天成。

玩家攻略

1.在这里可品尝到沂蒙全羊、沂蒙全蝎、香炸蜂蛹、沂蒙煎饼、沂蒙小炒、沂蒙三丝、金蝉、山山牛、糁、八宝豆豉等特色美食。

2.景区可购买到画廊特色的鞋垫、皮包、布老虎、荷包、装饰画等手工艺品，以及五香花生果、蒙山龙雾茶、十八妹煎饼等地方特产。

沂水地下萤光湖

沂水地下萤光湖 AAAAA

著名的地下萤火虫神秘世界

临沂市沂水县院东头镇

0539—2599115　120元

07:30—18:00

在沂水县城乘坐开往旅游区的公交车，在景区下车即是

沂水地下萤光湖景区位于沂水县城南部19千米处，是一处著名的地下萤火虫洞神秘世界。洞体规模宏大，各种岩溶景观千姿百态。水洞中共有萤光大道、月色湖光、金姑仙影、梦幻星空、田园晚风5个景段共60多处景点。

游人进入溶洞之后，可以行船览胜，只见曲径通幽如入仙境。洞内不但有大量的钟乳奇石等景观，而且还生活着一种萤火虫，这种萤火虫仅在阴湿的岩洞中寄居生存，布满洞顶犹如晴朗夜空中闪烁的星星，星星点点、成千上万，形成了一种奇妙的景观。萤光湖是目前国内发现的最大规模的黄黑翅萤火虫聚居地下溶洞。

四门洞

一座天然石灰岩溶洞

临沂市沂水县院东头镇四门洞村东，时密山西麓

临沂、沂水县均有旅游专线车直达景区

沂水四门洞为一座天然石灰岩溶洞，有东、西、南、北四个门，故称四门洞。四门洞洞内有大量钟乳石、天锅、龙潭、莲花台及洞中洞、洞上洞等景观，分旱洞、水洞，从水洞可划船至北门，南门侧岩壁上刻有“洞天”两个大字，年代已无从考证。附近有洞宾祠、观音园、月牙湖、千年古银杏等景点。

沂水天上王城旅游区 AAAA

被誉为“沂蒙七十二崮之首”

临沂市沂水县泉庄镇

在沂水汽车站，乘坐开往天上王城的班车，在终点站下车即是

0539—2698888

80元　08:30~16:30

天上王城景区，位于沂蒙山腹地，地处沂水、沂源、蒙阴三县交会点，景区主体分布在纪王崮上。纪王崮海拔577.2米，顶部阔大，是沂蒙七十二崮中唯一一个有人居住过的崮，因此被誉为“沂蒙七十二崮之首”。

作为沂蒙山区的核心景区，这里是观赏沂蒙群崮、探寻春秋诸侯历史、体验沂蒙民俗最具代表性的地方。景区利用纪国历史遗迹，恢复了2000年前的纪国王城，建成了王城文化体验区，为游客展示了周礼中的礼、乐、射、御等文化。

沂水天上王城石屋

景点推荐

日照旅游区

海滨森林公园 AAAA

山东最大的沿海防护林

日照市北沿海路北首

乘坐35路公交车，到森林公园西门站下车即到

0633—3680998

免费 全天

日照海滨国家森林公园坐落在日照市北沿海路北首，东濒黄海，北临青岛，总面积800公顷，是一处大型的国家森林公园。公园的森林覆盖率达75.8%，植被茂密，树种以日本黑松为主，是日照市沿海防护林的重要组成部分。

公园有水下鲨鱼馆、动物园、姜太公纪念馆、海水浴场、森林浴场等多个景点，有多人骑自行车、欧式马车、游览观光车、水上骑士、沙滩车、摩托艇、海上快艇、空中飞人等游乐项目。另外，景区还建有多家独具特色的海滨酒店。

玩家 攻略

景区每年5月1日到10月7日，举办林海风情旅游节，旅游节将会贯穿整个日照旅游的旺季。旅游节上，游客们可以观赏多个民族的艺术团进行的歌舞表演、杂技，国际沙雕展，海鲜美食宴和滑稽的动物表演等。

玩家 解说

海滨国家森林公园主要有海滨娱乐和森林风景两块旅游区，漫步其中，尽享新鲜空气，过足“氧吧”之瘾。

海滨娱乐区有第四海水浴场、姜太公钓鱼中心、海滨动物园等景点，可以享受怡然自得、惊险刺激之乐，又能体会异域风情、动物乐园的别样感受，还有鲨鱼馆、鳄鱼湾等。第四海水浴场的沙滩和海水质量都是日照最好的，海岸很长很广，能捡到漂亮的贝壳，也是晚上挖螃蟹的好去处。人也较多，金黄色的沙滩和清澈的海水一定会让你心旷神怡。

森林景区位于公园管理处以东、沿海路以西，主要由水杉、黑松、雪松、刺槐等树种构成。

竹洞天

森林景区又可分为叠翠亚区和林海亚区两部分，主要有森林之浴、海滨春晓、林荫觅幽、嫣茶衔云、采摘园、雪松园等景点。另外在公园东北部，养殖有车虾、梭子蟹、西施舌等海产品。在这里可以一睹养虾育蟹的相关技术规程，拓宽知识面，还能荡一叶轻舟，亲自下水捉蟹拿虾。

竹洞天 AAAA

天然的竹子博物馆

日照城区西端的将帅沟毛竹园

乘坐15路公交车，在终点站下车，即可到达景区门口　40元

夏季08:00～18:30，冬季08:30～17:00

日照竹洞天风景区位于日照城区西端，总面积66.67多公顷，其中竹子的面积40多公顷，自然生长着毛竹、淡竹、斑竹、月竹、紫竹、钢竹、金镶玉竹等100多个竹子品种，景色优美，环境非常好，既是一个天然氧吧，又是一个天然的竹子博物馆。

风景区共分为竹文化园、民族文化园、休憩园、水上娱乐园、原生毛竹林、又一村生态园六大区，构成了“北国江南别有洞天”的旅游主题。六大区各有特色，竹文化、民族建筑文化、民族风情文化、民族餐饮文化等在景区随处可见。

玩家 攻略

风景区与美丽的付疃河相依相伴，地理位置优越。景区距日照长途汽车站8千米，距同三、日东高速入口5千米，距日照海滨17千米，距日照国际候船厅20千米，交通便利。

龙门崮 AAAA

苍松叠翠、风光宜人

日照市东港区三庄镇龙门崮山

在日照市区乘坐125路公交车，到景区下车即到

40元　09:00～17:00

龙门崮风景区地处风光秀丽的龙门崮山，自然风光怡人。景区有龙门石、试心石、情侣石、仙女洞、望海洞等自然景点，也有李半仙墓、凤凰落垛不落崮、孙悟空学艺处等遗迹50多个，是一个集登山、观光、洗浴、垂钓于一体的休息、娱乐、民俗旅游风景区。

景区植被茂盛、品种繁多，苹果、山楂等经济园林漫山遍野；苍松叠翠，郁郁葱葱；芙蓉、国槐、柞树等生态林遍布山峦沟壑之中。

玩家 攻略

景区建有滑索，这是一项具有挑战性、刺激性和娱乐性的现代体育游乐项目。游客可以乘坐它跨越草地、湖泊、河流、峡谷，在有惊无险的快乐中感受刺激和满足。

链接

趣闻典故

龙门崮山顶有一处峭壁，顶端有三块耸立的巨石，巨石后面有一个神秘的圆洞，这就是“龙门”。相传，有一年农历二月初二，天上突然电闪雷鸣，只见龙门崮悬崖上的三石门徐徐而开，一条巨龙腾空而起，这就是东海龙王鳌广，后来民间就把这一天称为“二月二，龙抬头”。

万平口海滨 AAAA

最能体现日照“蓝天、碧海、金沙滩”的特色

日照市东港区海曲东路东首万平口

乘坐5路、6路、沿海旅游专线车或旅游出租车到达景区　免费　全天

万平口海滨风景区位于日照市区最东端，是日照最负盛名的旅游景区之一，有“旅游来日照，必到万平口”之说。万平口海滨空

气清新，景色优美，这里拥有5000米长的宽阔沙滩，是沙滩休闲与避暑的胜地。这里还是赏日出的绝佳之地，而晚上的夜景也十分迷人，摄影爱好者不容错过。

万平口海滨海岸线长5000米，占地面积760万平方米，以优美宜人的自然环境、湿润清新的空气、宽阔洁净的沙滩、清澈透明的海水和明媚灿烂的阳光著称于世，是最能体现日照"蓝天、碧海、金沙滩"特色的景区。区内有亚洲第二大潟湖，湖边是新建的海滨新区，现代建筑与自然景观完美结合，是夏季休闲、度假、避暑、疗养的胜地。

玩家攻略

1.景区为了方便游客，除在冲洗房等区域设置寄存设施外，在沙滩等游客集中的区域也设置了寄存设施。

2.万平口年平均气温在12.6℃左右，冬无严寒，夏无酷暑，非常适合游玩。景区北依日照海滨国家森林公园、山海天旅游度假区，西靠日照新市区植物园、樱花园，南接日照港，可看的景点非常多，一定不要错过。

灯塔景区

海滨休闲区

日照市东港区黄海一路东首

日照市内乘坐公交车1路至灯塔广场站下车

灯塔景区因区内设有灯塔而得名，景区由灯塔广场、观石广场、观涛广场组成，是消暑度假、观光游览的好去处。

灯塔如"定海神针"，处于广场的核心位置，它是日照海滨港口城市的象征，原名"石臼灯塔"，主要是为日照近海及进出日照港的船舶提供导航服务的。广场上有五彩灯阵、银杏树阵，形成了和谐的扇形。

日照海滨国家森林公园 AAAA

中国首批国家森林公园之一

日照市东港区沿海路北首

从日照市乘坐16路转35路可到

海滨国家森林公园是中国首批国家森林公园之一，公园依山傍海，林海相依，森

灯塔

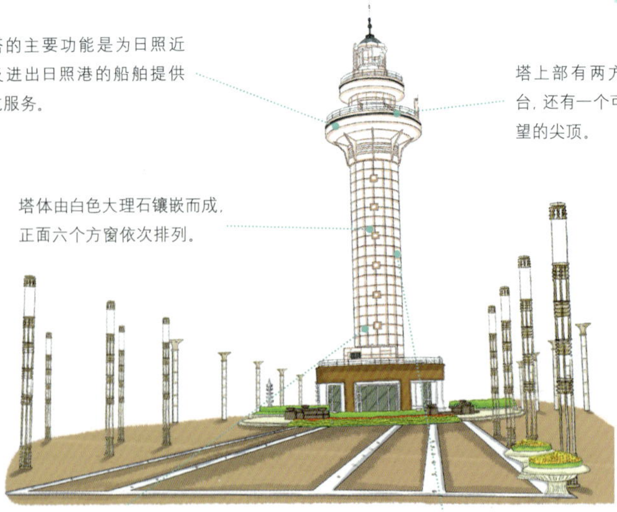

林覆盖率极高，园内有森林旅游区、海滨娱乐区、疗养度假区和太公文化区4个旅游功能区。另外，公园还有多人骑自行车、欧式马车、游览观光车、沙滩车等游乐项目。

刘家湾赶海园 AAAA

中国第一赶海园

日照市东港区涛雒镇刘家湾

在日照电大乘坐从石臼开往岚山的班车，在刘家湾赶海园门口下车即可

45元　08:30～17:00

刘家湾赶海园拥有万亩潮间带、千亩沿海防护林，景色非常壮观，是一处以赶海拾贝为体验，集休闲度假、海上游艇、海水沐浴、沙滩运动、高尔夫练习为一体，具有沿海民俗风情特色的旅游景区，被誉为“亚洲最大金沙滩、中国第一赶海园”。园区突出了海洋文化，反映了地方民俗风情，适应了现代人返璞归真、回归自然的心理追求，是认知大海、感知大海、体验渔家生活的绝佳去处。

玩家攻略

1.园区内的潮间带，盛产竹蛏、文蛤、四角蛤、马蹄蟹、花旦蟹等，还有虾皮、杂色蛤、海蜇等多种海珍品。可以在退潮后拾贝、推虾皮、支迷糊网、挖海蟹海贝等，并可观日出、听涛赏月、观海潮、观赏渔民捕鱼。

2.可以买到虾酱、蟹酱、对虾、虾皮、虾米、鱿鱼丝、咸鱼、即食海蜇等特色干海产品。

3.赶海园推出了一台极具地方民俗特色的大型情景演艺——《沧海神韵》，有水漫金山、八仙过海、哪吒闹海等传统水族舞表演，还有旱船、高跷、吕剧等地方戏曲演出。

桃花岛

浓厚的渔港风情

日照市东港区秦楼街道桃花岛村　乘坐36路公交车，在桃花岛村站下车，步行即到

70元　08:30～19:00

桃花岛风情园，俗名“逃活栏”，四周都是岩石构造，经上千年海浪的淘凿，形成了各具形态、怪石矗立的天然景观。岛的中心有一眼甜水小泉，是岛上的主要淡水源。岛上生长着一种近似桃树的灌生乔木，环境非常好。岛上有很多古迹，如梳妆台、祭礼台、香炉石、试剑石、天女洗澡池等。

玩家攻略

桃花岛周围的岩礁上生长着品种繁多的海螺、牡蛎、海星等海产品，你可以去岸边观赏游玩，还可以乘船登上桃花岛，尽享渔岛风情、渔港风情和渔家民俗风情。

链接

趣闻典故

相传，古时候南夷进犯到日照，安北王率兵抵抗，但终因寡不敌众，落北而逃。当他逃到这里时，发现隔水有一座小岛，于是紧勒马缰，直冲小岛而去。追兵赶到时，只见海雾弥漫、海水暴涨，便退兵而去。退潮后，安北王骑马泅渡上岸，后来他的后人每年都来这里祭祀，并为岛取名“逃活岛”以示纪念，后来又演变为“桃花岛”。

山海天

山色、海景、天色为一体的特色景区

日照市东港区东北部的黄金海岸

山海大旅游度假区依山傍海，环境幽雅，冬无严寒，夏无酷暑，拥有全国一流的海水、一流的沙滩、一流的自然环境，是最适合人类居住的地方之一。景区山色、海景、天色共为一体，自然资源分布广泛，历史文化积淀深厚，人文资源丰富，两城遗址是目前发掘最大最丰富的一处龙山文化遗址，被列入全国100处大遗址之一，出土的蛋壳陶等黑陶制品为我国史前制陶业最杰出的代表作品。

五莲山 AAAA

齐鲁最大的野生药库

日照市五莲县五莲山中路　在日照市区，乘坐日照海滨开往五莲山的公交车即可到达

65元　08:30～17:00

五莲山风景名胜区坐落在山东省的东

南部、黄海之滨，主峰五莲峰海拔515.7米。景区由隔壑并峙的五莲山和九仙山两大部分组成，总面积68平方千米，集奇、秀、险、怪、幽、奥、旷七大特色于一体。景区有峰、石、涧、泉和殿、阁、楼、亭等景点118处，风光秀丽，引人入胜。

景区内有大面积的森林植被和野生花卉，林木覆盖率70%以上，丰富绚丽，具波澜壮阔之美。这里不但是齐鲁最大的野生药库，而且野生花卉种类繁多，有4000余种。其中，最著名的是野生杜鹃花自然保护区，其花色之丽、品种之多、面积之广，实为罕见。

玩家 攻略

1.景区有万亩野生杜鹃花旅游节，杜鹃花节是4月2日~6日。

2.每年农历三月十五为光明寺庙会，此时正值杜鹃花漫山遍野、争奇斗艳，既可赶庙会又可赏杜鹃。

链接

九仙山

九仙山与五莲山隔壑相峙，素以“奇如黄山，秀如泰山，险如华山”而著称。九仙山奇峰异石与洞窟泉瀑之多，与五莲山并称双绝。九仙山的美可以归纳为奇、秀、险、怪、幽、旷、奥七大特色，最大的特点是“地中山、地中潭、地中瀑”，华北罕见，令人叫绝。还有被誉为“江北一绝”漫山遍野的杜鹃花，春夏之交，竞相开放，令人陶醉。霜秋之季，满山红叶与山光石景相辉映，蔚为壮观。

大青山 AAAA

以“秀、幽、奇、旷”为四大特色

日照市五莲县洪凝镇

风景区距五莲县城仅7千米，可以包车前往，非常方便

40元

08:00~17:00

大青山风景区群峰拱围、百壑竞流，以“秀、幽、奇、旷”四大特色著称，初步形成了以自然生态观光为主，集观光、探险、休闲、娱乐、疗养、会议于一体的特色旅游景区。

除了自然风光之外，景区里还有古圆柏、祥云寺、万和寺、古城墙等遗迹。目前，风景区形成了万佛山古文化区、锁羊宫洞窟区等五大景区，都各有特色。

玩家 攻略

大青山风景区在层峦叠翠之中建有玉兰阁宾馆，站在宾馆的任何地方都可以观赏到景区的美景，而且还可以切身体验天然氧吧、沐森林浴、食绿色食品等，感受回归大自然的舒畅。

浮来山 AAAA

日照市第一个地质遗迹保护区

日照市莒县浮来山镇

乘坐发往莒县的专线班车，到莒县县城后，乘当地1路公交车即可到达

0633—6269977　65元

08:30～17:00

浮来山，又名“浮丘”，海拔298.9米。浮来山有三座山峰，北面的是佛来峰，西面的是浮来峰，南面的是飞来峰，三峰鼎峙而又由拱围相连，只在东面略微开了一个小口。风景区里有八观、十二景、三泉与四园，修竹奇木，怪石嶙峋，溪流潺潺，美不胜收。其中，主要景点有天下银杏第一树、千年古刹定林寺、世界之最檀根王、道教圣地朝阳观等，此外还建有滑草场、霹雳炮、动物园、浮来山庄等参与性休闲、游乐餐饮设施。

玩家 攻略

1.景区推出树王朝觐游、刘勰凭吊游、定林寺访古游、松涛泉鸣探胜、农业生态观光等项目，很受欢迎。

2.风景区食、住、行、游、购、娱逐步配套，具有浓郁地方特色的饭庄、茶社，古朴典雅，掩映于苍松翠柏之中，是游人品尝风味小吃的理想去处。江北第一茶浮来青以及银杏茶、挂扇、屏风、剪纸、书画等旅游纪念品、土特产也倾倒了远道而来的客人。

3.浮来山福寿文化节在每年的10月2日到10月4日举行，可以吃到莒县当地特色小吃莒州贴包、银杏银耳汤等。

玩家 解说

浮来山上千年古刹定林寺是山东省现存最古老的寺院之一，为古代文学评论家刘勰故居所在地，始建于南北朝时期，距今已有1500年的历史。全寺分前、中、后三进院落，有五殿两堂，两庑一宫三院。

定林寺前院中央，巍然屹立着一棵枝叶参天古木，这便是“天下银杏第一树”。树龄近4000年，树高26.7米，干粗15.7米，占地900多平方米，至今仍枝繁叶茂，生机盎然，堪称生物界中的“活化石”。

链接

趣闻典故

在远古时代，有位神仙云游到这里，见沭河一带土地肥美、碧水长流、桃红柳绿、景色宜人，但是缺乏青山点缀，于是他就从远处搬来一座山安放这里，这就是今天的佛来峰。后来，水神从水上漂来一座山与佛来峰相依为伴，这就是浮来峰。两峰相连不成格局，一夜之间不知从何处又飞来一座山，这就是飞来峰。于是，浮来山就出现了。

浮来山

攻略资讯

- 交通
- 住宿
- 美食
- 购物
- 娱乐

交通

飞机

临沂启阳国际机场：位于临沂机场路1号，目前有航线12条，每周有51个航班，从这里可以飞往北京、上海、广州、深圳、天津等全国各大主要城市，通过中转可以到达国内50多个城市。市内可乘坐K36、K70路公交车前往，在机场路口下车，步行十分钟即可到达机场。

日照山字河机场：位于山东省日照市东港区后村镇山字河村附近，于2015年12月22日正式通航——由中国东方航空A320执飞的上海（浦东）—日照—大连航线航班实现首航。2018年共开通国内外19条航线，可以飞往北京、广州、武汉、沈阳等全国各大城市。

火车

临沂火车站：位于沂蒙路223号，车站现在每天有大量的列车经过，可以到达北京、济南、郑州、武汉、广州等国内主要城市和地区。

日照火车站：位于海滨五路火车站南300米金阶广场一楼，是日照市的铁路枢纽，可以通往济南、青岛、北京、上海、郑州等全国主要城市。

日照西站：为日照的高铁车站。有主要发往济南、青岛、沈阳、连云港、盐城方向的高铁。

汽车

临沂汽车客运总站：位于双岭路与临西八路交叉口，是临沂市的主要汽车站，下辖隆达、陶然两个换乘中心和河东、客运南站两个分站，可以覆盖全国19个省、4个直辖市和2个自治区，非常方便。

日照目前建有2座长途汽车站，分别是日照长途汽车总站、日照汽车东站。日照长途汽车总站位于日照南路21号，主要是一些发往山东省内各个城市的班车。日照汽车东站位于日照市黄海二路，主要是发往岚山、青岛、烟台、北京、上海等方向的汽车。

市内交通

●临沂

临沂BRT快速公交系统建于2016年，设计车速50千米/时。其中一号线沂蒙路BRT快

临沂新风貌

日照银河公园

速公交已于2017年1月23日正式投入运营。起点为北城汽车站，终点为临沂火车站，工程正线范围全长约11.1千米，红线宽度42米，总投资额约2.5亿元，全程一票2元。

临沂公交分为纯电动公交、油气公交、迷你巴士、县际快运，形成了“内成网、外成环”的便捷公交网络。临沂公交普通车单一票价1元、刷卡0.85元，空调车单一票价2元、刷卡1.7元。

临沂轨道交通骨干线网规划由1、2、3号线组成，涵盖兰山区、罗庄区、河东区、经济技术开发区等，串联临沂机场、火车站、客运总站和高铁站等交通枢纽，以及主要商贸区、教育医疗区和行政中心，远期规划4、5号辅助线。

●日照

截至2018年7月，日照公交拥有营运线路134条，营运车辆900余台。公交网线覆盖了城区重要地点，可以满足市民、游客的出行需求。

住宿

临沂

随着旅游业的发展，临沂酒店住宿发展得也很迅速，市内有各种类型和档次的酒店，可满足各种游客的需要。临沂最适合旅游住宿的区域是兰山区，通常情况下，标准间100～600元。

●华盛江泉城大酒店

华盛江泉城大酒店是一家集住宿、餐饮、休闲娱乐、商务会议、展览、购物为一体的综合性涉外酒店。酒店靠近临沂火车站、临沂飞机场，交通非常便利。地址：临沂市罗庄区罗六路与双月湖路交会处 交通：乘坐K80路公交车，在江泉大酒店下车，步行即到

●临沂新闻大厦丽呈酒店

新闻大厦坐落在临沂市金雀山路沂河岸畔的中心地带，面朝沂河，风景宜人，与临沂市的政治文化中心遥相呼应，地理位置优越，交通十分便利。地址：临沂市兰山区金雀山路6号 交通：乘坐K13、K18等路公交车，在新闻大厦站下车，向西步行100米即是

日照

日照的星级以上酒店有30多家。住宿主

日照城市风光

要集中于火车站、汽车站附近以及靠近海滨的地方。

火车站、汽车站附近交通便利，旅馆众多，各种档次的酒店、快捷宾馆、小旅馆俱全，游客可自行选择。靠近海滨的地方，如宏裕酒店、海纳建国君豪酒店都在万平口，旺季往往会翻一倍的价钱。来日照还可以住当地一些渔家利用自己家的房子改造成的旅馆，比较集中的地方如王家皂和任家台，价钱比较便宜。

●金海花园大酒店

金海花园大酒店，坐落在美丽的日照海滨城市，地处山海天旅游度假区内，东临碧海、金沙滩，西接大学城，北依卧龙山，南连奥林匹克水上公园，位置得天独厚，交通便利。✉ 日照市山海天旅游度假区碧海路67号 🚌 乘坐10路、33路公交车，在钓鱼岛大酒店站下车，步行即可到达

●世纪之帆酒店

世纪之帆酒店，是日照的新地标，同时也是绝佳的观海胜地。酒店外形就像一条满帆的航船，坐落在日照水上运动中心基地内，这里紧邻万平口黄金海滩和灯塔景区，具有得天独厚和不可复制的海景资源。客人站在海景阳台上，可以180°无遮挡观海，超级海景套房更是可以300°观海。✉ 日照市东港区绿舟南路66号 🚌 乘坐5路内环、5路外环、33路公交车，在帆赛基地西门站下车，然后步行即可到达

临沂夜景

鱼丸汤

美食

临沂

临沂物产丰富、食俗久远，有许多独具特色的食品，如糁（sá，临沂方言）、咸豆粥、六姐妹煎饼、莒南锅饼、沂水丰糕、郯城挎包火烧、风飘鱼丸等都是沂蒙独有的地方小吃，比较著名的特色菜有金蒙红烧兔头、潘湖狗肉、美酒煎焖鲇鱼、光棍鸡、莒南炉肉、李守仁烧鸡等。

●糁

早晨喝糁是临沂的传统食俗。喝糁有四大讲究，即热、辣、香、肥，糁可分为牛肉糁、羊肉糁、鸡肉糁三种，以羊肉糁最为普遍。临沂各早餐点有售，5元一碗。

●风飘鱼丸

临沂厨师用白鲢鱼可以制成洁白鲜嫩、轻如棉絮、随风飘动、入口即化的珍品鱼丸。临沂各大小餐馆均可品尝，通常20元左右一锅。另外，涮火锅的时候吃起来也很方便。

●金蒙红烧兔头

金蒙红烧兔头是蒙阴地方小吃，该菜经过10余道工序烧制而成。口味麻辣咸鲜、肉味独特、色泽诱人，且具有滋补养颜、健脑明目之功效。

●潘湖狗肉

潘湖狗肉以其独特的制作工艺闻名，此菜色泽红润、口味香美、醇厚不腻。据中医

理论讲，狗肉性热，入命门经，有壮元气、安五脏、益气力之功效。

●美酒煎焖鲶鱼

此菜汁少黏稠、色红亮、口感咸鲜、肉细嫩糯滑、酒香味浓，具有补中益阳、舒筋活血的功效。临沂各大餐馆均吃得到，通常30元左右一盘。

●光棍鸡

“光棍鸡”是蒙阴地方名吃，以其独特风味，风靡沂蒙山区。此菜色泽诱人、汁宽味浓、药香浓郁，通常20元左右一盘。

日照

日照的海鲜种类繁多，比如对虾、扇贝、西施舌、文蛤、魁蚶、杂色蛤、竹蛏、海参、海蟹、鱿鱼、皮皮虾等。另外日照的羊肉馆也很不错，比较集中在山东路，一碗地道的羊肉汤只需八块钱左右。还有文心蒸包、合味蜇头、涛雒羊肉面条、酸辣乌蛋汤、水晶蒸饺、煎饼等比较有名的小吃。

●西施舌

西施舌为日照海域产珍贵海蛤，外壳形态俊秀，斧足形扁似舌，洁白如玉，被誉为“西施舌”。蛤壳内经体丰满，肉质鲜嫩，味道鲜美，清洁别致，营养极为丰富。

●合味蜇头

用西瓜刻成西瓜盅座，蜇头清水泡去咸味后切块，白菜叶撕成块，锅上火下白菜叶煸软，加烫过的蜇头速爆装盘，放瓜盅座上即成，吃起来感觉蜇头爽脆、白菜鲜嫩。

购物

临沂

临沂特产众多，有八宝豆豉、平邑金银花、郯州银杏、莒南板栗等，并且临沂整体消费水平偏低，东西都比较实惠。购物场所主要是临沂市内的各大商场和超市。

●八宝豆豉

临沂八宝豆豉是由八种原料制作成的酱料，茄子、杏仁、香油、酒等料非常爽口，营养成分不少。这种八宝豆豉内有汁，打开其盖子，香味无比，食用也比较方便。

红烧兔头

●莒南板栗

莒南板栗为山东省莒南县名优特产，这种板栗个大、色艳、光滑油亮、果肉嫩黄细腻、香甜可口，素有“糯香栗”之称，远销日本、新加坡、韩国、中国台湾等国家和地区，深受客户青睐。

板栗

日照

日照的特产除海鲜外，还有日照绿茶、花生、乌鱼蛋、珍珠、珍珠粉等。在万平口、海滨国家森林公园，都有卖各种工艺品的小商贩。买海鲜干货可到全国最大的海产品交易中心——安东卫海货城，位于岚山开发区安东卫街道。

●日照绿茶

日照的环境污染很少，加上优良的沿海气候条件，才有了日照绿茶的叶片很厚、香气很浓、适合冲泡的特点。日照绿茶也是江北地区最好的绿茶。

●乌鱼蛋

乌鱼蛋是只有在日照才有的海珍品，是由金乌贼的缠卵腺加工出来的。它颜色乳白，营养丰富，可以调节肠胃，富含多种人体必需的微量元素。

乌鱼蛋汤

娱乐

临沂

沂蒙地区有灿烂的乐舞文化，龙灯、扛阁在全国独树一帜，扑蝴蝶是沂蒙地区另一种极具特色的广场舞蹈，临沭县青云镇李界前村的表演远近闻名。此外，莒南县十字路镇的耍马灯和峨庄的舞蹈大竹马也非常有名。沂蒙地区的戏曲有浓郁的地域特色，以柳琴戏最为著名。沂蒙是“书圣”王羲之的故里，著名的书画之乡。受书圣影响，临沂自古就有研习书法的风尚，已成为当地具有浓郁特色的文化娱乐活动。

日照

日照的娱乐活动都带有海滨特色，这里的海水澄清蔚蓝、金沙滩沙粒细腻，特别适合沙滩排球这项运动。还有双人自行车、骑马、捡海贝等，可以让你在沙滩上尽情撒欢；水上快艇、摩托艇、冲浪、帆船等，让你尽情追逐海上的速度与激情；观日升月落，听潮涨潮落，体会海的博大，简直就是给身心做了一次免费的SPA。日照海边的沙子也特别适合做成沙雕，相信会成为喜欢艺术的和童心未泯朋友的最爱。

●林海风情旅游节

林海风情旅游节是日照在海滨国家森林公园举办的一个旅游盛会，历时非常长，可以贯穿整个日照旅游的旺季。在旅游节上，游客们可以观赏多个民族的艺术团进行的歌舞表演、杂技等文艺节目，还可以参观国际沙雕展，观看滑稽的动物表演，享受海鲜美食宴。

举办时间：每年5月1日到10月7日

日照海滨

●北方竹文化旅游节

北方竹文化旅游节是在竹洞天风景区举行的一场竹文化的盛会。旅游节期间，游客不仅可以看到北方罕见的竹林，欣赏大型文艺演出、收藏品展览、摄影大赛、民间艺人现场竹器编演等，还可以观看新引进的竹子品种、手工竹工艺品以及茶艺、茶道表演等活动。

举办时间：4月下旬到5月3日

●浮来山福寿文化节

浮来山福寿文化节是日照当地在充分挖掘古莒文化的基础上推出的一个特色旅游节庆活动。浮来山在民间有“天官赐福于此山”的美誉，寻福祈寿习俗由来已久，尤其是天下银杏第一树、世界之最檀根王等，都是祈寿的标志、寻福的象征。文化节期间会举办大型的开幕式，游客可以欣赏到很多精彩节目，而且还可以吃到莒县当地的莒州贴包、银杏银耳汤等特色小吃。

举办时间：每年的10月2日举办一次，历时3天

节日和重大活动

节日	位置	时间
蒙山雨王庙会	蒙山	农历三月初二
书圣文化节	临沂市	每年4月
蒙山登山节	蒙山	每年“五一”“十一”期间
广场文化艺术节	临沂广场	每年10月
诸葛亮文化旅游节	诸葛亮文化旅游区	5月底
北方竹文化旅游节	竹洞天风景区	4月中下旬到5月3日

海滨国家森林公园

乔家大院
中国画名家

发现者旅行指南

淄博

概览

亮点

鲁山

山东四大高山之一，集山、水、林、泉、石、洞为一体。主要景点有万石迷宫、驼禅寺、一线天、道沟森林浴场、北坪江南水乡等。

聊斋城

聊斋城

以园林为表现形式，以聊斋故事为主题的组群式的大型名园景区，建筑独特新颖，恢宏壮观，为华夏一绝。

周村古商城

中国古商业文化的优秀代表，规模宏大，街区纵横，店铺林立，建筑风格迥异，被誉为“中国活着的古商业建筑博物馆群”。

线路

淄博二日游

第一天早晨首先游览中国古车博物馆，之后前往中国管仲纪念馆，午餐可以自带，下午去参观齐国故城遗址博物馆。参观完毕后游览淄博聊斋城、中国陶瓷馆，傍晚到周村古商城，夜宿周村。

第二天早晨起来先游览魁圣公园，然后乘车到鲁山国家森林公园，午餐建议自带。游览完毕后去开元溶洞。

鲁山松云湖瀑布

为何去

淄博是一座独具特色的组群式城市，历史文化源远流长。淄博是齐文化的发祥地，是著名的齐国故都，临淄故城及其周围地带文物古迹浩繁。

王渔洋纪念馆

淄博也是清朝小说家蒲松龄的故乡，有美丽壮观、旖旎窈窕的聊斋园。淄博是中国五大瓷都之一，著名的“石化之城”。博山的自然风光极为美丽。

何时去

淄博，四季分明，一年四季皆适合到淄博来旅游。每年4月、5月淄博举办国际聊斋文化旅游节，9月举办齐文化旅游节，在这两个时间段去淄博旅游为旅游的最佳时间。此外，春秋季到鲁山国家森林公园、原山国家森林公园等地也是不错的选择。

淄博夜景

区域解读

区号：0533

面积：5965平方千米

人口：约470.59万人

地理 GEOGRAPHY

区划

淄博下辖5区（张店、淄川、博山、周村、临淄）、3县（桓台、高青、沂源）和3个功能区（淄博高新技术产业开发区、淄博经济开发区、文昌湖省级旅游度假区）。

地形

淄博市位于华北平原东部、山东省中部，地势南高北低，山丘、洼、平原、荒滩、水面，各占45.2%、13.8%、33.2%、6.7%、1.1%。

淄博市境内最长的河流为淄河，全长122千米，纵贯市区南北。

气候

淄博地处暖温带，属于半湿润半干旱的温带季风气候，一年四季分明，雨热同期，景色优美。

历史 HISTORY

历史大事记

太古时期，太昊伏羲氏兴起在齐地。

周武王二年（公元前1045年），封太公姜尚于齐地，建立齐国，都治营丘。

齐献公元年（公元前859年），七世献公率营丘人杀其兄胡公而自立，徙都营丘。因临淄水，故更名“临淄”。此后，临淄为齐都城。

公元前685年，公子小白立为齐国君，是为齐桓公。桓公在位42年，任管仲为相，改革齐政，九合诸侯，一匡天下，为五霸之首。临淄遂为天下名都。

汉高祖六年（公元前201年），刘邦立长子刘肥为齐王，都临淄，时“齐临淄十万户，市租千金，人众殷富，巨于长安”。

南北朝东魏时期，贾思勰任高阳郡太守11年，在任内撰成《齐民要术》。

1916年5月，山东护国军政府在周村成立。

1945年8月，成立淄博特区，设专员公署，隶属鲁中行政区，此即“淄博”一词作为政区名称之始。

名单 淄博历史名人

春秋齐国第一名相管仲

春秋五霸之一、齐国国君齐桓公

春秋时期军事家司马穰苴

“一鸣惊人”的齐国国君齐威王

战国著名军事家孙膑

战国时期复齐功臣田单

西晋著名诗人左思

樵岭前淋漓湖

北魏太守、农学家贾思勰

唐朝名相房玄龄

唐朝晚期著名文学家段成式

清初文坛领袖王士禛

清代小说家蒲松龄

齐文化的发祥地

淄博市是齐文化的发祥地。周朝建立后，周武王把首席功臣姜尚（姜太公）分封至此，建立了齐国，都城始称“营丘”。后齐献公因其濒临淄水，而将营丘更名为“临淄”，此后临淄之名一直延续至今。淄博市临淄区作为齐地的政治、经济、文化中心有数千年，被誉为“海内名都”。

春秋战国时期，临淄作为享有“春秋五霸之首、战国七雄之冠”之称的齐国都城800多年。太公望、齐桓公、齐威王、管仲、晏婴、田单、司马穰苴等名君贤相、英帅良将，不仅创建了“临淄之中七万户，临淄之途，车毂击，人肩摩，连衽成帷，举袂成幕，挥汗如雨，家敦而富，志高而扬”的这个海内外闻名的东方名都，也创建了一部雄壮曲折的齐地历史，在中国的历史舞台上有着举足轻重的地位。

战国中期，诸侯兼并战争加剧，齐国君主为实现“一匡天下”的理想，于都城临淄稷门附近建立稷下学官，广招天下贤良博学之士到学宫传道授业、著书论辩。稷下学宫存在的一百五十年间，各派云集、平等共存，百家争鸣、学术自由，求实务治、经世致用，孕育或发扬了纵横、儒、道、法、名、阴阳、兵、杂等各家学说，使齐都临淄成为天下学术文化的中心。

文化 CULTURE

陶瓷之都

淄博是名副其实的陶瓷之都，有着深邃的陶瓷文化底蕴，遗址考古证实淄博的制陶历史可追溯到一万年前。

淄博齐国故城

淄博生产的琉璃品和陶瓷制品不仅享誉国内外，而且有着悠久的历史传统。早在公元前5100年，山东就有了制陶业。到公元前4000年大汶口文化时期，山东的制陶技艺已达较高水平。从出土的大汶口彩陶看，慢轮成型，能塑造鬶、鼎、觚、豆、钵、罐、盘、背壶等多种器形，能用土红、赭石、白垩土、炭黑等颜色在陶器上用直线、斜线、弧线精细地勾绘出各种规矩整齐的几何形纹、花瓣纹、八角星纹等图案。新石器末期的蛋壳陶、宋代问世的"雨点釉"和"茶叶米釉"，至今仍被各国视为珍品。

淄博的陶瓷雕塑，在造型和釉色装饰上皆有较高的艺术造诣。尤其是现代的淄博美术陶瓷不断创新，逐渐形成了造型古朴、装饰新颖、色彩绚丽的独特风格。不仅恢复了早已失传的"雨点釉""茶叶米釉"和"云霞釉"，还创造了新的"红金晶釉""鸡血红釉""金星釉"和几十种黑釉系窑变花釉。代表作有《张衡》，花釉挂盘《东方巨龙戏明珠》《百鸟之歌》《春之歌》《孔雀姑娘》等。各种瓷雕人物、动物，千姿百态，玲珑精巧，深受人们喜爱。

淄博高档日用陶瓷进入人民大会堂、中南海、钓鱼台国宾馆和紫光阁，艺术陶瓷常常被作为国礼赠送国际友人。淄博陶瓷新产品更是广泛应用于航天、信息、先进制造业等领域。

优美动听的五音戏

五音戏也叫"肘鼓子"，以唱腔优美动听、语言生动风趣、表演朴实细腻而著称，地方特色浓郁，是全国的独有剧种，有二百多年的历史。

五音戏是由边打鼓边歌唱的"秧歌腔"发展起来的。表演时一般是先吐字，后行腔，曲调口语化，腔调旋律变化较多。其演唱用本嗓，女腔尾音旋律延长，后尾用假嗓翻高，生活气息、乡土色彩浓厚，群众词汇丰富，具有民间口头文学的特点。

五音戏的传统剧目颇为丰富，据统计有160余出，主要有《王小二赶脚》《王二姐思夫》《拐磨子》《彩楼记》《王定保借当》《墙头记》《赵美蓉观灯》《王林休妻》《乡里妈妈》《王婆说媒》《张四姐落凡》《松林会》《亲家顶嘴》《安安送米》等。由于表现的多是当地农村妇女的形象和生活状态，深得一方百姓喜爱。

"肘鼓子"戏最初分东路、西路、北路三支。东路、北路因中国近代史上战乱荒旱，百姓生活极度困苦，民族艺术遭到严重摧残，缺少专业剧团沿袭，新中国成立前已基本消亡，北路和东路还有一些民间老艺人在演唱。现在的淄博市五音戏剧院，属于西路"肘鼓子"，也是现在仅存的、唯一的一个专业演出院团。

淄博陶瓷

景点推荐

淄博北部景点

周村古商城 AAAA

千年商埠旱码头，北方民俗第一村

淄博市周村区周村大街290号

乘坐601路公交车，到周村大街站下车即可到达

0533－6430009

90元 08:30～17:00

周村古商城是一个历史悠久的商业中心，虽然历经数百年风雨，但至今仍保留得十分完好。古商城内街区纵横、店铺林立、建筑风格迥异，被中国古建筑保护委员会的专家誉为“中国活着的古商业建筑博物馆群”，具有很高的旅游观光价值。

玩家攻略

1.怡和园坐落于周村大街南首，是周村久负盛名的百年老店。怡和园烧鸡、怡和园羊肉、干炸丸子、香煎豆腐、酥锅、怡和煮锅、小酥油饼、水鲜煎包等，味美价廉，令人流连忘返。

2.可以在这里买到周村烧饼、瑞蚨祥丝绸、瑞蚨祥老粗布、英美烟草公司产品、火柴天堂产品、芦苇画等。

3.这里的娱乐活动有民俗表演、花灯、芯子、猜灯谜、民俗杂技、看地方戏等。

链接

周村之最

世界最早的商品免税区
中国最早的电话胡同
中华老字号的发祥地
中国北方丝绸之乡
中国最早的分餐制
保存最好的古街市博物馆
中国最早的邮电局
中国祥字号的发源地
中国花灯、芯子的故乡

皇姑顶遗址

皇姑顶遗址在周村东南10千米的范阳

周村古商城

河北岸，爱国遗址在周村西南郊淦河西岸，这两处遗址属龙山文化遗址，并且延续到秦汉时期。在周村东南10千米的商家遗址，曾出土大量红烧土和陶片、瓦片、花纹砖、骨骼、高柄豆残片和镢，为商周到汉代时期的遗址。

千佛寺

千佛寺位于大街古商城北首，是周村现存最完整、规模最大的宗教古建筑群。千佛阁庙群有寺庙、楼阁、宫殿27座，山陕会馆、福建会馆各一所，戏台两处，20世纪五六十年代均遭到不同程度的毁坏，现一期工程修复主要庙宇6座。

千佛阁是庙群内的主体建筑，坐北朝南，石基砖身，双椽飞檐，屋面铺金黄色琉璃瓦，雕梁画栋，富丽堂皇。阁内墙壁上的无数神龛中，塑有一座座形态各异的佛像，因数目众多，故称“千佛阁”。

民俗展览馆

周村民俗展馆位于涿河北岸的望月楼，主要是选取了婚礼、祝寿、纺织、生产、娱乐等与群众生活有关的场景，通过摆放大量的实物、人物模型和展板来展示当地的民俗风情，正如门前的对联所写“与民生活息息有关，和君风俗脉脉相连”。

大染坊

大染坊位于银子市街90号，是创办于清道光年间的东来生绸布庄的旧址，业务主要是将收购来的丝绸、坯布进行整理染色加工，然后批发出去。清光绪年间，资金达三万两白银，先后到济南、天津、北京等地开设分号。抗日战争中停业。

陶瓷琉璃博物馆 AAAA

国内规模最大的专业陶瓷馆

淄博市张店区联通路417号

乘坐111路公交车，在中国陶瓷馆站下车即到

0533—2167708

免费

09:00～19:00对外开放，18:30停止入场；每周一闭馆（国家法定节假日除外）

陶瓷博物馆是一个集陈列、展览、收藏、研究、销售和社会教育于一体的综合性现代化陶瓷博物馆，同时也是目前国内展示面积最大、品种最齐全、展示水平最高的现代化陶瓷博物馆。

博物馆集中展示了新石器时代的后李文化到今天8000多年的时间里，淄博出土、生产和收藏的各类陶瓷精品2500多件（套），其中古代展品249件，都是无价之宝。

玩家攻略

1.展馆内配有中、英、日、韩四国语言同步语音导览系统和导游触摸屏，为游客提供了多角度、全方位的优质服务。

2.在陶艺创作区“陶苑”，游客还可现场亲手制作陶器。

淄博市博物馆

综合性、地志性博物馆

淄博市张店区商场西路153号

可乘坐K7、K13、K35等路公交车前往

0533—2152253

淄博市博物馆，坐落于淄博市张店区，是一座综合性博物馆，汇聚了历史、文化、艺

术和科普等多重元素。博物馆内藏品丰硕，历史文物、自然化石、艺术品等多元领域均有所涉猎，总数逾千件。这些藏品不仅揭示了淄博地区的历史变迁和文化特质，亦展示了我国自然环境和人类文明的发展轨迹。其中，既有珍贵的文物，如古代瓷器、书画、玉器等，亦有罕见的自然化石，构成了一幅生动的历史长卷。

淄博市博物馆内设有多个展馆，分别呈现不同主题的藏品。历史文物展馆彰显了淄博地区丰富的历史底蕴，使观众得以领略古代文明的辉煌；自然化石展馆则揭示了地球演变的过程，让大家感受大自然的神奇魅力；艺术品展馆展示了我国传统艺术的精湛技艺，让观众体验艺术的美好。此外，博物馆还有其他各类专题展馆，满足各类观众的需求。

齐国故城遗址博物馆 AAAA

齐文化博物馆

淄博市临淄区临淄大道308号

可乘坐27、64、70等路公交车前往

0533－6200052

09:00~17:00（周一闭馆）

齐国故城共有48处重点遗址，素有“地下博物馆”的美誉。齐国故城遗址博物馆位于齐国故城宫城遗址的东部，是以齐国故城大城与小城相互衔接的特殊形状制作为外形建筑而成的。博物馆由青砖砌垒，形似古代城堡，总建筑面积2600平方米，顶高15米，特色鲜明，气势宏伟。

馆内通过300多件珍贵文物和大量的文献资料、模型、沙盘、雕塑、照片等，全面介绍了齐国的政治、经济、文化、艺术、科技、军事和礼俗状况，记述了齐国的产生、发展、兴盛、衰亡史，反映了齐文化在华夏文化中所占的重要地位，使参观者在轻松欢悦的气氛下了解历史，增长知识，接受教育，受到启迪。

管仲纪念馆

主要展示管仲的生平事迹

淄博市临淄区齐陵街道北山西村

乘坐66路、252路公交车，到管仲纪念馆下车即到

0533－7086799

15元

08:00~17:00

管仲纪念馆南依牛山，北临淄河，是依托管仲墓而建的一处历史纪念性景点。纪念馆由馆区和园区两部分组成，馆区主要由中国宰相馆、管仲及《管子》思想陈列展厅、管仲祠、管仲墓等组成，园区主要由广场、绿地及配套设施等组成。

管仲纪念馆以管仲从囚徒到宰相的一生历程为主线，全面展示了博大精深的《管子》思想。纪念馆建筑布局充分利用了丰富变化的地形，运用了中轴对称与园林分散相结合的方式，采用挺拔、简洁的仿汉代风格造型，丰富了群体建筑的整体景观效果，而且各展厅采用了国内先进的陈列方式和手段，使整个馆集艺术性、参与性、观赏性于一体。

玩家攻略

1.每年农历三月三和九月九，这里举办大型庙会——牛山庙会。

2.纪念馆自下而上设置了无障碍通道，而且还建有完善的服务设施，方便您游览观光。

齐国故城遗址博物馆

中国古车博物馆 AAAA

系统完整的古车博物馆

淄博市临淄区齐陵镇后李村

乘坐73路公交车，在古车博物馆站下车即是

0533—7083310

30元　全天开放

中国古车博物馆坐落在淄博市后李文化遗址上，是以后李春秋殉车马为基础而建的。博物馆分为古车陈列馆和地下春秋殉车马展厅两大部分，是一家车马遗址、古车陈列与文物陈列融为一体的，系统、完整的古车博物馆。

博物馆以时代先后为顺序，通过大量的实物、模型、古车复原、照片和文字展示了中国古车的产生、发展、技术改进历程，以及车马在战争、交通、运输、生产和生活中所发挥的作用。可以说，这座博物馆集中国古车研究之大成，汇聚了华夏历代车乘珍品之精粹，充分展示了我国车乘的悠久历史和制车技术在世界车辆发展史上的领先地位。

玩家 攻略

1.博物馆位于济青高速公路126千米处，交通十分便利，博物馆两侧还设有大型停车场，停车不用担心。

2.古车博物馆设有稷下游乐园，里面有民俗展、民俗娱乐、鸟语林、射箭场、植物园、盆景园、赛车场等游乐项目。

中国古车博物馆

玩家 解说

车、马是我国古代陆上的主要交通工具，制车是一个集大成的手工业部门。我国古车以其优异的性能在世界上长期处于领先地位。骑乘所用马具中极为重要的构件——马镫，也是我国首先发明的。在这方面，我国曾对人类文明作出了巨大的贡献。

王士禛纪念馆 AAAA

纪念王渔洋的纪念馆

淄博市桓台县新城镇新立村

淄博车站乘71路公交车到新城镇下车，可到达纪念馆

0533—8880148

50元

08:30~16:00

王渔洋纪念馆的馆址忠勤祠，原是明万历十六年（1588年）为纪念王渔洋的高祖王重光而建，整组建筑系砖木结构，分东西主跨两院，保持了典型的明代建筑风格。

馆内设7个展室和石刻园，石刻园是在忠勤祠东跨院的基础上与古代园林建筑相结合修建的。与忠勤祠毗邻的四世宫保坊是国内仅存的砖坊，坐北朝南，气势雄伟，集古代建筑、雕刻、书法艺术于一体，有很高的文物价值。

玩家 攻略

馆内有古玩店，游客可购买到名家碑林拓片、瓷器、玉石等纪念品。

马踏湖

有“北国江南”水乡之美称

淄博市桓台县起凤镇华沟村北

在淄博车站乘坐到鱼龙的公交车，到马踏湖下车

0533—8690008

30元

08:00~17:30

马踏湖渔船

马踏湖位于淄博市桓台县东北部，湖区多条渠道交织成网，四通八达，湖区有27个自然村落，小桥流水人家的景象在这里呈现得淋漓尽致、如诗如画，所以马踏湖风景区又有“北国江南”的美称。景区不仅河道纵横，有一望无际的芦苇荡、荷花塘，而且还有五贤祠、冰山遗址、徐夜书屋、仙鱼洞亭等众多名胜古迹，是天然的旅游胜地。

玩家 攻略

1.景区建有水上乐园，不仅有秋千、跷跷板、游览亭台、观赏拱桥等设施，而且还有许多风味小吃店，都非常不错。

2.每年8月，正是湖区荷花盛开的季节，当地会举办马踏湖民俗风情旅游节。期间会举办很多活动，有水上婚俗、鱼鹰捕鱼、湖上牧鸭、撒网捕鱼、湖上风情、民俗展示等，很有当地特色。

链接

趣闻典故

传说，春秋战国时期，齐桓公称霸之后，在起凤镇会盟各国诸侯，众诸侯也唯恐落入圈套而率大军蜂拥而至。大批战马来到这里，将这里踏平成湖，所以人们就称之为“马踏湖”，又名“会城湖”。

高青千乘湖

高青水城一体

高青县清河路2号

免费　全天开放

千乘湖生态文化园是一项集环保治污、平原水库、生态恢复、景观建设于一体的综合性水系工程，充分体现了景区人文、生态、和谐、发展的理念。

千乘湖内的音乐喷泉是文化园中最吸引人的景点之一，它的主泉喷高可达60米，副泉喷高也可达到40米，夜晚的时候，可以看到喷泉呈现五颜六色，就像无数颗晶莹的彩珠一样，非常漂亮。

玩家 攻略

由于是亲水环境，所以夏季的时候景区非常凉爽，很适合来景区游玩，但是夏季游客也较多，请注意安排好时间。

景点推荐 淄博南部景点

鲁山森林公园 AAAA

鲁中第一高山

淄博市博山区池上镇上小峰村东北1千米处

可乘坐171、172等路公交车前往

0533－4860001

40元

鲁山国家森林公园是一处以森林景观为主体、以苍山奇峰为骨架、以清溪碧潭为脉络、人文古迹点缀其间的风景区。

公园集山、水、林、泉、石、洞为一体，其中云海日出、四雄竞秀、一线天等景点景色优美，具有极高的旅游价值。除了自然景观之外，景区还有很多人文景观，建于南北朝时期梁武帝年间的驼禅寺就是代表。鲁山风景秀美，远离喧嚣城市，是一处无暑无尘的清凉净地和回归自然、休闲度假的胜地。

玩家攻略

1.在鲁山游玩，可以免费参加滑索、吊床、秋千、水车等娱乐活动，在此可以尽情地释放激情，全身心地投入到大自然的怀抱。

2.鲁山盛产多种天然野菜，如蕨菜、松蘑、山芹等。尝乡野味，一定会让您大饱口福。

3.鲁山的野生蘑菇、山蝎和当地产的杂粮、蜜桃、板栗、桔梗、杏仁等都是极好的土特产品，具有丰富的营养价值。鲁山山蝎为纯天然野生活蝎，有清热解毒、舒筋活血、提高人体免疫力之功效，是鲁山特有山珍之一。

枣树峪瀑布

瀑布所在的位置由于常年滴水不断，淋漓如丝，又名“滴水崖”。枣树峪瀑布的景观一年四季各不相同。春秋，雨水稀少，瀑布如珠帘下垂，随风飘散。隆冬，冰雕玉挂，晶莹剔透，一片琉璃世界。盛夏，特别是雷雨初过，瀑布飞流直下，水泻声犹如雷鸣，声闻数里。

花崖

花崖位于枣树峪的南坡，这里山势险峻陡峭，在海拔800米的顶部保存有大片的野生杜鹃花，中下部则分布有66.67多公顷连片的连翘花。

雨林

雨林景区苍松伟岸，藤蔓低垂，绿草凝碧，山花烂漫，优美的森林环境，使这里的空气特别的清新洁净，是天然的森林浴场。雨林中被称为空气中“维生素”的负氧离子的含量极高，被专家学者赞誉为“天然氧吧”。

鲁山一线天

梁王泉

梁王泉，是位于鲁山海拔900多米处的一股清泉。相传，当年梁王带兵打仗，由于天气炎热，大家都焦渴难耐。梁王便派人出去找水，却都无功而返。士兵们也都不愿意走，行军被迫中断。梁王非常着急，跳下马来一屁股坐在了地上，不多时，在他坐过的地方，竟汩汩地流出了泉水。如果仔细看，在泉口的周围还确实有人坐过的痕迹呢。

万石迷宫

万石迷宫占地20多公顷，迷宫内路路相通，洞洞相连，扑朔迷离，幽深异常。迷宫是由无数巨大浑圆的“石蛋”堆积而成的一处天然支架洞，在地质学上叫“石蛋地貌”。像这样处于近千米高海拔位置且大面积聚集的石蛋地貌，在华北地区是罕见的。

鲁山一线天

鲁山一线天宽仅容一人侧身而过，经专家考证，在华北地区独一无二。穿越一线天，才能充分体会“一线光明穿石隙，千秋景色驻尘寰”的意境。

观云峰

观云峰为鲁中最高峰。登峰极目远眺，四周林海茫茫，村落点点，河流蜿蜒，群山逶迤；偶遇绝佳天气，云蒸霞蔚，泰山、蒙山、鲁山、沂山主峰像岛屿浮于云海之上，“四雄竞秀”蔚为壮观。

驼禅寺

驼禅寺建于南北朝时期的梁武帝年间，是鲁山地区香火最旺的寺院。每年的农历三月十五日是鲁山的庙会，四方香客云集。驼禅寺名字的由来一说是当年志公用毛驴将经卷从杭州驮来，一路上累死了十头毛驴，志公念毛驴驮经卷有功，就将寺院起名为“驼禅寺”。

颜文姜祠 ㊂

唐代木质建筑物

淄博市博山区泉水路26号

0533—4181519

10元

08:00~16:30

乘坐49、11等路公交车即可到达

颜文姜祠又名灵泉庙、顺德夫人祠，俗称大庙，是我国目前仅存的3座唐代木质建筑物之一。这里祭祀的是春秋时期齐国一位普通的孝妇——颜文姜，这也是我国现存最早的一座由最高统治者为褒封平民而营造的祭祀庙宇。1993年当地对其进行整修，建成了集声光电动功能于一体的塑制《颜文姜的传说》十组群像，整补描绘了殿宇，对庭院进行了翻新，使祠庙成为一座拥有五进院落、80多间房屋的古建筑群，这也是淄博市现存的规模最大、保存完好的古建筑群。

玩家 攻略

颜文姜祠是我国目前仅存的3座唐代木质建筑物之一，非常珍贵，所以在参观游览的过程中一定要听从工作人员的指导和安排，避免对文物造成损坏。

聊斋城 AAAA

以聊斋故事为主题的名园

淄博市淄川区蒲家庄

乘坐P23路公交车，在蒲松龄故居站下，步行即可到达

0533—5819258

40元

夏季07:30~18:00，冬季08:30~17:30

聊斋城是以园林为表现形式、以聊斋故事为主题的组群式大型名园景区，是山东省五大旅游景区之一。景区分为艺术陈列馆、狐仙园、石隐园、聊斋宫、满井寺、观狐园六个部分，各有精彩。整个景区怪石林立、绿树成荫，十分安静，风景很好。

玩家 攻略

1.游览整个景区大约需要3个小时，推荐线路：蒲松龄艺术馆—狐仙园—石隐园—柳泉山庄—宦娘—宦娘琴缘—聊斋宫—牡丹园—俚曲茶座—百子嬉乐园—满井寺—柳泉—柳泉古道。

2.蒲松龄除《聊斋志异》外，还创作了上千首俚曲作品，俚曲茶座正是演唱欣赏俚曲的上佳去处。游客驻足品茶，听上几段俚曲，自是一种难得的享受。

3.景区定期举办的旅游活动有：聊斋民间艺术灯会（正月初八至正月十八）、聊斋文化旅游节（4月29日至5月8日）、聊斋文化艺术品博览会（9月28日至10月8日）。聊斋演艺广场内不同的演出活动，将民俗、乡情表现得淋漓尽致。

4.蒲泉人酒店餐饮部提供鲁、粤、川、苏、海派、胶州各类菜肴和地方名吃，餐厅共有16个包间，每个包间的名称都是以聊斋故事里的名字所命名，客人在此就餐既可以享用美味佳肴，又能体会到包间的别具一格。

5.聊斋花园大酒店为三星级涉外宾馆，位于杜坡山路，东连古朴典雅的蒲松龄故居及聊斋园。有鲁、川、苏等各派菜系，配套设施齐全。

狐仙园

狐仙园是一处我国北方古典园林式的建筑，蒲松龄艺术馆开设在园中。狐仙园是以部分聊斋狐仙故事情节来点景状物的，园中每处景点都源自《聊斋志异》。其中，婴宁、小翠和荷花三娘子均为蒲松龄先生笔下妙笔生辉的人物。

聊斋城

聊斋城

蒲松龄艺术馆

馆内蒲松龄生平彩塑再现了蒲翁历尽坎坷的一生；豆棚瓜架展室内，100个造型各异、大小不等的葫芦，刻画出100个独具情韵的聊斋故事；文人骚客留下的墨宝，刻瓷艺术家们的精雕细琢，都向人们展示着蒲翁的不平凡经历。

柳泉

又名“满井”，相传蒲松龄曾多次在此设茶招待过往行人，搜集创作素材。蒲松龄酷爱此地，故自号“柳泉居士”。20世纪80年代，柳泉旁新建了草亭、凉亭，井口周围加了栏杆，井旁立“柳泉”石碑。柳泉北面原有一座龙王庙，也叫“满井堂”，庙西面原有《新建龙王碑》一块，碑文是蒲松龄所撰写。现庙宇已不存在，石碑已移存蒲松龄故居内。

玩家 攻略

柳泉位于聊斋城正门以东，沿柳泉古道东行便可到达。沿柳泉向东走会有一个三岔路，往北可到达满井寺，往东则到达牡丹园。而柳泉山庄则位于柳泉的南面，可提供食宿服务。

蒲氏墓园

又叫“才子茔”，内有古墓三十多个，古柏树几十株。墓园内有蒲松龄父蒲磐、长孙蒲立德等蒲家人墓地。蒲松龄墓在墓园的西北角，是他与夫人刘孺人的合葬墓，墓前建有碑楼，简明扼要地概述了蒲松龄先生的一生。碑前有沈雁冰先生亲自题写的“蒲松龄柳泉先生之墓”碑刻。

玩家 攻略

蒲氏墓园位于聊斋城的东南角，是整个景区的尽头。从蒲氏墓园往西走便能到达玄夜院和宦娘琴缘景点。蒲氏墓园的北面则是演艺广场，定期有精彩的节目演艺。

奎盛园

自然生态主题公园

淄博市淄川区松岭东路272号

乘坐31路公交车在鲁泰文苑站下，步行即可到达

魁圣园风景区依山而建，山上松柏叠翠，凉亭水榭与人工湖相傍依，环境优美，景随山生，山借景秀，是目前淄博面积最大、功能最全的综合性公园。

魁圣园内的动物园，是淄博市规模最大、动物种类最多的动物园，有三十多种珍禽猛兽，另外还有黑熊、骆驼、野猪、鸳鸯等近百种动物。每当重大节日，动物园都会增加节日气氛，推出新的动物展出项目，例如展出国宝“大熊猫”“类人猿”“大象”“黑熊斗牛”等。

新落成开放的淄博首家动物散养园，是孩子们乐趣无穷的场所，园内散养有孔雀、台湾鸡、鸵鸟等各种禽类动物几十余种，人们可以自由接触喂养，去体验自然生活乐趣。

玩家 攻略

1.景区内有水上乐园及游泳池，游泳池白天按门票游泳，晚上单独收费。

2.儿童游乐园配有儿童赛车、蹦蹦床、秋千、少林软木桩、晃晃板、空中索道、电动奔马、吉祥如意灯、疯狂老鼠、碰碰车等30余种儿童玩具，并有人工湖，配有碰碰船、脚蹬游艇等休闲娱乐设施。

3.景区的大型音乐喷泉是山东省内最大的彩色升空音乐喷泉，另外还有屈指可数的赛马场，值得一看。

4.这里的植物园为大型四季型花园，内有奇石200余种，高档花卉、树桩盆景3万余盆。山顶松林中有憩园，园内点缀大型奇石，并配有石桌、石凳，有供游客游乐休息的绳吊床200余张，环境幽雅，风景宜人。

5.景区节庆有齐鲁民俗文化旅游节（“五一”期间）、猛兽猎活食活动（“五一”“十一”期间）。

樵岭前景区

鲁中山水画廊

淄博市博山城区西南6千米处的山头镇樵岭前村

有旅游专线车49路由博山火车站至樵岭前景区

0533—4430168

55元

08:00~16:00

樵岭前风景区位于群山绿水之间，景区内峰秀岩峭，茅舍错落，小桥流水，一派山野风光。景区内山、水、林、泉、洞、瀑融为一体，自然环境优美，空气清爽，清泉、流水，没有半点污染，给人一种返璞归真的感觉，是省内难得的休闲、娱乐、避暑、纳凉的天然公园，被誉为“鲁中山水画廊”，是博山国家重点风景名胜区八大景区之一。

玩家 攻略

景区有樵岭前大酒店、樵岭前超市、樵岭前百货城等配套服务设施，可满足住宿、就餐、购物等需求。

博山溶洞

博山溶洞景区内峰峦叠翠、飞流叠瀑，有“天然公园”之称。景区主要由博山溶洞、王母池、淋漓湖、天星湖等景点组成，从而形成了一条迂回曲折、峻险奇迷的山谷，两旁危岩陡峭，高40多米，集山、水、林、泉、洞、瀑为一体，被誉为“鲁中山水画廊”。

博山溶洞，是一条呈南北走向、深1500多米的深洞，洞内结构奇特，洞中有洞，宽窄高低不一。洞宽一般为10米左右，最宽处可达20米，最窄的地方仅能容一个人侧身通过。洞内钟乳、石笋似雕似塑，奇幻迷离，气象万千。

玩家 攻略

博山溶洞中到处流水潺潺，空气清爽宜人，所以非常适合夏季来这里游玩，既可以消暑纳凉，又能欣赏大自然的鬼斧神工。

玩家 解说

博山溶洞形成于1200万年以前，洞中钟乳产生于20万~30万年。该洞呈南北走向，深1500多米，洞内结构奇特，洞中有洞，宽窄高低不一。洞宽一般为10米左右，最宽处20余米，窄处一人则难以侧身通过。洞高一般3米左右，最高处40余米，低处则需匍匐通行。洞内钟乳、石笋似雕似塑，奇幻迷离，气象万千。其中“十八罗汉朝南海”“仙人亭”等奇妙景观，令人叹为观止。全洞处处流水潺潺，空气清爽宜人，给人以幽雅神秘之感。

樵岭前风景区

王母池

王母池位于樵岭前村南，是一个周长约100米、深2米的长方形池潭。两山相交形成一峡谷口处，瀑布自峡谷倾泻而下，巨大的水帘冲击崖底，流光溢彩，绚丽动人。

在瀑布的右上方七块巨石叠立，高10余米，恰似一贤淑的仙女在俯首凝思，人称“王母石”。相传远古时候，王母下界巡行，见此地岩石光洁，飞瀑流湍，便停下祥云，入潭沐浴，故称“王母池”。沿王母池拾级顺河而上，“王母庙”“黑龙潭”等景点尽收眼底，边行边赏，好不惬意。

泉河头

江北小桂林

淄博市博山区源泉镇东高村

可乘13路公交车到达

泉河头风景区也叫“源泉风景区”，傍依淄河水，北靠二郎山。景区以其山高、谷深、林茂、滩浅、石怪、泉清、洞幽、水美而独具特色，被誉为“江北小桂林”。附近有开元洞，景点还有青龙山、二郎山、淄博第一索道、天然游泳场等。

玩家 解说

泉河水清见底，水面上映衬着青龙山的倒影，鱼游浅滩鹅鸭嬉戏，令人耳目一新。上龙湾和下龙湾两大泉群内泉眼密布，喷珠吐玉，长年不竭，且水温常年保持5℃左右，水中饲养引进的虹鳟鱼，可一饱口福。

坐落于淄河之滨的二郎山，挺拔峻峭，山水相映，松柏葱茏，犹如桂林之独秀峰。山顶有长约170米的索道与青龙山相通，沿索道悠悠而去，泉河景区山山水水尽收眼底，别有一番滋味在心头。

开元溶洞 AAAA

洞内有唐时摩崖石刻

淄博市博山区源泉镇东高村

乘112路公交车，在开元溶洞站下，步行即可到达 0533—4814066

70元

开元溶洞是一处形成于40万年前的典型岩常溶洞穴，洞内自然景观及文物古迹众多，是我国北方罕见的溶洞，因此被誉为“山东第一洞”。

溶洞内空间很大，共分为八个大厅，气势宏伟。洞内各种钟乳石遍布，姿态各异，鬼斧神工，浑然天成，置身其中，如入仙境。洞内还有新石器时期以及唐、宋等各时期的摩崖石刻，非常珍贵，充分展示出了开元溶洞博大深沉的丰富内涵和自身所具有的特色。

玩家 攻略

开元溶洞位于地下，四季恒温，夏季来这里非常凉爽，所以您可以到这里避暑休闲。

五阳山

以“石”为特色

淄博市博山区石马镇

五阳山因五峰簇拥向阳而得名，这里山崖险峻，古建筑临壑构造，形成了天然与人工并存之景观。悬崖石壁缝中，五杈松柏，枝干蚰曲，相传生在唐代贞观年间。

仙境园是五阳山古建筑群中心，古迹错落有致，风格迥异。过书房碹洞，悬崖下巨石拱出，形成一天然石室，山幽静谧，阴翳生

原山森林公园凤凰山俯瞰

凉，别具洞天。室内有一池，名“伏龙池”，池右壁东南上方有两个孔，泉水从孔中注入池中，长流不溢，久旱不涸，清澈见底。

玩家 解说

会仙桥的桥北绝壁高耸，瀑布飞泻，桥南深谷幽幽，桥面平而开阔，相传为仙人聚会的场所。桥下有一涵洞，是夏日纳凉听泉的洞天佳地。站在会仙桥北的瀑布下面，飞露湿衫，清凉无比。抬头望去，山涧瀑布自50米高绝崖之上，分成两级直泻而下，瀑水似练，飞溅入潭，潭水清冽，浮萍点点，鱼戏其间。盛夏至此，苔藓铺地，云雾阵阵，有超俗绝尘、飘飘欲仙之感。当汛期到来，山洪暴发，其势如野马奔腾，令人生发“疑是银河落九天”之感慨。

白石洞
天然摄影棚

淄博市博山区域城镇西域城村

白石洞风景区美在山色，奇在山容。一条青石曲径将人引至此地，山榆、流苏、黄栌、乌柏，树树交错，把头上的蓝天遮个严严实实。若赶上暮秋时节，鹅黄、橘黄、绛紫，万木霜天沐金风。白石洞在半山，晶莹白石镶嵌洞口；悬崖欲坠，细水涓涓流出石缝。柿岩，因“柿林千树，高下扶疏”而得名，迤峦突翠，峰崖屹立，村民依岩布屋，“山从屋上风烟合，水抱村流涧相闻”，实为“天然摄影棚”。

石门
山重水丰

淄博市博山区域城镇

石门景区的村名多“峪”，岳峪、镇门峪、珠宝峪……足见其山之多。山重而多奇，水丰而多秀，是石门风景区的主要特色。

景区含石门、镇门峪水库、“齐鲁会盟”、夹谷台十八盘等七景。另外，石门也是林果基地，深秋果香，早春花红，别有一番风情。

金牛山
山博景多

淄博市博山区北博山镇

金牛山上多亭台楼阁，苍松翠柏中隐见。拾级而上，白云洞、凌霄洞，洞洞相连。登摩崖云路至“唤龙门”前，击拍回音，声声如磬。山顶有五花石壁，壁下有一深潭，夏雨过后，潭内喷云吐雾，飘散于林路之间，此潭即有美名“喷云潭”。

原山森林公园 AAAA
国家级森林公园

淄博市博山区颜山公园路4号

0533—4187724　35元

08:00～17:00　乘坐49路公交车，到电厂站下车，步行即可到达

原山国家森林公园包括凤凰山、禹王山、

望鲁山、薛家顶和夹谷台五大景区。公园山势险峻，地貌奇特，森林茂密，环境优美，文物景观、自然景观丰富，游乐健身场所众多，是生态旅游、回归自然、休闲度假的理想之地。

景区以丰富的植被，古老、奇异、名贵的树种，秀丽的山光水色，古朴、浑厚、凝重的庙宇和悠久美丽的历史传说，以及森林深处的少数民族风情歌舞等，吸引着无数游客前来旅游观光。

玩家攻略

1.民俗风情园内有淳朴多情的西双版纳等少数民族歌舞表演；景区娱乐项目还有野生动物表演、惊心刺激的卡丁车运动、文明高雅的网球和保龄球等。另外，每年还举行有原山登山节、原山红叶节等活动。

2.这里仅禽类就放养了80多种，其中珍稀鸟类占了绝大部分，有仙鹤、锦鸡、杜鹃、啄木鸟、戴胜、火鸡、鹦鹉等。野生动物也有几十种，有鹿、羚羊、猴子、狐狸、獾等。

梦泉

中国罕见的长寿村

淄博市淄川区淄河镇梦泉村

乘24路公交车到终点站幸福站下车，转乘出租车到梦泉，10分钟即到

40元

梦泉生态旅游区所依托的村庄为双泉村，原名“梦泉村”，三面环山。据统计，双泉村人均寿命非常高，是中国罕见的长寿村，现仍然完好保存着康熙年间的村碑，已有三百年以上的历史。景区有丰富的野生动植物，还有松柏、连翘、黄栌等原始林带以及各种果木2000多公顷，环境秀美，风光无限。

玩家攻略

在梦泉生态旅游区内，游客可以品尝到由梦泉水、纯高粱酿制的“秤砣”酒，畅饮来自地下270米深的“梦泉牌”优质矿泉水，还可以吃野菜、做农家饭、购买干鲜果品和山鸡蛋等绿色食品。

潭溪山景区 AAAA

回归自然的旅游胜地

淄博市淄川区太和镇

乘坐67路公交车到泰阳庄园站下车，换乘旅游区观光车即到

0533—5036666

90元　08:00~17:00

潭溪山旅游区是一处得天独厚的“天然氧吧”，这里一年四季各有神韵：春赏山花烂漫，夏聆溪水潺潺，秋醉满山红叶，冬观银装素裹，景色优美异常。

景区自然景观、人文景观丰富，上天桥、下天桥、姊妹瀑布、一线天等鬼斧神工；三寨关、点将台、跑马奔、饮马湾、试剑崖等铭记着当年农家女唐赛儿揭竿起义、震动朝野的不朽业绩；观音殿、甘露寺、将军庙、三教同坛，诉说着传统文化的博大与精深。在这里可以感受到步移景换的奇妙，仿佛进入了得道之境。

玩家攻略

景区建有游客中心、生态停车场等配套设施，以及集餐饮娱乐、会议接待、拓展培训、休闲度假于一体的潭溪山庄。山庄是按四星级标准装修的三星级酒店，在这里您既可以品尝到山珍野味、有机蔬菜，也可以体验和重温洞房花烛的美丽新房，非常别致。

潭溪山

梓橦山鬼谷洞

群山环抱、谷幽林茂

淄博市淄川区双杨镇藏梓村

乘坐31路公交车到梓橦山站下车，再乘坐小出租车即可到达 13409067444

60元 08:00～17:30

梓橦山鬼谷洞风景区山清水秀、谷幽林茂，名胜遗迹、民间故事，俯拾皆是，自然景观和人文景观和谐融会。

风景区再现了鬼谷子当年在梓橦山鬼谷洞授徒讲学、叱咤风云的历史风貌，体现了北宋孝子王樵以忠孝流芳千古的遗韵，再加上整个景区群山环抱、绿树成荫、流水潺潺，从而实现了自然景观与人文景观的浑然一体。

玩家 攻略

景区还建有梓橦山滑雪场，集滑雪、食宿、温泉洗浴等功能于一体，是冬季休闲娱乐的好去处。

玩家 解说

鬼谷洞是春秋战国时期的纵横家始祖鬼谷子修身养性、讲学、授徒的地方，鬼谷子就是在这里培养造就了兵家孙膑、大将军庞涓、六国封相的苏秦和助秦统一七国的张仪等一大批杰出的军事家、政治家、纵横家，所以这里也被称为“中国古代第一所军事学院”。

九天洞

天下第一石花洞

淄博市沂源县南鲁山镇

从淄博汽车站可乘坐527路公交车，途经沂源县城，可直接到达景区

0533—3680164 45元

春冬08:30～17:00，夏秋08:00～18:00

九天洞位于秀丽的鲁山南麓，洞体结构十分稳定，洞内化学堆积类型十分丰富，大面积的球状和针状结晶体、月奶石、石花、石莲被誉为“九天四绝”，是全国稀有景观类型最多的溶洞，同时又是石花面积最大的溶洞，具有重要的科学和观赏价值，被誉为

沂源鲁山溶洞

“天下第一石花洞”。

此洞之所以称为“九天”，是因为神话传说中天有九层，即九天，而这个洞也有九个大的洞厅，景观可与神话中的天宫相媲美，所以叫“九天洞”。这九个厅分别是：天地之间厅（“灯箱大厅”）、步天厅、天河厅、天宫厅、天街厅、天国花园厅、巡天厅、梦幻天堂厅、别有洞天厅。

沂源鲁山溶洞

被称为“北方最大的溶洞群”

淄博市沂源县南鲁山镇

在沂源县城有景区专线车527路

0533—3680164

45元 08:30～17:00

沂源鲁山溶洞群是一个以千人洞为中心，包括周围1.5千米范围内40多个天然洞穴的大型溶洞群。这里的溶洞属于奥陶纪石灰岩溶洞，产生于5亿多年前，是长江以北最为集中的天然溶洞，被称为“北方最大的溶洞群”。

这里的许多洞穴都曾经是古代猿人生息、繁衍的场所，而且还出土过猿人头盖骨、牙齿等化石，并发现了大量猿人石器，所以人们又称这里是“沂源猿人”溶洞群。洞内景物美妙奇险，再配以鲁山的幽谷翠峰，令人赏心悦目、流连忘返。

玩家 攻略

沂源县属于暖温带季风区域大陆性半湿润气候区，一年四季分明，年平均气温在12℃左右。夏季是这里最热的季节，但是溶洞里却非常凉爽，所以夏天是游览溶洞的最佳季节。

618战备电台旧址

原山东广播电台战备台

淄博市沂源县鲁村镇峨峪村北山中

淄博市区内可乘坐513路公交车直达景区

618战备电台原是山东人民广播电台战备台，是20世纪60年代为了适应国防需要，由时任济南军区司令员的杨得志将军亲自选址兴建的。电台能够覆盖淄博等13个市县，是华东地区规模最大、保存最完整的战备电台。

如今的618电台已经不再承担战备任务了，但它的历史价值却日益凸显。幽深的山中坑道、老式的广播设备、浓郁的军事战备色彩、神秘的洞中生活，都吸引着参观者来到这里，探寻历史遗迹，缅怀峥嵘岁月。

玩家 解说

如果您是时尚一族的话，走进618就可以体验到惊险刺激的真人CS游戏。在沟壑纵横、碉堡林立的“战场”中，“硝烟”弥漫、“流弹”纷飞，紧张激烈的气氛和场面，让您好像回到了炮火纷飞的战争时代，非常真实、刺激。

沂源牛郎织女

独特的自然和地质奇观

淄博市沂源县燕崖镇东5千米

乘坐506路公交车，在西辉村站下车，步行即可到达 0533—3321777

35元 08:30~16:30

牛郎织女传说是我国四大民间传说之一，沂源作为“牛郎织女传说之乡”和相关传说的核心传承地，拥有目前国内唯一一处传说与实地实景相对应并存有古建筑遗址的珍稀景观。

建于唐代的织女洞和牛郎庙隔沂河东西相对，一河两岸的山水格局，与天上“牵牛星—银河—织女星”遥相呼应，有着惊人的相似，景区内织女泉、天孙台及罕见的叶籽银杏、角度不整合面等自然和地质奇观，也因与牛郎织女传说有关，而具有了浓重的文化色彩。

玩家 攻略

沂源是牛郎织女的故乡、中国爱情文化的发源地，不仅在牛郎织女景区里建有世界爱情邮票博物馆和牛郎织女民俗展览馆，在每年的七夕还会举办中国（沂源）七夕情侣文化节。文化节上会有浪漫集体婚礼、乞巧工艺展、情歌对唱、狂欢之夜大型演唱会等活动轮番上演，非常精彩。

沂源牛郎织女

攻略资讯

- 交通
- 住宿
- 美食
- 购物
- 娱乐

交通

飞机

淄博市没有自建机场，有鲁中城市候机楼和临淄城市候机楼等候机运输场所，机场巴士可以从淄博往返于济南国际机场和青岛国际机场两个机场之间，从淄博市中心到济南国际机场约有70千米，乘车的话约1个小时就可以抵达。青岛国际机场可以与淄博火车站进行空铁联运，均可网络购票，就可以通达全程，非常便利。

淄博风光

火车

淄博火车站：位于淄博市张店区杏园西路1号，有高铁、动车等车型，可以抵达北京、济南、青岛、广州、兰州、西安、成都、上海等全国主要城市。市内可乘坐108、125等路公交车前往。

汽车

淄博客运中心：位于山东省淄博市张店区昌国路与南京路交叉口西南侧，承担省内、省际长途客运，承担西向、西南向为主的中短途旅客运输，联系淄博各城区及淄博周边城市，并具备城市公交服务功能。市内可乘坐4、K12、K127等路公交车前往。

市内交通

淄博现有公交线路212条，其中张店中心城区56条、区间线路48条、区县内线路108条；运营线路总长度5384千米，公交车2564台。

现有出租车1098台，分为标准型和豪华型。标准型起步价为7.5元3千米，基本运价1.7元/千米。豪华型起步价为8元3千米，基本运价 2元/千米。

淄博全景

住宿

淄博住宿主要可以分为三个区域：张店区、临淄区和博山区。张店区位于淄博市中心地带，是淄博最主要的住宿区域，各种档次的星级酒店和小旅馆最多，邻近淄博汽车站和火车站，购物、出游很方便。临淄区交通也比较便利，酒店、快捷宾馆和家庭旅馆林立，游客可自行选择。博山区交通便利，但到市中心有一段距离，距离火车站、汽车站车程大约20分钟，以快捷宾馆居多。

●淄博银座华美达大酒店

淄博银座华美达大酒店坐落在淄博市的商业中心地带，位置优越，交通便利。酒店荟萃了来自欧美和东南亚的各色美食，您还能享受到周到的服务，领略酒店高品位饮食文化的神韵。淄博张店区共青团西路3号 乘坐K139、K108等路公交车前往

●玫瑰大酒店

玫瑰大酒店，是一家三星级旅游饭店，坐落于淄博火车站广场对面的黄金地段，交通便利。酒店建筑面积1.8万平方米，整体装修以聊斋文化为主题，极具地方特色。淄博张店区金晶大道1号 乘坐K127、K159等路公交车，在火车站下车，步行即可到达

美食

淄博是齐文化的发源地，不但历史源远流长，饮食文化也十分发达。淄博的特色美食有周村烧饼、博山四四席、博山酥锅、大锅全羊、红烧鱼唇、酱汁鸭方、博山烤肉、豆腐箱等。

淄博的美食主要集中在博山、周村两地。山东很多地方也都有“要想吃好饭，围着博山转”的民谚，而乾隆皇帝赐封的“天下第一村”——淄博周村也以其独具风味的小吃远近闻名。

●博山四四席

“四四席”一般就是按菜肴分类的一种宴席，可供八人一桌聚餐的四平盘、四大件、四型件和四饭菜，重要宴席在正式饮酒之前尚有四干果、四点心、四鲜果及相配饮料之什，筵席的内容和上菜程序都比较讲究。

●博山酥锅

博山酥锅是一种传统的时令、节令菜肴。酥锅离火凉透后，随吃随取即可，口感酸甜适宜，醇香滑爽。酥锅开锅后一般先吃到的都是素食，随着舀勺不断深入挖取，荤菜才随之出现。

博山豆腐箱

● 大锅全羊

大锅全羊把羊的肉、骨、脏、血、头、蹄、尾、鞭一锅煮出，色香味俱佳，鲜嫩可口，汤汁浓郁，营养丰富，具有大补之功效。淄博市内高级餐馆有卖。

● 红烧鱼唇

红烧鱼唇是淄博著名的特色菜品，此菜特点是芡汁红亮，绛红色，鱼唇绵软润滑，鲜美浓香。在淄博各大小餐馆均可品尝，30元左右一盘。

● 酱汁鸭方

酱汁鸭方是博山的特色菜品之一。菜品特点是颜色油红光亮，酱香四溢，鲜嫩适口，咸中略甜。在淄博市内各高级餐馆均可品尝，通常40元左右一盘。

● 博山烤肉

此菜特点是色美、味香、气正，皮酥肉嫩，入口不腻，别具风格，可搭配各种食材一起食用。在淄博大小餐馆均可品尝，40元左右一盘。

● 豆腐箱

博山豆腐箱是博山特有的小吃之一。此小吃将素荤巧妙搭配，口感细腻，浓香满口，皮韧馅嫩，回味无穷。博山各大小餐馆均有卖，20元左右一盘。

购物

来淄博旅游有几样东西比较值得选择：沂源的三叶虫化石、周村的丝绸、博山的陶瓷与琉璃、桓台马踏湖的苇制品、淄川的刻瓷、内画鼻烟壶和高青大米等。

淄博的购物场所主要有铝城购物中心、周村大街、八大局市场、水晶街经济文化长廊等。这些地方的商品一应俱全，在此可以买到具有当地特色的旅游纪念品、琳琅满目的珠宝、色彩艳丽的衣裳、巧夺天工的艺术品。

● 沂源三叶虫化石

在沂源猿人头骨发掘地沂源县，发现了神奇绝妙的三叶虫化石，后人称其为“燕子石”。燕子石质地坚韧而湿润，色泽明快而泛辉，可成为馈赠、收藏、实用的珍品。

● 内画鼻烟壶

目前国内鼻烟壶主要有四大流派，鲁派最有特色的是能够利用瓷器上用的釉彩在鼻烟盒的内壁上作画，然后，烘烧形成内画鼻烟壶的瓷釉画，即使盛水画面也毫不受损。

● 高青大米

高青大米因引进黄河水浇灌而得名，这里生产的大米富含人体所需的各种维生素，米粒晶莹剔透，颗粒饱满，口味纯正，又软又黏，深受百姓喜爱。

娱乐

淄博娱乐场所众多，比较著名的有聊斋城、足球博物馆、古车博物馆、陶瓷博物馆等，除此之外还有众多的特色节日，使得淄博人民的娱乐生活丰富多彩，也为游客提供了体验绝佳风土民情的宝贵机会。

●周村正月十五花灯节

周村花灯是周村的特色手工艺品，每到节日期间，周村大街的上空花布彩绸交错盘络、遮天蔽日，不论是工商铺户还是大街小巷都挂满了花灯，非常壮观。周村花灯的品种很多，当夜晚来临时，一盏盏花灯被点亮，只见满城烛光通明、华丽璀璨，宛如白天。

举办时间：正月十五

门票：免费

地点：淄博市周村区

●马踏湖民俗风情节

马踏湖素有“北国江南水乡”的美誉。每年农历七月十五，当地都会举行“马踏湖民俗风情旅游节”。旅游节期间，将举办一系列民俗文化旅游活动，游客可以荡舟游湖、观看民俗、品尝湖区风味，领略湖区独特的自然风光、民俗风情和丰厚的文化底蕴。旅游节期间的主要活动分水上活动和陆地活动两大类：水上活动有水上婚俗表演、鱼鹰捕鱼、放荷灯等；陆地活动有马踏湖民俗风情旅游节文艺调演及扮玩活动，民俗表演、摄影大奖赛以及风味美食节等活动。

●中国淄博国际陶瓷博览会

淄博是中国著名的瓷都，陶瓷发展历史悠久，在国内外都具有很高的知名度。在中国（淄博）国际陶瓷博览会期间，国内外陶瓷商家、陶瓷展品都会云集淄博，场面非常热烈、壮观，很值得一看。

●国际齐文化旅游节

国际齐文化旅游节期间会举办丰富多彩的系列活动，主要有民间祭姜大典、“魅力淄博”国际摄影大赛、一元钱游景点（活动期间，所有景点门票特价一元）和中小学生蹴鞠比赛等活动，非常精彩。

举办时间：9月

地点：淄博市临淄区

●周村旱码头旅游文化节

周村素有“旱码头”之称，历史悠久，景点丰富。在旅游文化节期间，您可以在周村老街亲身感受《大染坊》的无烟商战，回味《旱码头》的拼搏战史；可以到古文化市场去淘一淘喜欢的古玩，或者去市区丝绸博物馆回顾周村的丝绸、纺织史；也可以走进烧饼展馆，去观看周村烧饼的制作过程。除此之外，“今日无税”碑、淄博艺术博物馆、魁星阁、民俗展馆、票号展馆都是值得前去游览的佳处。

举办时间：9月

地点：淄博市周村区新建中路1号

周村正月十五花灯节

发现者旅行指南

潍坊

概览

亮点

世界风筝博物馆

我国第一座大型风筝博物馆，是目前世界上建筑面积最大的风筝专业博物馆，旨在收藏、陈列古今中外的风筝珍品及有关风筝的文物资料。

杨家埠民间艺术大观园

内设风筝厂、民俗馆、年画馆、风筝博物馆、古店铺一条街、文物馆、嫦娥奔月台等数十个景区，集风筝生产、年画印制与民俗旅游为一体。

十笏园

中国北方地区的汉族古典园林袖珍式建筑，青砖灰瓦，主体是砖木结构，兼具江南园林的自由风格，有“鲁东明珠”之称。

沂山

历史悠久的文化名山，居中国五大镇山之首。自然景观美不胜收，名胜古迹比比皆是，被誉为“鲁中仙山”。

寿光林海生态博览园

园内有大片的沿海防护林、风景林、经济林形成的盐碱地森林景观，有东方不沉湖、山东寿光荷花节、果蔬采摘节、二十里黄金湿地水道以及宁国寺祈福等。

线路

潍坊民俗风情一日游

可先乘车前往十笏园进行游览，从十笏园出来，再前往风筝博物馆，午餐可自带，也可在博物馆附近解决。下午的第一站是金宝乐园，游览完毕后前往杨家埠民间艺术大观园游玩。

潍坊青州二日游

第一天先去云门山游玩，品尝原生态的美味山鸡，然后去青州博物馆，之

十笏园

后去范公亭公园。夜宿青州市区。

第二天可前往仰天山，观世界上最长的天然回音壁——佛光崖和齐长城遗址，了解齐长城的历史。

为何去

潍坊位于山东半岛中部，是世界风筝的发祥地，现在是国际风筝联合会组织总部所在地，也是“国际风筝会”（又称“风筝节”）庆典活动的固定举办地点，被誉为“世界风筝之都”，也称作“鸢都”。潍坊是以“二百只红炉、三千砸铜匠、九千绣花女、十万织布机”闻名遐迩的手工业城市，还有风景秀丽的沂山，老龙湾等著名景区，如今已成为全国最有影响的民俗旅游区之一。这里的木版年画和漆器是人们智慧的结晶。

仰天山摩云崮

何时去

潍坊夏无高温，四季分明，春、秋季节是到潍坊旅游的好时间。每年春天，潍坊都举办“潍坊国际风筝会（风筝节）”，而秋天的潍坊秋高气爽，也是放风筝的好季节。除了风筝，沂山以“红叶”名闻天下，届时可以前往观赏。

青州范公亭

潍坊国际风筝节

区域解读

区号：0536

面积：16 184.95平方千米

人口：941.8万人

地理 GEOGRAPHY

区划

潍坊市下辖4个区（奎文、潍城、寒亭、坊子）、6个县级市（青州、诸城、寿光、安丘、高密、昌邑）、2个县（临朐、昌乐），另有4个市属开发区（高新技术产业开发区、滨海经济技术开发区、峡山生态经济开发区、综合保税区）。

地形

潍坊市地势南高北低，南部是山区丘陵，中部为平原，北部是沿海滩涂，山区、平原、滩涂面积分别占总面积的28.7%、57.7%和13.6%。

潍坊市河流密布，主要水系有潍河、弥河、白浪河、胶莱河、小清河5条。海岸线为东南—西北走向，呈弧形曲线状，西起淄脉河口，东到胶莱河口。

潍河湿地

气候

潍坊地处北温带季风区，背陆面海，气候属于暖温带大陆性季风气候。这里一年之中冬冷夏热，四季分明。春季风多雨少，易发生春旱；夏季炎热多雨，温高湿大；秋季天高气爽，晚秋多干旱；冬季干冷，寒风频吹。

历史 HISTORY

历史大事记

早在7000多年前的新石器时代，潍坊境内就有氏族部落生活。

夏商代，境内有斟灌、寒、三寿等封国。

周初，武王封姜子牙于齐，都营丘（今昌乐境内）。

春秋战国时期，境内的青州为历史重镇。

西汉武帝征和四年（公元前89年），武帝刘彻巡游至巨淀（今寿光市巨淀湖畔），亲自试耕。

北宋仁宗庆历七年（1047年），富弼以资政殿学士加给事中知青州，兼京东路安抚使，救济河北灾民几十万人。

北宋徽宗大观二年（1108年），赵明诚、李清照夫妇自汴京回青州居住。南宋建炎元年（1127年）12月，金人入侵，青州陷落。李清照离青州，赴建康（今南京市）。

明清时期，潍坊为有名的手工业生产地，“二百只红炉、三千砸铜匠、九千绣花女、十万织布机”，有“南苏州、北潍县”一说。

清高宗乾隆十一年（1746年），郑板桥调任潍县知县，1753年罢官回籍。他在潍县居官7年，卓有政绩，案无留牍，邑无怨民。

1904年，清政府外务部批准潍县为商埠，至20世纪30年代中期，潍坊城内商埠云集，经贸繁荣，商业盛极一时。

1941年底，日本人将潍县的乐道院作为集中营，将在中国全境搜捕来的外籍牧师、教师、医生和商人等关押于此，这是“二战”期间建立的亚洲最大的集中营。1945年8月17日飞虎队解放了集中营。

名单 潍坊历史名人

- 三皇五帝之一舜帝
- 春秋后期政治家、思想家晏婴
- 建安七子之徐干、孔融
- 东汉经学大师郑玄
- 五代十国南唐宰相韩熙载
- 北魏农学家贾思勰
- 北宋画家张择端
- 北宋金石学家赵明诚
- 清代大臣、“刘罗锅”刘墉
- 中共“一大”代表王尽美
- 现代著名诗人臧克家
- 现代文学家王统照

文化 CULTURE

世界风筝之都

风筝在古时称为“鹞”，北方谓之“鸢”。不同于之后的纸鸢，中国最早出现的风筝是用木材制作的。春秋战国时，东周哲人墨翟，以木质木鸢，飞升天空。而墨子最早放风筝的地方就在今天的潍坊，这是中国最早的风筝，也是世界上最早的风筝，距今已有二千四百年。

最初风筝常被作为军事工具，用于三角测量信号、天空风向测查和通信。公元前190年，楚汉相争，汉将韩信攻打未央宫，利用风筝测量未央宫下面地道的距离。而垓下之战，项羽的军队被刘邦的军队围困，韩信派人用牛皮做风筝，上敷竹笛，迎风作响，这就是有名的“四面楚歌”。直至东汉期间，蔡伦发明造纸术后，坊间才开始以纸做风筝，“纸鸢”真正流行起来，成为小孩子的玩物，更是民间的工艺品。

潍坊的风筝选材讲究、造型优美、扎糊精巧、形象生动、绘画艳丽、品种繁多、起飞灵活，具有浓郁的乡土气息和独特神韵。扎制博采众家之长，特别在风筝的造型结构和绘画色彩上，把制作木版年画的工艺移植到风筝上，把国画的传统技法运用到风筝的绘制上，形成了造型优美、扎工精细、色彩艳丽的

杨家埠木板年画

独特风格，成为中国风筝的一个重要流派。

潍坊市内有潍坊世界风筝博物馆，这是我国第一座大型风筝博物馆，屋脊是一条完整的组合陶瓷巨龙，屋顶用孔雀蓝琉璃瓦铺成，似蛟龙遨游长空伏而又起，设计风格在国内独树一帜，是潍坊的标志性建筑。更有世界风筝都纪念广场，为市民提供游乐的场所，同时展示潍坊独特的风筝文化与民俗文化。

1984年4月1日，首届潍坊国际风筝会拉开帷幕。1988年4月1日，第五届潍坊国际风筝会召开主席团会议。会上与会代表一致通过，确定潍坊市为“世界风筝之都”。

中国四大年画之一——杨家埠年画

杨家埠年画是中国黄河流域地道的农民画，植根于民间，土生土长，集中了劳动人民的艺术才能和勤劳智慧。杨家埠年画与天津的杨柳青年画、江苏的桃花坞年画、四川绵竹年画并列称为中国四大年画，在国内享有很高声誉。

在表现手法上，杨家埠年画善用概括、象征、寓意和浪漫主义等艺术手法来体现主题。构图完整、饱满、匀称，造型夸张、粗壮、朴实，线条简练、挺拔、流畅，色彩艳丽、火爆、对比强烈，富有装饰性和浓郁的生活气息，充分体现了我国北方农民粗犷、奔放、豪爽、勤劳、幽默、爱憎分明的性格和高尚的道德情操，是典型的“山东大汉”。

杨家埠年画题材多样，主要有祈福迎祥、消灾除祸，美女娃娃、吉祥欢乐，人情世事、男耕女织，小说戏曲、神话传说，山水花卉、飞禽走兽，讽刺幽默，还有的以实用为目的，服务于人们的现实生活。内容丰富多彩，有神像类、门神类、美人条、金童子、花鸟山水、戏剧人物、神话传说等，但喜庆吉祥是杨家埠年画的主题。诸如吉祥如意、欢庆新年、恭喜发财、富贵荣华、年年有余、安乐升平等，像亲人的祝福、好友的问候，构成了农民新春祥和欢乐，祈盼富贵平安的特点。代表作品有《鹿鹤同春》《榴开百子》《五福捧寿》等。

潍坊核雕，国之瑰宝

明代作家魏学洢的《核舟记》详细描绘了精巧绝伦的微雕工艺品——核舟。

早在宋代的时候，关于核雕的技艺就有文字记载，到明清达到鼎盛，近代以山东潍坊的核雕最为有名。清朝末年，山东潍坊诸城著名核雕艺人张大眼在北京宫廷刻朝珠、捻珠、手串、佛珠等，名噪一时。

潍坊核雕以桃核为材料，巧妙利用核胚上纵横无序、深浅不定的纹理，雕刻出栩栩如生的景物形象。核雕作品布局简练，朴实大方，概括性强，有融天地万物于方寸之间的精髓。核雕的品种主要有车、船、印章、山水、鱼虫、人物、亭台、楼阁等。其中最著名和最普遍的题材是核舟，以东坡游赤壁最为常见。“夜游赤壁”舟上五人，须眉毕见，箬蓬、窗、楫、壶、炉等应有尽有。船舷左右有窗8扇，开合灵巧，窗户上浅刻着“山高月小，水落石出，清风徐来，水波不兴”，笔画刚劲，字迹清晰。

现代核雕老艺人考功卿授徒王绪德，师徒二人把核雕艺术推向了一个新的里程碑。代表作品有“九龙戏水”“十八罗汉”“梁山一百单八将”等核坠，“九美闹龙舟”“十美采莲”“西湖联韵”“百万雄师过长江”等核舟。其作品为外国友人收藏，现被授予“山东省工艺美术大师”的称号。

潍坊核雕有近300年的历史，几代艺术家创作出了一件又一件的新颖作品，为我国的工艺美术锦上添花。

景点推荐 潍坊市区景点

风筝博物馆

世界最大的风筝博物馆

潍坊市奎文区行政街66号

乘坐48、52路公交车均可到达

09:00～16:30，周一闭馆

潍坊世界风筝博物馆（原潍坊风筝博物馆）是目前世界上建筑面积最大的风筝专业博物馆，建筑造型似蛟龙遨游长空伏而又起，设计风格在国内独树一帜，是“世界风筝都”的标志性建筑。

潍坊世界风筝博物馆旨在收藏、陈列古今中外的风筝珍品及有关风筝的文物资料。展览以翔实的风筝文物资料以及照片、文字、绘画、复制品等，充分体现了中华民族灿烂文化所独具的艺术魅力，成了传播和弘扬风筝文化的艺术交流中心。

玩家 攻略

博物馆为游客准备了风筝的扎制材料和工具，使游客能亲身体验扎制风筝的乐趣，还可以拿着亲手制作的风筝到新建的“世界风筝都纪念广场”去放飞。三楼的纪念品销售处也有很多价廉物美的风筝出售。

玩家 解说

世界风筝博物馆的展览以1000余只筒式、板式、硬翅、软翅、串式五大类风筝精品以及300余件翔实的风筝文物资料为主，较全面、客观地体现了潍坊风筝所独有的题材广泛、造型优美、绘画精细、色彩艳丽的风格；介绍了构思大方、造型夸张、色彩对比鲜明、注重飞翔性能、研究价值较高的外国风筝。

为了方便游客全面了解风筝文化，博物馆在每个展厅都安装了42英寸等离子电视机，展览面积由原来的一层四个展厅扩大到现在的两层八个展厅，使展览面积扩大了一倍；在展览布局、展览内容及展品档次上做了全面调整，增加了北京风筝、曹氏风筝、宫廷风筝及南通风筝等百余只；新增潍坊本土民间工艺展厅，有民间艺人现场制作，包括现场风筝制作、年画印制、剪纸等，全面展示了潍坊本土民间工艺艺术的魅力。

富华游乐园
齐鲁第一园

潍坊市奎文区东风东街6611号

乘6路公交车即到

09:00～17:30

潍坊富华游乐园集吃、行、游、购、娱于一体，是当今世界先进水平的现代化大型主题游乐园。

乐园具有典型的欧美风格，水上世界内设标准游戏池、造浪池、儿童戏水池等十几个水上游乐项目。高尔夫俱乐部采用欧美先进的设计标准建造，具有独特的魅力。另外，与富华游乐园相配套的还有富华大酒店（五星级）以及富华旅游车队，功能完备，服务齐全。

玩家 攻略

1.游乐园清明节、五一劳动节、十一国庆节期间实行单独的票价，具体事宜请拨打0536-8788168咨询。

2.一下子将所有的娱乐设施都玩一遍是不太可能的，乐园开放的时间足以让您玩个够，分配好您的体力慢慢游玩，乘骑、观赏、休闲，与亲朋好分享体验，再买些有特色的旅游纪念品带回家，才是真正的旅游之道。

3.以下物品不可携带入园：法律法规规定的危险物品，宠物或其他动物（具有园内表演服务用途之动物除外），滚轮鞋、滑板、自行车，彩旗锣鼓、高音喇叭等。

白浪绿洲 AAAA
江北最大的城市生态湿地

潍坊机场路与宝通街路口向南一百米路西

乘坐36、39、48路公交车，在九四三零三部队站下，向南步行100米即到

免费　全天开放

白浪绿洲湿地公园位于白浪河上游，是江北最大的城市生态湿地。湿地公园较好地保留了原生态的湿地风貌，俨然是一处天然氧吧，环境非常优美。

整个湿地公园建了30多个亲水、观景平台，40多座各具特色的桥梁，以及8000多米长的临水木栈道，游人行走时可以与河道形成互动，河水时隐时现、时急时缓，达到既通透又封闭的景观效果。

玩家 攻略

1.湿地公园生态良好，吸引了很多鸟类在此生息繁衍，包括白鹭、野鸡、野鸭、喜鹊、斑鸠、啄木鸟等30多种野生鸟类，都非常漂亮，很值得一看。

2.公园的水路交通主要是提供亲水游览路径，游人可以乘坐游船、画舫、竹筏进行水上游览，也可以直达河岸景区、水中岛屿。

杨家埠大观园 AAAA
民俗旅游区

潍坊市寒亭区西杨家埠村

乘坐4、43路公交车，到杨家埠站（终点站）下车即是

0536—2927303　30元

春夏秋07:30～18:00，冬季08:00～17:00

杨家埠民间艺术大观园是一个集中展示民间艺术的综合性景区。景区分为四个部分，分别是以风筝、年画为主题的“遗产”文化艺术展示区，古村民俗文化展示区，民间工艺古街展示区和民俗典故实景演绎区。

来到景区，首先看到的是全国最大的年画牌楼，它古朴典雅、气势壮观，堪称牌楼中的一绝。接着就是招财广场，巨大的“福禄寿”三星年画神像为您赐福。景区的入口处恢复修建了杨家埠围子墙和南门，让您体味古村的感觉。

玩家 攻略

1.木版年画作坊内有民间艺人现场表演雕刻木版，印刷人员运用传统的套印技法，再现杨家埠600余年的传承工艺，艺术风格独特，堪称一绝。

杨家埠大观园文润阁

2.风筝博物馆内陈列着山东省著名产品——杨家埠派各种风筝，有串式、立体、软翅、硬翅、自由等六大系列，百余个品种，展出不同时期的各类风筝1200余只。

3.民俗村设有“吃农家饭、住农家屋、随农家俗”的民风民俗游，房内墙上张贴着古色古香、乡土味浓厚的木版年画，炕头、茶几上摆放着各种生活用具，门窗上张贴着各种剪纸窗花，可在此体验原汁原味的农家生活。

4.在寒亭可以品尝到潍坊的各种小吃，如肉火烧、鸡鸭和乐、烧饼等特色小吃，另外还可以品尝到寒亭北部海域盛产的俗称明虾、大虾的东方对虾，味道鲜美。另外各种水果，如西瓜、苹果、大枣等绿色食品也应有尽有。

5.每逢春节、正月十五、二月初二、腊月二十三等农历的重大节日，景区都举行大型庆祝活动，有抬花轿、舞龙灯、跑高跷、扭秧歌、放鞭炮等。每年春季潍坊都要举行“国际风筝节”，到时候可以欣赏各种风筝的放飞表演。另外，春节时还会推出有民俗特色的庙会、山会等。

风筝作坊

一家集风筝扎制、现场表演与民俗展示于一体的全国最大的专业化风筝生产企业，“杨家埠”牌风筝通过了“山东省著名商标”认证，产品获“山东工艺美术百花奖”“中国民间艺术一绝大展银奖”等称号。

杨家埠画院

仿古青砖灰瓦双层建筑，建筑面积600平方米，展室面积300平方米。画院设有展览陈列部、书画研究所，在此展出明清孤本年画30余幅，现代书画名家作品110余幅，是游客欣赏和书法爱好者切磋技艺的理想场所。

文物馆（寒亭博物馆）

占地4000平方米，建筑面积1500平方米，馆内设有青铜器、陶器、古字画三大展室和一个展销厅，内藏大汶口文化时期的大量文物和后李文化时期大量陶器，使该地区的文明史提前了2000年左右，内有国家级文物。

十笏园

民俗馆

馆内藏有不同历史时期的农民生产工具和生活用具。其中有木轮车、叉、耙、耢、犁、纺车、木桶、饭盒、升、斗等生产生活用具百余件，厢房内设有石碾、石磨、花轿等，再现当地农民的生产情况和生活习俗。

十笏园 文 AAAA

清代潍县富绅私宅

潍坊市潍城区胡家牌坊街345号

市内可乘坐22、23、82等路公交车前往

¥ 22元

旺季（6月1日至9月30日）08:30～17:30，淡季（10月1日至次年5月31日）09:00～17:00，提前半小时停止售票

十笏园是清代潍县富绅丁善宝私宅，建筑雅致，景色秀美，文人墨迹丰富。园内建有假山、瀑布、池塘、回廊、曲桥、亭榭，整个建筑与园林的布局，紧凑而不拥挤，是长江以北保护最完整、具有江南风格的私家园林。

玩家解说

十笏园古建筑群是中国北方汉民族典型的四合院式建筑，里面是一个“井”字格局，对称、稳定、端庄、严肃。这里的每一座院落都与旁门、过道或庭院相连，四通八达，从东向西延伸，共有20余座院落约250间房。1925年7月，康有为先生在园中即兴留诗一首“峻岭寒松荫薜萝，芳池水面立红荷。我来桑下几三宿，毕至群贤主客多”以赞誉十笏园。

◘ 十笏草堂

进大门东行为前院，正厅即十笏草堂。结构为三开间七檩，无廊硬山顶，明间雕花门，上悬清代金石学家陈介祺手书“无数青山拜草庐”匾额。堂前山石花木散点，池中荷香四溢，碧波涟漪。

◘ 砚香楼

砚香楼为十笏园主体建筑，楼前有月台，圆窗方台，古色古香；楼上门窗外有前廊，设栏杆护之。砚香楼是原园主人藏书和读书之所，站在楼上向前望去，“崖壁假山，飞瀑流泉，藕塘蓬蒲，莲叶田田”，十笏园全貌尽收眼底。中外书画家经常聚会于此进行交流。

◘ 唐代铁佛

1962年在潍城区石佛寺出土，现存十笏园。铁佛造像盘腿趺坐，左手端胸前，右手前伸，面部丰腴端庄，鼻端隆起，宽额丰腮，双目微合，面呈慈祥微笑状，美发高髻，穿博带式大衣，附璎珞，造型优美，体现出唐代典型艺术风格，是我国罕见的巨型铁佛造像。

金宝乐园 AAAA

民俗游乐园

✉ 潍坊市城区南部潍州路438号，距市中心3千米

🚌 乘坐2路、15路、51路公交车到金宝乐园站下车即到

¥ 70元　🕘 08:30～17:00

金宝乐园集娱乐、休闲、知识、趣味性和参与性于一体，以独具匠心的设计和巧妙

合理的布局，构成了韵味独特、民俗风情浓郁、田园风光绮丽的观光旅游最佳景地。

远眺金宝乐园似一条宽大的绿色蟒带，近观园内小桥流水、绿树成荫、杨柳婀娜、妩媚多姿。园内大小景点星罗棋布，雅园、幽巷、风车、瀑布点缀其间，是人们远离喧嚣闹市，享受清静自然的首选。

玩家攻略

1.金宝水饺是一个响当当的饺子品牌，金宝饺子宴享誉海内外。在荣膺潍坊名吃的基础上，金宝广泛吸取宫廷、官邸及民间制作的特点，形成了独具特色的饺子宴。

2.金宝生态家园毗邻金宝乐园，由生态家园、金秀湖度假村、珍宝馆等景点组成，可顺便参观。

◘ 情缘园

金宝乐园通过精美的景观和活动构筑了一个有浓郁东方文化气息的“缘”民俗主题园。园内松竹交翠，景色宜人，根据古典婚庆习俗设计，推出了投缘求喜、绣楼招亲、同心锁缘等十多项别具特色的婚庆内容，以多元交叉的结构，体味“缘”民俗底蕴。

◘ 果树观光园

三条千米长廊葡萄长廊、枸杞长廊、金银花长廊，与苹果、板栗、核桃、石榴、柿子等果树既融为一体，又各具特色。每年的八月份至十月份，乐园都举办“果实大采摘”活动，如“葡萄大采摘”“金秋果实大采摘”等，届时游客不但可大饱口福，还可体验亲手采摘的乐趣。

浮烟山

山水一体化的大园林

潍坊市区西南12千米处

市内可乘坐19路公交车到达此处

浮烟山已建成朝阳观和进山大型牌坊一座，大型风筝放飞场及观礼台一处，浮鸢大酒店、度假别墅区已基本建成，使其成为融娱乐、游览、商业、贸易、服务于一体的综合性、多功能的游乐场所。景区占地98公顷，建成了鸟语林、珍奇动物园、动物演艺区、森林之家、妇女儿童乐园、植物园、国防教育基地、卡丁车赛场等十五大景区。

玩家攻略

1.每年5月1日前举办“浮烟山槐花节”，不仅可以赏花，还会有演出活动。

2.浮烟山位于潍坊市西南郊，但距潍坊市中心不是很远，住宿可以回市区，也可以在当地的居民家中居住。对环境有较高要求的，建议选择市区住宿，这样购物休息都比较舒服。

金泉寺

小桥流水、佛音缭绕

潍坊市潍州路519号

乘坐2、15、51等路公交车，在金泉寺站下车，步行即可到达

¥ 20元

金泉寺始建于明朝永乐年间，是一座有着悠久历史的佛教寺院，后来由于战乱被毁了。2008年，寺院进行了重新扩建。扩建后的金泉寺总面积10万平方米，寺内建筑众多，规模庞大。寺中还供奉着2000多尊佛像，栩栩如生。改建完成后的寺院，保留了原有的寺院文化，到处都是殿堂楼阁、小桥流水、柏檀叠秀、佛音缭绕，很有氛围。

玩家攻略

寺院是佛教传教之地，在这里行为举止一定要文明，不要做对佛门不敬的事。

金泉寺大雄宝殿

景点推荐 青州旅游区

仰天山 AAAA

林海茫茫，环境优美

潍坊青州市王坟镇

在青州市内可乘坐开往仰天山的旅游专线车

0536—3738399

70元

08:00～17:00

仰天山国家森林公园坐落在青州城西南46千米处，公园有翠谷、峭壁、秀水、寺院、碑林、幽洞及灿若锦缎的漫山红叶所构成的“仰天风光”，景区人文古迹众多，洞谷纵横交错，集游览、观光、休憩、避暑、科研于一体。

玩家攻略

1.春天仰天山千亩连翘花盛开，可踏青赏花；夏季可在仰天山茫茫林海避暑清凉；秋天可欣赏仰天山红叶；冬季则可在仰天山一睹雾凇景观。另外，五月槐花飘香时，仰天山举办高山槐花节，届时赏花的同时，还可欣赏精彩的开幕式。

2.仰天山云海是由低云（云底高度低于2500米）和地面雾形成的。仰天山山高谷低，林木繁茂，日照时间短，水分不易蒸发，因而湿度大，水汽多。雨后常见缕缕轻雾，自山谷升起，形成云海，蔚为壮观。

3.仰天山桃花坡度假村坐落于风景秀丽的仰天山之巅，四星级酒店标准，集餐饮、住宿、会务接待、娱乐、购物于一体。电话：0536-3327088。

4.这里是中草药材的宝库，常见的有何首乌、穿地龙、黄芪、丹参、麻黄等五十多种草药；这里是山果的世界，柿干、核桃、杏仁、黑枣、板栗等干果享有盛誉，蜜桃、山楂、梨子等水果也小有名气。仰天山槐花蜜、山楂饼、煎饼、各种保健茶等系列产品深受广大游客的喜爱。

千佛洞

千佛洞深160米，洞顶有一天然石隙，仰视可见天光，仰天山的名字因此得来。洞内正面供奉如来佛祖和文殊、普贤两位菩萨。四壁有铜佛像1040尊，洞口有高3米的四大天王像。无论是从高度、体量还是佛像数目来说，仰天山千佛洞都是天下第一佛洞。

九龙盘

仰天山盘山公路气势雄伟，蜿蜒回环

十二折，似群龙起舞，直上山巅，故以“九龙盘”命名。游者循山盘转，无限风光尽收眼底。上闻林间之鸟语，下探古刹之清幽。龙盘之巅的闻涛阁，已成为仰天山登高赏景的最佳去处。

文殊寺

主峰东侧有一平台，南、西、北三面皆为悬崖。山下有一座古老的寺院——文殊寺，俗称“仰天寺”，是我国现存的三大文殊寺院之一。始建于北宋，原有山门、钟楼、鼓楼、佛殿、伽蓝殿、文殊阁、三教堂等，现已重新修复。

链接

趣闻典故

文殊寺创建于北宋初年，相传当年宋太祖赵匡胤遨游天下，来到仰天山时，看到这里好像是他梦中见过的境界，以为是菩萨显灵，于是下令在这里建寺。

云门山 AAAAA

人称“云门仙境”

潍坊青州市城南2.5千米

在青州市内，乘坐开往云门山的旅游专线车，每30分钟一班车

0536－3263637

60元

06:30～17:30

云门山风景区景点众多，历代文人墨客如欧阳修、富弼、王世贞、钟羽正等，都给云门山留下了众多珍贵的摩崖题刻。云门山绿化覆盖率高，青州蜜桃、山楂等果园漫山遍野，柏林茂密，经济林、混交林合理分布于层峦沟壑之中，春华秋实、林茂果丰，环境非常好。

玩家攻略

景区山高路远，沿途怪石众多，如果来这里游玩，一定要换上登山专用鞋，以免受伤。

玩家解说

云门山群峰突起，山顶有石洞南北相通，远远望去就像是一方明镜高悬天空。每到夏秋时节，云门内云雾缭绕，有如仙境，人称“云门仙境”，云门山因此得名。

云门山陡崖峭立，山势巍峨，漫山松柏，景观棋布，宛如一个巨大的盆景端放城南，以它美丽、俊俏的身姿和特殊的地理环境而独具风貌。

石窟造像

云门山的阳坡有大小石窟5个，造像272尊，大部分还基本完好，现已成为研究古代佛教艺术和当时造型艺术极为珍贵的实物资料。造像主要为西方三圣像，也有力士、释迦多宝二佛说法像，还有供养人像等。这些石造像，绝大多数均附有准确的纪年。

主峰

云门山主峰名“大云顶”，形若鱼脊，东西走向，上多寺庙宫观。山巅植“东岳大帝”之宫，树“泰山老母”之祀，东西建阆风亭，

云门山

修盘山石级968级。建云门山天仙玉女祠、望寿阁，红墙青瓦，古色古香，宏伟壮观。

云门献寿

在云门山阴，有一海内罕见的巨型摩崖石刻“寿”字，人称为“云门献寿”，系“大明嘉靖三十九年(1560年)九月初九日，衡府内掌司冀阳周全写”。周全为衡王祝寿，以“寿比南山”之意而凿。众多的中外游客都把能到云门山参拜大寿字作为自己最大的心愿。

青州古城 AAAAA

休闲观光、度假养生的湿地公园

潍坊市青州市范公亭西路与偶园街交叉口

免费

青州古城，始建于公元前202年之西汉时期，历经东汉、三国、西晋、东晋、南北朝、隋、唐、五代、宋、元、明、清等诸多朝代更迭，见证了历史的漫长变迁，是中华民族历史文化的重要组成部分。

青州古城的建筑风格独特，古朴典雅，具有极高的历史、艺术和科学价值。古城内的建筑布局严谨，古朴的街道与错落有致的房屋相互映衬，呈现出一幅和谐美丽的画卷。

青州古城不仅是一座历史悠久的古城，更是一座充满活力的城市。在这里，游客可欣赏到丰富多彩的民俗文化，体验传统手工艺的魅力，亦可品尝各种地道的特色小吃。此外，古城内的商铺琳琅满目，特色手工艺品、纪念品等一应俱全。

泰和山 AAAA

江北罕见的天然植物林

潍坊青州市庙子镇

旺季 07:00~18:00，淡季 07:30~17:00

在青州汽车站乘坐开往杨集的客车，在泰和山下车即是，车程大约1小时，费用为10元

泰和山风景区是一处集森林景观、地貌景观、人文景观、休闲娱乐、住宿、餐饮于一体的综合性景区。景区内森林繁茂、百草葱茏，是江北罕见的天然植物林。林中藤萝缠绕、遮天蔽日，山内怪石嶙峋、层峦叠嶂，非常漂亮。景区配套设施齐全，方便游客游玩休闲。

黄花溪

区内群峰围合，一谷通幽，千瀑飞溅，两岸丁香照丹崖，一溪黄花映碧潭。根据山谷自然资源分布状况，分为缘起林、逍遥津、普度舟、觉悟山、黄花坡、牛头山六个景观区，形成观光游览、度假休闲的绝佳胜地，堪称“天下第一大幽谷”。

青州古城

景点推荐

潍坊北部景点

林海生态博览园 AAAA

建立在滨海重盐碱地上的旅游景区

寿光市双王城生态经济园区（原羊口镇）

在寿光汽车站乘坐寿光到景区的客车，在景区西门下车即可

0536—5561508

60元

08:00~17:30

林海生态博览园总面积666.67公顷，园内不仅有大片的沿海防护林、风景林、经济林形成的盐碱地森林景观，还建有东方不沉湖、休闲垂钓中心、霜雪湖水上运动中心、高尔夫练球场、荷香园、槐香园服务区、果实采摘园、农业观光园等一系列游乐及服务设施。

玩家 攻略

1.景区目前共有荷花等水生植物品种计230多个，遍及博览园各处水面。景区每年7月到9月都会举办为期两个月的山东寿光荷花节，届时千亩荷塘蔚为壮观，百种荷花争奇斗艳。

2.槐香园内有接待中心和林海锦都大酒店。槐香园接待中心环境清幽，绿色环绕，是一个休闲度假的好住处。林海锦都大酒店是集餐饮、住宿、会议、拓展培训于一体的综合型星级酒店。

东方不沉湖

东方不沉湖是寿光林海生态博览园最具代表性的景点之一，位于荷香园西侧。园区原为盐碱荒地，经过不断改造，现已建成集盐碱地观光、休闲娱乐于一体的湿地公园，设有淡水游泳场、竹楼戏、室外淋浴等基础娱乐设施，大大满足了游客们的娱乐需求。

玩家 解说

不过在不沉湖里浸泡时间不宜过长，以40分钟为宜，上岸后可到淡水游泳场、竹楼戏水等处用淡水冲洗，这样既可以冲掉身上残留的卤水，还可体验另外一种娱乐活动，一次消费，多种体验。另外，如果眼、鼻、口等部位进水会感到不适，应立即上岸用淡水清洗；心脏病、体质弱、醉酒、晕水者不宜下水，老年人、儿童应在他人陪护下在浅水区游泳。

林海白塔

白塔莲花底座上面，通体洁白的圆形尖塔扶摇直上，蔚为壮观，可以与北京的白塔相媲美。在塔身旁倾听，可以听得见北海的涛声。到塔边休闲，观鱼跃鹤舞，品清风拂柳，悠然自得，大有“宠辱不惊，闲看庭前花开花落；去留无意，漫随天外云卷云舒”的意境。

玩家 解说

关于白塔有这样一个传说：在远古时代，海水往南侵袭，淹没良田，冲毁房屋，人们住的地方都没有了，土地都荒废了。到北魏时，人们建起了十八盘镇海银塔，把海眼罩住，海水因此北退，从此桑田再现，人们安居乐业。在十年“文革”中，古塔被人为毁坏。现在我们看到的白塔，是公园重新修建的。

鳌岛观音

“鳌岛观音”因岛形似鳌鱼，故得此名。此尊“鳌岛观音”圣像塑有三面，法身为汉白玉材质，背光及莲花底座为锻铜制造。圣像一面手捧经书一面手拿念珠一面手握莲花，在佛教中代表“觉、正、净”“戒、定、慧”。每年农历二月十九日——观音菩萨圣诞，六月十九日——观音菩萨成道之日，九月十九日——观音菩萨涅槃之日，所有佛教徒都将举行大型的法会来为苍生祈福。

链接

鳌头观音

汉地佛寺中，在大雄宝殿的主尊背后，常常塑有观音菩萨像立于鳌头之上，称此尊圣相为“鳌头观音”。这是依据佛经所说及《观世音菩萨传》中载有观音现化渔夫降服金鳌的事迹而创作。民间供奉的“鳌头观音”大多被塑造成一位中国古代仕女形象，端庄妩媚、秀美可亲。大海之中，菩萨手持杨柳和净瓶，脚踏鳌鱼之上，也有独占鳌头之说（“独占鳌头”意为状元及第、首屈一指）。

林海生态博览园

寿光蔬菜高科技示范园 AAAA

国外成果的示范推广基地

- 寿光市洛城街道108号
- 乘坐17路公交车即可前往
- 0536—5678212
- 35元
- 08:00~17:00

寿光市蔬菜高科技示范园是一座国家级的农业科技园区，园内各色景点星罗棋布，不论是南方的水果还是北国的蔬菜都应有尽有。示范园里有造型别致的欧式建筑、科技领先的克隆工艺、模式各异的品种展示以及一年一度的国际蔬菜博览会，都是您现代农业观光旅游不可错过的重要内容。

玩家 攻略

1.每年一届的国际蔬菜科技博览园主会场设在本园区内，时间为每年4月20日至5月20日。

2.来示范园游览时，一定要听从工作人员的引导和安排，不要随意触碰园内的设施。

中华牡丹园

以牡丹为主的乐园

- 寿光市323省道弥河公园南侧
- 可乘206、210等路公交车到达

中华牡丹园位于潍高路以南，弥河东岸，共分“牡丹献寿”“日精月华”“天女散花”等八大游览景区。现种植名贵牡丹共十大花色，900多个品种，另外搭配种植各种名贵花卉近百个品种，已基本形成以牡丹为主，四季常青，四季有花，长年有景，层次丰富的园林景观。园内还有若干种国家珍稀植物可观看。

寿光蔬菜科技博览会

博陆山
名胜古迹众多

昌邑市饮马镇山阳村北的潍河岸边

博陆山名胜古迹众多，文化底蕴深厚，山上拥有“汉武望陆台”“霍光冢”、经潍河连接渤海的大峡谷、商周遗址、汉代遗址“张家院落”和千年古井等名胜古迹，并世代流传着仙姑洞、陆山顶上挂浮柴、鳖盖子石等众多的历史文化典故。

博陆山下的山阳千年梨园占地133.33多公顷，园中的梨树树龄大都在百年以上，其中树龄超过300年的有5000余株。山阳千年梨园是整个潍坊市树龄最长、规模最大的古梨树群。

玩家 解说

这里栽植有黑松、香花槐、火炬等树木20多万棵，建有木亭、石桌、石椅等20多处。4月中旬，还举办为期半个月的山阳梨花节，吸引八方游客前来欣赏。

博陆山风景区春可游园观花，夏可避暑休闲，秋可赏景品梨，冬可登山观景。

巨淀湖
青丘泺

寿光市西北部台头镇牛头镇村

巨淀湖是寿光市最大的，也是唯一的自然湖泊，是寿光市自然面貌保持最原始的地方。巨淀湖历史上也写作钜定湖、距淀湖，原称青丘泺，又称作清水泊。其历史悠久，汉武帝曾耕种的地方就在巨淀湖附近。抗日战争时期，马保三领导的八路军鲁东抗日游击队第八支队曾于芦苇荡中打击日军。

巨淀湖过去由淄河、跃龙河、王钦河、织女河、张僧河、阳河等汇集而成，属于季节性湖泊。最初巨淀湖面积非常大，春秋战国时称作“少海”，又称清水泊，当时其面积宽广。后其面积逐年缩小，近代缩小至5万多亩。再后来，经过历史变迁和良田改造，如今缩减到了1.2万亩。

巨淀湖盛产芦苇、鱼、虾、鸭蛋、蟹等，在过去有“鱼米之乡”之称。主要景点为鲁东抗日游击队第八支队抗日武装起义指挥部、抗日起义纪念馆、万亩芦苇荡等。

芦苇荡

景点推荐

潍坊南部景点

沂山 AAAAA

中国五大镇山之首

- 潍坊市临朐县沂山镇，县城南45千米
- 4000536059
- 70元
- 08:00~17:00
- www.chinayishan.cn

沂山是一座历史悠久的文化名山，古称“海岳”，有“东泰山”之称，居中国五大镇山之首。它位于沂蒙山区北部，主峰玉皇顶海拔1032米，群峰竞秀，层峦叠翠，松涛起伏，山花遍野，绵延数百千米。自然景观美不胜收，名胜古迹比比皆是，被誉为“鲁中仙山”。

沂山森林覆盖率达98.6%，为山东省之最，植物种类繁多。沂山自然资源丰富，四时风光秀丽。春到沂山，山花烂漫，春意盎然；夏到沂山，飞瀑流泉，酷暑无影；秋到沂山，山果遍野，秋高气爽；冬到沂山，银装素裹，疑入仙境。

玩家攻略

1.沂山植被丰茂，树木葱茏，茫茫林海中不乏稀有树种，水榆花楸、三娅乌药、盐肤木、杜仲、紫珠、山胡椒、流苏、榛子等均为齐鲁少见。自早春至初冬，映山红、锦带花、山丹等上百种草木花卉相继竞放，将沂山装点得万紫千红。

2.沂山丰富的水资源孕育了丰美的水产品，其河蟹和各种鱼类，可使人一饱口福。这里的特色美食有黑山羊、山鸡、山蝎、松菇、河蟹、木耳、冬菇、金针菜、板栗、敞口山楂、龙锦蜜苹果等，特色名菜有松菇炖鸡、全羊宴、炸山蝎、炒河蟹、凉拌金针菜、槐花宴等。

玩家行程

1.沂山一日游线路

第一条：东大门—东镇庙—百丈崖瀑布—法云寺—玉皇顶—歪头崮。

第二条：东大门—神龙大峡谷—玉皇顶—百丈崖瀑布—东镇庙。

第三条：东大门—玉皇顶—歪头崮—玉带溪、百丈崖瀑布—东镇庙。

2.沂山二两日游线路

第一日：东大门—神龙大峡谷—玉皇顶—

歪头崮—狮子崮。

第二日：圣水湖—古松群—玉带溪—百丈崖瀑布—东镇庙。

玉皇顶

玉皇顶为沂山主峰，坐落于此山中心。南部山岩盘结，大石堆聚，其西侧一石，突兀独秀，为沂山之极顶。登临俯视，千岩万壑，尽置脚下，百里景物，历历在目。玉皇顶之古建白云缭绕，蓝天映衬，游客即景摄影，恰似身在仙境。

玩家 攻略

玉皇顶虽然为沂山之最高点，但是游客可乘车直达，极为便利。

百丈崖瀑布

百丈崖瀑布是临朐“八大景”之一。它不但是北国瀑布之最，名泉之一，而且在神州大地也是屈指可数的。百丈崖瀑布有一奇观：每当晴日午间，瀑布水汽朦胧中，因太阳折射，现一圆形光斑，大如面盆，映于水帘丹崖之上，远远望去，恰似农历十五的明月。

明道寺

明道寺位于沂山东麓，汶水北岸，地处深山，环境幽雅。明道寺佛教造像雕塑工艺精湛，造型艺术高超。造像身体各部匀称，比例准确，形象逼真，工艺精湛，衣纹线条流畅，飘逸自然。寺内佛像菩萨像或庄严肃穆，或端庄慈善，栩栩如生。

老龙湾

罕见的泉水和竹林景观

潍坊市临朐县县城南10千米冶源镇　¥40元

07:00~18:00(4月~11月)，08:00~17:00(12月至次年3月)

景区以自然山水景观为特征，美在自然，以泉为胜，风光秀丽，为观光旅游与休闲娱乐型的风景名胜区。

老龙湾以我国北方罕见的泉水景观和竹林景观而享有“北国江南”的美誉，共有江南亭、白龙行宫、铸剑池、秦池等大小景点36处和由百余位全国著名书法家题写“龙”字组成的龙园。

玩家 解说

老龙湾历史悠久，《水经注》载北魏时“薰冶水已成名迹”。明隆庆六年（1572年），著名散曲家、“明代散曲第一大作手”——冯惟敏辞官归隐故里，“结庐薰冶水上，名其曰‘即江南’”（即今“江南亭”），直至去世。

老龙湾风景秀美，其景色春夏秋冬各具特色，尤以冬景最佳。每当隆冬时节，湾内雾气蒸腾，恍如仙境，形成“冶源烟霭三冬暖”的奇观，被誉为“北国江南”，并入“天下七十二名泉”之列。据史料记载：自春秋名剑工欧冶子在此铸成“龙泉”宝剑以来，圣人孔子、秦始皇嬴政、汉朱虚侯刘章、北魏地理学家郦道元、北宋名相寇准、北宋文学家范仲淹、明书法家雪蓑道人等皆曾游览过老龙湾，并留有大量的文章和书法作品。

石门坊

洞天福地

临朐县石门坊风景区　在潍坊市乘坐开往临朐县的班车，到达后乘坐出租车前往景区

0536－3495203　¥45元　08:00~17:00

石门坊也叫“石门山”，因入口处双峰耸

立、对峙如门而得名。这里山势逶迤跌宕，绿水幽谷深涧，黄栌燃情似火，钟磬袅袅入云，具有“雄、秀、奇、幽、险、灵”的独特气势和精致的文化神韵。景区历史悠久，名胜古迹众多，历代大家、文化名人有很多都曾来这里观光游览。

玩家攻略

1.景区每年10月1日至11月10日举办“红叶旅游观光月”活动。

2.景区建有森林氧吧，游客可以尽情享受大自然的恩赐；200多家农家乐星罗棋布，采摘、购物、休闲、娱乐等活动丰富多样，游客可信步而来，满意而归，遍尝特色美食，领略自然风情。

五井镇石市场

全国最大的风景石集散地

潍坊市临朐县五井镇

五井镇市场内的风景石大部分是本地出产，瘦、漏、透、丑、奇五形兼备，形态各异。大者雄伟挺拔，气宇轩昂，可广泛点缀园林；小者玲珑多姿，质朴俊逸，可装饰庭院或置于案前。五进的风景石与闻名中外的山旺化石、称誉华夏的红丝砚在齐鲁文化中并称为“鲁中三宝”。

山旺地质公园

研究中新世的“综合实验室”

临朐县城东约22千米处

公园总体由两个次级小盆地组成，以闻名世界的山旺古生物化石及反映其形成环境的火山地貌为特色。山旺古生物化石种类之多、保存之完整为世界罕见，它们在世界上研究古生态、古气候、动植物演化等方面有着重要的地位，被专家誉为研究中新世的“综合实验室”。

青云山民俗园

青云山民俗园 AAAA

齐鲁民俗第一园

安丘市青云山路东首

乘坐潍坊到安丘的中巴车，在青云山下车

¥45元 08:00~16:00

青云山民俗游乐园是一处集旅游、观光、休闲、娱乐、购物于一体的大型综合性旅游景区。游乐园依托青云山自然地貌，建有山水园林、民族风情、野生动物、休闲娱乐、齐鲁民俗和桃花源六大功能区。景区里山水环绕、桥亭廊榭、茂林修竹，游客置身其中，就好像来到了江南水乡。

玩家攻略

1.游乐园具有民俗特色的娱乐活动异彩纷呈，民族歌舞、民族婚俗、地方戏曲、县官审案等表演将南北风情展现得淋漓尽致，骑马、射箭、荡秋千、划船、卡丁车、碰碰车、豪华转马、扎风筝、制陶、剪纸、印年画、打铁、织布、纺线、推碾、摊煎饼等参与性项目令游客流连忘返。景区还有“齐鲁冰川第一漂流”、高空滑索等特色鲜明、游客参与性强的游乐项目。

2.齐鲁民俗村建有县衙署、官宦住宅、富有人家和代表齐鲁不同地区的普通民居、钟楼、戏台、生产工具陈列室等，以一个清朝村落的形式展现了齐鲁大地的风土人情、生活习俗。县官出巡表演是齐鲁民俗村的保留演出项目，尽管都是演员表演，但达到了以假乱真的程度，可以让广大游客了解到古时县令出巡是多么的威严。

3.每天在动物表演场都有精彩的表演，项目有小狗熊骑车、狗熊拳击比赛、狗熊体操表演、狗熊跳绳表演、小狗认字算题等，憨憨的小狗熊、活泼可爱的哈巴狗等精彩的表演，令游客捧腹大笑。

4.景区内的各个餐饮点各有特色，有枣园新村的陕西羊肉泡馍，还有蒙古包的特色烧烤等，也有小炒肉、三页饼、芝洋烧肉、结巴驴肉、金丝面、绿豆糕、安丘煎饼等美食小吃。

青云湖

5.山上食宿地有江南民居、桃源度假村、庄户人家、蒙古包、陕北窑洞等，山下食宿地有福华山庄、生态美食园、华硕庄园等。

6.景区有风筝、年画、核雕、陶艺品、工艺扇、布老虎、泥娃娃等纪念品，可以根据兴趣购买。

7.每年景区都举办一届民间艺术节，民俗荟萃，好戏连台。有大型文艺演出、民间手工艺展示、民间文艺表演、杂技魔术表演、民俗工艺品展销等。

冰川漂流

全长2000余米，落差45米。地上部分依托青云山特有的自然地势，沿山顶而下，迂回曲折；地下部分为冰川漂流，地下温度在5℃左右，清凉舒心，冰川在五颜六色的彩光照耀下，流光溢彩，游客漂进来，宛如进入了一个清凉的魔幻世界。

野人谷

青云山野人谷位于民族风情区的东部，充分利用沟壑纵横、野草丛生、林木繁茂的特点，建有野人巢居、穴居、野人表演场等，反映了大西南边陲深山老林里的“土著人”原始的生产生活方式。在这里，你可以看到脚踩玻璃、火把舞、上刀山、下火海等野性十足的表演。

青云湖

山东省最大的人工湖

安丘市市北区

青云湖是山东省最大的人工湖，是一处集旅游观光、休闲度假、健身娱乐为一体的大型、综合性高档次水景旅游区。园内气候宜人，植被丰富，景色秀丽，水天一色。碧波荡漾，沙鸥翔集，阳光、沙滩、舟筏穿行，构成青云湖如诗如画的优美风景。青云湖紧依青云山，山水相映，湖光山色。园内演艺活动异彩纷呈，具有浓郁的民俗风情。

老子文化园

纪念老子的景区

安丘市柘山镇

老子不仅曾在柘山镇采药、居住生活过，而且其后裔在此立村，世代相传，延续至今，现存遗址多处。在柘山境内有秀丽挺拔、高耸入云的“摘药山”，登山东望，海天一线。

据说当年老子就是看好这块风水宝地，便在山腰开挖一岩洞定居下来，每日上山采集各种药材，通过“海眼”汲取东海龙宫之水，炼制成“老子仙丹”，广散民间，为民祛病救灾。摘药山山下的“老子村”现建有集休闲、娱乐为一体的老子文化广场，以活跃当地群众的业余文化生活。

玩家攻略

每年节假日、星期天都有不少游人到此观光旅游，特别是每年的农历三月十五，全国各地的游人多达上千人到山顶老子庙前“烧香许愿”，敬奉“老子爷”。

景芝酒之城 AAAA

浏览华夏乃至世界酒文化的博大精深

安丘市景芝镇景酒大道010号

乘坐16路公交车，在景芝酒之城站下车即到

0536—8025098

50元　08:00～17:00

景芝酒之城坐落在景芝镇景酒大道中段，是一处集包装、仓储、物流、酒窖和文化展示等多功能于一体的综合性双层城墙式建筑。景区包括序厅、历史酒源、酿制酒艺、人物酒杰、文化酒韵、誉名酒扬及品酒区等

恐龙博物馆恐龙化石

七大展区，在这里不仅可以体验到华夏乃至世界酒文化的博大精深，还可以全方位、立体化地领略景芝的古镇景貌、酿造技艺、人文景观、科研成果、光辉历程、业绩殊荣、精品物产以及未来发展。

恐龙博物馆 AAAA

建筑风格独特的博物馆

诸城市龙都街道龙乡街3833号

乘坐2、9、16路公交车，在恐龙公园站下车，步行即可到达

0536－6155678

80元

09:00～17:00

诸城市恐龙博物馆是一座集收藏、陈列、研究恐龙和其他古生物为一体的专题性博物馆。博物馆建筑风格独特，从空中俯视就像八条巨龙相抱互拥，给人以腾飞的动感。

目前，博物馆设有六个大厅：序幕厅，迎门是一幅大型恐龙生活情景石雕壁画；标本陈列厅，展出了一具目前世界上最大的鸭嘴龙化石骨架，同时还陈列着新的属种恐龙化石标本近百；模拟厅，安装了大小不等、形态各异的模拟恐龙；发掘厅，“原汁原味”反映了恐龙出土发掘现场的情景；环幕电影厅，让人们观看环幕电影《龙城风光》；报告厅，是科研工作者进行国内外学术交流，弘扬祖国恐龙文化的重要基地。

玩家攻略

1.恐龙博物馆陈列着一块极富传奇色彩的龙骨化石——恐龙股骨。传说如果人们用双手抚摸了这块龙骨化石，就会有三种好运降临，即健康、高升和发财。“摸摸龙骨，一生幸福”的传说就此传播开来，当然这只是人们的一种愿望和祈盼。

2.动感环幕影院所采用的“虚拟现实演示系统”，是目前世界上最前沿的影视放映设施，能支持各种数字视频信号，不仅环幕效果不变，而且以其高清晰、高逼真的三维立体效果，给观众带来更加强烈的震撼力和冲击力。

3.在博物馆的标本厅，陈列着一具当今世界上最高的鸭嘴恐龙——巨大诸城龙，这具恐龙骨架高9.1米，长16.6米，值得一看。

4.来博物馆游览时，一定要听从工作人员的引导和安排，不要随意触碰馆内的设施，尤其要注意保护恐龙骨架等展品。

链接

巨大诸城龙

“巨大诸城龙”属鸭嘴龙科，喙宽而扁，类似鸭喙。它躯体巨大，高9.1米，长16.6米，出土于诸城，故被专家命名为“巨大诸城龙”，是目前世界上最高大的鸭嘴龙，国内权威自然地理杂志——《地球学报》，将它称为“世界龙王”。

潍河公园

河湖型水利风景区

潍坊诸城市和平街潍河桥北

在诸城市乘坐201路公交车，在潍河公园北门站下车，步行即到

0536－6438268

免费

07:00～22:00

潍河公园是一处融防洪、生态、治污、交通、绿化、美化、文化、旅游于一体的综合性滨水景观工程，是全国首个县级开发的河湖型水利风景区。

公园上自诸城市密川橡胶坝，下至拙村拦河闸，被划分为观光平台、演艺广场、音乐广场、凤凰广场、金谷平原、入口广场六大景区。

玩家 攻略

公园内建有戏砂池、制陶园、游木长廊、烧烤场、景观亭、儿童活动天地、夕阳舞台、攀爬墙等游乐设施，游人可以多形式体验滨水景观乐趣。

益民河

生态休闲娱乐中心

诸城市舜王街道驻地

益民河公园是一处集生态、景观、休闲、健身和科普学习于一体的生态休闲娱乐中心。公园沿河道自西向东建有湿地景观、植物园艺区、休闲娱乐活动区和平湖观赏区三大区域，其中湿地景观、植物园艺区主要建有湿地植物观赏、木栈道游憩、荷花观赏等多个特色景点。休闲娱乐活动区主要建有中心水体集会广场、篮球场等活动场所和特色景观。平湖观赏区在水域中心建有人工岛一个，以达到分离视线、美化格局的景观效果。

中国宝石城

玉石首饰交易批发市场

潍坊市昌乐县县城北部

免费

中国宝石城是国家工商总局批准命名的国内唯一冠"中国"名称的国家大型宝玉石首饰、贵金属饰品专业交易批发市场。近年来，宝石城多次被评为"全国竞争力百强市场""中国珠宝艺术品十大品牌市场"，2007年被评为"山东省规范化文明诚信市场"。2006年，昌乐县被中国珠宝玉石首饰行业协会、国土资源部首饰管理中心评定为"中国珠宝玉石首饰特色产业基地"。

玩家 解说

昌乐蓝宝石矿是世界上五大宝石矿区之一，昌乐县被誉为"蓝宝石之乡"，县城因而得名"中国宝石城"。依靠得天独厚的蓝宝石资源、优惠的产业政策和日益完善的配套服务，昌乐珠宝业得到了迅猛发展，并逐步形成了从宝石开采、加工、科研到首饰制作、销售、批发的一整套产业体系，珠宝业也因此成为昌乐特色产业经济的重要支柱之一。

峡山水库

山东省第一大水库

潍坊市潍河中游的昌邑、高密、诸城、安丘四县市交界处

峡山水库是山东省第一大水库，坐落于山东半岛，库区气候宜人，风景优美，物产丰富，花草树木繁多，是集观光旅游、休闲垂钓于一体的大型天然场所。

峡山水库水源地有丰富的水产资源，近年来，景区发展水库渔业增殖，连年向水库中投放四大家鱼中鲢、鳙等品种幼苗，进行人工增殖和管护，资源量和年捕获量逐年增加，增殖效果明显。

峡山水库

攻略资讯

- 交通
- 住宿
- 美食
- 购物
- 娱乐

交通

飞机

潍坊建有潍坊南苑机场，位于机场南路1号。机场已经开通了飞往北京、广州、上海、长春、深圳、南昌等国内主要城市的13条航线。从潍坊市区到机场可以打车，十几块可到，也可以乘坐39路、48路公交车前往。

潍坊

火车

潍坊火车站：位于潍坊市潍城区和平路1号（近健康街），目前，车站有各种快车、空调车、高铁等，可以到达北京、上海、西安、郑州、济南、青岛等全国主要城市，非常方便。

汽车

潍坊公路客运总站：位于潍城区和平路5196号（近潍坊火车站），有发往省内省际营运线路130余条。

潍坊汽车总站：位于潍坊市健康东街529号，有发往京、津、沪、辽、鲁、冀、豫、皖、苏、浙、闽11个省市的客运汽车。

市内交通

潍坊公交线全部覆盖潍坊城区和主要旅游景点，截至2022年，公交线路达101条，线路总长度1985.93千米，线网辐射九区一县，中心城区500米站点覆盖率达到100%。设有常规公交、高铁快线、社区公交专线、夜间公交、夜经济公交专线、双拥公交专线、扶贫和乡村振兴公交专线、休闲购物专线，满足市民与游客多元化需求。

潍坊出租车起步价为6元2千米。车/千米运价：2千米以上计价单位为1千米，标准型每公里运价为1.60元。

青州风光

住宿

潍坊各种类型的酒店可供选择的档次非常多，能够满足不同游客的住宿需求。旅游住宿主要集中于潍坊市中心，这里地理位置优越，毗邻各大商场、景点，交通十分便利，具有各种标准、规格的住宿场所，游客可以自行选择。

●华美达广场酒店

华美达广场酒店位于潍坊市中心的黄金地段，距离火车站、汽车站都非常近，地理位置优越，交通便利。酒店周围有多家知名商场、超市、游乐城等，可以满足你的多种休闲需求。地址：潍坊市潍城区民生西街118号 交通：乘坐10、81等路公交车，在四平路民生街路口站下车，步行即可到达

●潍坊鸢飞大酒店

潍坊鸢飞大酒店位于奎文区四平路，在美丽的白浪河畔，交通便利，位置优越。酒店拥有三百余间豪华宽敞的客房，环境优美。地址：潍坊奎文区四平路31号 交通：乘坐2、75等路公交车即可

美食

潍坊在古代属齐国之地，现在饮食方面还颇有齐菜之风，具有口味咸鲜、注重刀法、烹饪方法多样等特点。当地有很多具有特色的风味小吃，历来被人们称道，如朝天锅、景芝小炒肉、全羊宴、密州烤鸭、密州凤翅、诸城辣丝子、临朐煎饼、鸡鸭和乐、杠子头火烧、红扒肘子等都是潍坊的著名菜品和小吃。

●朝天锅

“朝天锅”肥而不腻，营养丰富，汤清淡，加薄饼配用，其味无穷。潍坊市内最有名的叫重庆朝天锅，在胜利大街与文化路交界处。

●全羊宴

“全羊宴”中一只羊可做菜80多种，刀工精细，调味考究，炸、溜、爆、烧、炖、焖、

潍坊夜景

煨、炒，醇而不腻，具有清淡、口味适中、脆嫩爽鲜等特点。

●密州烤鸭

诸城密州烤鸭选用天津鸭，以皮酥肉嫩驰名中外。在食用时配上精制和特选的单饼、大葱、大酱等10多种佐料，味道鲜美，肥而不腻，潍坊各大餐馆均可品尝，40元左右一盘。

●密州凤翅

密州凤翅选用鸡翅为原料，炸出的鸡翅金黄油润，色型美观，酥而不焦，油而不腻，色香味俱佳，营养极为丰富。现在潍坊各大餐馆均能吃到，30元左右一盘。

●鸡鸭和乐

潍坊传统名吃，是由历史上的“河漏”演变而来的。“河漏”是用荞麦面在密凿细孔的河漏床上轧出的面条，潍坊人用小麦代替荞麦面，并配以鸡鸭肉、“憨肉”和小调料的卤子。潍坊市内各大小餐馆均可品尝。

鸡鸭和乐

●红扒肘子

红扒肘子是潍坊地区历史名菜，其特点为软、烂、肥而不腻，且营养丰富，1997年被评为“山东名小吃”。潍坊各大小餐馆均可品尝此菜品，通常30元左右一盘。

购物

潍坊不仅是我国著名的风筝产地，也是我国历史上最大的木版年画产地和集散地。潍坊的核雕、嵌银漆器、仿古铜、刺绣、布玩具等传统工艺品也很有名。另外，还有青州银瓜（甜瓜）、安丘草莓、青萝卜等一些较出名的土特产。

●潍坊风筝

潍坊风筝具有浓郁的地方生活气息和生动的气韵，选材讲究、造型优美、扎糊精巧、形象生动、绘画艳丽、起飞灵活，构成了浓郁的乡土气息和独特神韵，蜚声古今中外。

潍坊风筝

●扑灰年画

我国民间年画中的一个古老画种，全国只有高密一地存在这种年画。扑灰年画技法独特，以色代墨，线条豪放流畅，写意味浓，格调明快，深受广大群众喜爱，多次在国内外展出。

●潍坊核雕

潍坊核雕又称“桃核微雕”，潍坊核雕在品种上主要有车、船、印章、山水、鱼虫、人物、亭台、楼阁和神话故事等。其中最著名和最普遍的题材是核舟，以宋代大词人苏东坡游赤壁最为常见。

●嵌银丝红木漆器

简称嵌银漆器或嵌银，为独特、名贵工艺品。其外形古朴优美，雍容华贵，庄重清雅，简练明快，坚固耐烫，不易变形。为绘画、镶嵌、雕刻艺术的完美结合。

●仿古铜

为古代青铜器仿制品，属特种艺术欣赏

山东祭海节

品。产品主要为仿商、西周、春秋战国三代的出土青铜器珍品。能保持原物的风貌神采，锈迹斑斑，惟妙惟肖，足以乱真。

娱乐

潍坊有风筝博物馆、杨家埠民间艺术大观园、临朐奇石市场等一些娱乐休闲场所。

传统的特色娱乐方式除了放风筝，还有临朐铁花等。

●打铁花

打铁花的民间娱乐活动，主要在冬季举行，元宵节达到高潮。打铁花都在黑夜举行，地点多选在村边野外。表演开始，技术老到的师傅把铁、铜、铝末放在黏土泥锅内，用木炭抽风箱烧烤，待金属末融化，烧炉师傅用铁勺舀金属汁，倒在放有谷糠的长木板上，打铁花师傅飞跑进打花场，操起木板颠两颠，把金属汁扬向半空，不待汁液落地，抡起木板猛力捍打，直打得灿烂的火花满天飞舞。四五个打花师傅跑来跑去，接连不断地一板一板把铁花打向天空，红的、蓝的、银的、金的火花映得天空一片辉煌，可持续10到15分钟。这项古朴壮观的娱乐活动真可谓勇敢者的表演。

●潍坊国际风筝节

潍坊为“国际风筝联合会”的总部所在地，也是世界风筝文化交流的中心。风筝会期间还同时举办鲁台贸洽会、寿光菜博会、潍坊工业产品展销会、昌乐珠宝展销订货会、临朐奇石展销会等经贸活动，极大地丰富了风筝会的内容，增添了旅游乐趣。

举办时间：4月20日开始，“五一”假期后结束

地点：潍坊体育场

●昌邑市下营祭海节

每年的正月十五，昌邑市都会在下营港村举行隆重的祭海仪式，以祈求出海平安。仪式一般在正月十五早上举行，到时候下营港的村民会进行秧歌小戏的表演，到中午的时候还会举行“焚烧纸船”祭海仪式。活动期间，整个渔港敲锣打鼓、百艺杂陈，年味儿非常浓郁，热闹非凡。

举办时间：每年农历正月十五

门票：免费

地点：昌邑市下营港

发现者旅行指南

青岛

概览

亮点

石老人旅游度假区

以山海风光、渔村民俗、海洋娱乐等为特色，包括石老人海水浴场、海洋游乐园等。

八大关

最能体现青岛“红瓦绿树、碧海蓝天”的特点，集中了20多个国家建筑风格，有“万国建筑博览会”之称。

崂山

道教名山，鼎盛时有“九宫八观七十二庵”，著名的道教人物丘长春、张三丰等都曾在此修道。

栈桥

青岛的标志建筑物和著名风景游览点，素有“长虹远引”的美誉。桥南回澜阁能看到青岛湾和周围建筑。

青岛海底世界

青岛海底世界是现代化大型海洋生态旅游展示乐园，有众多特色表演项目，是游客娱乐休闲的好场所。

必逛街道

劈柴院美食街：青岛最早的美食街之一，主街上多是酒馆、饭店，除了名店，还有很多小饭铺、书场和游乐场。北街则是以卖熟肉为主，这条街上的锅饼、炉包、馄饨和豆腐脑很出名。

啤酒一条街：集中了青岛的特色餐饮，建筑都是欧式风格，既是一条美食长廊，又是一条休闲旅游走廊。闻名中外的青岛啤酒厂就坐落在该街，还遍布着各种啤酒雕塑。

线路

青岛经典三日游

第一天游玩青岛南部海滨。首先前往第一海水浴场，顺便游览周边景点，之后去八大关参观，然后沿着海滨木栈道向东走，可以欣赏太平角、第三海水浴场、海滨雕塑园，最后到达五四广场。晚上到台东步行街品尝风味小吃。

第二天先前往崂山北九水，游览完毕后顺便绕到仰口风景区游览。晚上回来可以到栈桥的海边散散步，顺便欣赏一下“琴屿飘灯”的美景。

第三天先去青岛极地海洋世界游览，之后可以去石老人浴场游泳，然后前往电视观光塔参观。有时间的话在塔上的旋转餐厅享用晚餐。

海岛风情二日游

第一天先前往黄岛，游览完毕后前往竹岔岛。午餐后在海边赶海，12~14点是竹岔岛赶海的最佳时间。晚上入住渔家乐，品尝渔家美食。

第二天从竹岔岛前往黄岛区，游览琅琊台风景文化区，之后从积米崖渔港乘船前往灵山岛游玩。傍晚有时间的话可以徜徉于海边，吹着习习的海风，欣赏绝美的海上日落景观。

为何去

青岛是一座美丽的滨海城市，是中国举办大型赛事和国际盛会最多的大都市之一，是著名的“帆船之都”，还是国家历史文化名城，素有“东方瑞士”之美誉。崂山是道教发祥地，海尔为工业名企。这里依山傍海、风光秀丽、气候宜人，红瓦、绿树、碧海、蓝天辉映出青岛美丽的身姿，赤礁、细浪、彩帆、金沙滩构成青岛亮丽的海滨风景线。

海岛风光

何时去

青岛地处黄海之滨，属温带季风气候。青岛没有酷暑，到青岛旅游的最佳时间是每年的夏、秋两季。

正殿

夏季是青岛旅游的黄金季节，这个时候海水温暖，沙滩细软，而且并无烈日高温。崂山三面环海，夏季的崂山到处绿树浓荫，气候温和宜人。此外，青岛还有众多地方特色节日，啤酒节、服装节等都各具吸引力；海鲜等诸多美味也正是品尝的好时节。

五四广场

区域解读

区号：0532

面积：11 293平方千米

人口：1034.21万人

地理 GEOGRAPHY

区划

青岛下辖7区（市南区、市北区、黄岛区、崂山区、李沧区、城阳区、即墨区）、3市（胶州市、平度市、莱西市）。

地形

青岛市位于山东半岛的咽喉部位，地势东高西低，南北两侧隆起，中间低陷。东有崂山山脉，西有珠山山脉，北有大泽山脉，中为胶莱平原和盆地。

青岛市河流密布，分为大沽河、北胶莱河以及沿海诸河流三大水系。青岛市海域面积1.22万平方千米，海岸线863千米，海湾49处，较大的有胶州湾、琅琊湾、鳌山湾、灵山湾、崂山湾、丁字湾等。海岛69个，黄岛区灵山岛是我国北方海拔最高的海岛。

气候

青岛市属于北温带季风区域，具有海洋性气候特征，空气湿润，温度适中，四季分明，日温差小，气温升降平缓，全年凉爽湿润。

青岛春季持续时间较长，气温回升缓慢；夏季湿润多雨，但无酷暑，气候宜人；秋季天高气爽，降水少，但持续时间长；冬季气温低，但并无严寒。总体来说，青岛是个舒适宜人的旅游城市，一年四季均宜出行。

青岛的母亲湾——胶州湾

胶州湾是青岛的母亲湾，青岛港位于胶州湾口北部，是黄海沿岸水运枢纽，山东省及中原部分地区重要的海上通道之一。湾口西南方为黄岛油码头，是中国三大专用原油输出码头之一。

胶州湾是伸入内陆的半封闭性海湾，天然深水航道水深10到15米，无泥沙淤积，湾内港阔水深，风平浪静，海水终年不冻，为天然优良港湾。据记载，1928年胶州湾的总水域面积为560平方千米。从20世纪70年代开始，胶州湾填海速度明显加快，胶州湾的水域面积平均每年减少约2.9平方千米。目前，胶州湾的水域面积为438平方千米。2010年完工的胶州湾海底隧道，联结青岛和黄岛两地，是我国最长的海底隧道。

历史 HISTORY

历史大事记

● **先秦时期**

在距今约六千年前的新石器时代，有大量东夷父系氏族先民在此从事农耕生产活

动，进而发展出狩猎、畜牧及海洋捕捞，创造了丰富多彩的大汶口文化、龙山文化等。

西周时期，青岛境内建立了夷国（今蓝村）、莒国（都城计斤，今胶州）等诸侯国。

东周时期，即墨为齐国第二大都市，是齐东的政治、经济、文化中心，工农业和商贸发达。

公元前468年，越王勾践一度迁都琅琊（今黄岛区琅琊镇），使之成为越国的政治、经济、文化中心。

公元前279年，齐将田单在即墨以火牛阵打败燕军，并乘势收复了齐国全部失地。

●秦汉时期

秦始皇统一中国后，于秦始皇二十八年（公元前219年）、秦始皇二十七年（公元前220年）、秦始皇三十七年（公元前210年），三临琅琊（黄岛区琅琊台），还派遣徐福率数千童男童女入海寻长生不老药。

汉高祖四年（公元前203年），齐王田横被汉将韩信击败，率残部500余士逃至一海岛（今田横岛）。次年，汉高祖遣使召田横至洛阳，田横行至途中自刎而死，留居海岛的500兵士，闻讯后全部自杀，史称“田横五百士殉义”。

东汉中平五年（公元188年）10月，经学家郑玄率门人到不其山（今青岛城阳区惜福镇铁骑山）避难，并在此处筑庐设帐授徒，门徒达千人。

●魏晋南北朝

东晋名僧法显去尼泊尔、印度、斯里兰卡求取佛经，乘商船返国途中遇飓风，于东晋义熙八年（公元412年）漂泊到崂山南岸登陆，被长广郡太守李嶷接至不其县城。法显居不其县城期间，翻译了不少佛经，对佛教在青岛地区的传播有一定影响。

南北朝北魏太和十二年（公元488年），兖州人王伯恭在崂山聚众，反抗北魏南侵，自称齐王，与东莱镇将孔伯孙战，败死。

●唐宋元明清

唐武德六年（公元623年），在今青岛黄岛区设板桥镇，海上贸易肇兴。

北宋1088年，又设密州板桥镇市舶司，管理内外航务和中外商人的海上贸易，为宋代北方唯一对外开放港口。

南宋绍兴三十一年（1161年），金主完颜

琅琊台秦始皇遣徐福寻仙药雕塑

亮率兵4路进攻南宋，其中一路为水军。南宋李宝率水师出击，在今青岛黄岛区鸭岛附近与金兵鏖战，金兵水军全军覆没。

金明昌六年（1195年）、泰和八年（1208年）、大安元年（1209年），道教全真派创始人王重阳的弟子丘处机3次来崂山说法阐教和谈玄布道，对崂山道教的发展影响极大。其后，崂山道教进入鼎盛时期，被称为“全真道教天下第二丛林”。

元至元十九年（1282年）八月，在原胶河和胶莱北河的基础上开通了从胶州湾麻湾口到莱州湾海仓口的胶莱运河，胶州湾内一时船舶云集，码头岸边仓廒棋布，航运空前繁荣。

明洪武五年（1372年），在胶州境内设灵山卫，洪武二十一年（1388年），在即墨境内设鳌山卫，还从云南、江淮迁来大批军户，实行屯垦，并从河南、山西向青岛地区移民，以巩固海防。

●近代

清同治四年（1865年），东海关在今青岛地区的塔埠头、金家口、青岛口设立3个分关，并在灵山卫、女姑口、沧口、沙子口、登窑和薛家岛等海口设常关分卡或代办处，管理口岸和征收关税。

1891年6月14日，清政府内阁颁发上谕，在胶州湾设防，调登州总兵章高元率兵移驻青岛口，青岛正式建置。

1897年11月，德国强占胶州湾。1898年3月8日，德帝国主义以武力威胁，迫使清政府与其签订了不平等的《胶澳租借条约》，从此，青岛沦为德国的殖民地。1898年，德皇威廉二世将胶澳新市区命名为“青岛”，辟为自由港，向全世界开放。

胶州湾大桥

1914年日本取代德国占领青岛，有数万日本人移民来青岛定居，并在青岛投资，青岛开始成为中国重要的轻纺工业基地。

●现代

1914年8月，第一次世界大战爆发，日本对德宣战，出兵占领了德国在中国的势力范围——山东半岛，青岛成为亚洲唯一战场。

1919年，英、美、法等国在巴黎召开“和会”，将青岛的主权和山东的权益一概交给日本，引发五四运动，粉碎了日本“合法”侵占青岛的阴谋。

1922年2月4日，迫于中国人民的反抗及英美等国的压力，日本与中国签订了《解决山东悬案条约》，同意归还青岛。同年12月10日，中国正式收回青岛主权。

1925年4月底，青岛发生了18万纱厂工人参加的大罢工，罢工早期取得胜利，后山东督军张宗昌和胶澳督办温树德在日本政府压力下出动军警血腥镇压，此为震惊中外的“青岛惨案”。

1928年秋，国立青岛大学成立，首任校长杨振声效法北京大学“兼容并蓄、科学民主”的办学方针，广聘闻一多、梁实秋、沈从文等学者来校任教。学校名流云集，学术空气浓厚，给青岛市30年代科学文化繁荣奠定了基础。

1929年7月，国民政府接收青岛，设青岛特别市，直辖于南京国民政府。

1938年1月，在军舰和飞机的掩护下，日军第二次侵占了青岛。

1946年5月13日，美国海军第七舰队抵达青岛。1946年11月，美国政府与国民党政府签订了《青岛海军基地秘密协定》，把青岛变成了美国在远东的主要海军基地之一。

1949年6月2日，中国人民解放军接管青

青岛啤酒街标志

岛。青岛市人民政府同日成立。

链接

青岛名称的由来

青岛市的专名“青岛”原本指的是位于城区前海一海湾内的一座小岛，因岛上绿树成荫，终年郁郁葱葱而得名青岛。后于明嘉靖年间首度被记载于王士性的《广志绎》中。明万历七年（1579年），即墨县令许铤遍察即墨海域及乡土，主持修编《即墨县志》，“青岛”亦被提及。

文化 CULTURE

名人荟萃之地

20世纪二三十年代，随着国立青岛大学的建立，国内外一大批文人名士云集青岛，不仅在这里培养了一批文学新秀，更是创作了许多轰动文坛的名篇巨作，为青岛文学史写下了光辉的一页，对青岛文化的发展产生了深远的影响。

青岛向来是名人荟萃之地。在文学界，很多人都与青岛有不解之缘。“人民艺术家”老舍，曾在1934年来到青岛担任山东大学中文系教授，他开设了《小说作法》《外国文学史》等课程。老舍喜欢青岛，住在金口路时，老舍在讲课之余写了许多中短篇小说，包括著名的中篇《月牙儿》《我这一辈子》以及《断魂枪》《上任》《黑白李》等。

还有臧克家、吴伯萧、舒群、箫军、萧红、梁实秋、杨振声、王林、崔嵬等作家、艺术家都曾在青岛留下他们的事迹和作品。正是有了这些文化名人和作品，这里的青山才更加巍峨，碧海才更加广阔，人们才更加睿智。

精彩纷呈的啤酒文化

青岛啤酒选用优质大麦、大米、上等啤酒花和软硬适度、洁净甘美的崂山矿泉水为原料酿制而成。风味纯净协调，落口爽净，具有淡淡的酒花和麦芽香气。酒液清澈透明、呈淡黄色，泡沫洁白、细腻而持久。1903年，英、德两国商人合资开办青岛啤酒厂，这是我国最早的啤酒生产企业。

每逢青岛黄金旅游季节——8月的第二个周末，青岛国际啤酒节便拉开了帷幕。世界各地的啤酒爱好者齐聚一堂，欢歌畅饮。青岛国际啤酒节始于1991年，由国家有关部委和青岛市人民政府共同主办，是融旅游、文化、体育、经贸于一体的国家级大型节庆活动。节日期间，“饮酒大赛”“摄影大赛”“啤酒酒标展”等一系列活动纷纷上演，精彩纷呈。

位于青岛市北区登州路的青岛啤酒街更是啤酒爱好者的圣地。啤酒街东起延安二路，西至寿光路，街长约710米，现共有各类门店约50处，其中酒店、啤酒吧、饭店20余处。闻名中外的青岛啤酒厂就坐落在此街，并有啤酒博物馆和啤酒宫等设施，啤酒文化特色鲜明。每逢啤酒狂欢节，蓝色畅想夜、紫色浪漫夜、夏威夷季风、首尔风情、米兰幻影等主题将引领多种表演专场，为啤酒狂欢节增添一抹浓重的色彩。

在充满异国风情的青岛啤酒街，不但能畅饮啤酒而感受到清凉舒爽，还能大饱口福，玩得尽兴。在狂欢节期间，吃螃蟹比赛、速吃蛤蜊比赛、吃醉虾比赛，还有啤酒对桌赛、车轮赛、幸运赛等啤酒比赛，真可谓开怀畅饮，乐不思蜀。

世界帆船之都

青岛是不折不扣的“世界帆船之都”。坐落于青岛市东部新区浮山湾畔的青岛奥林匹克帆船中心，是青岛的一大景点，该地依山面海风景优美，市内的著名风景点“燕岛秋潮”也在近邻。2008年第29届奥运会和第13届残奥会帆船比赛就是在这里举行的。

“帆船之都”作为青岛的一张亮丽的城市名片，得到了国内外业界人士的广泛赞誉。帆船作为新兴的朝阳产业，具有后续潜力大、发展可持续的特点，对于改善青岛市的经济结构，推进产业转型升级具有重要的战略意义。

目前，青岛市从事帆船运动的俱乐部28家，游艇摩托艇生产企业30多家，现已形成水上体育产业，休闲旅游产业，帆船制造、销售、展览业，帆船培训、帆船俱乐部和港池泊位的建设、开发销售业以及港池物业管理等产业于一身的产业链。体育与旅游的结合也极富文化内涵，借“蓝色运动”发展“蓝色经济”，青岛的帆船产业蒸蒸日上。

青岛帆船

景点推荐

青岛南部海滨

栈桥

青岛的象征

青岛市南区海滨，青岛湾北侧

栈桥距青岛火车站仅0.5千米，并通有2、5路电车和6、8、307等路公交车　免门票

旺季07:00~19:00，淡季08:00~17:30

栈桥是青岛的象征，素有“长虹远引”之美誉。桥南端筑有半圆形防波堤，堤内是一座具有民族风格的“回澜阁”。回澜阁为两层八角凉亭，阁心有螺旋形楼梯，楼上四周为玻璃窗。进入回澜阁内眺望四周景色，能全方位看到美丽的青岛湾和周围的各个景点。

玩家攻略

1.秋天涨潮时，尤以西部岸堤景色最佳，海浪拍岸，激起数十米巨浪，蔚为壮观。退潮后沙滩上满是赶海挖蛤蜊的游人。

2.要领略栈桥的美丽，最好是沿着通往海中的桥向回澜阁前行，时间挑在清晨或傍晚人流小的时候，尽情呼吸着大海的气息，聆听阵阵涛声，令人心旷神怡。

3.栈桥公园东侧的海边，聚集着很多海鸥，是市区看海鸥的最好地方，尤其是日出日落的时候，最值得一看。

4.第六海水浴场位于栈桥西边，与繁华的中山路相邻，环境十分优美。游玩栈桥，可以到浴场一展泳姿。在此与栈桥、大海、礁石相伴，拍照留念，有海有景。

5.春和楼位于中山路，是一家百年老店，传统鲁菜很有名。九龙餐厅是当地值得推荐的餐厅之一，拥有不错的口碑，蚝油扇贝、香辣鱿鱼条和辣大肠等都是店里的招牌菜。

6.栈桥附近有许多特色宾馆。山东健康丽呈睿轩酒店位于青岛栈桥湾畔，风格古朴典雅。电话：0532-82860077。青岛斯维登度假公寓面朝晓港湾，风景优美，交通发达。电话：0532-67757077。

链接

栈桥的由来

栈桥可以说是与青岛同龄的建筑，传说当年清朝的钦差大臣李鸿章要到青岛（当时称“胶澳”）来巡视，当时青岛没有停靠大型官船的能力，所以临时修建了一个港口，后来几经翻修，就是栈桥的原型。新中国成立后，胶州湾修建了大型深水良港，栈桥失去了作为港口的使用价值，几经改建后，变成了现在的模样。

小青岛
青岛重要地标之一

青岛市南区琴屿路26号（栈桥东南）

乘坐地铁3号线在人民会堂站下车即可到达

0532—82863944

免费

06:00~19:00

小青岛位于青岛湾栈桥东南，是青岛湾中一座孤立的小岛。因其形状如同一把古琴，又有“琴岛”之称。它是青岛的重要地标之一，也是青岛最佳观景点之一。

岛上花木争相斗艳，琴女雕塑优美的身姿和造型别致的建筑使得小青岛更加妩媚动人。洁白的锥形灯塔是海上过往船只进出胶州湾的重要航标。入夜后岛影朦胧，塔上航标灯时明时暗，和周围的七彩霓虹交织出一个瑰丽的夜色世界。

玩家 解说

灯塔是1900年由德国人建造，通体用白色大理石构筑，分上下两层，塔顶部装有水晶棱镜镶成的反射镜，并以牛眼形旋转式造镜电力发光，为来往船只导航。每当夜幕降临，灯影波光交相辉映，像一条舞动的彩绸，形成了青岛的一大胜景——“琴屿飘灯”。

中国海军博物馆
大型专业性军事博物馆

青岛市南区莱阳路8号

乘坐地铁3号线在人民会堂站下车即可到达

0532—82876888

免费

09:00~17:00

中国海军博物馆坐落在青岛的黄金海岸线上，地理位置非常优越。海军博物馆是全国三大军事博物馆之一，同时也是全国唯一的一座海军军事主题博物馆。

博物馆包括室内展厅、武器装备展区和海上展舰区三大部分。目前，博物馆的珍贵馆藏文物已经有数千件，特别是拥有国内最大的海上舰艇展览群，通过参观，您能感受人民海军的赤诚与豪迈。

玩家 解说

来海军博物馆参观，“鞍山号”导弹驱逐舰是不容错过的。“鞍山号”是人民海军第一艘驱逐舰，曾是中国海军早期“四大金刚”之首。1980年5月19日，它在四艘猎潜舰的护卫下，在青岛举行了已故国家主席刘少奇骨灰的撒放仪式。1992年4月24日退役，38年来，鞍山舰航行10万多海里，是世界范围内服役时间最长的驱逐舰之一。

汇泉湾

第一海水浴场

亚洲最大的沙滩浴场

青岛市南区汇泉湾畔

可乘坐地铁3号线到汇泉广场站，步行即到

第一海水浴场是亚洲最大的沙滩浴场，浴场沿岸的岩石不断剥蚀成细小的砂砾，在海湾的浅滩上沉积形成了东西各长约580米、宽40多米的细沙滩。由于汇泉角的阻隔使进入湾内的涌浪渐次递减，因而形成了浪高仅为1米左右的平静海面，适合开展海上娱乐活动。

玩家 攻略

夏天7~8月时，第一海水浴场的游人很多。所以去第一浴场游玩时要有准备，尽量避开游人高峰期。

小鱼山公园 AAAA

建筑设计围绕“海”的主题

青岛市南区福山支路24号 乘坐地铁3号线在汇泉广场站下，或乘坐公交到小鱼山站下，步行即可到达

小鱼山公园是青岛前海最佳观景点之一，整个小鱼山公园的建筑设计构造新颖，融自然美、建筑美和艺术美为一体。

山坡南面有代表青岛欧式建筑风格的微缩景观。览潮阁和拥翠亭连接处有白色雪花石浮雕山标。山标周围是黑色大理石象形文字和壁画。东廊壁上镶嵌着大型瓷板釉下彩壁画《蒲松龄宇宙》，描绘的聊斋故事情节构图丰满，意味深长。

玩家 攻略

1.在览潮阁上观赏海月，也别有一番情趣，特别是到了农历中秋佳节，一轮明月跃然星空，使人顿生“海上生明月，天涯共此时”之感，这就是青岛的十大景观之一“鱼山海月”。

2.小鱼山有许多风味小吃餐厅，除青岛啤酒、海鲜外，可以尝到小红楼牛肉灌汤包、美达尔烤肉、青岛大包等风味小吃。周边还有王朝大酒店、黄海饭店、东海饭店等星级酒店。

鲁迅公园 AAAA

青岛旅游的一个象征

青岛市南区琴屿路1号

乘坐地铁3号线到人民会堂站下，步行即可到达

免费

全天开放

鲁迅公园是青岛旅游的一个象征，公园内兼有园林美和自然美，山光水色，淡雅清

新，景色迷人。公园有一尊3米高的鲁迅雕像，建有《鲁迅诗廊》《呐喊台》《鲁迅先生自传碑》等景观。公园内独特的红礁石和幽雅的环境吸引了众多游人，海边的岩礁底部长满坚硬的牡蛎，散落着各种贝壳，是拾贝玩耍的乐园。

汇泉商业广场
青岛最大的草坪广场

青岛市南区文登路中段两侧

乘地铁3号线到汇泉广场站下即到

汇泉广场是青岛最大的草坪广场，分南北两部分，周边以水杉、花灌木为衬托，层次分明，景色秀丽。

汇泉南广场建有国内最大的计算机音乐喷泉，水池中有3000多个喷头及各色彩灯，喷水时可随音乐变换千种花样，珠光四溅，五色斑斓，如入梦幻之境。汇泉广场也是青岛人放风筝的主要场地，一年一度的汇泉广场风筝会已成为青岛的一大奇观。

玩家 攻略

汇泉广场下面有青岛现在最好的电影院，还有一个季节性开放的KFC。在8月的时候这里是青岛国际啤酒节的分会场，聚集了许多喝酒的男女。

青岛海底世界 AAAA
全国独具特色的海洋生态大观园

青岛市南区莱阳路2号 乘坐214、223、302等公交车，在鲁迅公园下，步行即可到达

通票旺季130 元，淡季110元，团购票45元

旺季 08:30~16:30，淡季08:30~16:00

独特的地理位置、现代化的展示手段、充足的展览资源，使海底世界成了一处独具特色的海洋生态大观园。青岛海底世界整合了青岛水族馆、标本馆、淡水鱼馆等原有旅游资源，与依山傍海的自然美景相融合，形成山中有海的奇景。海底世界主要有潮间带、海底隧道、海洋剧场、热带雨林区等几大

青岛海底世界

区域，为游客营造了一种神秘而又多姿多彩的氛围。

潮间带

潮间带景区由造浪池、4个海水展池和瀑布池共6个展池组成。造浪池和瀑布池中放养着河魟与河鲀。4个海水展池中饲养有多种海星、海胆、章鱼、鲎、海龟、蟹类等无脊椎动物，以及鲉虎鱼、弹涂鱼，还有皱唇鲨、黑鳍鲨等小型鲨鱼。

海底隧道

海底隧道在国内率先采用了180° 常规视窗、254° 大视窗、360° 圆柱视窗等多种形式相结合的隧道结构造型，可以在不同的角度欣赏到不同的海底美景。隧道地面由自动步行梯和人行道两部分组成，人们可以尽情地享受海洋深处的美景，体验蓝色海洋的梦幻。

海底沉船

走出海底隧道后，是一段装饰效果光怪陆离的地下通道。整个通道若明若暗，墙壁全部模仿海盗船的甲板样式，地面的前半段是玻璃地板，后半段则利用全钢架悬挂木板结构。整个通道营造出的效果和氛围，会让你有种亲临海底沉船的感觉。

海洋剧场

海底剧场是青岛海底世界最大的一个展厅，右侧是海底世界最大的平面展窗，在这里可以看到成群的鱼儿游来游去，还可以欣

赏到“人鲨共舞”的惊险场面和“美人鱼”迷人的水中芭蕾表演。如果感兴趣，可以在这里举行海底婚礼，让千万条鱼儿见证您人生的幸福时刻。

八大关

红瓦绿树、碧海蓝天

乘坐219、468、202等路公交车即到

八大关是来青岛必看的景点之一，有“万国建筑博览会”之称。这里把公园与庭院结合在一起，10条马路两侧到处是郁郁葱葱的树木、四季盛开的鲜花，最能体现青岛“红瓦绿树、碧海蓝天”的特点。

玩家 攻略

可顺着元帅楼—八大关小礼堂—公主楼—宋氏花园—国宾馆—花石楼的线路游览，一路下来得半天时间。第二海水浴场距离八大关很近，可选择一并游览。不过由于八大关一带有很多别墅有特定的用途，所以多数都挂着“暂不开放”的提示，只能在外面观看。

玩家 解说

所谓“八大关”，是因为这里有八条马路（现已增到十条），是以八个关口命名的，即韶关路、嘉峪关路、函谷关路、正阳关路、临淮关路、宁武关路、紫荆关路、居庸关路。这数条马路纵横交错，形成了一个方圆数里的风景区。

花石楼

青岛市南区黄海路18号

花石楼既有希腊和罗马式风格，又有哥特式建筑特色。主体共5层，顶层为观海台，侧有铁尖顶。庭园内广植花木。楼门台阶下为花岗岩石尊，可用于晚间燃火照明，也可用于栽花，正面为圆形和多角形组合而成的建筑造型，十分别致。

花石楼的建筑特色和幽静的环境成为众多影视的取景地，电影《神圣的使命》《白雾街凶杀案》《总统行动》等都曾在这里拍摄内景和外景。

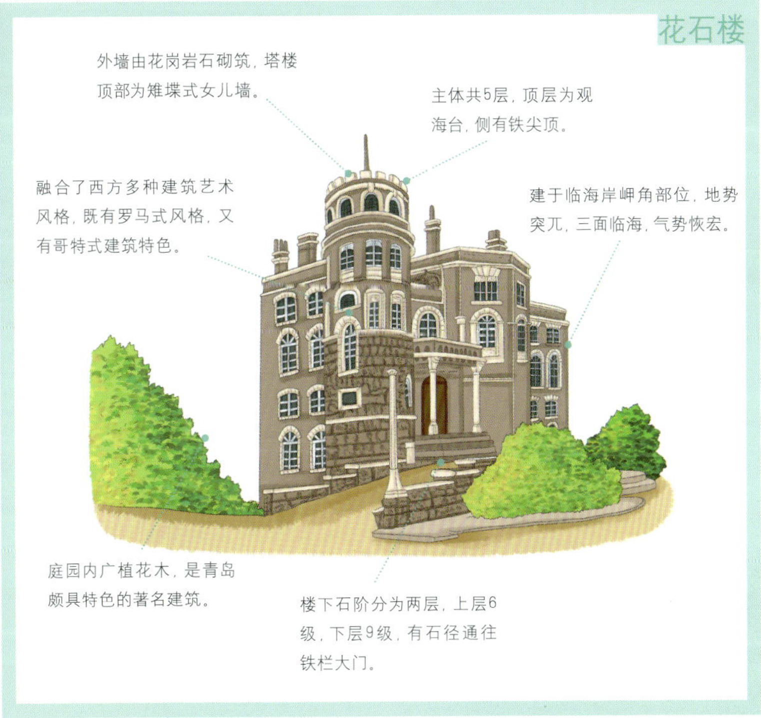

玩家 解说

公主楼

青岛市南区居庸关路16号

公主楼由一座尖塔与不规则斜顶屋组成，南部有方形平台。据说此楼是当时驻青岛丹麦总领事为丹麦公主建造的别墅，准备丹麦公主来青岛避暑时居住，实际上丹麦公主并没有来过，但“公主楼”的名字却留了下来。

该建筑为北欧滨海风格庭院建筑，建筑造型简洁、流畅、精巧、活泼。建筑花岗岩砌基，屋脊双面陡坡呈尖耸状，室内有壁橱、质地考究的木扶梯、地板及墙裙，房间小巧明亮，起居设施完备。室外西南有宽阔的草坪，衬托出主建筑的高雅、醒目、别具一格。

链接

欧式建筑风格

哥特式：建筑的特点是尖塔高耸、尖形拱门、大窗户及绘有圣经故事的花窗玻璃。在设计中利用尖肋拱顶、飞扶壁、修长的束柱，营造出轻盈修长的飞天感。

巴洛克式：特点是外形自由，追求动态，喜好富丽的装饰和雕刻、强烈的色彩，常用穿插的曲面和椭圆形空间。

罗马式：其典型特征是拉丁十字布局，交错拱顶，墙体巨大而厚实，墙面用连列小券，门窗洞用同心多层小圆券，以减少沉重感。窗户较小，内部空间的气氛阴暗而神秘。

元帅楼

青岛市南区山海关路17号

元帅楼是一座日式建筑，新中国十大元帅中有5位（徐向前、罗荣桓、彭德怀、刘伯承、贺龙）先后在此下榻，故被称为“元帅楼”。本处景点不对外开放，游人在院墙外远眺即可领略其优美的韵味。楼内设有3个套间，特别值得一提的是，其中一间日式套间的墙壁上有一块樱花木，据说至少有上千年的树龄。

五四广场

链接

爱情角

在元帅楼与海边的中间地带，是个很小的公园，这里翠柏夹道，成对的绿柏隔出了一个个小“包厢”，经常有成双成对的情侣在此观海听涛，情意缠绵，所以被称为“爱情角”。青岛海滨有许多风景秀丽的海岬，爱情角是其中最美的一处。

贵宾楼

青岛市南区山海关9号

贵宾楼接待过来青岛的许多国家领导人，又被称为“青岛钓鱼台”。该楼是美国式建筑，以不等高、不对称的造型体现现代派的建筑艺术风格。该楼绿色墙面，红瓦盖顶，采用大型窗框结构，大部分墙体被窗户占据，均镶贴大块玻璃，窗棂很少，给人以简洁、明快的感觉。

五四广场

有主题雕塑《五四的风》

青岛市南区市政府办公大楼南侧

乘坐地铁3号线在五四广场站下车即到

广场以东海路为界，分为南北两部分，市政府办公大楼、隐式喷泉、《五月的风》雕塑以及海上喷泉，共同构成了五四广场的主要景观。

广场的主题雕塑《五四的风》因纪念青岛作为五四运动的导火索而得名。雕塑以单纯洗练的造型元素排列组合为旋转腾升的“风”之造型，是青岛的标志性雕塑。广场南部浮山湾内的大型喷泉，喷出的水柱高达100米，是全国最高的海中喷泉。

玩家 解说

五四广场上有三个喷泉，分别是隐式喷泉、点式喷泉和海上百米大喷泉。隐式喷泉位于北

广场，它可以变幻出多种花样。位于《五月的风》雕塑之北的点式喷泉，泉眼就设在地面上，成行成排地分布，夏天可以在这里跟喷泉亲密接触。海上的百米大喷泉是五四广场的一个亮点，欣赏它的最佳时刻是在晚上灯火辉煌的时刻。远远地你就可以看到海面上喷涌的泉水，近观如巨龙跃出水面，十分壮观。

音乐广场

音乐为主题的休闲广场

青岛市南区浮山湾畔 乘坐地铁3号线到延安三路站下车，步行即可到达

音乐广场是我国目前最大的以音乐为主题的文化休闲广场。音乐广场由树阵区、偏心广场及软雕塑区、椭圆形广场区、音乐观海台和地下购物商场五个功能区组成广场的扇形平面结构，登高俯视，犹如一个美丽的扇贝镶嵌在海岸边。

玩家 攻略

音乐广场环境幽雅，设施较好，常有人们自发在此表演，如年轻人玩的时尚运动、老年人的传统文艺表演，是个休闲、散心的好去处。

奥帆中心

曾举办奥运史上首次海上颁奖

青岛市南区燕儿岛路1号

乘坐210、402等路公交车到奥帆基地下车即可到达 免费 全天开放

青岛奥帆中心坐落在青岛市东部新区浮山湾畔，著名的景点“燕岛秋潮”就位于基地的燕儿岛山东南角。整个基地依山面海，风景十分优美，2008年第29届奥运会和第13届残奥会的帆船比赛就是在这里举行的。

奥帆中心采用了一系列新的科技成果，注重环境景观的规划，整个极地通过三条南北向轴线组成了一个“川”字，从而应和了“欢舞·海纳百川”的主题，寓意开放的青岛正以宽广的胸襟向世界敞开怀抱。

玩家 攻略

1.每年8月8日的奥帆赛纪念日，在奥帆中心举办“青岛海洋文化节”，同时也有青岛杯帆船赛、游泳、海鲜烹饪等活动，热闹非凡。

2.国际帆船赛主题公园是基地的重要景点，在这里你可以和帆船拍照留念。在基地的娱乐互动地带，你可以体验真人对抗游戏。

3.奥帆中心的公共区域是免费的，但是相关配套设施，如基地的娱乐互动地带是收费的。基地离五四广场很近，你可以步行到广场，既可以欣赏海边的美景，又能感受拂面的海风。

第三海水浴场

海水清澈的小规模浴场

青岛市南区太平角东部，湛山湾畔 乘坐地铁3号线到太平角公园站下，步行即可到达

第三海水浴场规模不大，但海水清澈。沙滩上建有一栋栋色彩斑斓、风格多样的更衣室，里面的冲浴淡水是热水，对于不习惯冲冷水的游泳者特别适合。浴场旁边有青岛比较有名的朗园咖啡吧，很多影视剧曾在此取景。

景点推荐

青岛城区景点

信号山风景区

登山远望青岛市风景的最佳地点

青岛市南区齐东路17号

乘坐214、217、220等路公交车即到

信号山是观花赏绿的好去处，更是登山远望青岛市风景的不错选择。它自开发至今经历百余年风雨，见证着青岛市的发展。1897年德国侵占青岛，在信号山建设了青岛最早的无线电台。青岛港建成后，山上设有信旗台，专为轮船及帆船入港时传递信号，故得名“信号山”，又称“挂旗山”。信号山四周景点众多。

信号山公园

免费

08:00~19:00

信号山是青岛市较高的临海山峰，公园内景点众多，这些景点高低起伏，错落有致，构成了一幅优美、恬静、鸟语花香的园林景观画卷。信号山的建筑布局非常合理，设计也别具匠心，特别是山顶上三个不同高度的红色圆顶蘑菇楼，寓意是我国古代用于传递信号的三支红色火炬，非常显眼。

登上信号山俯瞰岛城，美丽的栈桥、小青岛与碧蓝的大海都尽收眼底，岛城的红瓦绿树、碧海蓝天、山光水色在这里可以一览无余，视野非常开阔。

玩家攻略

1.信号山公园是青岛市最热门的公园之一，吸引了大量游人，如果您想去那里游玩的话，一定要注意选择出行时间，以避开人流。

2.圆形观景楼是信号山的主要建筑，楼的五层设有旋转观景音乐茶座。晴天的时候，登上旋转观景楼，青岛的全貌及汇泉湾的美景都可以尽收眼底。

迎宾馆

青岛市南区龙山路26号　乘坐217、220、221等路公交车即到

旺季（4月1日至10月31日）20元，淡季13元

09:00～16:30

迎宾馆环境幽雅，原是德国驻胶澳（即青岛）总督的官邸，俗称“总督府”，是一座典型的欧洲古堡式建筑。

宾馆的外部建筑气势雄伟，米红色筒瓦、蓝色鱼鳞瓦、绿色牛舌瓦铺设楼顶，使大楼更加精美别致。内部布局典雅华贵，气派非凡，置身其中可以感受到浓郁的欧洲宫廷气氛。迎宾馆还是一座博物馆，里面收藏着来自世界各国的稀世珍品，非常值得一看。

青岛德国监狱旧址博物馆

青岛市南区常州路23号

乘坐地铁3号线到达

青岛德国监狱旧址博物馆是全国现存最早的殖民监狱旧址之一，由“仁、义、礼、智、信”五座监房和一座工厂组成。

博物馆现保留历史建筑9栋，展出了大量珍贵的文物、图片、影视数据，还通过实物、蜡像以及声、光、电和“幻影成像”等现代化科技手段，展示了这座监狱内不同时期的原状以及当时的历史大背景和司法状况。

基督教堂

青岛市南区江苏路15号　乘坐地铁4号线可到

10元

09:00~17:00

基督教堂，原称德国礼拜堂，又称总督教堂，拥有典型的德国古堡式建筑风格，由钟楼和教堂两部分组成。教堂顶部有报时钟楼，俗称“钟表楼”，登楼可观赏岛城的海天秀色。18米高的大厅装饰十分精美典雅，置身其中给人以神圣感，是完美的基督教建筑艺术的佳作。

总督府

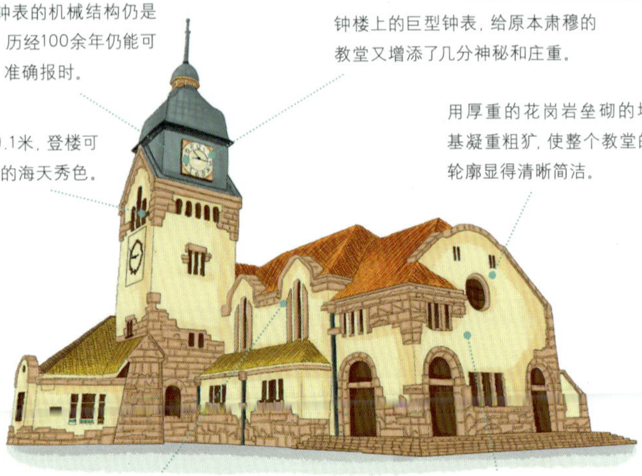

老舍故居

老舍故居经改造后，改名“骆驼祥子博物馆”。该馆以老舍故居的一楼为主，分为序厅、版本厅、创作厅、青岛厅、影视厅、珍藏厅等部分。馆内展出的主要有老舍先生的照片、练武兵器等生前所用物品。创作书桌按原位摆放，包括《骆驼祥子》在内的多项名著，都是老舍先生在这张书桌上完成的。

太平山中央公园

青岛市最大的综合性休闲游乐公园

太平山海拔仅150余米，占地达203公顷，山虽不高，但山势起伏蜿蜒，开阔大气，向西延伸为青岛山、八关山及小鱼山，向东伸展为湛山，是市区内面积最大的自然山林。

现在太平山已与周围的中山公园、动物园、植物园、榉林公园、青岛葡萄酒博物馆、百花苑、湛山寺、青岛山公园等主要景点构成了一个大的休闲旅游景区，统称“太平山中央公园”。

百花苑

青岛市南区延安一路55号

可乘11、36、302等路公交车抵达　免费

06:00~21:30

百花苑是岛城首座规模较大的纪念性园林，园内地势错落起伏，道路迂回曲折，绿树成荫，芳草遍地，一派“小桥、流水、人家”的田园风光。一座座名人雕像错落有致地分布在其中，或坐，或立，静悦安详，惟妙惟肖，增添了许多文化气息，是人文景观与自然景观相辉映的园林精品。

中山公园

青岛市南区文登路28号

乘坐地铁3号线即可抵达

免费

青岛以红瓦绿树、碧海蓝天闻名天下，各类树木栽种在青岛的每个角落，但市区树木比较集中、古树名木较多的地方则属中山公园。中山公园与汇泉广场仅一路之隔，是青岛最大的综合性公园。公园三面环山，南向大海，园内林木成林，枝叶繁茂，是青岛市

区植被景观最有特色的风景区。

玩家 解说

中山公园的雪松在国内久负盛名，就连毛主席纪念堂内美丽的雪松，也是从这里移植过去的。

中山公园樱花节是每年青岛的第一个节会，园内品种都是日本樱花，其中染井吉野（单樱）居多。

公园引进了荷兰郁金香，"五一"前后，一片片、一簇簇的郁金香竞相开放，红的、粉的、黄的、紫的，艳丽而温馨，使中山公园颇具异国风情。

公园一年一度的夏季灯会和深秋菊展，也是最受游人欢迎的活动。

榉林公园

青岛市南区太平山路1号

可乘坐3、11、36等路公交车抵达

免费，电视观光塔票价100元

08:30~19:30

榉林公园位于太平山上，由于园内榉树成片，郁郁葱葱，故取名为"榉林公园"。青岛电视观光塔，位于榉林公园内，被誉为"中国第一钢塔"。观光塔的主体全部是钢结构，具有电视接收发射和旅游娱乐的功能。塔内设施齐全，观光娱乐项目丰富，是青岛最高的旅游景点。在这里你可以360°俯瞰青岛全貌，这在其他景点是无法做到的。

玩家 攻略

1.电视观光塔是唯一能把青岛全貌看清楚的地方，也是鸟瞰青岛"红瓦绿树、碧海蓝天"的独特魅力的绝佳地。海上日出、海天月色、岛城风光尽收眼底。

2.7~9月青岛天气最是晴朗，可以欣赏山海一色、青山叠嶂的美景。如果时间充裕，还能体验日落晚霞的美丽以及华灯初上、万家灯火的感觉。

3.塔上的旋转餐厅有精美的自助餐、淮扬菜系等精致菜点，吃自助还可以免费游观光塔。在岛城最高的地方就餐，可以边看美景边享美食，体验别样的就餐感受。

中山公园

湛山寺

湛山寺

湛山寺是市区唯一的佛寺，占地面积1.53公顷，1933年筹建，1945年落成。山门有两座石狮，传为明代遗物。寺前石砌莲花池，为放生处。院内有大雄宝殿、三圣殿、天王殿及客舍，殿后为藏经楼，旧藏佛经6000余册及古代佛像。寺后东侧小山有八角七级砖塔，耸立云表。寺院南对黄海，东、西、北三面，浮山、湛山、太平山屏列，烟岚变幻，海阔天空，昔日“青岛十景”之一“湛山清梵”即此。

玩家 攻略

湛山寺每月农历初一、十五提供斋饭，同时这个时间也是寺庙里香火最旺的时候，来往祈福祷告的香客特别多。

青岛动物园

青岛动物园原在青岛中山公园南部，其历史可追溯到1915年。1977年在太平山西南侧另建青岛动物园，历经10年，逐步建成。动物园分为青岛动物园东区和青岛动物园西区两部分，东部是猛兽动物展区，西部是其他动物展区，实行一票制。

动物园曾作为青岛的重要旅游景点而深为众人向往，曾给一代又一代的青岛人留下了美好的记忆。近年来开展的领养活动也受到了市民的喜爱。

青岛山炮台遗址

青岛市南区京山路26号

乘坐214、219、220等路公交车，在动物园站下车，即可到达

青岛山炮台

联票60元

09:30～17:30

青岛山炮台使用劈山、浇注、回填等方式建成，是地下军事建筑的代表之作，现在已经成为爱国主义教育基地。

基地规模宏大、结构复杂、功能齐全，在当时堪称世界一流、亚洲第一。遗址展览馆是新建的一座现代化建筑，展出了很多图片及实物，并用高科技手段全面反映了德、日帝国主义对青岛的侵略和压迫，对今天的人们来说有很重要的教育和警示作用。

玩家 攻略

每年的青岛解放日、世界博物馆日和国防教育日期间，青岛山炮台都会举行优惠活动。

玩家 解说

青岛山炮台是第一次世界大战亚洲战场的唯一遗址。现存青岛山炮台遗址，系侵华德军1899年所建，是侵青德军的九大永久性炮台之一，是军事总指挥部所在地，曾被德军诩之为“青岛炮台之最重要者”。

葡萄酒博物馆

青岛市北区延安一路

乘坐3、11、36等路公交车，到动物园站下车，步行即到　50元

09:00～16:30

青岛葡萄酒博物馆是一家以葡萄酒历史与文化展示为主题，集科普教育、收藏展示、旅游休闲、文化交流等多种功能于一体的特色博物馆，同时也是国内第一座以葡萄酒为主题的地下博物馆。

博物馆外部景观体现了欧式古堡建筑特点，并且融合了英国、法国、意大利、西班牙、南非等多国建筑风格。馆内设有天然葡萄园、器皿展馆、流程展馆等7个主题展区，还设有中国葡萄酒银行、世界酒吧、迪奥尼索斯酒神、酒庄大道等互动区，为提高人们对葡萄酒的认识打造一处独特平台。

玩家 攻略

1.品尝葡萄酒：在游览完博物馆后，可以免费品尝一杯葡萄酒，最好提前补一补品葡萄酒方面的知识，免得出洋相。

2.存储葡萄酒：博物馆内有葡萄酒银行，专门用来存储葡萄酒，如果感兴趣，可以将自己中意的酒存在“葡萄酒银行”，说不定，若干年后还可以享受到葡萄酒升值带来的益处。

3.博物馆位于市区，距鲁迅公园、青岛栈桥、中山公园等景点都非常近，您可以在参观完博物馆之后，到附近景点游览一下，感受一下海风、海浪。

玩家 解说

博物馆设有天然葡萄雨林馆，四处伸展的葡萄藤环绕着各个葡萄产区的知名酒庄，葡萄树张开宽阔的“臂膀”连接着葡萄藤，迷离的灯光营造出了一种如梦似幻的神秘氛围。

中山路历史街区

青岛的根，青岛的魂

青岛的老街多分布于青岛湾沿线欧洲人最早开发的办公及商住区内，中山路及周边区域一直是百年来青岛著名的商业街区。中山路历史街区作为老青岛的标志和历史，它的辉煌曾让每一个生活在青岛的居民津津乐道，每一个老青岛人都曾在它的怀中畅游。随着岁月的变迁，街区昔日的繁华热闹景象已悄然退去，只有那些古朴的欧式建筑依然矗立，默默地诉说着青岛的历史。

中山路17号

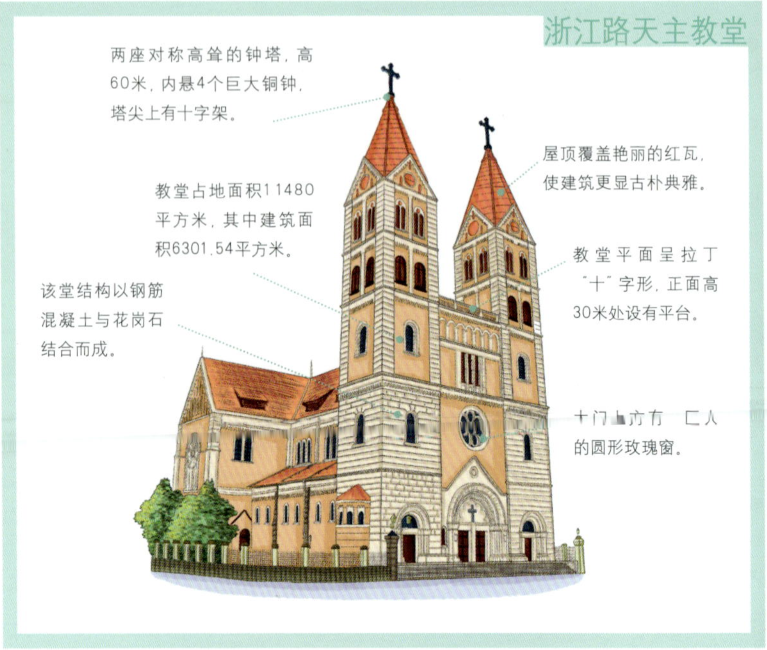

浙江路天主教堂

📍 青岛市南区浙江路15号

🚌 乘1、217、25、367、307路公交车可到

¥ 10元

浙江路天主教堂是青岛地区最大的哥特式建筑，也是中国唯一的祝圣教堂。教堂大门上方有一巨大玫瑰窗，两侧各耸立一座钟塔，塔内悬有四口大钟。进入教堂，色彩斑斓的玻璃花窗透射出柔和的光线，厅的穹顶绘以圣像壁画，灯光炫目，充满浓厚的宗教气氛。屋顶覆盖红瓦，气势磅礴又古朴典雅。

玩家 攻略

浙江路天主教堂因其神圣以及独特的建筑风格，成为青岛新婚夫妇拍摄婚纱照的一大去处，尤其是早上居多，有机会也可以蹭拍一下。

刘子山住宅旧址

📍 青岛市南区浙江路26号

刘子山住宅旧址是刘子山于1918年从一位闵姓人士手中购买到的，最初名为“安娜别墅”，建于1901年，是漂泊在青岛殖民地的卡普勒为了表达对在德国的女儿安娜的爱意，而特别命名的。住宅南面有敞开的观海阳台，东面则相应地建有一个四角的塔楼。阳台和塔楼之上各为山墙，南面的山墙较东面的烦琐些。在该建筑建成后的大部分时间里，从南面二层以上的阳台和窗户，都可以看到大海。

青岛华尔街

📍 青岛市南区中山路

沿着肥城路下坡，会经过青岛特有的石块路。到达中山路后可以看到一栋巨大的四层建筑，这里被称为青岛早期的“华尔街”，分布有实业银行、大陆银行、上海银行、中国银行、金城银行、青岛银行同业公会等旧址，对面有交通银行旧址。这里形成了当时青岛银行业最集中的区域，对当时青岛的发展起着举足轻重的作用。

观海山公园

青岛市南区观海二路

观海山公园是青岛十处山头公园之一，建于1985年，用以供游人登亭观海景。整个观山海公园的建筑设计也离不开“海”。公园的主干道是用海中的鹅卵石铺成的，主门内长廊的墙壁上雕刻有一幅大型壁画——《海底世界》。山坡的南面更是分别建有形似水母、扇贝、海星的凉亭各一座，十分应景。园内还有一组关于哪吒故事的雕塑，惟妙惟肖。

老舍公园

青岛市南区安徽路

老舍公园是岛城最著名的街心公园，公园以水景为主导景观，由六个小景区自然组成。公园以湖北路分为南北两区，南区内建有水帘洞、长廊棚架等设施，竖有老舍先生的半身塑像；北区内建有阶地式多重涌泉的溢水平台，喷泉、涌泉、溢水、跌水、小瀑布和瀑布顺地势自北向南，有奔流入海之势。在一棵古老的法桐树下，就是公园的标志性建筑——老舍雕塑。半身铜像很大，设在红色石基上，凝重而漂亮。

观象山公园

青岛市南区观象二路21号（市立医院对面的观象山上）

乘217、214等路公交车在市立医院下车即可

在青岛市区诸多山头公园之中，唯独“穹台窥象”曾被列为旧时青岛十景之中。穹台，即指“中国科学院紫金山天文台青岛观象台”。观象山顶部平坦，树木葱茏，环境非常优美。山顶处还有中国人民解放军总参测绘局于20世纪50年代所建的全国水平原点，全国各地的海拔高度皆由此点起算。观象台里有太空望远镜，此外还有一些关于天体星球的科普知识图片展览。

青岛市民俗博物馆

明清砖木结构建筑

青岛市南区太平路19号

乘坐地铁3号、4号线可抵达

09:00~16:30，11月1日至次年3月31日；09:00~17:00，4月1月至10月31日

青岛市民俗博物馆原为天后宫，距今已有500多年的历史，是青岛市区现存最古老的明清砖木结构建筑群。

天后宫为前后两进院落，殿宇十六栋，供奉天后、龙王、文武财神、六十甲子星宿神等诸神像。其余殿房由民俗博物馆举办天后文化、民间工艺品和民风民俗各项展览。门内还立两块石碑，是了解青岛历史的重要资料。

中国海洋大学

中国知名学府

鱼山校区位于市南区鱼山路5号（近红岛路）

乘坐6、26、202等路公交车即可到达

中国海洋大学（鱼山校区）地理位置非常优越，校园内有众多的历史建筑，校内的八关山也是观看前海风景的一个非常好的地方；旁边的大学路是青岛最早的街道。

鱼山校区曾是德国侵占青岛时建造的俾

观象山夜景

斯麦兵营，校园内保留了众多历史建筑。学校周围如鱼山路、福山路、大学路等散落有众多的名人故居。这里没有交通的嘈杂，多了几分悠闲舒适，成为现代化城市中的一方净土。

玩家 解说

青岛是一个人杰地灵的海滨城市，青山秀水及岛城特有的历史，曾经是20世纪二三十年代众多知识分子心向往之的地方。目前可供游人参观的名人故居仅有两处——康有为故居和老舍故居，其他名人故居未正式对外开放。

洪深故居

洪深故居是一栋二层小楼。通过石阶进入院内，再通过石阶才能进入居室。由电影皇后胡蝶主演的《劫后桃花》就是由洪深创作的，这是中国第一部电影文学剧本，以青岛为蓝本写就。昔人已去，门锁也已锈迹斑斑。

沈从文故居

沈从文故居是一栋二层小楼，前有一庭院，植满了花草。1931年至1933年沈从文在青岛大学中国文学系执教期间在此居住，1932年巴金来青岛时亦住沈从文寓所。沈从文在此创作了《从文自传》《记丁玲》《月下小景》等名著，《边城》也是在这期间酝酿而成的。

八关山

八关山位于中国海洋大学鱼山路校园内东侧，山上林木清幽，景色宜人，山顶平坦，如人工修造而成。现海洋大学在山巅上建了一座教学用的气象台，远处可见，十分醒目。清晨日出前或晚餐以后，可以随意上山去眺望海面初开的旭日和金光灿烂的云霞。

康有为故居

康有为故居始建于1899年，是三层德式砖木结构建筑，为德占时期总督府要员官邸。1924年康有为先生购买此房作为寓所，直至1927年3月病逝于此。康有为故居装饰简朴但不失高雅，自修复开放后，增加了“康有为生平图片展”和“康有为藏品珍品展”两个展区。

银海国际游艇俱乐部 AAAA

以游艇俱乐部为主体的景区

青岛市南区东海中路30号

乘坐225、232等路公交车，到银海国际游艇俱乐部站下车步行即到

30元

银海国际游艇俱乐部，是一处集专业码头、游艇泊位、干船坞、修船坞、帆船训练基地、帆船下水坡道等配套设施于一体的旅游度假综合体。

这里有按国际标准建设的俱乐部码头，同时还组建有游艇驾驶培训学校。此外，俱乐部设置了“中华人民共和国水准零点景区”，成为青岛的一处高端标志性滨海旅游景点。

玩家 攻略

1.俱乐部的海上特色服务有海上垂钓、海上婚礼和海上观光。人们可以租赁游艇前往海上

银海码头海上妈祖像

劈柴院

游玩，体验别样的海上之旅。

2.银海有个亚洲一流的水疗温泉SPA，有各式水疗器械、游泳设施，泡水的地方很干净，而且是流动的高温水，比一些死水温泉要好得多。

3.美食推荐地：船坞餐厅位于青岛银海大世界院内海上小木屋4号，本店特色菜有烤肉、刺身、芝士焗虾等。阳光海岸自助百汇离净雅大酒店很近，以自助餐为主。

劈柴院美食街

青岛最早的美食街之一

青岛市南区

乘坐2、5、218、305等路公交车，均可到达

免费　全天

劈柴院是中山路、北京路、河北路、天津路围合而成的街坊。整个街坊都是仿古风格，朱红色的门窗配上青灰色的墙面，仿古的街灯、旋转的竹梯加上镂空的门窗，处处都透着古朴与别致。

劈柴院作为著名的小吃一条街，美食是不得不提的，这里有历史悠久的馆子，小吃也有很多，此外还有高家糖球、胶东农家大锅台、潍县朝天锅等。劈柴院还有民间艺术的表演，如民间曲艺、说唱艺术、民间杂技、绝活表演等经常在劈柴院亮相。

玩家攻略

劈柴院的10号院里建有戏台，在这里您可以欣赏到原汁原味的茂腔、柳腔等多种地方戏表演，如果感兴趣的话可以去听一听。

链接

趣闻典故

20世纪20年代中期，青岛已经建成了城市，当地在今天劈柴院的位置修了一条江宁路，建了几个大院，劈柴院原本是几个大院中的一个院，后来随着名气不断扩大，人们就用它来代指整个街区了。

青岛中联创意广场

互动式综合性园区

青岛市南区南京路122号

乘坐12、210、33、370等路公交车，均可以到达景区

免费

全天开放

中联创意广场是位于青岛市中心的一处大型办公、商业文化休闲互动式综合性园区。园区以“时尚、文化、亲和、开放”作为自身特色，涉及吃、喝、玩、乐、游、购、娱等多个方面。在这里既可以找到全球知名的品牌店铺，又可以发现风格迥异的空中酒吧，开放式的城市文化广场则为人们提供了一个休闲娱乐的地方。

玩家攻略

中联创意广场位于青岛市南区，紧邻南京路奥运迎宾大道，是城市中心的商业、商务办公核心地段。园区周围景点众多、交通便利，很方便游玩。

市北特色商贸旅游区

特色鲜明、规模宏大

青岛市北区台东三路步行街

乘坐2、11、19等路公交车，到台东一路站下车，步行即可到达

市北特色商贸旅游区是由台东三路商业步行街、登州路啤酒街、昌乐路文化街、延安二路婚纱摄影街、镇江北路家具街5条特色

街组成的，规模非常庞大。旅游区地理位置优越，精品荟萃、商家云集、游人如织，您如果对特色商品感兴趣的话，可以来这里看一看，绝对会不虚此行。

玩家 攻略

特色商贸旅游区位于城市的中心地带，周边有青岛啤酒博物馆、青岛天幕城等景点，如果时间充裕的话，您可以到周边玩一玩。由于旅游区规模大、人员多，所以您一定要注意保管好自己的财物，以免丢失。

天幕城商业街

室内步行商业街

青岛市北区辽宁路80号

乘坐19、28、607等路公交车，到利津路站下车，步行约15分钟即可到达

免费　全天开放

青岛天幕城贯通了青岛啤酒街、文化街、婚纱街三大街区，地理位置优越，交通便利。作为一条特色街，天幕城最大的特点就是拥有天幕、水幕和天幕电影。天幕城还把胶澳总督府、亨利王子饭店、青岛市民大礼堂等20多处青岛老建筑做成微缩景观，形成了一道独特的万国建筑风景线。

玩家 攻略

1.天幕城最大的看点是天幕、水幕和天幕电影。天幕城六号门处有一面积达600平方米的屏幕，是迄今为止国内最大的投影屏，每天都在滚动放映各种精彩节目。

2.天幕城内有天幕飞天演艺工场、红叶红演出公司等演出单位，节目形式多样，内容丰富多彩。品尝完美食后，可去欣赏精彩的演出。

青岛啤酒街

啤酒文化鲜明

青岛市北区登州路

乘坐15、302等路公交车，在台东站下车，向西南方向步行180米即到

免费

全天

啤酒街是当地依托百年啤酒品质精心打造的一条特色街区，其中注入了很多独具匠心的特色元素，突出了啤酒街鲜明的特点。啤酒街的总体框架结构是“一个中心”“两条景观线”和“三个节点”，“一个中心”就是一个中心广场，“两条景观线”就是青啤

天幕城

青岛啤酒街

景观线和特色啤酒吧景观线，“三个节点”就是入口广场和出口雕塑等3处景观节点，特色非常鲜明。

玩家 攻略

青岛每年都会举办青岛啤酒狂欢节，期间将会举办蓝色畅想夜、紫色浪漫夜等多种主题的表演专场，在狂欢节期间，吃螃蟹比赛、速吃蛤蜊比赛等轮番上演，场面非常热闹。

玩家 解说

啤酒街的大门也很有特点，它是以一瓶开启的啤酒作为设计原型，喷射出的啤酒泡沫形成一道彩虹拱门，啤酒街的大门由此敞开。

青岛啤酒博物馆 AAAA

国内首家啤酒博物馆

青岛市北区登州路56号

乘坐1、4、25、217等路公交车，在利津路站下车，步行即到

淡季50元，旺季60元

青岛啤酒博物馆是一座融合了古老的珍贵典藏和现代设计的特色工业博物馆。博物馆充分利用了已经有百年多历史的德国建筑和设备，打造出了一个集青岛啤酒发展历程、深厚文化底蕴、先进的工艺流程、品酒娱乐、购物等为一体的综合体，您可以在这里系统地了解啤酒的发展历程，还可以品尝刚下线的新鲜啤酒，这些都会让你流连忘返。

玩家 攻略

每年的8月，青岛都会举办国际啤酒节，那时候您如果来这里的话，不仅可以参观博物馆，还可以体验一下啤酒嘉年华。

玩家 解说

博物馆最具价值的核心区域应该是百年历史和文化区，在这里您可以了解啤酒的神秘起源、青啤的悠久历史、青啤数不胜数的荣誉，这里展出了许多从欧洲和全国各地收集来的文物、图片、资料以及青岛啤酒各个阶段的实物，都很难得一见。

海云庵

青岛著名的明代建筑

青岛市北区兴隆路1号

乘坐413等路公交车即到

海云庵是青岛著名的明代建筑，因为庙宇附近是大鹤鸟的栖息地，又常年云雾缭绕，所以取“海为龙天地，云是鹤家乡”之

意，命名为“海云庵”。

院落外以灰垣相围，内有大殿、东西配殿、东西厢房和钟楼、鼓楼。庵内大殿供奉观音大士，左右配殿分别供奉龙王、关公、比干、老君、鲁班等。1923年重修时，增建钟楼、鼓楼各一座，近年又在庵前辟建广场，是青岛市区唯一一座开展宗教活动的道教庙庵。

玩家 解说

海云庵每年都会举行庙会。中国传统认为“红”是吉利的象征，所以出海前都会吃大红糖球，希望能吉祥如意。庙会也因此慢慢形成了吃糖球的传统，政府就把海云庵庙会定名为“海云庵糖球会”。

近几年，糖球会的规模越来越大，举办的时间也越来越长，到2011年已延长至9天。庙会上聚集了来自全国各地的摊贩和游客，热闹非凡。该庙会已于2005年被评为“中国十大民俗节会之一”。

更多本旅游区景点

双星工业旅游区：双星是我国重要的鞋业生产基地之一，双星率先提出工业旅游概念。参观点有双星总部花园、双星发展史展室、双星鞋文化博览中心、双星工业园鞋的生产流程和管理过程、鞋类唯一国家级技术开发中心、双星度假村、民族英雄塑像、二十四孝雕塑、达堡斯达宫等。✉ 青岛市南区瞿塘峡路51-4号

八大峡公园：有七处较大的绿地，草坪四季常绿，景色优美。园内共设有三组体育设施，新建标准门球场地4个。景区内有形态各异的建筑、雕塑，如海上皇宫、海关大楼、海牛雕塑等。✉ 青岛市南区前海

青岛港：是著名的天然良港，港深水阔，不淤不冻。老港区建有奋进雕塑、友谊园、世纪码头、“众志成城”雕塑、青岛港史展览馆、集装箱综合大楼等，可远眺新港区。

✉ 青岛市北区新疆路26号

海云庵糖球会

景点推荐

青岛近郊景点

崂山 AAAAA

我国著名的道教名山

✉ 崂山区海尔路178号

🚌 崂山有北九水、华楼、仰口、巨峰和太清等景区，去不同的景区，需要乘坐不同的公交车

北九水：乘坐地铁11号线到北九水站即可到达

华楼：乘坐619、649路公交车，即可到达

仰口：乘坐383、616路公交车，即可到达

巨峰、太清：乘坐37、39路公交车，即可到达

¥ 清流、太清、仰口游览区旺季票价为120元，北九水游览区70元

🕘 旺季（4月1日至10月31日）06:00～18:00，淡季（11月1日至次年3月31日）06:30～17:00

崂山是山东半岛的主要山脉，山海相连、山光海色是它最大的特色，而且它还是我国唯一一座屹立在海边的山脉，有“海上第一名山”之称。

崂山景区主要是由巨峰、流清、太清等几个游览区组成，这些景区的风光各有不同，共同组成了著名的“崂山十二景”。作为我国著名的道教名山，崂山中还保存下来了许多道观。崂山还是世界三大优质矿泉水地下水系中心之一，这里山水甘甜清冽，非常好喝。

玩家攻略

1.崂山登山节每年4月举行，祭海节在农历清明节到谷雨期间，另外，每年5月是一年一度樱桃会举办之时。崂山茶节都在每年的5月举行，具体时间不一样。

2.万里江茶场是崂山地区最大的茶场，只在茶节期间允许游客进入参观。另外，用春茶做馅的“春茶水饺”味道极为特别，浓郁醇香，回味无穷。

3.石老人生态茶园会举办龙凤茶炒茶大会，您可以在炒茶人员的指导下亲自动手炒制春茶，也可以把自己炒制的茶叶带回家。可乘301、

304、104路公交车到石老人观光园下车。

4.从石老人到崂山的路上，许多餐厅饭店都是崂山石老人附近渔民经营，许多海鲜都是当日捕捞的。此处许多海鲜烹饪的方法都是渔民特有的做法，吃起来别有一番风味。

链接

趣闻典故

崂山从汉代时起，就一直是道家修炼之所。金元以后，道教全真派兴起，特别是在成吉思汗敕封丘处机之后，崂山的道教更是兴盛起来。到清代中期时，崂山上的道教宫观多达100处，人们称之为“九宫八观七十二庵”。

巨峰景区

崂山以巨峰为中心向外延伸的4条大支脉，在这里组成巍峨壮丽的山冈风光。置身崂顶可以看到碧波万顷的黄海，如珠似玉的海岛，层峦竞雄的山景；至于在峰顶观日出，那又是一种与众不同的迷人景象。

太清景区

太清景区以“道教胜地”“小江南植物区”和天然海石奇境为主要特色。太清宫是崂山历史最悠久、规模最大的一处道教殿堂，风格清淡简朴。太清宫附近名胜有神水泉、龙头榆、摩崖石刻等。在太清宫，偶尔还可看到“海市蜃楼”奇景。

链接

龙头榆

太清宫的“逢仙桥”旁，有一棵1100多岁的老榆树，因其树形特别，犹似龙头，被人们称为“龙头榆”。相传刘若拙在一个大雪后的除夕清晨，在此处遇到一位老人，交谈一番后，觉得老人的学问高深。待老人离去时才发现半尺深的积雪上竟没有老人行走的脚印，方知遇到了仙人，而这仙人正是“龙头榆”修炼成仙的化身。

北九水景区

崂山北九水由巨峰源泉之水沿途汇集诸多水流而形成，因山有九折，水有九曲而得名。北九水游览区位于崂山主峰的北部，

崂山

白沙河中上游地带。这里以优美的自然景观为主，因地处巨峰北部，气温较低，适合低温带植物生长，所以又有“小关东”之称。

玩家 解说

北九水的象形石随处可见，且惟妙惟肖、栩栩如生，如同走进天然的雕塑公园。

仰口景区

景区因“仰口湾”得名，以山光海色、奇洞怪石和道观名胜为特色，自古就有“仙山连境”“洞天福地”的美誉。仰口游览区群峰峭拔，争奇斗异，翠竹青松里掩映着“海上宫殿”太平宫。这里海滩宽阔平展，沙质优良，海水澄碧，是理想的海水浴场。

玩家 攻略

这里还是观日出的好地方，在狮子峰巅可欣赏动人的奇观“狮峰宾日”，在峰下则可仰观迷人的胜景“狮岭横云”。也可以乘坐仰口索道，观天下第一“寿”字之雄伟，览海天一色之寥廓。

上清景区

因著名道教“上清宫”而得名，这里以上清宫、圣水泉、明霞洞、八水河、龙潭瀑为主要景观。圣水泉甘冽清澄，为崂山名泉之一。明霞洞前平崖如台，由此遥望大海，空蒙浩渺；俯视崖下，沟壑纵横。龙潭瀑下有一块长形巨石，在此远可眺望四周雄峻的群峰，近可仰视“龙潭喷雨”的壮丽美景。

玩家 攻略

游览这个景区主要靠步行，车辆无法进入，从太清宫游览区乘坐空中索道可直入景区的北部，游览起来可省力省时。

华楼景区

以奇峰异石、自然山林景观和道教名胜著称，明代山东巡抚赵贤所题“海上名山第一”就镌刻于此景区。华楼峰为崂山三大奇石之一，古称“聚仙台”，为一方形山峰，四壁陡峭。这座峰由于造型奇特，古迹荟萃，被列入“崂山著名十二景”，称“华楼叠石”。

华东百利葡萄酒庄园 AAAA

中国的“鹰冠庄园”

青岛市崂山区九水东路612号

乘坐113路公交车，到华东百利酒庄站下车，步行即可到达 ¥ 45元

08:00～17:00

酒庄创建于1985年，是中国第一家按国

崂山线路推荐

游览崂山共有四条线路，其中陆路三条（南线、东线、中线），水路（海上游览航线）一条。景区还修建有太清、仰口、华楼三条索道。

南线：由香港东路或东海东路向东经沙子口、登瀛，流清河奔太清宫，主要游览太清景区，也可再去上清景区、巨峰景区或棋盘石景区。此条游览路线距离近，可观几个著名景点，并可当天轻松往返。乘坐旅游专线车或104、113、304路公交车游览此线都十分方便，可减轻登山之劳累。

东线：由李沧区李村出发到仰口，主要游览仰口景区，如果早晨出发时间较早，游览行程紧凑，剩余时间较多，可向南游览棋盘石景区或直奔太清景区由南线返回。可选择包乘中巴车或出租轿车，一日内可游完东线和南线主要景点。

中线：也是由李沧区李村出发，向东赴北九水景区。还可于途中游览华楼景区，亦可驱车经柳树台攀巨峰，步行过潮音瀑亦可达巨峰。由大崂观可转赴仰口景区。可包乘出租车或乘107、110、311、365路公交车抵达。

水路：由青岛湾旅游码头乘船游览海上风光，在太清湾登陆，主要游览太清、上清景区。

东葛—三标山—二标山—芍药涧—棉花村—铁骑山。（或芍药涧—东水场—战备山洞—上蜜蜂村—山色峪。此路线适合休闲游。尤其是五月下旬吃樱桃的一条绝佳路线。）

晓望水库（塘子观）—黄岭后—泥洼口—蔚竹庵—内四水—外九水。此路沿爬山河行走，景色优美，是一条经典的徒步穿越路线。

泉心河—茶场—棋盘石—明道观—招风岭—三岔两界—庙岭林场—石嶂庵—引点—中心崮（仰口一带最高峰845米）—鹰定崮—文笔峰—塘子观—晓望水库。这一路可以欣赏到崂山东线大部分的秀丽景色，但有些路段的路极不清晰，容易迷路，部分路段还需要手脚并用。

崂山流清湾晨曦

际酒典标准生产单品种、产地、年份高级葡萄酒的酒庄，被誉为中国的“鹰冠庄园”。目前，酒庄已经成为一处集葡萄种植、酿酒、旅游、贸易于一体的企业，这里四季常青，贴近自然，是生态旅游的好去处，为您展现一个现代化国际水平的葡萄酒庄园。

玩家攻略

华东葡萄酒庄园有庄园系列、窖藏系列、至尊系列等多个系列的葡萄酒，这里的葡萄酒晶莹凝重、香醇，深得国内外酒专家和饮者的青睐，如果您来这里的话，不妨带一些回去，绝对不会让您失望。

链接

趣闻典故

1982年，34岁的百利来到中国，找到了位于崂山腹地的九龙坡。这里的地理位置、气候条件、地质构造等都酷似以酿造葡萄酒而扬名世界的法国波尔多地区，于是他决定在这里投资成立华东酒庄，从而开始了华东葡萄酒庄园的历史。

百雀林生态观光园

鸟语花香的世界

- 青岛市崂山区崂山路286号
- 乘113、301等路公交车即到
- 免费
- 08:30~16:30

百雀林观光园现有江南风景区、名贵花卉观赏区、采摘体验区等10大旅游景区，有适宜当地生活的各类鸟类及珍禽。在此可观赏来自国内外的各种奇珍花草，欣赏“小桥流水人家”的江南风景，聆听鸟儿的婉转歌声，还可以采摘时令水果，品饮崂山绿茶，品尝渔家宴、农家宴等特色小吃。

玩家攻略

1.百雀林观光园所处的地理位置特殊，山路比较难走，山上的各种昆虫比较多，所以前往游玩时尽量避免穿高跟鞋、拖鞋等不利于走山路的鞋，不要穿短裤上山。

2.观光园有精彩的猛兽表演，每天演两场，节假日会加演。还有好玩的鹦鹉表演，小家伙很聪明，表演得也很卖力，特别可爱。

3.观光园内有“农民工相亲会”“山歌比赛”“老年人相亲会”“垂钓比赛”“定向寻宝”等特色活动，游人也可参与。

4.百雀林生态餐厅的主体结构是个生态大棚，即使在炎热的夏季，餐厅内也是凉爽宜人。来吃饭时，可以游览整个生态园，自己从菜地里拔菜带回厨房，由厨师进行烹饪。

青岛市博物馆

造型庄重典雅，馆藏文物丰富

青岛市崂山区梅岭东路51号　乘公交车230、321、386等路在青岛博物馆站下即到

免费　5月至10月09:00~17:00（16:30停止入场），11月至次年4月09:00~16:30（16:00停止入场），每周一闭馆（法定节假日除外）

www.qingdaomuseum.cn

青岛市博物馆建筑造型庄重典雅，流畅的圆廊结构、蔚蓝色的屋面设计以及与之相呼应的广场迭水喷泉、绿色草坪构成了一个美轮美奂的建筑杰作。

博物馆珍藏文物有5万件，重要藏品有明朝邢慈静纸本白描菩萨卷和明成化斗彩海马天字罐，基本陈列有“青岛近百年史”。

青岛博物馆

链接

镇馆之宝北魏石佛像

在青岛市博物馆的正门大厅内，矗立着两尊北魏时期的石佛像，距今已有1500余年的历史。佛像身高一丈八尺，俗称“丈八佛”。头部雕高肉髻，面部瘦削清秀，深目高鼻，眉间有白毫相，其神态祥和、超然。佛像造型优美，雕刻技法娴熟，充分表现出了北魏孝文帝汉化政策的施行，反映了佛教雕塑艺术上的风格特点。

二龙山

古树参天，风光秀丽

青岛市崂山区王哥庄街道晓望社区920号

崂山二龙山景区位于青岛崂山区崂山国家森林公园腹地，是一处享有盛誉的风景名胜区。这里山水相映成趣，风光秀丽，文化积淀深厚，被誉为自然之美与人文精神的融合。

二龙山景区以龙溪、玉龙瀑和龙潭三处景观为核心。龙溪，如其名，犹如一条巨龙在山间蜿蜒，为整个景区注入了生机与活力。玉龙瀑，如其名，犹如一道银色的玉带从山顶飞流直下，激起的水花如烟似雾，令人陶醉。而龙潭，则是景区的灵魂所在，潭水清澈见底，碧绿如玉，仿佛蕴含着无尽的神秘力量。

二龙山景区不仅是自然景观的盛宴，更是文化的宝库。作为道教的发源地之一，其悠久的历史和深厚的文化底蕴使这里成为了游客领略道教文化的首选之地。游客可以参观古建筑群，体验古代先贤的智慧；可以探寻文物古迹，感受中国传统文化的魅力。

此外，景区还为游客提供了丰富的休闲娱乐项目。在这里，游客可以品尝地道的当地美食，享受舌尖上的美味；可以在特色纪念品商店选购心仪的礼品，带走一份美好的回忆；可以参加各种娱乐活动，度过欢乐的假期。

北宅生态旅游区

景色秀丽，物产丰富

青岛市崂山区北宅街道中北部

07:00~19:00

北宅生态旅游区所在的北宅街道办事处素有“青岛樱桃之乡”的美誉。生态旅游区有北宅樱桃节、农家宴、民俗村、生态旅游观光等特色项目，如登山健身、采摘无公害果品，品尝无污染崂山绿茶，赏花踏青，欣赏樱桃园、桃园、甜杏园、大枣园、农趣园，并可参与其中，或玩，或劳作，或亲自采摘、品尝，挖野菜，吃农家饭，睡农家炕等。

玩家攻略

每年5月中下旬是一年一度的青岛北宅樱桃会的举办之时。届时不仅可以品尝到甜美的北宅樱桃、地道的北宅农家宴，还可以欣赏到精彩的大型开幕式文艺演出和大型舞龙表演、民间大秧歌、沟崖高跷等当地丰富多彩的民间演出、民俗活动。

石老人观光园 AAAA

以山海风光、啤酒文化为特色

青岛市崂山区崂山路1号

乘坐104、304等路公交车，在石老人观光园站下车前行约100米即到

旺季（4月1日到10月31日）60元，淡季（11月1日到次年3月31日）40元

石老人观光园是一处集现代都市农业、生态旅游观光、休闲度假等功能为一体的综合性农业示范园区。观光园整体山势俊秀，有海岸、山林、人文、高科技农业等景观，风光独特。观光园以传统农技、农俗、农神和景观环境为载体，展示传统文化内涵，是度假休闲、体验农艺乐趣的好去处。

玩家攻略

1.每年重阳节（农历九月初九）有登山比赛活动，游人众多，非常热闹，放松身心的同时还可以锻炼身体。

2.观光园内有多项娱乐设施，如水上滚筒、诸葛木马、小丑射击、逍遥谷等，还可进行特色的采茶游。另外，景区有观光车可以代步。

3.景区内外有众多可以食宿的地方，建议尝尝这里的时令海鲜及山野蔬菜。大唐渔宴的特色菜大唐十二品以及水煎包比较不错。周围做海鲜比较好的在石老人村，前哨海味大酒店海味全，做法纯正。此外，王姐烧烤饺子的海鲜饺子味道一流。

石老人

在午山脚下临海断崖南侧，距岸百米处有一座17米高的石柱，形如老人坐在碧波之中，人称“石老人”，是石老人国家旅游度假区的重要标志。从西北方向望去，这块海中奇石极像一位老人，惟妙惟肖，老公公以手

石老人

石老人观光园

托腮，注目凝神。关于这块奇石，流传着一个个美丽动人的传说。

链接

石老人的传说

相传，石老人原是居住在崂山脚下的一个勤劳善良的渔民，与聪明美丽的女儿相依为命。不料有一天，女儿被龙太子抢进龙宫，可怜的老公公日夜在海边呼唤，望眼欲穿。后来趁老人坐在水中托腮凝神之际，龙王施展魔法，使老人身体渐渐僵化成石。姑娘得知父亲的消息拼死冲出龙宫，她头上插戴的鲜花被海风吹落到岛上，从而使长门岩、大管岛长满野生耐冬花。当姑娘走近崂山时，龙王又施魔法，把姑娘化作一巨礁，孤零零地定在海上。从此父女俩只能隔海相望，永难相聚。后来人们把这块巨礁称为“女儿岛”。

茶园

茶园引进南方传统优良茶叶品种，栽植于阳光充足的坡地，土壤酸碱度适中，以清甜的崂山水灌溉。石老人观光园茶园，海雾滋润，优质基肥精耕细作，完全无公害生产，精细加工炒制，所产茶叶质量优良，色浓味香，是崂山茶叶中的珍品。

逍遥谷

逍遥谷环境静谧，置身其中有一种超然的逍遥自在感。逍遥谷是由好多块自然形成的大石头组成的，在谷里还有清澈的泉水，没有一点杂色，爬山爬累了，用这里的水洗洗脸，真可以将我们的疲劳洗刷掉了。

东方熊牧场

颇具规模的熊牧场

青岛市崂山区崂山路1号

乘37、304等路公交车，在石老人观光园站下车前行50米即到

120元

08:00~17:00

东方熊牧场紧邻石老人观光园，这里云集了东北大黑熊，俄罗斯棕熊、狗熊等500多只熊，是世界最大规模的熊牧场。在熊口脱险、文化长廊、兄弟连等主题园区游览，可以近距离与熊嬉戏、与熊同乐、与熊共舞。游览完熊牧场不用出门直接就可以进入石老人观光园游览。

玩家 攻略

1.熊表演每天上午、下午各两场，其中有憨态可掬的狗熊吊环表演、拳击比赛、狗熊跳绳表演等。

2.如果想给熊喂食，一定要在工作人员的引导下进行，可爱的熊群们会高兴地拍手，“说”声谢谢，用嘴巴接住喂给它们的食物。

雕塑一条街
自然与人文景观辉映

以东海路为纽带贯穿东西，西起太平角六路，穿过浮山湾沿海景观带，东抵石老人度假区

可乘坐地铁2号线或104、317路公交车前往

青岛长约12.8千米的东海路上，分布着11处不同主题的雕塑园，掩映在鲜花绿草中，争芳斗艳，美不胜收。雕塑以中华文明为主线，以华夏历史文化和齐鲁文化为素材，具有浓郁的海洋文化气息，海涛园中的雕塑《天地间》是东海路西端的起点。

国际啤酒城
亚洲最大啤酒都会

青岛市崂山区深圳路230号

乘501、623、641等路公交车即到

青岛国际啤酒城号称亚洲最大的国际啤酒都会，啤酒城由南、北两大功能区组成，南区为娱乐区，北区建有大型游乐世界——环宇世界。现在的啤酒城集节庆、休闲、购物、商务等功能为一体，以啤酒节庆为核心，汇聚现代金融商务和休闲商业，包括以市民狂欢为主题的节庆中心、大型购物中心区、商务中心及配套区、酒店度假区等功能区域。

玩家攻略

1.啤酒节的艺术巡游上，富有特色的艺术节目赚足了人们的眼球。同时，每年也会有一些外国民间艺术团体参加，给啤酒节增加了不少异域风情。

2.除了环宇世界现有经典的过山车、海盗船等娱乐项目外，在每年的嘉年华期间都会有新的娱乐设施现身，带给人们别样的快乐体验。

3.在每年的啤酒节期间，青岛本地的烧烤（海鲜类）非常抢手，一些外地的美食小吃也会在啤酒节上亮相，可一并大饱口福。

4.小金鲤海景公寓（青岛啤酒城会展中心店）位于崂山区，客房为公寓式，现代时尚的装修风格。

国际啤酒城啤酒节

《溢满全球》雕塑

啤酒城正门南区的一座高大的标志性雕塑，由一个大型高脚杯矗立于圆形的水池中央，高脚杯上有世界地图的图案，啤酒沫从杯中不断地溢出，上有青岛啤酒商标，寓意十分深刻。

万人广场

万人广场呈扇状展开，是节庆活动场所。啤酒城以广场为中心，通往各区的路均以彩色大理石镶砌，很有特色。南侧为啤酒宫区，东侧的啤酒街市汇聚了来自全国各地的风味名吃和名牌啤酒，西侧则为啤酒博览区，一年一度的万国啤酒博览会即在这里举行。

环宇世界

环宇世界是一座充满欧陆风情的典型迪斯尼风格的主题公园，拥有中国最多最新最刺激的游乐设施，如过山车、大漂流、海盗船、竞技赛车、旋转木马、摩天巨轮等。最出色的就是双向往复式过山车，据说是全国唯一可以倒着开的过山车。

极地海洋世界 AAAA
以海洋公园为主题

青岛市崂山区东海东路60号

乘坐地铁2号线在海游路站下，步行即可到达

¥ 极地馆+欢乐剧场全价票220元，极地馆+深海奇幻全票价200元

08:30～15:30

青岛极地海洋世界结合了青岛的人文、历史和自然的优势，是一座为国内外游客创造欢乐的“海洋迪斯尼”，同时也是全国首家海洋不夜城。

海洋世界极地馆打破了传统的大型极地动物展的缸式格局，充分利用声、光、电等高科技手段，为参观者还原了一个真实的极地海洋气氛，从而使游客有一种身临其境的感觉。

玩家攻略

1.极地动物表演分为海豚表演和白鲸表演，位置在一楼动物表演场。欢乐剧场表演分为伪虎鲸表演、海狮表演、海象表演和小丑杂技演员滑稽表演，位置在欢乐剧场室外表演场。美人鱼表演，位置在一楼洄游池。

2.在欢乐剧场表演场可与海象一起跳舞；在二楼白鲸池可以亲手给白鲸喂食；在二楼海兽混养池，游客可购买饵料抛喂给池中的海狮、海豹、海狗。另外，在国际上也属于领先表演的空中飞人惊险刺激，很值得一看。

3.海洋世界的建筑都十分有个性，大厅有一个木质大帆船，是专供游客拍照的。欢乐剧场的“鲸豚馆”建筑外立面也很漂亮，不过里面的光线全是灯光，对相机要求比较高，有条件的最好带DV，尤其是在看动物表演的时候，录下来比拍下来效果要好很多。

4.极地海洋世界里面吃饭的地方很多，环境也很棒，不过价格稍贵。也可以提前在超市买好带去。极地海洋世界餐馆有大渔铁板烧，特色菜有鹅肝、烤鳗鱼和牛排。Dozo料理特色菜有烤鳗鱼、帝王蟹沙拉、生鱼片、哈根达斯等。锦上渔府特色菜有粥底火锅、酥皮火烧、虾丸。

5.青岛华客度假酒店位于极地海洋世界内，近海边，位置优越，环境宜人。电话：0532—85901111。世纪文华酒店位于极地海洋世界北面0.3千米处，酒店有着浓郁的欧陆建筑风情。电话：0532—85880088。

6.极地馆中设置了极地科普知识、科考设备展览，游玩的同时您还可以亲身体验极地探索的乐趣，感受真实的极地环境。

极地动物表演馆

馆内可以欣赏到充满异域风情的冰雪溶洞、雪屋雪橇，从不同角度了解两极地区的风土人情和自然风貌。来到海兽混养池，则可以观赏到众多来自极地的“朋友”，包括白鲸、海象、北极熊、海獭、企鹅等珍稀的极地动物，还能亲自给它们喂食，与它们合影。

极地海洋世界

欢乐剧场

欢乐剧场为卡通式的造型风格，色彩鲜艳，分为海兽岛、室内和室外表演场三大部分。欢乐剧场由原海豚馆表演馆改建而成，剧场内由伪虎鲸、海狮、海象等动物组成的蓝队和技艺精湛的小丑杂技演员组成的红队轮番上场，一场场比赛让人捧腹。

海洋剧场

海洋动物表演场有3600个座位，6个小型的暂养池环绕周边。在这里白鲸、海豚、海狮、海象等珍稀海洋动物将同台表演精彩节目，人鲸共舞的静谧世界、激情的空中表演、热闹的动物音乐会，令人回味无穷。

颐中体育中心

体育娱乐活动中心

青岛市崂山区银山东路　乘214、312等路公交车到颐中体育场即可

颐中体育中心是集康体、休闲、娱乐、商务为一体的现代化体育娱乐活动中心，主要包括颐中体育场、超大型健康娱乐城、颐中水世界、卡丁赛车俱乐部等。

颐中水世界是青岛首家、山东最大的集游泳、戏水、健身、餐饮、娱乐等多功能为一身的室内水上休闲健身中心。水世界有多样的水上娱乐设施，还能收到按摩脚底的功效。

宝龙乐园

颐中天然滑草场是目前山东省内最大的滑草场。根据坡度的不同，场地分为高级区、中级区、练习区和休闲区。草场春夏绿草如茵，秋冬则一片金黄，是一个亲近大自然的好去处。

玩家 攻略

1.高空旋转滑梯是水世界里面最刺激的娱乐设施，上、下午各开放一个半小时，可以先抓紧时间玩滑梯再玩其他项目。另外要注意安全，不然很可能会呛到水。

2.可以在漂流河中体验漂流。水世界的水通过臭氧消毒，会有一些漂白粉，戴隐形眼镜的时候一定要戴泳镜，入水必须穿戴泳衣、泳帽。另外去玩的时候尽量自己带好装备。

3.在颐中滑草有两种玩法：一种是穿上滑草鞋，用双滑杆在草坡上撑滑；另一种是坐在划草车上，从坡上疾驰而下。划草的配备器械还有护膝、护肘、安全帽和双滑杆等。

玩家 解说

颐中水世界的戏水大厅屋顶采用意大利进口登普板，能有效防止太阳黑子及紫外线对人体的伤害。水世界采用臭氧消毒水处理系统并采用循环方式供水，所以水质很洁净。

青岛工艺品城

综合性工艺品、艺术品展示交易中心

青岛市城阳区黑龙江中路187号

免费

09:00～18:00

乘坐371、129、103等路公交车均可到达

青岛国际工艺品城采用递进式规划、“回”字形布局，使得整个商场自然贯穿。工艺品城有目前国内规模最大、档次最高、品种最全的综合性工艺品、艺术品展示交易中心，以荟萃工艺美术精品为特色，其中金银珠宝，玉石翡翠，韩版饰品、服装等都非常不错。

方特梦幻王国

玩家 攻略

由于工艺品城规模大、人员多，所以您一定要注意保管好自己的财物，以免丢失。

宝龙乐园 AAAA

大型室内主题乐园

青岛市城阳区文阳路269号（崇阳路与山城路交叉路口处宝龙城市广场内）

青岛宝龙乐园，是一座超大型的室内主题乐园，乐园由“海盗王国”和“胜利海滩”两大主题游乐区组成，以18世纪加勒比海盗为主题构建出了一个梦幻般的游乐王国。

乐园中有环绕全园并延伸到室内的长680米的过山车，有高达20米的豪华双层旋转木马，还有室内景观游览河道河船秀等游乐项目，可以为您带来一次全新的体验。

玩家 攻略

1.乐园中除了游乐项目之外，还会举办很多的表演。全园的表演由梦幻巡游、海盗歌舞秀、小丑滑稽表演、卡通剧场、魔术秀等组合而成，都非常精彩。

2.乐园中的一些游乐项目会比较刺激、惊险，因此不适合儿童、老人、孕妇、恐高等人群游玩，具体规定请您留意公园里各个游乐项目的指示公告。

红岛

保持了完好的渔村风貌

青岛市城阳区，胶州湾北部

红岛原名“荫岛”，四面环海。这里保持了完好的渔村自然风貌和浓厚的海岛特色民俗，红岛蛤蜊节是青岛市十大民俗文化节庆活动之一。红岛旅游度假区主要有红岛休闲渔村、红岛赶海观光园、红岛黄澜海韵苑等，以“赶海、吃海、玩海、购海”为特色。

玩家 攻略

1.红岛蛤蜊节在每年的“五一”前后举行，这段时间也是全年红岛赶海的最佳时间。根据潮汐规律的变化，赶着退潮的时间点过去，海滩上到处都是蛤蜊，可以尽情享受拾蛤蜊的乐趣。

2.红岛赶海园垂钓区位于红岛南端偏东，垂钓区有鱼竿、鱼饵、椅子等配套设施；另外，区内还建造了一条独具特色的走廊，游客可以根据自己的需要，现场亲手烹制生猛海鲜。

3.乘船游览红岛沿海风光，免费提供一份煮好的蛤蜊（约500克），可边品尝红岛蛤蜊，边欣赏红岛风光。也可到渔船上进行钓螃蟹、海螺等拔笼网海上作业活动，体验捕捞的乐趣。

方特梦幻王国 AAAA

高科技主题公园

青岛市城阳区红岛街道岙东南路

乘坐947、902等路公交车，在方特梦幻王国站下车即到 4001660006

280元

青岛方特梦幻王国以高科技互动体验营造梦幻般的感受。公园由飞越极限、生命之光、崂山道士、水漫金山等10多个主题项目区组成。“飞越极限”可以带你环游世界，“魔法城堡”可以为你带来魔法的神奇体验，所有的这一切都将带给你不一样的神奇感受。

玩家攻略

方特欢乐世界的部分游乐项目相对比较刺激、惊险，可能不适合儿童、老人、孕妇、恐高等游客游玩，具体规定请您留意公园里各个游乐项目的指示公告。

世纪公园

山环水抱的公园

青岛市城阳区兴阳路中段

乘634、502、642等路公交车可到

世纪公园山环水抱，有“三山一水一湖三岛一滩”。公园依据地势种植有不同特色的植物群落，建有松柏园、秋色园、休闲园、蔓园、枫岛、雅竹园、桃花岛、乡情园、岩石园、荷湾、牡丹园、百花园、湿地林、山茶园、石榴园等16个不同的植物生态景观园。园区中部分树木的树龄已有二三百年。

十梅庵公园

传说梅花仙子曾下凡到此

青岛市李沧区老虎山北麓山坡上

乘13、22、122等路公交车在李家庵车站下车

梅园40元，禽鸣苑20元

08:00~19:00

据民间传说，昔日天上十位梅花仙子因思慕此地的灵山秀水而下凡到此，十梅庵因此得名。园内山石嶙峋，松柏苍翠，青山绿水，相得益彰，是休闲的好去处。公园中部为十梅庵碑廊，又名“青岛碑林”，东部为禽鸣苑，西部为青岛梅园，每年春季举办赏花会。

玩家攻略

1.这里的山珍可是别处尝不到的，珍禽都是经过三代以上人工繁殖，按照国家规定，是可以用来食用的，而且都是在放养环境下，味道非常正宗，有绿头鸭、山鸡等野味。

2.公园每年定期举办赏花活动：每年2~3月举办青岛梅花节，每年7月、8月有荷花展，每年8月还有桂花展。

海尔工业园

海尔集团总部所在地

青岛市李沧区青岛科技园东部

乘389、19等路公交车可到

海尔工业园是海尔集团总部所在地，园区于1995年建成，占地49公顷，包括工业园、中心大楼样品室、海尔文化广场、海尔大学、立体库，充分体现了海尔工业园的产品高新化、管理现代化、园区生态化。

梅花

景点推荐

黄岛旅游区

薛家岛

阳光、大海、沙滩

青岛市黄岛区胶州湾西海岸

可先从团岛轮渡码头坐船到黄岛，乘坐1路等公交车即可到达

薛家岛像一只展翅欲飞的凤凰，横卧在黄海之滨。因此薛家岛又称“凤凰岛”。薛家岛度假区内阳光、大海、沙滩、薛家岛绿地交相辉映，是海上游乐、陆地游玩、夏季游泳、冬季游览的旅游胜地。

玩家攻略

1.来薛家岛游玩的最佳季节是5~10月，当地特产生猛海鲜，各种海鲜、鱼类一应俱全，游玩的同时品尝一下新鲜的海鲜，定会让你大饱口福。

2.薛家岛湾出产的海参个大、皮厚、肉质软糯、无腥味，营养价值丰富，曾被国家指定为正规国宴时凉菜的第一道主菜。老尹家牌系列干海参很受游人青睐。

金沙滩

金沙滩呈月牙形东西伸展，是我国沙质最细、面积最大、景色最美的沙滩之一。木栈道、凉亭、水车、渔船等一系列精致的木质小品与大海、沙滩融为一体。景区内各项旅游服务功能完善，长期开展沙滩排球、冲浪旋艇、潜水、沙滩篝火等丰富的水岸娱乐活动。

链接

凤凰岛音乐美食节

此项节会着重打造一项老百姓自己的节日，在原有的凤凰岛海鲜节和金沙滩音乐美食节的基础上，更突出参与性和大众化。届时，游客可以在沙滩上惬意地听音乐、品海鲜、融入沙滩运动，尽情参与啤酒大赛、篝火晚会，聆听十二乐坊的现场演奏。周末还有沙滩电影欣赏。

海浪

银沙滩

银沙滩景区位于金沙滩西南，与连三岛景区相连，是金沙滩的姊妹滩，也呈月牙形东西伸展，沙质细腻，因沙质色泽银白而得名。景区内景致清幽，是天然的海水浴场。这里有阳光、大海、沙滩、松林，动静结合、交相辉映，是绝佳的休闲度假天堂。

竹岔岛

竹岔岛又叫“鸡鸣岛”，素有“黄海宝石”之称，是一处幽静秀丽、民风淳朴、风景原始的小岛，同时也是青岛国际钓鱼基地和海珍品生产基地。登岛可游览火山遗址、鹅卵石滩等景点，在渔家小院，可自助野味烧烤，同时品尝渔家美食，体会身心的放松。

玩家 攻略

1.赶海：竹岔岛12点到14点是退潮的时候，很多小螃蟹、牡蛎、海螺、海蜇都会露出海面，所以赶海会有意外收获。赶海一定要带上镊子、手套、食品袋等装备。

2.钓鱼：每年10月，刚好是石斑鱼觅食的季节，所以鱼很容易上钩。钓上来的石斑鱼炖汤最好喝，可以交给饭馆，让其代为加工。

3.这里有最为新鲜美味的生鱼片、八带、海螺等，还有野生海参、鲍鱼等海中珍品，在这里吃的味道和感觉都是城市的酒店里找不到的。

甘水湾

是一个充满原始风味的渔村。甘水湾是隔海眺望青岛前海风光的最佳位置，也是胶州湾的重要门户，古、近代均曾在此布兵设防，建有古炮台、观海楼、跑马场等设施。这里民风淳朴，环境优美，既有乡野情调，又具海岸风光，正是人们休闲、游玩的最理想之处。

玩家 攻略

在这里可搭乘渔船出海观光、垂钓，参与近海传统捕捞作业；可以参加渔家乐活动，感受渔村风情和文化；还可以品尝渔家宴，住海边乡村客栈，体验渔家生活。

连三岛

连三岛位于薛家岛西南边，以三个“潮涨相连、潮落而分”的小岛为主体。岛上景色奇特，环境清幽，尤其是大自然鬼斧神工雕琢出的奇岩异石，更是让人赞叹。周围海域盛产黄鱼、海参、鲍鱼等海珍品，是人们观光、垂钓的好去处。

灵山岛
中国第三高岛

黄岛区东灵山岛沿海中，距大陆约10千米

从青岛市区轮渡码头乘坐轮渡到薛家岛，下轮渡船后直接乘坐公交车到积米崖，然后可从积米崖渔港乘坐到灵山岛的交通船到达灵山岛

往返船票120元

灵山岛峰峦起伏，植被茂密，是典型的火山岛，火山喷发降落形成的砾岩经风化剥蚀形成锯齿状山脊，发育成大小山头56座之多。岛屿东南受到海水侵蚀，形成造型奇特的海蚀地貌，具有极高的观赏价值。

玩家攻略

1.夏天的时候，码头上钓鲐鲅常常成为海岛的一处热闹景致。鲐鲅这种鱼极易上钩，只需用一尾小虾，虾钩刚一沾水，鱼竿一扬，鲐鲅便手到擒来了。

2.灵山岛主峰海拔513.6米，登此峰共有两条线路。据说天气好时，可以在山顶看到日本群岛。

3.岛上的娱乐项目很多，可在海岸边享受垂钓的乐趣，也可跋山涉水感受野外运动的刺激，还可以骑自行车环岛游，欣赏全岛的美景。

4.岛上有很多私人开的旅店，老板都比较朴实热情，价钱也不贵，吃的都是岛上渔民打上来的海鲜和农家饭，还可以吃到清蒸螃蟹、铁锅鱼大餐等美食。

城口子村

城口子村紧连着码头，是岛上最大的村，村口路左边高高地立着一块书写着“水灵山岛”的碑，右边有一座凌波生辉的“浮翠亭”（灵山岛之标志性建筑）。游人在此不仅可以尽情品尝海中美味，还可以感受渔家生活风情。

玩家攻略

上岛后码头有村民开车揽客，开车司机兼导游，家里经营农家乐，可吃炖鱼、炒菜、饺子等，味道一般，费用不贵，晚上还可直接住在农家乐，体验农家生活。

歪头顶

歪头顶是岛上的最高峰，许多游客在此峰观看日出，视野极好。征服第一高岛是力量与耐力的展现，登此峰共有两条线路，沿公路从码头出发需要用180分钟，沿登山道最快的只需45分钟。据说天气好时，还可以在山顶看到日本群岛。

试刀石

在海岛的东面，有一座小山，它临海的一角，好像是用刀削了下来一样，这就是有名的“试刀石”。试刀石有专门的风景垂钓区，七八月，被称为“花棍”的鲐鲅鱼苗就蜂拥到了灵山岛海域。所以每逢夏天，游客就纷纷来到这里海钓，成了海岛的一处热闹景致。

大珠山 AAAA
三面环海，地势雄奇

青岛黄岛区滨海公路南1千米

乘坐地铁13号线在大珠山站下，即可到达

旺季（3月16日到10月15日）40元，淡季（10月16日到次年3月15日）20元

大珠山景区自古就是高士隐居、僧尼修行和文人墨客探幽的地方，蕴藏着深厚的历史底蕴和文化价值。

大珠山旅游资源丰富，有建于隋唐时期

海鸥

的佛教造像石窟，有重修于金大定年间的石门古寺，还有江北地区独一无二的万亩野生杜鹃花，以及千姿百态的奇峰异石。可以说，大珠山是您欣赏自然风光、寻访古迹和走近佛教文化的好去处，一定不要错过。

玩家 攻略

1.大珠山最大的看点便是杜鹃花，杜鹃花自4月初开始绽放，4月10日至20日前后是盛花期。每年的3月下旬至5月中旬，景区会举办规模盛大的杜鹃花会。

2.大珠山因有了石门寺而带来了热闹的山会。每年的农历四月初八，人们到石门寺赶山会。这时候，石门寺里香火旺，游人川流不息，十分热闹。

3.灵山湾国家森林公园距离大珠山很近，可一并游玩。公园以淳朴狂野、清静幽雅的森林景观为主，灵山湾是拍日出日落的好地方。

珠山秀谷

位于大珠山东麓，山谷长有2.5千米，谷内溪水潺潺，汇入山下的人工湖。碧水和青山相依相拥，青峰倒映在碧水中。沿湖边行走，缘溪水入谷，就像走进画境一般。进入4月，山谷里的樱桃花、杏花、桃花相继盛开，珠山秀谷变成了花的海洋，游人如织，热闹非常。

石门寺

石门寺是国内少有的山门朝东的寺庙。据记载，唐太宗李世民和日本天台宗第二代佛祖圆仁大和尚均到过石门寺。石门右侧的巨石下有一清泉，水碧如玉，名玉泉，因此，人们又称石门寺为“玉泉寺”。寺附近有“狮子峰”“神猴摘仙桃”等奇石景观。

大珠山杜鹃花开

石门涧

涧内青松翠藤，苍深蓊郁；一条山溪水曲折斗回，牵着高高低低的石底清潭，一路清澈，一路细声慢语。到夏天雨季，还有飞瀑挂山崖，有流水如银练缭绕，柔软地漫过一面面斜石坡，从长满绿苔的石壁上滑下来，落进碧潭后再溅起银珠玉粒。

琅琊台 AAAA

秦始皇遣徐福东渡处

青岛市黄岛区琅琊镇 从青岛火车站乘坐青西快线公交到达凤凰山路地铁站，换乘地铁13号线到龙湾地铁站下，再乘坐710路公交车可直达景区

40元

08:00～17:30

琅琊台风景区依山傍海，景色宜人。景区里规划有环境幽雅的多功能区，是游览名胜、欣赏风光的好去处，主要景点有琅琊文化陈列馆、踩脚沟、徐福殿、观龙阁等。

由于特殊的地理和气象条件，琅琊台上空的云经常变幻出龙飞龙舞的景象；琅琊台下的龙湾，每当遇到5级以上东南风时，就会呈现出万千银龙奔腾聚会的壮观场面，这就是蔚为神奇的“琅琊台观龙”奇观。

玩家 攻略

在龙湾岸边，分布着很多渔村，村里开办很多“渔家宴”。游客可以吃住在渔家，餐饮以活海鲜、小海鲜为主，您在这里可以充分感受到朴实的渔家习俗。

玩家 解说

琅琊台最珍贵的文物是秦刻石，秦代刻石10余处，现仅存两处。其中泰山顶所藏残碑，仅存10字。琅琊碑保存84字，且字形、笔法均优于泰山刻石，实乃国之瑰宝。

琅琊台龙湾海滨

链接

趣闻典故

在琅琊文化陈列馆东侧的琅琊台和争高山之间，有一道山沟，这就是跺脚沟。相传，当年修筑琅琊台时，秦始皇白天让老百姓筑台升高一层，一夜间台西侧的山头就长高一截。这样一来，琅琊台总是高不过西山。秦始皇怒不可遏，在西山上狠狠跺了三脚，西山才停止了长高，而他跺脚的地方则陷成了一道山沟，人们称它为“跺脚沟”。

琅琊文化陈列馆

琅琊文化陈列馆位于景区西门东侧的山坡上，黑瓦红柱，飞檐重叠，造型朴拙大气，古朴凝重，是非常典型的秦汉建筑风格。陈列馆前矗立着《千古一帝秦始皇》的青铜铸像，展现了始皇帝登上琅琊台临风大乐的形象。陈列馆由序厅、主展厅、回廊组成。

徐福殿

徐福殿雕梁画栋、气势雄伟，是具有秦汉风格的仿古建筑，分前后两殿和东西两庑。前殿正中是徐福塑像，四壁挂着介绍徐福生平和东渡日本事迹的大型工笔画，殿内还展览着中外关于对徐福研究的著述。后殿和两庑展出文物和名人书画。

龙湾

碧波荡漾的龙湾海水浴场滩平沙细，因为远离污染，海水澄净，有“碧波、银浪、金沙滩”的美誉，是难得一见的天然海水浴场。现已开发出龙湾传统文化延续区、亮将台综合服务区、金海湾娱乐区、车轮山徐福里别墅区和两条风情带，供游客参观游览。

斋堂岛

斋堂岛分为南岛和北岛，中间由一道狭窄的沙丘联结。因岛上有古斋堂而得名。据说此岛为秦始皇当年求仙其侍从斋戒之处。岛上树木苍翠，景致宜人，而且留有众多历史遗迹和动人的传说，如姜子牙钓鱼的石屋子、秦始皇留下的“三趟剑”等。

玩家攻略

1.斋堂岛早起可以看日出，退潮时还可以到度假村前或村东边的潮间带拾螺、捉蟹、碰海蛎子。如果运气好的话，在八九月的暴雨过后，可以一睹海市蜃楼的奇观。

2.岛上民风淳朴，在这里还能体验实实在在的农家乐：住渔家房，吃渔家饭，坐渔家船和渔民一起出海捕鱼。晚上吃完海鲜大餐和风味小吃，还有篝火晚会。

3.岛上旅游设施还不够完善，北岛只能住

在渔民家中，岛上只有一个渔村。渔民的家里一般收拾得很干净。南岛可住在斋堂岛旅游度假村，有床位100多个。

珠山森林公园 AAAA

山清水秀，风景优美

青岛市黄岛区西部柳花泊

由青岛市区前往，先乘轮渡至黄岛，然后换乘6路公交车至终点

20元

08:30~16:30

珠山境内山清水秀，自然风景优美，以其独特风景位列古胶州八景之首，与崂山隔海对峙，以“东崂西珠”并称。小珠山是珠山的主峰，“奇、秀、险”是它的独特魅力，目前分为齐长城、白云寺、南天门、青龙潭四个景观区。

玩家攻略

小珠山三面如削，登顶只能从南天门向下，穿过一条数百米长的隧道，然后沿唯一的一条崎岖小径攀登到顶。隧道很黑，最好自备手电筒。

青岛野生动物世界 AAAA

高品位生态园区

青岛黄岛区珠山风景区

乘6路公交车到动物世界站下车即到

50元

08:30~16:00

青岛森林野生动物园是一处融青山、绿水、动物等于一体的高品位生态园区。动物园集放养、圈养、笼养于一体，规模宏大、功能完备、设施齐全，同时还具有休闲、娱乐、旅游、科普、科研多种功能。园内共划分为鹦鹉园、宠物表演场、白鸽草坪、猛兽幼儿园等15个功能区，可以为您展示各式各样的动物。

玩家攻略

1.一年之中，春秋两季是游览动物园的最好季节，因为这两个季节气候温和，动物们都很活跃。

2.狮虎山是动物园的重要看点，一般在上午都很平静，下午三四点钟以后，情景就截然不同了：狮虎们饿了一天之后，在笼子里来回奔走，并且还会发出震耳欲聋的咆哮声。

青岛齐长城遗址

缘岗峙崇观，跨谷绝惊鸿

位于险要地形的青岛齐长城遗址，以其蜿蜒曲折的形态穿越山谷、河流、森林，巧妙地发挥了地形地貌优势，从而提升了防线的战略地位。在古代战争中，齐长城发挥了关键作用，成为古代军事史上的奇迹。作为春秋战国时期齐国修建的重要军事防线，齐长城的诞生是古代我国政治、经济、文化、军事等多方面因素共同影响的结果。这条军事防线的背后，掩盖着齐国强大的国力、先进的军事战略和高超的建筑技艺。它不仅是一条防线，更是展示我国古代文明辉煌的瑰宝。

青岛野生动物世界

景点推荐

青岛北部景点

即墨老酒博物馆

即墨老酒文化的缩影

即墨区龙山街道开河路666号

乘坐即墨19路公交车，到达黄酒厂站下，步行即到

即墨老酒博物馆是即墨老酒历史文化的缩影，这里比较全面地展现了即墨老酒的悠久历史、工艺文化、品牌文化、产品文化和企业文化。

品酒斋是参观者品酒、谈酒的理想场所，老酒坊是仿造故事酿造即墨老酒的作坊。这里的地下酒窖是中国北方黄酒企业中唯一的一座地下酒窖。在博物馆里可以买到现场封存寿宴、婚宴等系列即墨老酒，博物馆可代为储存。

链接

即墨老酒

即墨老酒是中国古典名酒之一，被誉为黄酒中的珍品。即墨老酒酒液清亮透明，深棕红色，酒香浓郁，口味醇厚，微苦而余香不绝，具有舒筋活血、补气养神的卓著功效。

即墨区博物馆

馆内有国宝北宋金银书《妙法莲花经》

即墨区经济开发区市民文化中心3号楼

乘坐即墨3路公交车即到

位于即墨古县衙之内。现有展览“即墨古城图片展”，展出的图片拍摄时间大多为1892年至1914年，图片详尽地反映了即墨古城的原始风貌。馆藏珍贵文物众多，其中最为著名的是国宝北宋金银书《妙法莲花经》。《妙法莲花经》共7卷28品，即墨市博物馆收6卷（第1、第2、第3、第4、第5、第7卷），胶州市博物馆收1卷（第6卷）。

七级双塔

清末砖塔建筑

即墨区移风店镇中间埠村南

在即墨汽车总站乘K110路到泉庄换乘353路公交到达

两塔东西相距约20米，均为密檐式墓葬塔，百余年来塔身未动，是本地区清末的建筑杰作。两座砖塔设计新颖，比例匀称，精工细雕，造型美观，别具一格，是青岛地区至今保存较完整的古代砖塔建筑，现已成为即墨市民俗游乐园。

玩家 攻略

景区每年有农历正月二十一日、三月二十一日、四月十五日等七次庙会，尤以正月二十一日、四月十五日、九月二十四日的庙会为最盛。

田横岛

以特有的历史与人文著称

即墨区东部海域的横门湾中

乘坐即墨102路公交车到天横站，换乘316路公交车即可到达

票价10元

田横岛是一座历史悠久的名岛，以其特

田横岛五百义士墓

有的历史文化与人文精神著称于世。岛上空气清新，苍松滴翠，南北两坡风格迥异。田横岛古迹众多，除度假村外，还有田横智布疑阵的悬羊击鼓岛、老仙洞、田横井、五百义士墓、妈祖庙、神龟石、龙戏水、海市蜃楼等景点奇观。

玩家 攻略

1.岛上有电瓶车服务，收费比较高，可以砍价。

2.在田横岛钓鱼别有一番趣味。钓鱼有两个好去处，一是南国乐园东南的岩礁，一是冬苑餐厅东边的前台子。船钓最佳地点是横门湾口、牛岛和马岭岛前。

3.田横岛的东、西、南海岸都适宜赶海，海鲜品种丰富，如果运气好，还可以捡到野生的海参和鲍鱼。赶海前最好先询问一下当地的渔民或由渔民带领。

4.观日出一定得到田横顶，夏天要在凌晨4点前，冬天推后一个多小时。日落，田横岛古称为"横门夕照"，观赏横门夕照最好是泛舟海上。

5.田横岛周围的海域是富饶的海上牧场，盛产鲍鱼、扇贝、海带等海产品，这里的海鲜味道鲜美、肉肥细嫩，蛤蜊、马蹄蟹、渔家面食等美食是不容错过的。

6.田横岛的住宿设施比较全面，度假村内别墅群可以住得非常舒服，但价格一般较贵，网上预订房子可享受优惠。电话：02180187829-93682。

华山高尔夫俱乐部

历史悠久的高尔夫俱乐部

即墨区烟青路86号

在即墨汽车总站乘坐112路公交到窝庄站下，步行可到

青岛华山国际乡村俱乐部是青岛历史最悠久的高尔夫俱乐部，现拥有包括东会所、西会所及半岛国际私人会所在内的三个会所。

华山东会所是欧米茄中国高尔夫巡回赛2007年山东站指定赛场。华山西会所创造出了一个无与伦比的击球环境，堪称中国第一湿地球会。拥有标准三杆9洞球场的半岛

国际私人会所是世界罕有的城市中心球场。这里还拥有山东省内唯一的9洞灯光球场，晚上到华山挥杆享乐，充实而惬意。

鹤山

以石布景、以景称奇

即墨区鳌山卫镇南部，青莱路西侧　乘坐地铁11号线到鳌山卫站下

15元

鹤山因东峰有巨石形似仙鹤而得名。鹤山是崂山余脉，道教文化源远流长，有遇真宫、老君炉、摸钱涧、升仙台、聚仙门等道教古迹。其山体以石布景、以景称奇，自然景观有水鸣天梯、击掌鹤鸣、滚龙洞、一线天等，最佳有八处，称为“鹤山八景”。

玩家攻略

1.青岛双星度假村与鹤山相毗连。经营鲁、川、粤菜，还有极具特色的“道家宴”，娱乐设施也很齐全。电话：0532—86511693。

2.上山的路旁边有一些当地村民卖野人参、山鸡蛋、苦菜、小扫帚苗等土特产，价格不是很贵，有兴趣的话可以购买一些。

3.鳌山卫的渔家宴不容错过，镇上有上百家渔家饭店散布在各个渔村，家家都有刚捕捞上来的海货——海参、鲍鱼、蛤蜊、对虾、琵琶虾、海蛎子等，一边沐浴着清新的海风，一边吃着鲜活的海鲜，十分惬意。

4.1~2月：撞钟祈福，登山赏雪；正月二十东京山山会，院上村花卉观光园赏花。3~4月：牡蛎正肥时，赏樱花、杏花、桃花，鳌角石茶园品新茗。5~6月：“欢乐海湾”美食节，摘樱桃；草岛、柴岛垂钓。7~9月：金沙滩洗浴纳凉。10月：鹤山柿子节，九九重阳节鹤山山会。11~12月：白庙芋头、大任河粉条。

天泰温泉 AAAA

有纯正的海水温泉理疗

即墨区温泉镇夏庄　从即墨区汽车站搭乘到丰城或田横的公共汽车，在温泉镇下车

海水温泉票159元

天泰温泉度假区依山傍海，环境优美，

华山高尔夫俱乐部高尔夫球场

设施完善，游客可体验到纯正的海水温泉理疗，健康时尚。度假区的标志性建筑天泰天文台是紫金山天文台的分站，专业天文望远镜可让您一览浩渺的宇宙和璀璨的星空。另外，度假区内还专为儿童、老人设置了露天的浅水嬉戏区。

玩家攻略

1.用这里的矿泉水泡浴，并辅以泥疗，可以治疗风湿性关节炎、皮肤病及神经炎等，对高血压、冠心病等疾病也具有一定疗效。健康人如能常浴温泉，能润滑皮肤、舒筋活络。

2.青岛的特色海鲜、螃蟹、红岛蛤蜊、崂山仙桃、农家土菜等，在这里应有尽有。度假区内有一家西式餐厅“红酒坊”，游玩之余，来此品尝一顿西式美餐，会是个不错的选择。

3.景区有天泰温泉高尔夫乐活酒店。酒店有天然海水温泉SPA，并配有桑拿蒸房、土耳其蒸气浴、露天温泉游泳池、儿童戏水区、女士SPA理疗等休闲保健设施。

高尔夫球场

度假区内的温泉高尔夫球场，具有典型的山地球场特色，球场将天然丘陵、沟壑、山川和湖泊等自然障碍与现代的高尔夫球场设计理念充分融合，依山造势，浑然天成。同时这里还有专门供高尔夫初学者游玩的高尔夫练习场，共分上下两层，20个打席位。

天泰滑雪场

天泰滑雪场是山东第一家滑雪场，滑雪

场设有350米中级滑雪道、250米初级滑雪道和7000平方米的雪地摩托车区，不同的人群可以根据自己的喜好选择娱乐项目。娱雪区专为喜欢打雪仗、堆雪人、寻找童年回忆的人群及孩子们准备。

鸿源御都温泉度假村

建在温泉水源地的度假地

即墨区温泉镇温泉一路

在即墨汽车总站乘坐2103路北线公交即可到达

温泉58元

青岛鸿源御都温泉度假村是一处建立在温泉水源地之上的综合性度假中心。温泉水自百米深处直接进入池内，水质清澈纯正。度假村拥有各类特色温泉泡池，游泳、乒乓球、台球等体育健身项目一应俱全，另外还有中医推拿、足疗保健、拔罐等保健项目。

玩家攻略

1.度假村有多样的温泉浴项目，如花瓣浴、牛奶浴、中药浴、冲浪按摩浴、泡泡浴、露天温泉、动感温泉SPA区等。

2.度假村是首家大规模客房内设有温泉泡池的度假村。温泉热炕是利用温泉水的热量循环加热，人躺在上面，温泉的热量会进入人体，可以在睡觉的同时去除一些炎症。

蔬菜科技示范园

无公害蔬菜基地

即墨区开发区立交桥南侧（烟青公路右侧）

乘23、5等路公交即到

青岛市首家拥有名特优瓜果蔬菜种植、淡水养殖、珍禽动物养殖、花木栽植、餐饮娱乐、游船垂钓、旅游观光于一体的园区。

园内种植的各种蔬菜品种，可供人们亲手采摘；水上娱乐区可以划船垂钓；梅花鹿园可体验到人与动物的自然和谐；琴鸟苑里可聆听鸟儿悠扬美妙的歌声；护心岛上，观光园区全景可尽收眼底；旱冰场、儿童乐园是孩子们的游乐王国。

玩家攻略

景区有特菜特吃馆，在这儿不仅可以领略到各种特菜的味道，还备有香喷喷的农家饭。在茶艺馆里，可欣赏到茶艺表演，从中能感受到人与茶、茶与火宁静致远的意境。

马山

多种地质现象为一体

即墨区城西约7千米

乘坐即墨109、115、125等路公交车可以到达

马山由4个相连的山包组成，形如马鞍，故又称“马鞍山”。马山地区木化石数量、规模均为国内罕见，同时马山山体是一个集沉积岩、火山岩、接触变质岩、动植物化石等多种地质现象为一体的综合性的“地质宝库”，是丰富的地质资源集中地，世界上少有的“天然地质博物馆”。除地质遗迹外，保护区内还有云皇殿、白云庵、千佛洞等人文古迹。

玩家攻略

即墨马山镇上有几家中小型饭店，在这里你可以品尝到正宗的即墨老酒，以及即墨的地方美食。特色饭店马山生态园位于马山镇下泊村。

天井山

山顶天然形成的一口深潭

即墨区城东5千米处，蓝鳌公路南侧 从青岛乘车至即墨，然后乘坐市内2路公交车抵达

天井山因山顶天然形成一口直径约10米、深约14.8米的深潭而得名。潭壁陡峭深邃，大旱不涸，山上有龙池、龙王庙、龙抓石、干池等景点及慈禧亲书的“泽周壮武”匾额和龙牌等文物。

龙王庙建筑古朴典雅，飞檐斗拱。进门便是一大牌坊照壁，正中雕两蟠龙，神态如飞；院中央便是龙池，凿工精巧，构筑宏伟。井北正中便是龙王殿，塑有风伯、雨师、雷公、闪娘等，神态各异，栩栩如生。

玩家攻略

天井山每年的6月13日为龙诞盛会，周围善男信女慕名而来，赶会者接踵而至，烧纸敬香，祈祷平安、风调雨顺。

茶山 AAAA

被誉为“胶东明珠”

青岛平度市店子镇茶山 乘坐平度至上涧村班车，下涧村站下车，步行1千米即到

30元

08:00~16:30

茶山风景区被誉为“胶东明珠”。风景区以“山石、山泉、山花、山寺”为主题，有山东省海拔最高的般若寺和我国北方最大的国际山地高尔夫球场，并且开展了极具动感与挑战性的茶山运动旅游，很有特色。景区融山、石、林、花、果、泉、瀑、寺等元素于一体，为都市人创造了一个回归山野、保养身心、追寻放松的绝佳胜地。

玩家攻略

1.茶山是果树的世界，每年的4月到11月，杏树、樱桃树、梨树、葡萄、桃树、柿子树等纯天然无污染绿色果树相继结果成熟，可在此亲自体验水果采摘带来的乐趣。

2.茶山庄园由10栋负责接待游客住宿的高档别墅构成，德式建筑风格，古朴典雅，以五星级酒店标准配备各种服务设施。

3.茶山有三个不同风格的生态餐厅，分别是阳光餐厅、清凉餐厅及蒙古包，可以满足不同人群的需要。在这里可以品尝到粉蒸野菜、时蔬蘸酱、茶山大包等特色美食。

4.在景区的野外拓展区，有依山而建的木栈道，栈道下面水流潺潺，景色非常宜人。在木栈道和主干道之间设有很多供拓展用的拓展器材，您可以在美景中体验运动的乐趣。

天柱山魏碑

周围石刻众多

平度市大泽山之右的天柱山上 平度汽车站有去往景区的公交车 20元

天柱山魏碑又称“天柱山摩崖石刻”，碑文刻在一块天然巨石上，碑上的每个字都结体宽博整饬，骨肉匀适，脉络分明，于端庄雄强中复含秀丽，稳健中蕴蓄飞扬。浑浑千余言，字字不呆，笔笔不苟，通篇透露着荡荡乎君子、穆穆乎仁人的大儒风范。

天柱山魏碑周围还有众多其他刻石，这些刻石锋棱依旧宛然如昔，清晰完好。在天柱山其他地方和大基山还有零星石刻分布。

茶山

玩家 解说

天柱山魏碑是中国书法艺术瑰宝。碑文为北魏书法家郑道昭所书镌，记述了其父持节将军兖州刺史南阳公郑羲的生平事迹和著述。因郑羲的谥号为郑文公，故此碑的全称为“魏故中书令秘书监郑文公之碑”，简称“郑文公碑”。其书写的魏碑体，突出体现了我国书法由隶书到楷书的转变，故此碑受到古今书法家的推崇，日本书法界对此也非常尊崇。

即墨故城 ㊆

即墨故城遗址

平度市东30千米古岘镇东南大朱毛村一带

可在平度市汽车站乘坐城际公交抵达

即墨故城遗址为东周至北齐时期即墨城遗址，遗址分内外两城，外城南北长达5千米，东西宽约2.5千米，总面积约12.5平方千米。南、西两面城墙已不在，北城墙残高约1米，东城墙尚存1500米，墙基宽30~40米，高4~5米，全为夯土板筑，十分坚固。内城位于外城东南部，城墙虽已不存，但已发现有建筑群、东西仓、贮货湾等遗迹，城中有兵器、砖、货币、钱范等文物出土。

故城西北的六曲山上有380余座古墓群，墓葬大部分属汉代，少数为东周时期，是山东省数量最多、规模最大的古墓群，西汉康王刘寄等6代胶东王均葬于此。

玩家 攻略

平度有条荣华路美食街，里面全是全国各地著名的连锁食府，适合大众消费。节假日中有很多外地人过来享用美食，一般要早些过去，要不然就会没有座位。

大泽山

大泽山

胶东名山之一

平度市北部

由青岛乘长途车至平度市区，从平度市区到景区有公交车。进大泽山皇城区，30座以上的大客车上山困难，需换车登山

08:00~17:00

又名“九青山”，胶东名山之一。大泽山层峦叠嶂，奇石峭壁，林壑静幽，雄峻秀丽，因秦汉以来，名士高人多隐居于此，故又称“神仙窟宅”。现分为皇城、西坡、大姑顶、桃花涧、天柱山、御驾山及森林公园等游览区。

大泽山历史悠久，流传着无数动人的传说、名人逸闻或遗迹，如鬼谷洞孙庞学艺、范蠡西施隐居等。山上多寺院，如智藏寺、日照庵等。

玩家 攻略

大泽山现有葡萄种植面积数万亩，又有“葡萄之乡”之称。大泽山葡萄节每年九月（一般八月底九月初周末）举办，届时可品尝葡萄、畅游大泽。

莱西湖

一处内陆湖泊

莱西市烟台路

在莱西市乘坐503、502、501等路公交车可到

莱西湖又名“产芝水库”，是胶东半岛最大的一处内陆湖泊和淡水资源，以地方特色美食“全鱼宴”为代表而远近闻名。生态旅游区内景观以水、山、陆、林为主体，楼、阁、亭、榭错落有致，自然景观和人文景观有机结合，万亩湖面、千亩绿地、亭台楼阁、水天一色，被誉为“半岛明珠”。

玩家 攻略

1.莱西湖自产的鲤鱼、鲫鱼、鲢鱼等20多种

淡水鱼，肉质肥美，营养丰富。景区以自产的鲜鱼活虾，推陈出新，烹制各菜系鱼品菜肴120多种成一宴席，称为“全鱼宴”。

2.临湖而建的渔旺生态园、湖滨生态园、竹苑宾馆等名店名厨烹制的全鱼宴，花样200余种，堪称胶东一绝，可以前往品尝一番。

月湖公园

湖面弯弯，清寒如月

莱西市城东南角

在莱西市乘坐1路公交车到长隆市场站下，步行可达

因湖面弯弯，清寒如月，故名“月湖公园”。园内布局完全依照传说中月宫的意境进行规划，岛上桂树成林，中秋时节丹桂盛开，满城飘香。造型优美的奔月桥把陆地与蟾宫相连，大有进入月宫的意境。蟾宫岛上松柏常青，竹影婆娑，八角三层的揽月楼飞檐斗拱，巍峨壮丽。置身阁上，可观园中全景，似有天上人间之感。

玩家 攻略

月湖公园3~11月为旅游旺季，最佳游览时间为5~10月，还有“五一”“十一”游园活动。公园南侧是占地12公顷的梨园，每到春季，满园梨雪，成为莱西的一大景观。

崔子范美术馆

陈列崔子范的书画作品

莱西市文化东路9号

在莱西市乘坐8路公交车可达

10元

08:00~17:30（冬季09:00~16:30）

崔子范美术馆由山东省莱西市人民政府与我国著名国画大师崔子范先生共同兴建。崔子范美术馆背倚月湖公园，为中国四合院式仿古风格，飞檐环廊，朱门玉户，琉璃金瓦，古朴大方。崔子范美术馆主要珍藏陈列崔子范先生的书画作品，研究其独特的书画艺术。同时展览莱西市美术界和国内外美术家的优秀作品。

月湖公园

高凤翰纪念馆

书画家高凤翰专题纪念馆

胶州市澳门路西端

免费

08:30~17:00

高凤翰是我国清代著名的左右手书画家，“扬州八怪”中杰出的代表人物之一。高凤翰纪念馆是一座以收藏高凤翰的艺术作品、研究高凤翰的生平及艺术成就并向人们进行爱国主义宣传教育的专题性纪念馆。馆内基本陈列展览有七部分，还有高凤翰雕像一座，矗立于正门之轴心部位，深思高举，刚毅有气度。

大沽河省级旅游度假区 AAAA

山东最美湿地

青岛市胶州市香港路1号

大沽河省级生态旅游度假区位于青岛市“三湾三城”中心湾区核心区域。这里环境优美，有着广阔的水域，大沽河治理赋予的河、海、湖、泽一体化生态系统，为度假区提供了得天独厚的自然条件。此外，大沽河度假区还建有孔子六艺文化园，园区坐落于青岛大沽河省级生态旅游度假区内，依水而建，文雅之境，建筑面积为1.1万平方米。传统文化和新时代文明相融合，为大沽河度假区的发展注入了更加鲜活的力量。

攻略资讯

- 交通
- 住宿
- 美食
- 购物
- 娱乐

交通

飞机

青岛胶东国际机场位于中国山东省青岛市胶州市胶东街道前店口村，西南距胶州市中心11千米，东南距青岛市中心39千米。机场建有全通型、立体化、零换乘的综合交通中心（GTC），引入高地铁穿越航站楼并在地下设站，可实现1小时通达山东全省，1.5小时通达苏北、豫东和皖北地区。

航站楼东南指廊一层贵宾区总面积约4000平方米，设有贵宾室并配备餐饮包房、会议室等功能；航站楼四层值机大厅贵宾区设有餐饮明档、茶艺区、贵宾包房等功能。贵宾楼接临航站楼东南指廊陆侧区域，三层总建筑面积1.67万平方米，一、二层设有贵宾室、包间、会议室，配套餐饮区、酒吧区、茶艺区、SPA区，三层设有酒店客房。

青岛火车站

机场提供全天候的机场巴士服务，设有10条线路，乘客可在金狮广场、青岛长途汽车站、中铁世博城、四方大酒店等地点搭乘巴士往返机场。此外，还可选择乘坐地铁8号线，或搭乘胶州方向的3610、3620、3310路公交车，以及城阳方向的916路、即墨方向的4207路公交车。

火车

青岛火车站：位于青岛市市南区，是青岛市的主要客运站，拥有高铁、动车以及普通列车，可以抵达北京、济南、广州、兰州、西安、成都、上海等全国主要城市。

青岛北站：位于李沧区，融合了高铁、城际铁路、地铁等诸多功能的大型综合性交通枢纽，可以抵达烟台、哈尔滨、西安等各大城市。

汽车

青岛汽车北站：为国家一级汽车客运

青岛夜景

站，位于城阳区重庆北路59号，是青岛市精神文明建设重要窗口单位之一，隶属于青岛城运控股交运集团。车站地处胶州湾、济青、青银高速公路和204、308国道的交会点，是进出青岛的必经之路，多条公交线路辐射青岛市各区域，区位优势明显。

青岛长途汽车站：位于青岛市市北区温州路2号。总占地面积21439.9平方米，为国家一级汽车客运站。四方汽车站拥有通往京、津、沪、苏、豫、皖、冀、鄂、闽、晋、赣及山东省内各地市的线路200余条，对外承接零担货物快运、旅游包车、团体订票、上门送票、预约售票等业务，是服务名牌“情满旅途”的发源地，也是青岛市各长途汽车站的中心站，是青岛最大的汽车站。

市内交通

截至2021年末，青岛地面公交运营车辆达10595辆，公交运营线路925条，线网覆盖城市所有主要场所。出租车11638辆。

目前青岛已开通轨道交通普线9条，包括地铁1~7号线、9、10号线，总长395.2千米；轨道交通快线10条，包括8号线、8号线支线、11~17号线、16号线支线，完全满足市民、游客的日常出行。

住宿

青岛住宿设施完善，从星级宾馆到小旅馆遍布整个城市，可满足不同消费者的需求。主要有两个住宿区域可供选择：栈桥区，这个区比较好的酒店有青岛汉莎海景公寓，方便参观栈桥，到青岛市内的其他景点也很方便；也可以选择住在石老人风景区，这个区比较好的酒店有青岛大学国际学术交流中心（青岛拾贰悦阁酒店式公寓），方便去石老人风景区和崂山。

青岛海滨

栈桥/火车站附近

这里是青岛最繁华的地区，也是大多数游客的住宿首选。如果你坐动车到青岛，那么最方便的是住在中山路上，这是青岛最繁华的一条路了，走到头就是栈桥，每天人头攒动。栈桥是青岛的标志之一，从栈桥开始，沿海岸线往东，集中了青岛的大多数景点。另外，对于吃货来说，这里离劈柴院也不是很远，可以品尝到各种青岛美食。

八大关/第一海水浴场

本区域是我国著名的风景疗养区，该地花木葱郁，空气清新，环境幽雅，有近百幢造型迥异的西式别墅及花木繁茂的街道，湛蓝的大海和一排排老建筑在绿树的掩映下让青岛充满了异域风情。这一带有很多部队的疗养院以及度假酒店，相对来说价格也稍贵，但是若提前预订，也能淘到一些性价比较高的房间。

台东附近

这是青岛商业最活跃的区域，拥有登州路啤酒街、辽宁路电子一条街、昌乐路文化一条街、天幕城美食街等商业休闲场所。如果你想住在啤酒街附近，喝喝登州路的啤酒，吃吃泰山路的烧烤，逛逛台东的夜市，那么可以选择住在华阳路、辽宁路，以及太平山北面这一带。这边的酒店没有中山路或者香港中路那样抢手，但也是提早预订比较好，越早预订可选择的范围越大。

石老人景区

属于青岛市的新城区，比起老区那一群群黄红色的旧房子，新区是一片片的高档住宅区。但是这里所需要花费的住宿费用比青岛市内要少很多，适合长期度假的游客。石老人景区的海水浴场比第一海水浴场要干净很多，还拥有弄海园、海上乐园、国际啤酒城、国际美食娱乐城、国际高尔夫球场、体育中心等休闲娱乐场所，且这里靠近崂山风景区，适合自驾游。

美食

青岛有着辽阔的海域，盛产名贵的海参、扇贝、鲍鱼、海螺、大对虾、加吉鱼等，海鲜绝对是青岛最拿手的美食，如辣炒蛤蜊、扇贝、鲅鱼水饺等，都是外地人必点的菜目。鲁菜是来青岛品尝美食的另一选择，糖醋鲤鱼、九转大肠、蟹黄海参等，让你大快朵颐。

第一海水浴场

炒花蛤

在青岛吃海鲜最好是在春夏两季，这时候的海鲜都肉嫩肥美，滑嫩爽口。青岛的小吃也比较丰富，有来自山东各地的特色风味，也有青岛本地的海鲜小吃，如大虾烧白菜、黄鱼炖豆腐、排骨米饭等，加上著名的青岛啤酒，形成了青岛特有的小吃风格。青岛的小吃街主要有劈柴院美食街、云霄路美食街、汇泉、台东夜市、李村夜市和泰山路烧烤街。

海鲜

● **酸辣鱼丸**

鱼丸一般用新鲜牙鱼肉制成，配以酸辣浓汤，既保证了原汤的清香，又保持了鱼丸本身的鲜味。鱼丸有弹性，鲜味浓厚，汤酸辣开胃，口感极佳。

● **原壳鲍鱼**

以名贵鲍鱼为原料，带壳熟制而成，原汁原味，滋味鲜美。价格一般按鲍鱼的时价，也有自助形式，通常是40元左右一位。

● **油爆海螺**

海螺是青岛的深水特产，海螺肉质鲜嫩，细腻可口。以本地红岛浅海的黑皮大海螺为主料，做成的油爆海螺是非常具有青岛特色的美味。

● **香酥鸡**

香酥鸡用煮熟的母鸡油炸而成，鸡肉脱骨而不失其型，香酥而不失软嫩，食用时蘸椒盐。

香酥鸡

● **炸蛎黄**

选取肉肥色青的牡蛎炸食，蛎黄因挂了糊而保留了原有的鲜味，油而不腻，香酥可口。

炸蛎黄

● **家常牙鱼块**

牙鱼肉味道鲜美，不论是食肉还是做汤，都清鲜可口，引人食欲，经常食用，可使人身体健壮，益寿延年。价格一般为40元左右，青岛市内的各大饭馆均能品尝到此菜。

肉末烧海参

●肉末烧海参

海参列为“海八珍”之首，用肉末与之搭配更增添了海参的鲜美，既有肉末的香味又保持了海参的鲜味。

●崂山菇炖鸡

崂山菇炖鸡是青岛代表菜之一。鸡和崂山菇合炖，鲜美是自不必说的。仔鸡入口鲜嫩，崂山菇爽滑，汤浓味鲜。推荐菜馆：仰口海鲜农家宴。

●海鲜卤面

面条色泽诱人，入口柔韧爽滑，海鲜味道突出，高汤的质量是味道好坏的关键，而且最好选用手擀面。

鲅鱼水饺

●鲅鱼水饺

煮出来的饺子，晶莹剔透。饺子馅很有弹性，咬一口鲜嫩纯正，香而不腻，令人回味无穷，在馅料中加入韭菜或者香菜会有不同的味道。推荐菜馆：小渔村海鲜连锁店一店。

购物

青岛盛产海产品。不过，海产品不便携带，保鲜困难，最好买些袋装的干货海产，既健康又方便。青岛的特产除了海滨特色的物产，还有特色的封装食品，可适量购买。

台东商业区是青岛最大的商业区，市内可乘坐232路公交车，在利津路客运站下车即可，商业区内商品齐全，各类海产、工艺品应有尽有；中山路商业区比较靠近市中心，交通便利，市内可乘坐地铁3号线在青岛站下车，步行即可抵达；小村商业区相对较远，海产品丰富，可在市内乘地铁3号线前往。

青岛啤酒

●青岛啤酒

青岛啤酒采用优质原料、特有菌种，应用经典酿造工艺和独到的技术精心酿制，泡沫洁白细腻、澄澈清亮，酒体醇厚柔和、香醇爽口，享誉海内外。

●崂山云峰茶

云峰茶的成品茶属于绿茶，茶内氨基酸和咖啡碱含量高，茶汤浓醇鲜爽，饮后唇齿留香，令各方品茶者赞不绝口。崂山的王哥庄里出售的云峰茶比较正宗。

●青岛贝雕

青岛贝雕是一种以中国传统工艺为表现手法，以珍稀螺壳为原料，巧用其天然色泽和纹理形状，精心雕琢成平贴、半浮雕、镶嵌、立体等多种形式和规格的工艺产品。

●即墨镶边

是一种单线织绣的花边，综合运用各种工艺和针法，有强烈的浮雕感，织出的图案角尖、弧圆、边齐，整体平整，不卷不曲。

●海产食品

青岛海产品很多，海苔、海蛎子等海产品常常是购买的对象。如想品尝新鲜的海产，可到当地的南山海货市场。购买时需特别注意海产新鲜，会讲价。但要注意海鲜与部分水果和蔬菜一起食用，易引起人中毒。

●崂山绿石

青岛崂山出产一种以绿色为基调的名贵观赏石，其石质坚硬、细腻，具有透明的翡翠绿或黛绿色的石英晶面，色润缤纷。崂山绿石现存比较少，已成为人们竞相集藏的珍品。

青岛海产

●莱西山楂

莱西山楂果形较大，其口感绝佳，酸甜适度，风味独特。闻名遐迩的“青岛海云庵糖球会”多以莱西山楂为原料，主要有“白瓤绵”“红瓤绵”“大金星”等几个品种。

青岛贝雕鱼骨梳子

娱乐

红瓦、绿树、碧海、蓝天辉映出青岛美丽的身姿，赤礁、细浪、彩帆、沙滩构成了青岛亮丽的海滨风景线。青岛空气湿润、温度适中，四季分明，6~9月是青岛的最佳旅游季节，可以赶海，其中8月的啤酒节是青岛最热闹的时候。

此外，也可在青岛市内感受一下其他娱乐生活。例如，到国际啤酒城去品尝世界各地的特色啤酒；去露天歌场，伴着海风唱唱歌，或者在海滨步行街漫步购物。

●青岛国际啤酒节

青岛国际啤酒节是亚洲最大的啤酒节。啤酒节一般是在每年的8月举行，节日期间会举办大型开幕式、世界啤酒品牌展示、啤酒品饮、艺术巡游、闭幕式等活动，非常热闹。在举办啤酒节期间，青岛的大街小巷都会装点一新，国际啤酒城内更是酒香四溢、激情荡漾，人们在这里尽情欢饮，享受着啤酒带来的欢乐。

举办时间：每年8月的第二个周末开幕，为期16天，8月底结束

●海云庵糖球会

海云庵糖球会又称“海云庵庙会”，是青岛当地的一个有着500多年历史的传统庙会。海云庵糖球会是一个综合性民俗文化商贸活动，造型各异的糖球琳琅满目，各种风味小吃和手工艺品应有尽有。庙会期间还会举办茂腔、柳腔、皮影、剪纸等多种形式的民间艺术活动，场面非常热闹。

举办时间：每年农历正月十六到正月十八

●青岛国际沙滩文化节

青岛国际沙滩文化节是由青岛市沙滩文化协会主办的一个特色文化活动。文化节期间会举办沙雕比赛、沙滩排球、沙滩拔河等多种文化体育项目，非常热闹。现在，青岛国际沙滩节已经成了独具特色的青岛沙滩文化的一部分，成为岛城的一道亮丽的风景线。

举办时间：每年9月的中上旬，历时一周左右

●湛山寺庙会

湛山寺是青岛地区最为壮观的佛家寺院，有“湛山清梵”的美称。每年农历的四月初八寺庙都会举行浴佛节，以纪念佛祖释迦

青岛国际啤酒节

青岛国际时装展

牟尼诞辰。开庙逢会3天，很多善男信女都来这里烧香拜佛，众多摊贩也在寺周围摆摊叫卖，于是就成了庙会。后来，庙会还吸引了各地的民间艺人来表演，场面就变得更加热闹了。

举办时间：每年农历四月初八到初十

地点：青岛市南区芝泉路2号湛山寺

●红岛蛤蜊节

红岛蛤蜊节是一个包含了文艺演出、健身休闲、经贸洽谈等多种项目的民俗文化活动。红岛地区风光秀美、环境怡人，游客在这里可以欣赏海岛风光，感受渔家风俗，体验渔家生活，还可以进行赶海、游海、吃海、住海、购海及民俗观光等一系列特色旅游活动。

举办时间：每年的4月底到5月初

●青岛话剧院小剧场

青岛话剧院是青岛唯一从事戏剧表演和影视拍摄的专业团体，剧院小剧场是剧院话剧演出的地方。小剧场是目前国内最好的小剧场之一，也是传播高雅艺术的殿堂，每年都会有国内外经典戏剧、先锋小剧场剧、优秀儿童剧及其他综艺晚会在此上演，都很值得一看。

位置：青岛市北区临清路12号

节日和重大活动

节日	位置	时间
天后宫民俗文化庙会	天后宫	每年的除夕、正月初一
青岛樱花会	青岛市区中山公园	每年的4月初至5月上旬
中国国际航海博览会	青岛奥林匹克帆船中心	5月30日至6月1日
国际消费电子博览会	青岛市区国际会展中心	每年7月上旬
青岛海洋节	青岛海滨海洋风景带	每年7月
青岛国际时装周	青岛市区国际会展中心	每年9月
大泽山葡萄节	平度市大泽山镇	9月1日～30日
青岛十梅庵梅花节	十梅庵风景区内的梅园	3月中旬至4月上旬
青岛北宅樱桃节	青岛北宅	5月8日～20日

发现者旅行指南

烟台

概览

亮点

■ **蓬莱阁**

是一座布局巧妙、风格独具而浑然天成的汉族古建筑群，因"八仙过海"传说和"海市蜃楼"奇观享誉海内外。

■ **南山**

分为宗教历史文化园、主题公园—欢乐峡谷和东海旅游度假区三大部分，各种建筑古朴典雅，雄伟壮观。

■ **长岛**

自然风光秀丽，气候宜人。岛屿周围有星罗棋布的港湾，众多的海水浴场，还有千姿百态的奇礁异石，素有"海上仙境"之称。

■ **牟氏庄园**

有"中国民间小故宫"之称，是目前我国保存最完整、最典型的地主庄园，是一部反映封建地主阶级生活的"实物百科全书"。

■ **张裕国际葡萄酒城**

张裕高档葡萄酒的酿造基地，而且还是引进、选育国内外优良葡萄新品种，进行相关栽培技术研究的重要场所。这里的大酒窖是目前我国最现代化的酒窖。

■ **必逛街道**

黄海明珠路美食街：烟台具有特色风味的高档餐饮美食一条街，集美食、娱乐、购物于一体的美食商圈。

登州古市一条街：位于小海东沿，有仿古园林建筑登州钱庄、古市商场、仿古商贸店铺等，临海一侧辟为旅游纪念品市场。

线路

■ **烟台市区一日游**

一整天可以沿着海滨观光旅游，沿途会有众多景点。从第一海水浴场开始，沿着形似弯月的海岸线一直走，到达东炮台公园。沿途还有石老人雕像、栈桥、滨海广场等一系列景观。最后还可以乘坐公交车，在车上"走马观花"一遍。

■ **烟台风光三日游**

第一天先乘车前往张裕卡斯特酒城，下午沿着滨海路观光一众景点，晚上欣赏美丽夜景。

蓬莱阁

第二天从烟台出发前往蓬莱，游览蓬莱阁风景区，游览完毕之后从码头乘船前往"海上仙山"长岛。

第三天先乘快艇游览长岛及附近岛屿，之后游览九丈崖、月牙湾，遥看望夫礁。午餐后到仙境源，登烽山。

为何去

蓬莱阁

烟台依山傍海，气候宜人，是中国为数不多的北面临海的城市。烟台是亚洲唯一的国际葡萄酒城，是环渤海经济圈及东北亚地区的国际性港城、商城、旅游城，同时还是国家历史文化名城、全国文明城市，被誉为“山海仙市”。烟台风光秀丽，山海相映，素以“中国金都、黄金海岸、人间仙境、鲁菜之乡、葡萄酒名城”的美誉著称于世。蓬莱为人间福地，长岛为海上仙境。

何时去

三仙山

烟台属于暖温带大陆性季风气候，但受海洋气候影响较大，空气湿润、气候温和。一年四季到烟台都有不同的景色。

春季的烟台，万紫千红，绚丽多彩，花香四溢，沁人心脾。夏季的烟台，大海碧波万顷，水、林、滩相映成趣，更有海市蜃楼的奇观，令人流连忘返。此外，烟台的大部分民俗节庆均在春节期间，因此，喜欢民俗的游客也可选择在春节期间出游。

金沙滩

区域解读

区号：0535
面积：13 930平方千米
人口：708.3万人

地理 GEOGRAPHY

区划

烟台下辖5个区（莱山区、芝罘区、福山区、蓬莱区、牟平区）、6个县级市（龙口市、莱阳市、莱州市、招远市、栖霞市、海阳市）、5个经济和功能区。

地形

烟台地形为低山丘陵，山丘起伏和缓，沟壑纵横交错。低山区位于烟台中部，主要由艾山、罗山、牙山、磁山、昆嵛山、招虎山等构成。丘陵区分布于低山区周围及其延伸部分，海拔100～300米，起伏和缓，连绵逶迤，山坡平缓，沟谷浅宽，一年四季林木葱茏，明媚如画。

烟台市域内，河网较发达，中小河流众多，其中五龙河、大沽河、大沽夹河、王河、界河、黄水河和辛安河等7条是主要河流。

气候

烟台依山傍海，气候宜人，是中国北方著名的旅游避暑和休闲度假胜地。烟台市属于暖温带大陆性季风气候，冬无严寒，夏无酷暑，四季分明。烟台夏季干燥，冬季湿润，全年平均气温12℃左右。

人间仙境蓬莱阁

蓬莱阁同湖北武汉黄鹤楼、湖南岳阳岳阳楼、江西南昌滕王阁齐名，被誉为我国古代四大名楼。前人诗云：“嵯峨丹阁倚丹崖，俯瞰瀛洲仙子家。万里夜看赐谷日，一帘晴卷海天霞。”

蓬莱阁是古代登州府署所在地，管辖着九个县一个州，是当时中国东方的门户，也是我国古代传说中的八仙过海之地，号称“人间仙境”。蓬莱依山傍海，所以又以“山海名邦”著称于世，山光水色堪称一绝。

蓬莱阁虎踞丹崖山巅，其下断崖峭壁，倒挂在碧波之上，偶有海雾飘来，层层裹缠山腰，雕梁画栋，直欲乘风飞去。游人居身阁上，但觉脚下云烟浮动，有天无地，一派空灵。

秦始皇访仙求药的历史故事和八仙过海的神话传说，给蓬莱阁抹上了一层神秘的色彩，因而古来即有“仙境”之称。世传蓬莱、方丈、瀛洲在海之中，皆神仙所居，人莫能及其处。

历史 HISTORY

历史大事记

夏朝时，东夷族在此建国。

秦始皇统一中国后，曾三次东巡，三次

登临芝罘岛。

公元前210年，徐福奉秦始皇之命，乘船泛海东渡，成为迄今有史记载的东渡第一人。徐福东渡把秦代文明传入日本，促进了日本社会由绳纹时代向弥生时代的飞跃。

唐朝时期，登州（治所蓬莱）是全国著名海口，同广州、交州、扬州并称为四大通商口岸，是北方通向海外的主要口岸。

公元631年，日本第一个遣唐使从芝罘岛登陆，开始了文化交流。

金正隆四年（1159年），全真道人王重阳声称于终南县甘河镇遇仙，授之修炼真诀，遂改儒为道，遁入玄门，居终南山修道。后于大定九年创立全真教。

明洪武三十一年（1398年），为防止海寇侵扰，在烟台设奇山守御所，这是烟台最早的城市雏形；在芝罘设烽火台，又称“狼烟台”，烟台由此得名。

1862年，烟台设立“东海关”，这是近代山东第一个对外开放口岸。

1866年，烟台海关设邮务办事处，兼办邮递外使文件，这是中国近代邮政的萌芽。

1875年，清廷命李鸿章为全权大臣，在烟台与威妥玛会商滇案。七月初三，李鸿章与威妥玛正式开始谈判。七月二十六日，签订了中英《烟台条约》。条约共三部分十六款，附有《另议专条》。

1879年，清政府议决在北京、天津、烟台、牛庄（营口）、上海五处试办邮政，烟台成为中国近代邮政的先声。

1892年，旅居南洋的华侨张弼士在烟台创办了张裕酿酒公司，取得成功。

1984年10月20日，经中华人民共和国国务院批准，烟台成为国务院批准的首批14个沿海开放城市之一。

名单 烟台历史名人

秦朝方士徐福

东汉末年名将太史慈

东汉著名数学家、天文学家徐岳

全真教龙门派创始人丘处机

明代著名抗倭将领、民族英雄戚继光

近代金石学家、甲骨文的发现者王懿荣

北洋军阀首领吴佩孚

著名特级侦察英雄杨子荣

著名作家杨朔

文化 CULTURE

传世珍品莱州玉雕

莱州市优游山盛产镁石和滑石。追溯莱州玉雕的历史，已经远不可考。在莱州，曾经从墓葬中发掘出许多玉雕随葬品，最早的有宋代的百食罐和长明灯盏。宋代墓葬中出土的滑石雕刻造型优美，刻工精熟，壁薄均匀。到了明代，玉雕出现了人物雕刻，跟器物雕刻不同，人物玉雕造型圆浑拙朴，不失为传世珍品。清末民初，县城周围村庄兴起以滑石雕刻为业的作坊，专刻瓶、盒或人物、动物、花鸟等类作品。由此可见，莱州的玉雕业源远流长。

滑石质地柔润细腻，色泽翠绿如冻，晶莹似玉，俗称“莱州玉”。由古至今，艺术家们把天然的石料雕刻成精美的艺术品，形成了久负盛名的莱州玉雕。现代莱州玉雕工艺更为精湛，有花卉、山水、钮制印章、仿古文物和人物、动物群雕等120多个品种，2000多个花样。玉雕精品有《二龙戏珠》《月季斗艳》《松鹤延年》等。

水果之乡——烟台

烟台是中国乃至世界享誉盛名的“水果之乡”，每年九月的国际果蔬食品博览会是国务院批准的四大国际贸易盛会之一，至今已举办十届。除此之外，烟台还有国际葡萄酒节、梨乡风情旅游节、栖霞苹果艺术节等多个和水果密切相关的节日。

独特的地理和气候环境，孕育出香甜可口的瓜果，一年四季瓜果不断。苹果、大樱桃、草莓、梨和葡萄都是烟台的名产。其中烟台大樱桃和烟台苹果是烟台市的城市名片，誉满国内外。

大樱桃是甜樱桃和酸樱桃的通称，原产亚洲西部和欧洲东南部。现在全国很多地方都开始生产大樱桃，但要说哪里的最好，还要数烟台的大樱桃最有名气。烟台的樱桃被称为“北方春果第一枝”，以其娇艳欲滴、晶莹剔透的风韵，香甜可口的美味而成名。

烟台的苹果主要产自栖霞市、蓬莱区、牟平区等地区，素以风味香甜、酥脆多汁享誉海内外，历来为国内外市场所爱。烟台苹果最初是从国外传入的品种，现在苹果品种已有200多个，以青香蕉、红香蕉、红玉、金帅和国光最负盛名。青香蕉、红香蕉和红玉果实硕大，清香浓郁，甜脆可口。前者色呈翠绿，后两者浓红如脂，特别是青香蕉，含糖率高达13.2%，香甜如饴，可与南方的香蕉媲美。金帅苹果果实金黄，汁多甘甜，清香爽口，为中秋佳节的应时果品。烟台地区的苹果栽种面积已发展到46 666.67多公顷，比新中国成立初期增长了17倍，苹果年产量5亿多千克，成为我国最大的苹果经济栽培区之一。

烟台苹果

莱州樱桃

景点推荐

烟台市区景点

烟台山 AAAA

烟台重要发祥地和象征

烟台市芝罘区历新路7号

烟台山三面环海，景色迷人，海域辽阔，植被繁茂，海水清澈，礁石奇异，是集海滨自然风光、开埠文化、文物遗址、人文自然景观及异国风情于一体的全国重点文物保护单位。

烟台山景点众多，景区还有海上游艇观光、儿童游乐园、风味小吃、茶艺等旅游项目，这些使烟台山成了集东西方文化于一体、开埠文化与自然景观相结合的特色游览胜地。

链接

趣闻典故

明洪武三十一年（1398年），朝廷在藤峰顶设立烽烟台，作为报警的场所，因而称这里为烟台山，后来烟台也由此而得名。

烟台山灯塔

烟台市唯一的标志性建筑，专为进出港口的船只进行导航。灯塔底部3层采用古堡式建筑造型，内设电梯可直通11层瞭望台，顶端有360°转动照明灯，直射距离可达30海里，集导航、旅游、海上交通指挥于一体。

龙王庙

龙王庙是烟台山上最古老的建筑之一。始建于明代，是当地人为祈雨保丰年而修建，迄今已有数百年历史。龙王庙建在顶峰北侧，坐南朝北，面朝大海，这在全国比较少见。

中国锁具博物馆

锁具博物馆是英国领事馆的附属建筑，现在作为中国唯一的锁具博物馆对外开放。这里可以看到前所未见的古代小提琴锁、5000年前仰韶文化时期的木锁、花瓶锁、十二生肖锁、长命锁、保家白锁、古代密码锁及现代高科技的指纹锁，具有很高的鉴赏及收藏价值。

芝罘岛

中国最大、最典型的陆连岛

烟台市芝罘区之罘岛屿

芝罘岛，又名芝罘山，古时称为转附、之罘，在当地居民中，习惯性地称之为北山。此岛屿位于我国山东省烟台市芝罘区北部的海域，其独特的地理区位使其成为我国最大的陆连岛之一。芝罘岛通过一条连岛沙坝与大陆紧密相连，岛内丘陵起伏，地势较为平缓，主峰老爷山海拔298米，巍然屹立，景象壮观。

芝罘岛的阳坡绿意盎然，草木繁茂，美景如诗如画。而其背面则是怪石嶙峋，崖壁陡峭，展现出一种雄浑壮观的气魄。这些独特的地理特征使得芝罘岛成为人们向往的旅游胜地。

据传，此处是传说中秦始皇三次登临的地方，充满着历史的厚重感。同时，芝罘岛也是烟台市古地名“芝罘”的起源地，承载着丰富的历史文化底蕴。

烟台市博物馆

清末闽南建筑

烟台市芝罘区毓岚街2号

乘1、2、5、10等路公交车到文化中心站下，步行即到

09:00~16:00，周一闭馆

烟台市博物馆又名“天后行宫”，为清末闽南建筑。会馆建筑上用的石雕、木雕等均为泉州一带的工匠所制。木石雕刻是会馆的最精彩之处，仅山门下就有石雕近百幅，木雕人物近500个，另有各种花鸟图案。四周厢房为烟台市博物馆举办的各种历史文物陈列。

福建会馆

在这里，除了领略建筑之美、感受妈祖文化外，还可欣赏林则徐、左宗棠、李鸿章、康有为等历史名人的墨迹。

塔山

因建有一座宝塔而得名

烟台芝罘区塔山路36号

乘坐45、58等路公交车在塔山风景区下车即到

08:00~17:30

塔山风景区东携岱山，西牵南山，如同一道天然的绿色屏障将繁华的市区揽在怀中。山上建有太平观、龙王庙等古建筑，也有竞技馆、国防教育馆、儿童游乐园等新建旅游项目，此外景区还建有落差300米的索道。塔山自然风光秀丽，有着浓厚的宗教、民俗文化底蕴，是一处集风光浏览、竞技娱乐及宗教活动为一体的大型综合性旅游景区，非常适合游玩。

玩家攻略

景区正月初九举办庙会，农历三月初三举办“三月三山会”，黄金周则举办游园主题活动。

其中，三月三山会持续一周左右，其时塔山梨花盛开，漫山遍野一片雪白，到山巅儒佛道三教合一的太平庵祈福者甚多，届时舞龙灯、耍狮子、地方戏剧表演、斗鸡羊表演等纷纷登台。

崆峒岛

充满渔村特有的风情

烟台市芝罘区东北9.5千米海域处崆峒岛村

从烟台山码头出发向崆峒岛约行9.5千米

崆峒岛四面环水，超尘绝俗。岛的北面多是陡峭的礁石，南坡地势平缓，并有一月牙形的天然海水浴场。岛的周围环绕着十几个岛屿，水产资源丰富，盛产海参、扇贝等名贵海产品。在此可以赶海拾贝、钓鱼、游泳或野营，充分体验岛上休闲度假的乐趣。

踏上崆峒岛，一下子就能感受到渔村特有的风情。海边，头戴彩色方巾的渔家姑娘正忙着筛选扇贝苗，一排排网笼铺满了海滩，绿树红瓦之间，偶尔还能看到过去渔家的海草房。登上北山，有两座白色的灯塔，在塔顶可以一览整个海岛奇丽的景色。

张裕酒文化博物馆 AAAA

中国第一家世界级葡萄酒专业博物馆

烟台市芝罘区大马路56号

乘坐6、18、43等路公交车，到烟台山医院站下车，步行可到

80元

淡季08:00～17:00，旺季08:00～18:00

张裕酒文化博物馆是中国第一家世界级葡萄酒专业博物馆。博物馆主要由百年地下酒窖和展厅两部分组成。大酒窖深7米，是当时亚洲唯一地下大酒窖。展厅分为历史厅、酒文化厅、荣誉厅、书画厅四大部分，运用高科技的表现手法向人们讲述了以张裕为代表的中国民族工业发展史，并传递给了人们很多酒文化知识。

百年大酒窖

张裕百年大酒窖，是亚洲第一大酒窖，酒窖距海岸线不足百米，至今没有发生过渗漏，其精密的设计构造及严谨的工程质量堪称中国建筑史上一绝。窖内四季恒温，在供来宾参观游览的同时还担负着陈酿贮酒的生产任务，里面至今还贮藏着公司各个年份所产的瓶装酒。

综合大厅

用三面浮雕展示了不同历史时期影响张裕发展的重大事件及重要人物。主题浮雕体现出孙中山先生对张裕酒品的欣赏。历史浮雕，主要描写、刻画了早期张裕人的创业情景。现代浮雕记录了江泽民同志1992年7月24

张裕葡萄酒窖

日来访张裕时的亲笔题词“沧浪欲有诗味，酝酿才能芬芳”。

珍品厅

珍品厅主要展示的是张裕公司的荣誉，其中一块铜牌记录的是北京中华世纪坛青铜甬道铭文上的一段文字，记载了1892年中国历史上的四件大事。这里陈列有公司创建以来所获的奖牌、奖章等物品以及党和国家领导人的题词，还有海内外厂商、友人馈赠的礼品。

滨海观光路

烟台的“香榭丽舍大街”

从烟台市区北端烟台山开始，紧贴海岸，贯穿市区，直至养马岛　在火车站乘17路公交车可以欣赏沿途迷人风光

滨海观光路是烟台人引以为豪的一扇窗户，从市区北端烟台山开始，一直向东，紧贴海岸，贯穿市区，直至养马岛。沿途风光旖旎，海中点点白帆，黛岛耸峙，听海鸟啁啾，波涛细语，那种惬意已不可名状，再见一路繁花似锦，名树如翠，更是心旷神怡。

沿途有第一海水浴场、张裕酒文化博物馆、月亮湾、东炮台、国际会馆、第二海水浴场、黄海游乐城等旅游景点，还可以看到风格迥异的各国领事馆建筑。入夜，这条大道璀璨夺目。夜幕垂挂，花灯齐放，火树银花，流光溢彩。

养马岛 AAAA

秦始皇御封的“皇家养马岛”

烟台市牟平区养马岛天马路99号

乘坐603路公交车到牟平汽车站下车，转乘617路即可到达度假区

免费

08:00～18:00

养马岛旅游度假区是以海滨娱乐、度假休养为主，以观光旅游为辅的综合性旅游度假胜地。海岛地势南缓北峭，岛前海面宽阔、风平浪静，岛后群礁嶙峋、惊涛拍岸。岛的东端是碧水金沙的优良浴场，西端水深浪小，是天然良港。岛上气候宜人，冬无严寒，夏无酷暑，被称为“东方夏威夷”。

玩家攻略

1.每年“五一”景区举办马文化节，时间为七天，有高速度赛事、马术杂技、古战争演示、少数民族、杂技等表演节目。另外，每逢周末还会有赛马会。

2.养马岛菜肴以清鲜、脆嫩、原汤原味见长，烹调技法以炸、熘、爆、炒、蒸、煎、扒为主。上菜顺序为先冷后热，先咸后甜，每席必有鱼，没有海参不算大席。名菜有葱烧海参、扒原壳鲍鱼、芙蓉干贝、炸蛎黄、白扒鱿鱼、苜蓿蛏子、削丽大虾、芫爆乌鱼花、韭菜炒海肠子等，珍珠白汁嘉吉鱼、三吃大虾、芙蓉原壳天鹅蛋、鸳鸯天鹅汤等是在其他地方品尝不到的。

3.通海路上有一家早餐店，名叫“蓝白蒸包王”，这里的早餐很有特色。店里的肉丸包、肉丁包非常美味，现炸的油条也很棒，价格也比较实惠。

4.在岛上可以住渔家，还可以包船出海，出海可以捞海鲜、钓海鲜，所有收获都是你自己的。但是包船出海有时间限制，9月至次年6月开放，每年7月和8月是封海期，一般不允许出海。

5.岛上的酒店也很多，有安德利度假村、黄金宫饭店、将军鸢飞大酒店、天马大酒店等几十个大大小小的酒店，选择空间很大。

玩家解说

养马岛历史悠久，相传当年秦始皇东巡时途经这里，看见岛上水草丰美，就传旨在这里

养马岛

饲养战马，并封这里为“皇家养马岛”，岛由此得名。

天马广场

包括天马苑、秦皇苑等六大景区和马文化长廊等八大主要景观。其中天马雕塑高近30米，整个雕塑气势恢宏，是养马岛的标志性雕塑。位于秦皇苑内的秦始皇铜像再现了秦始皇君临天下的威仪。周边环绕“浮雕墙”，图文并茂地展现了秦始皇一统天下的功过是非。马文化长廊为国内首创，它记载着秦人由养马而立国的历史以及秦始皇最爱的七匹名马的风采。

深海温泉洗浴中心（养心苑）

深海温泉洗浴中心是中国首家深海温泉。养心苑处处洋溢着异国情调。这里拥有华东地区最大的日本料理餐厅，单设寿司台、铁板烧、和室及德国自酿啤酒生产线。大型露天温泉及室内洗浴区可同时容纳500人洗浴，有纯日式海景榻榻米客房17套。

昆嵛山 AAAA

全真教的发祥地

烟台市牟平区龙泉镇民场

通票80元 08:00~17:00 在烟台长途汽车站乘坐直达昆嵛山的班车即可到达

昆嵛山国家森林公园峰峦绵延，林深谷幽，古木参天，遍布文物古迹，是中国道教全真派的发祥地，素有“海上仙山之祖”的美誉。

昆嵛山是个天然生态博物馆，这里动植物资源丰富，生态优越，环境幽雅，气候宜人，是原始的、纯自然的、无污染的生态旅游区。景区可以进行森林观光、康复度假、科普修学、攀岩探险等多种活动。

玩家攻略

1.景区举办的定期活动有农历四月十五岳姑殿庙会、每年4月15日至4月30日旅游踏青节、农历六月十二九龙庙会等，届时游人如织，热闹非凡。

2.景区内有昆嵛宾馆、森林餐厅、昆嵛山人酒店等多家餐饮场所。昆嵛山大酒店位于昆嵛山国家森林公园总部驻地，以昆嵛山特产的各种山珍野味为特色菜系。

链接

趣闻典故

传说古时候东海有一条巨龙触犯了天规，玉帝龙颜一怒将其锁在了苍山上。巨龙不甘心，就与看守的河神搏斗，一场天昏地暗的战斗结束后，巨龙挣脱羁绊，回到了大海，而昆嵛山却留下了这块坎九池。

泰礴顶

泰礴顶素有“胶东屋脊”之称，取泰山支脉而气势磅礴之意。登极顶，俯视寰中，三面碧海浩渺，半岛群峰耸翠，到处是竞高的水杉、较劲的松柏、比茂的槐杨、赛古的银杏，昆嵛美景尽收眼底，还可以观日出、云海、山市等景观。

九龙池

在高约百米悬崖石壁，居中梯列9个大小不等的天然石池，池水源于山涧泉水，甘甜清冽，清澈见底，终年长流不息。瀑布长而且大，在山东省属罕见。在这里，可看到龙王庙、龙潭、龙王阁、古木瓜、仙翁石等。

昆嵛山

烟霞洞

由一突兀岩石自然造化而成。洞室呈椭圆形，洞壁上刻“烟霞洞”三个大字。洞内供奉着“七真人”雕像。洞外，峰峦环抱，壑谷幽邃，危岩矗立，石径回绕，奇秀壮观。每当阴霾天气，山头白云缭绕，云海如浪，并时有霞光出现，景色奇绝。

张裕国际葡萄酒城

亚洲唯一的“国际葡萄酒城”

烟台市福山区北京中路56路

乘201、203路公交车可直达景区

80元　08:00~16:30

张裕国际葡萄酒城是由张裕卡斯特酒庄、酒城之窗、葡萄公园等部分组成的一个大型景点，也是亚洲首座葡萄酒主题乐园。

张裕卡斯特酒庄是中国第一座专业化酒庄，常年举办葡萄酒特色活动。酒城之窗是中国乃至世界最大的葡萄酒文化体验中心。葡萄公园背靠浩瀚的大海，种植了180多种来自世界各地的名贵葡萄，还有迎宾台、沧浪小溪、醴泉湖等景观，非常漂亮。

金沙滩 AAAA

有中国北方第一海滩之称

烟台开发区海滨路40号

乘坐28、21、23等路公交车，到碧海云天站下车，步行可到　免费

全天开放

金沙滩海滨公园是集游泳、赏景、娱乐、休憩、美食于一体的综合性景区。这里碧波万顷，沙滩金黄细柔，林带郁郁葱葱，空气清新洁净，山、水、林、滩相映成趣。

公园的万米黄金沙滩，素有“中国北方第一海滩”的美誉，滩平岸阔、浪柔沙细。此外，景区还建有天街广场、音乐广场、休闲广场等景点，海滨路南侧一带还有一片槐林，里面是一座座欧式建筑，既有自然气息，又富欧陆风情，非常漂亮。

天街广场

天街广场位于公园正门处，为一圆形阶梯状建筑。北部最高点矗立着一组风帆群雕，在碧海蓝天间显现出勃勃生机。入夜，这里华灯齐放，灿烂辉煌，风帆通体发光，昂扬向上，体现了开发者的时代精神。整个广场喷泉洒珠，花红树绿，使人仿佛置身于天上的街市。

空中世界

空中世界位于公园北侧，以英国“三叉戟”客机为主体。登上该机，可进行空中模拟飞行，体验翱翔蓝天的感受。该机客舱内还设有咖啡屋、录像厅、风味餐厅等，品着咖啡，悠闲自得，领略烟台美丽的山水，充满了无尽的诗情画意。

烟台天地广场

烟台经济技术开发区中心

位于烟台经济技术开发区中心地段的烟台天地广场，犹如一颗璀璨的明珠，熠熠生辉。这片宽敞的广场以绿色为基调，强调自然与人文的和谐共生，将自然植物元素贯穿整个设计理念，使人们在其中能够感受到大自然的气息与活力。

广场的设计匠心独运，巧妙地将自然与人工景观融为一体。中轴线将广场划分为南

烟台金沙滩

北两个观赏区域，寓意着天地的划分。北面为“太阳”广场，象征着天空的广阔无垠。广场中心向外放射状的道路，犹如太阳光芒四射，展现出勃勃生机。南面为“大地”广场，象征着大地的富饶与包容。广场中心规划有环状道路，宛如大地的脉络，呈现出浓厚的地域特色。

在这片充满活力的广场上，矗立着中国烟台经济技术开发区的区标。这座高33米的碑体采用三角立体造型，象征着力量与稳定。碑体顶部放置着高5米的圆形不锈钢区徽，熠熠生辉，犹如一颗闪耀的星星，照亮了整个广场。

王懿荣纪念馆

闹中取静的观赏胜地

烟台市福山区河滨南路

乘坐305路公交车在保利剧院站下车，向东步行200米即到

王懿荣纪念馆古朴典雅，是福山城区中闹中取静的观赏胜地。它分为五个展厅：第一展厅介绍了“甲骨文之父”的生平事迹，陈列着他生前用过的遗物；第二、第三展厅集中陈列了他的著作、手札、对联、中堂等书法著作；第四展厅陈列了王懿荣生前所作的爱国主义诗篇；第五展厅陈列了全国著名书法家、历史学家等给纪念馆的题字、题词、题诗等。

烟台海昌鲸鲨海洋公园

以鲸鲨为主题的海洋世界

烟台市莱山区滨海中路45号

海昌鲸鲨馆是一家以鲸鲨为主题的海洋世界，内部设有鲸鲨展区、鲨鱼展区、海牛展区等十大特色功能区。鲸鲨是海洋中最古老、体型最大的鱼类，在鲸鲨展区有双髻鲨、燕鳐、鲎头鳐等30余种，在这里可以清晰地看到鲸鲨在3000立方米水体中尽情遨游的壮观景象。

鲸鲨

景点推荐 蓬莱周边景点

蓬莱阁景区 AAAAA

中国古代四大名楼之一

烟台蓬莱区迎宾路7号

在蓬莱区乘坐区内公交车即可到达

100元

夏季07:00~18:00，冬季07:30~17:00

蓬莱阁景区素有“人间仙境”的美誉。传说蓬莱是海中的三座仙山之一，当年秦始皇东巡求药、汉武帝御驾访仙都曾来过这里，广为流传的“八仙过海”神话传说也是发源于这里。蓬莱阁与黄鹤楼、岳阳楼、滕王阁并称为“中国四大名楼”，其内部为规模宏大的古建筑群，非常壮观。景区另有戚继光故里、蓬莱水城等20多处景点，都很值得一游。

玩家攻略

1.相传正月十六是天后（海神娘娘）的生辰，当地人有正月十六赶庙会的习俗。人们从四面八方赶往蓬莱阁天后宫，进香膜拜、求签许愿、捐香火钱。各地农民组织戏班、秧歌队到蓬莱阁戏楼、广场上表演，届时蓬莱阁上人山人海，热闹非凡。

2.每年正月十三、十四有渔灯节，渔民纷纷到蓬莱阁龙王宫送灯、进奉贡品，祈求出海平安和渔业丰收，后改为设供祭船、送渔灯、放鞭炮，同时举行娱乐活动。

3.蓬莱的特色美食有蓬莱小面、蓬莱卤驴肉、八仙宴、真鲷、对虾、刺参、皱纹盘鲍、栉孔扇贝、褶牡蛎等风味特产。蓬莱阁周围快餐店有肯德基、麦当劳，中餐馆有鑫源宾馆、蓬壶春饭店等。兵器烧烤街集中了蓬莱的大小美食，在那里足以大饱口福。

4.蓬莱阁宾馆、八仙居度假村距离蓬莱水城、八仙渡海口、仙人望海楼、避风亭等景点都

蓬莱水城

非常近，可步行前往。蓬莱阁宾馆位于钟楼北路228号，为中式园林酒店，临近蓬莱阁、八仙过海等景点。八仙居度假村位于海滨路3号，以花园别墅式的建筑风格为主，举目可赏“凌空高阁”，依窗可领略“碧海风情”。

链接

趣闻典故

蓬莱阁主阁后壁上刻有“海不扬波”四个字，“不”字是后来补上的。这原是1840年鸦片战争爆发后，山东巡抚托浑布触景生情写下的，表达了他希望万里海疆平安无事的心情。可是甲午战争时，日舰炮击蓬莱，一发哑弹击中了“不”字，于是“海不扬波”就成了“海扬波”。

蓬莱阁

蓬莱阁主体建筑为双层歇山并绕以回廊，登阁环视，神山秀水尽收眼底。得天独厚的地理环境，使得蓬莱阁四季景色各异，就连一日之间也变幻无穷。世传蓬莱有十处仙景，“海市蜃楼”为第一大奇观。每年春夏、夏秋之交，空晴海静之日，时有海市出现。

蓬莱水城

蓬莱水城又名“备倭城”，原为宋代边防水寨“刀鱼寨”旧址。水城沿着丹崖绝壁向南筑起，整个城池只有南北两门，北门叫水门，控制船只出入；南门为振阳门，供车马行人出入。北门设有两座炮台控制附近海面。水城进可攻，退可守，具有极高的军事历史文物价值。

中国船舶发展陈列馆

中国船舶陈列馆位于水城的太平楼内。一楼是古代船舶陈列厅，陈列着5000年前的独木舟、东汉斗舰、隋代龙舟等20余只古船模型；二楼是现代船舶陈列厅，展示着现代战舰、货船、游轮等30余只船模，系统形象地再现了我国造船技术的发展历程。

田横山

“一山分二海”的独特地理

蓬莱区蓬莱阁西侧

蓬莱阁100元，含田横山

田横山与旅顺老铁山灯塔的连线即为黄、渤二海分界线，因此具有“一山分二海”的独特地理地位。汉时韩信破齐，齐王田横率其徒五百人东走筑寨于此，因此得名。公园内人文景观有田横栈道、齐王鼎、孙子兵法汉简、健身桩等。田横山北临黄、渤海边，形成了众多的自然景观，有金龟礁、老虎洞、八仙礁、弹子涡等。

戚继光故里

民族英雄戚继光的故乡

蓬莱区钟楼西路附近

乘11、5路公交车在戚继光故里站下车

蓬莱是明代杰出的军事家、民族英雄戚继光的故乡。从明初洪武年间戚斌（戚继光五世祖）世袭登州卫指挥佥事始至今，戚氏族人在蓬莱留下了大量文物古迹。戚继光故里周围保留有明代嘉靖年间修建的两座御赐牌坊和崇祯年间修建的戚继光祠堂。故里景区有戚府、戚继光兵器馆、后花园、牌坊街等景点。

八仙过海 AAAAA

以八仙过海传说为主题

蓬莱区滨海大道北首

乘坐蓬莱旅游专线，在八仙过海景区附近下车，步行即到

¥ 100元 07:00~17:00

八仙过海景区三面环海，周围海域天高水阔、景色壮观，每当春夏之交时，常有海市、海滋景观出现，奇景虚幻缥缈，美不胜收。景区突出大海仙山的创意，集古典建筑与艺术园林于一体，内涵丰富，意境深远，观览性极强，主要景观有八仙坊、仙人桥、仙源楼、八仙壁等。

玩家 攻略

1.游览整个景区大约需要3小时。推荐线路：景区入口—牌坊—八仙桥—仙源楼—八仙壁—海豹岛—沉香轩—钟楼—望瀛楼—八仙祠、财神殿、祈福殿—龙王宫、妈祖殿—会仙阁—颐心亭—仙人桥—拜仙坛。

2.景区的最北端是旅游观光码头，您可以乘坐快艇到海上游览十大景观、遨游黄渤海，感受八仙过海的神奇。

3.每年正月十六景区举办传统的八仙庙会，“五一”和“十一”期间还有大型演出。

4.这里特色商品有以八仙为主题的玉雕、歙砚、漆器、瓷器等传统文化艺术珍品，也可以购买到以八仙文化为主的纪念品。

链接

趣闻典故

在云外仙都坊以北，有一座仙源楼，这是一座北拱歇山式二层建筑，也是景区进出的门楼。门楼上方悬挂“仙源”两个大字，是唐太宗李世民题写的。传说当年唐太宗亲率大军东征高句丽，路过这里时巧遇海市蜃楼奇观，惊叹不已，于是就以“仙源”来称呼。

蓬莱三仙山 AAAAA

集中国古典园林之天成

蓬莱区海滨路9号　在蓬莱区乘坐区内公交车即可到达　¥ 通票100元

旺季07:30~15:30，淡季08:00~15:00

三仙山风景区是一处集旅游观光与休闲度假于一体的综合性景区，是山东半岛黄金旅游线上的一颗璀璨明珠。

景区由三和大殿、蓬莱仙岛、方壶胜境、瀛洲仙境等景观组成，其中重108吨的世界第一大整玉卧佛、重72吨的整玉立观音、重260吨的十一面观音是景区的镇园之宝，堪称稀世珍品。景区恢宏的建筑、精美的园林、震撼的藏品、深厚的文化，使之被评为继圆明园、颐和园之后中国古典园林的又一个典范，被誉为“神话仙境，蓬莱再现”，你去参观的话，一定会叹为观止、流连忘返。

玩家 攻略

蓬莱三仙山温泉馆位于三仙山斜对面，内设温泉游泳池及瀑布温泉浴、冲击浴、周身浴、玫瑰花浴、中草药浴、针刺浴、腹部臀部减肥按摩浴，还有鱼疗池、水中健身池、儿童游乐池、中式桑拿、韩式桑拿、土耳其蒸汽浴、火炕。二楼设有休闲餐厅。

玩家 解说

珍宝馆珍藏有大量的国家级艺术品，数量多、品位高，具有极高的艺术、收藏和观赏价值。珍宝馆三楼展出的都是珍品中的珍品，其中摆在三楼显眼处的精美木雕，名为“百鸟朝凤”，是黄花梨材质的，据说这件木雕耗费了10位木刻大师三年的心血才制作完成。

三仙山

蓬莱海洋极地世界 AAAA

亚洲最大的海洋世界

蓬莱区海港路88号

乘坐蓬莱旅游专线，到海洋世界站下车，步行即到

08:00~17:30

蓬莱海洋极地世界汇集了世界各地近千种海洋生物，是亚洲最大的海洋世界。

海洋世界在热带雨林里有瀑布、丛林、奇异的动物和原始森林等景观。穿过100多米长的海底隧道，游客可以进入海洋世界的中心区域。这里展示了来自世界各地的上千种海洋生物，还有美人鱼的精彩表演，使您心旷神怡、流连忘返。

玩家攻略

1.动物表演场可以看到"海狮做算术"和"六豚齐飞"。最好提前半小时进场，挑一个第一或者第二排靠近中间的位置坐下。机灵乖巧的海豚除了能配合训练员在水中骑行表演之外，还会拖上一艘橡皮小艇，邀请小朋友乘坐，分享水上滑行的快乐。

2.带着孩子旅游时，尽量错开早晨入馆的高峰时间，这样可以保证旅游的质量，并且带足食品和水，里面东西太贵。吃饭可以去海洋世界对面的渔人码头，这里主要以鲁菜为主，但价格较贵。

3.查清楚美人鱼表演和海洋剧场的演出时间，以免错过演出，特别是海洋剧场，一定要安排好时间，提前排队等候。

4.4D影院不适宜有心脑血管、精神疾病的人士观看，要注意。

热带雨林馆

热带雨林馆有凶猛的鳄鱼、巨蟒，让人感到惊险刺激。河马水下太空步似的行走，给人营造出一种天马行空的意境。飞流直下的瀑布、云雾缭绕的丛林以及古藤、溶洞等景观展现了南美亚马孙河流域的热带雨林景象。

极地海洋馆

企鹅、北极熊、海狮、海象等，成群结队，就像生活在一起的家人一样。大鲨鱼和潜水员献上一幕精彩的人鲨共舞表演，亲切和谐。在白鲸馆，几只可爱的白鲸在自由地玩耍。在这里还可以和一些海洋动物亲密接触，可以给小海狮、小海豚等动物喂食。

龙口南山 AAAAA

有堪称世界第一的铜铸大坐佛

龙口市南山旅游景区　乘坐13、5路公交车，到南山博商购物中心站下车，步行即到

115元　07:30~17:00

南山旅游景区，是一处大型人工景区，分为宗教历史文化园、主题公园和东海旅游度假区三大部分。

景区内的南山禅寺、香水庵、灵源观、文峰塔、南山古文化苑等景点均系晋、唐、宋、元、明、清代遗迹，千年古刹，可谓圣地重光，更添新颜。南山旅游景区已成为集旅游观光、休闲度假、产业观光等功能为一体的大型多功能旅游景区，并以它独特的魅力勾画出一幅“福寿南山，养心天堂”的人间美景。

玩家攻略

景区定期举办南山大佛开光暨春季庙会、山杏采摘节、南山国际长寿文化节、南山玉佛开光暨秋季庙会等活动。

南山宗教文化园

南山景区宗教文化园以佛教为主，道教、儒教为辅，由南山大佛、南山禅寺、香水庵、南山道院、灵源观等组成，均系晋、唐、宋、元、明、清代遗迹。

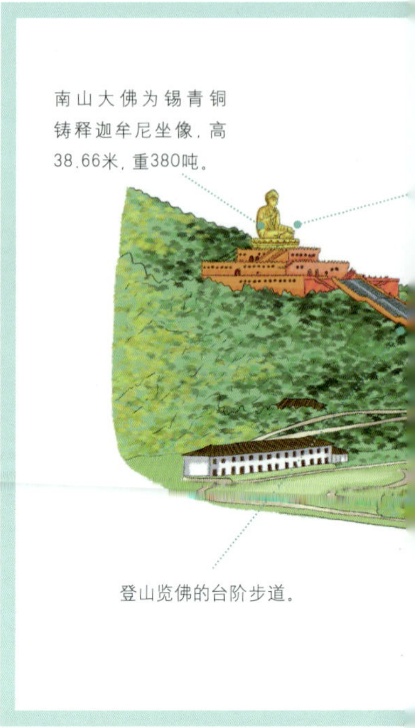

南山大佛堪称世界第一铜铸大坐佛，为锡青铜释迦牟尼坐像，大佛莲花座下建有功德堂、万佛堂、佛教历史博物馆。万佛堂内陈列着造型逼真、栩栩如生的金铜佛像，与大坐佛共同构成了万尊佛像的宏大阵容。

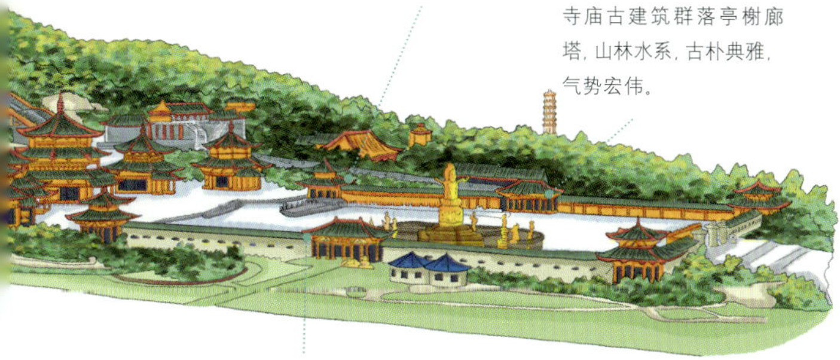

中华历史文化园

中华历史文化园是目前国内唯一一座以历史文化和吉祥文化为主要内容，起于远古止于清朝，按朝代顺序建造而成的大型主题公园。在各个朝代极具特色的建筑群中穿梭，可以体验到人们喜闻乐见的吉祥、民俗、饮食和市井文化。大量的历史资料与实物展示，全面展现了中华文明的博大精深和民族文化的多姿多彩，是感受中华博大文明的经典去处。

丁氏故宅

保存较好的“四合院”

龙口市黄城西大街21号

龙口市长途汽车站十字路口往南500米左右

24元　08:30~16:30

龙口市博物馆前身即丁氏故宅，原为清初黄县巨富丁百万家族所建，是目前中国规模宏大、举世闻名、保存较好的“四合院”式建筑群。古宅坐西朝东，为典型的北方传统的硬山式砖木结构。建筑群分若干个大院，每个大院由若干个四合院组成，疏密得当，浑然一体，古朴大方。

屺姆岛

远伸海中的奇特半岛

龙口市西北10千米处，渤海海峡间

从龙口港有到屺姆岛的班车

屺姆岛是个远伸海中似孤屿又连陆的奇特半岛，南、北、西三面环海，沙堤与陆地相连，岛形纵短横阔，北高南低。岛由火成岩构成，东北部山顶有一灯塔。这里环境幽静，空气清新，水质清净，沙滩白细平缓，是一处休闲度假的良好场所，主要景点有将军石、钓鱼台、胡大海广场、屺姆滩、水上游乐园等。

长岛旅游区

素有"海上仙山"之称

烟台市蓬莱区迎宾街10号

游客可以从蓬莱港码头乘坐发往长岛的客轮前往

长岛景区联票108元

全天开放

长岛旅游景区旅游资源丰富，碧海蓝天、滩洁礁奇、林秀崖险、风光旖旎，自古就有"海上仙山"的美誉。

景区的景观主要有两大类：以海蚀地貌和海积地貌为主的海岛自然景观，以海豹、海鸥、候鸟等为主的海岛生物景观，都具有极高的观赏价值和科学价值。整个景区集山、海、礁、崖、洞及古迹于一体，融奇、雄、秀、美、险、神于一身，具有很高的旅游和美学价值。

玩家 行程

长岛二日游线路：

D1：早晨可从烟台（或蓬莱）出发，乘船到长岛，早餐可到长岛上吃，也可自带或在住宿地点吃。上午先游览九丈崖、月牙湾，遥看望夫礁，下午到仙境源，登烽山。傍晚左右到达林海公园，林海公园的日落非常有名，游览后可在当地住宿渔家乐。

D2：从长岛乘船到万鸟岛，航程大约半个小时，观看石帆礁、龙爪山，下午看宝塔礁和天后宫。天后宫是当地渔民为了祈祷渔船平安而建的寺庙，虽然全国各地海边城市都有，但长岛的天后宫，据说是最古老的庙宇之一，值得一看。

月牙湾

月牙湾又称"半月湾"，宛如一钩巨大的新月。步入月牙湾，球石滩的石头洁白如玉、晶莹剔透，每一块石头都让人爱不释手。1979年，叶剑英来长岛，欣然为月牙湾题诗："内长山岛月儿湾，勤车渔农并石田，昂价球石生异彩，妇孺岂惜指头艰。"

九丈崖

九丈崖是高69.7米的绵延几百米的山崖，由于海蚀而形成了上凸下凹之势，如刀削斧砍，蔚为壮观。景区的滴水观音、九叠石塔、八仙石洞等都很值得一看。

林海烽山

因有一望无际的大海、茂密的森林而得名。这里是俯瞰全岛、观黄渤海分界线的最佳地点。长山尾是黄海、渤海的交汇处，海水颜色在此南北迥异，差异明显，黄海一侧海水发黄，渤海一侧海水偏绿，泾渭分明，使人不由得感叹大自然造物的神奇。

万鸟岛

万鸟岛位于南长岛的东北方，要想领略小岛迷人风光就得从岛中部的通天洞沿着盘山路登上山顶。岛上是鸟的乐园，有海鸥、白腰雨燕、海鸬鹚、扁嘴海雀等，万鸟齐飞时，十分壮观。

月牙湾

景点推荐

海阳周边景点

地雷战景区

中国北方最大的红色旅游区

烟台海阳市朱吴镇 从市区乘坐海阳到徐家店或郭城的中巴车，在山中涧村碑下车，即可抵达

60元 08:30~16:30

地雷战景区是抗日战争时期地雷战的发生地，是根据战争年代海阳人民用地雷抗击日寇的历史故事所创建的一个特色景区。

景区由仿古建造的碉堡、古槐和世界上最大的地雷——巨型地雷组成，再现了当年海阳一带地雷战烽火连天的战斗场面，重现了民国时期的街道风貌。

玩家 解说

民俗一条街，通过英雄居、民俗实物展等，充分展现了当地特有的人文风情；地雷战展览馆则通过大量的实物、图片为我们再现了抗日战争时期海阳民兵积极参加抗日、人民群众踊跃支援前线的壮观场面。

万米海滩浴场

理想的天然海水浴场

海阳市海滨路附近

烟台汽车站有一班开往海阳的班车

海阳万米海滩天蓝海碧，沙细水清，沙白如面，有“南有广西北海，北有山东海阳”的美誉。

海滩浴场内设海水浴场、野营屋、蘑菇亭等设施，有沙滩球场、海上秋千、沙滩摩托、海上快艇等海上运动项目。沙雕艺术公园位于万米沙滩浴场福邸·金海翠林南侧一线海景地带。公园周围有53.33公顷黑松林，步入林区，空气湿润清新，令人陶醉。

玩家 攻略

1.在这里，可以在海滩晒日光浴、玩沙滩排球（海阳万米海滩是2012年第三届亚洲沙滩运动会的比赛地），可以去海滨游泳、冲浪、驰船，可以去翠绿的松林休憩、嬉戏，还可以在此地看日出、观海潮、寻海市。当然也可以在海边捡拾形状特异的贝壳，一定会有满意的收获。

2.海阳沿海岸著名的酒店有黄金海岸大酒店、观海大酒店、曦岛游艇会（可租赁游艇）、国宾海景酒店等。价格稍微低些的宾馆有海阳机械宾馆、大海洋酒店、崇阳酒店，位于海阳市中心附近。国宾海景酒店是海阳市唯一的五星级酒店，距离沙滩不到百米，设施齐全，观海景极佳。

海阳云顶山

有北方最大野生竹林

海阳市盘石店镇大庄村西

在海阳市城北汽车站乘“东村—大庄村”的公交车，可以直达云顶景区

50元

云顶山自然风景区处于招虎山国家森林公园中心地段，周围群山环绕、奇峰怪石、山光水色，“小石门”“石狗像”等岩壁风光惟妙惟肖，各具形态。这里的古银杏树、古木瓜树已有数百年寿命，被当地山民奉为“神树”而受到世代祭祀。这里还有北方最大野生竹林，被誉为“胶东半岛一大奇观”“北国一大奇观”“世外仙境”。

招虎山

目前云顶山已建有世界名犬繁殖基地、观光果园、梅花园等，并开设了水上垂钓、登山越野、射击打靶、竹林茶座等服务项目。

玩家攻略

1.在这里可乘北方最大竹船（长9米、宽5米，可乘坐20人），碧潭泛舟，欣赏竹水相依的美景。

2.景区内有竹林雅舍、“云顶食府”等餐饮场所，特色菜为鲁菜、川菜、胶东风味土菜。

3.景区定期举办竹文化游（国庆期间）、“云顶登临”登山越野、采撷品尝大樱桃活动等。

4.海阳小樱桃口感最好、最有名的地方就是九龙夼，其次是丁家夼，两个村子挨着，都属于景区附近的朱吴镇。

招虎山

胶东地区的独特风貌

海阳城区东北方向8千米处

乘3路公交车在招虎山森林公园站下车即到

招虎山属崂山山系，以招虎山为核心建有招虎山森林公园。园内地势复杂，山体挺拔俊秀，山谷狭窄幽深，植被茂密，瀑布众多，展现出胶东地区的独特风貌。

招虎山森林公园景观资源十分丰富，其中有卧龙湖景区、招虎山景区、龙门峡景区、霜叶谷景区、云顶竹海景区、山村风情区6大景区。

丁字湾

独特的渔家文化特色

莱阳市南端

度假区拥有“一河（五龙河）、一湾（黄海丁字湾）、二岛（香岛、俚岛）、四山（金山、富山、玉皇山、娘娘山）”的美丽自然景观；繁华的古港，古朴的古镇，还有娘娘山天后圣母宫、富山龙王庙、金山宝塔、三驾寺等宗教文化古迹，无不体现着独特的渔家文化特色。

景点推荐 烟台西部景点

牟氏庄园 AAAA

保存完整的地主庄园

烟台栖霞市庄园南街6号

从栖霞汽车站乘坐6路公交车，到牟氏庄园站下车即到

0535－5228372

60元

08:00～17:00

牟氏庄园又称"牟二黑庄园"，是大地主牟墨林及其后裔营建的住宅，是我国目前保存最完整、最典型的地主庄园，也是我国北方最大的地主庄园，被称为"北方明清民居建筑的活化石"。

始建于清雍正年间的牟氏庄园，到1935年才形成至今规模。整个庄园面南背北，共分三组，包括六个院，占地2万平方米，建有万堂楼厢480多间。纵观重重四合院相叠，横看条条通道相间，层次清晰，主次分明。院内立体建筑多属二层楼房，房舍多是雕梁画栋、明柱花窗，浮雕图案，栩栩如生。庄园建筑鳞次栉比，富有特色，色彩斑斓的"虎皮墙"，用形状各异、色泽不同的河卵石垒砌而成，"制钱莲花图""莲生贵子"等图案，精美绝伦，叹为观止。"三大怪"建筑更是耐人寻味，引人入胜。"烟囱立在山墙外"便是其中一怪，它看似一个小小楼阁，凌空耸立，别具特色。

玩家攻略

1.庄园内平时有京剧、二胡独奏等表演，定期举办的旅游活动有"五一"期间牟氏庄园民俗旅游节、"十一"期间牟氏庄园垂钓文化旅游节。

2.就餐可以去庄园内的牟二黑子饭庄，在此可品尝到地主菜系。

3.牟氏庄园坐落在栖霞市，这里出产全国闻名的栖霞苹果、大樱桃，这里生产的无公害有机苹果，果大、味甜、爽脆，非常好吃，一定不要忘记品尝。

玩家 解说

牟氏庄园的石墙都平整如镜，石缝细如线。据说，砌墙的时候，主人每天都会给石匠发一些铜钱和锅铁，用来嵌在墙缝间，使墙面平整。如果你仔细观察的话，经常可以发现墙缝里嵌着铜钱。据说，平均每块石头造价为一斗谷子，一面墙就耗谷物446斗，足见整个庄园的造价之高。

艾山温泉 AAAA

有“华清第二池”的美誉

烟台市栖霞松山镇艾山汤村村北

在栖霞市乘坐6路公交车，可以直达景区

138元

全天营业

艾山温泉度假村是一处集林、溪、泉、瀑、石、甸、湖、温泉为一体的风景区。景区四面环山，空气清新，环境幽雅，风景宜人，交通便利，非常适合旅游度假。

艾山温泉以天然温泉著称，含多种微量元素和有医学价值的微量放射性元素，被誉为“华清第二池”。度假村除了温泉洗浴之外，还建有客房、餐饮、会议、KTV包房、桑拿等各种康体设施和娱乐项目。

玩家 攻略

1.度假村有众多的特色温泉项目，如六福汤、太极汤、温泉鱼疗、红葡萄酒浴、石板浴、咖啡浴池等。

2.度假村建有极具特色的豪华客房和四合院住宿区，各种房间设施很齐全。

3.景区的露天温泉是有开放时间限制的，只在08:30到23:30（冬季是09:30到21:30）开放。

链接

趣闻典故

艾山温泉始建于明初，古人在这里蓄温泉洗澡，并用于治病。据说，明万历年间，当地百姓还在温泉边建庙，让道士在这里守护着，非常重视。

牟氏庄园

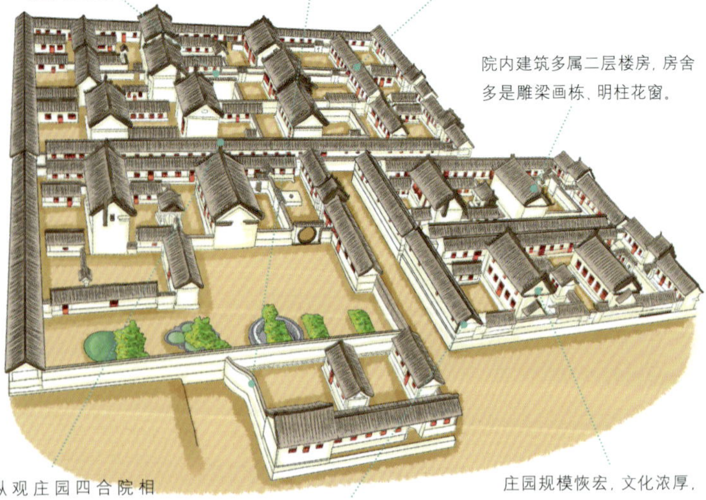

太虚宫 AAAA

当时负有盛名的道教丛林之一

栖霞市迎宾路33号

太虚宫是由道教全真派主要创始人丘处机于1191年主持修建，并由金章宗皇帝赐匾额"太虚观"，即后来的太虚宫。太虚宫四周密林蓊郁，梵宇巍峨，其中主要的建筑有三清殿、玉皇殿、十八罗汉庙、老母阁、王祖庙、宝塔、竹林院、通明轩等。

罗山森林公园 AAAA

自然生态保存比较完整

招远市玲珑镇欧家夼村北

从烟台北马路车站坐车到招远车站，再转乘到罗山（欧家夼村）直达车

50元　08:00～16:30

罗山古时称"阳丘山"，自然生态保存比较完整，奇峰陡崖蔚为壮观，森林覆盖率80%以上，有"天然氧吧"的美誉。公园内群山巍峨，山林繁茂，悬崖绝壁，曲水回环，景色绝佳。著名景点有云屯顶瀑布、班仙洞、玲恩寺、秋千柱、挂锣橛、莲花盆等。山上有一清代所建庙宇——祥光上观，经修缮后更是威严壮观。

玩家攻略

景区节庆活动有罗山槐花节（5月8日～20日）、野生板栗采摘节（9月20日～10月7日）。

云峰山

莱州最高的山

位于莱州市南15华里处

乘坐莱州301路公交车，在中华月季园站下，步行即可到达

云峰山岩石嶙峋，峰高、谷幽、林茂，景色如画。"春桃""夏槐""秋枫"为三时绝景。云峰山名胜古迹众多，自山麓至山顶，分布历代刻石37处，国内外著名书法家、学者接踵而至，访谒碑林，并留下了大量的书画墨宝。云峰刻石不仅是书界圣地，更成了联结四海友谊的桥梁。

千佛阁

浓缩着一部莱州史

莱州市区文化东路南侧

景区集娱乐、购物、休闲于一体，主要景点有牌坊、千佛大殿、罗汉堂、城隍庙、文庙、四公祠、文山和动物园区。

千佛殿塑有千手千眼菩萨，有善财、龙女、韦驮、散脂随侍。千佛阁还建有12米长的九龙壁，大理石浮雕的九条云龙活灵活现。千佛阁不仅有精美的文物景观，还浓缩着一部莱州史。

攻略资讯

- 交通
- 住宿
- 美食
- 购物
- 娱乐

交通

飞机

烟台市建有烟台莱山国际机场，位于莱山区空港路。目前，机场已经开通了直航天津、上海、北京、杭州、大连、福州、广州等国内大中城市的航班，开通了飞往中国香港、中国台湾和韩国首尔、日本名古屋、泰国曼谷等地区和国际城市的直航航班。

火车

烟台站：位于烟台市芝罘区北马路135号，是蓝烟铁路、龙烟铁路、青荣城际铁路青烟直通线与烟荣联络线的终点站。可在市内乘坐10、17、31、32、56路等公交车前往。

汽车

烟台汽车总站：位于西大街86号（近青年路），可通达北京、天津、上海、江苏、浙江、福建等省市，品牌发送的“交运快车”遍及山东省内各市。去青岛、济南和威海游玩，都可以在这里乘车。

烟台汽车西站：位于烟台山开发区、福山区两区交接处福山区乐山路1号，是烟台经济技术开发区、福山区的主要交通枢纽、旅客集散中心，交通便利。

市内交通

烟台市现有公交运营线路233条，运营车辆3554台，可以通达市内各景点和主要街区，可以为您的旅行提供方便。烟台市城市轨道交通线网规划由4条线路组成。分为两个功能层次，1、3号线为中心城区骨干线，服务于芝罘区、开发区、莱山区、福山区和高新区5大组团。2、4号线为快线，分别服务于牟平区、八角组团（连接蓬莱国际机场）东西两翼与中心区之间的快速联系。

烟台市区的出租车，起步价为9元3千米，车/千米租价1.8元。

住宿

烟台作为中国新兴的旅游城市，住宿酒店业发展迅速而成熟，到目前为止，旅游住宿区主要可以分为烟台市中心区、第一海水浴场地区、第二海水浴场地区以及县城景点周边。市中心和第一、第二浴场周边三个区域住宿条件基本相同，各种星级酒店、快捷宾馆、小旅馆林立，此外温泉度假酒店也是一大特色，游客可根据旅游目的和线路自行选择。县城景点周边则以农家乐以及家庭旅馆为主，价格较为实惠，别有一番风味。烟台旺季旅游房间比较难订，如有入住计划，建

海滨烟台鸟瞰

议提前一周预订。

●烟台丽景半岛酒店

烟台丽景半岛国际酒店位于烟台大海阳路，临近毓璜顶公园。酒店大堂入口以胶东特有的剪纸为主题。房间干净整洁，早餐品种丰富。✉ 烟台芝罘区大海阳路78号 🚌 乘坐9、15、19等路公交车，在消防特勤中队站下，步行可到

●东方海天酒店

东方海天酒店坐落在美丽的烟台海滨，这里东邻黄海，西依岱山，环境幽雅，景色宜人。✉ 烟台莱山区海韵路12号 🚌 乘坐10、17、7等路公交车，到财会培训中心站下车，步行即到

●烟台香悦四季酒店

酒店位于烟台市繁华的商业路段，靠近芝罘区政府，周边商场林立，毗邻百年老街"朝阳街"和烟台山公园及张裕酒文化博物馆。房间宽敞明亮，装修精美。✉ 烟台芝罘区市府街45号

美食

烟台是鲁菜的发祥地之一，也是我国著名的"四大烹饪之乡"，以烟台"福山菜"为代表的"胶东菜"则是鲁菜的三大支柱之一。福山菜具有清鲜、脆嫩、原汁原味的特色，主要名菜有芙蓉干贝、香辣蟹、海蜇汤、葱烧海参、芙蓉百花鲍、梭子蟹、油焖大虾、蓬莱卤驴肉、清蒸加吉鱼等。烟台的面点也享有盛誉，福山拉面、蓬莱小面等都很出名。

烟台目前有黄海明珠路和上夼西路两条美食街。其中上夼西路美食街位于烟台环山路以南、红旗中路以北，市内可乘坐47路公交车前往。它以上夼西路为轴线，在街区东西两侧分布，目前有美食餐馆120多家。

●香辣蟹

长岛的螃蟹据说是中国肉最多的螃蟹之一。当地除了有香辣蟹，还有清蒸、盐焗、红烧几种，食客可根据自己的口味让饭馆任意加工。通常在长岛一只3两重的螃蟹十几块。

香辣蟹

●海蜇汤

海蜇汤是当地一道非常著名的小吃，大小餐馆都有卖，一般是吃早餐的时候，来屉鱼肉饺子，或者海带包子，喝着海蜇汤，真是海鲜大聚会了。

●八仙宴

以当地海珍品为主要原料，由8个拼盘、8个热菜和1个热汤组成。拼盘制作仿照八仙过海使用的宝物拼成图案，造型生动别致，工艺精巧；热菜烹饪呈现蓬莱多处名胜景观，巧夺天工；热汤以八种海鲜加鸡汤制成，味道鲜美。

●芙蓉百花鲍

“芙蓉百花鲍”是用烟台长山列岛出产的盘大鲍加上鸡牙子肉、肥肉、鸡蛋清等制成的一道名菜，选料讲究，造型美观。

●烟台焖子

传统名吃，已有上百年的历史。由上等地瓜粉团制成焖子，凉透后切成小方丁，下锅两面煎至发黄，铲入盘内，浇上麻酱、蒜泥等佐料，热脆、香辣，风味独特。

●蓬莱卤驴肉

享有“天上龙肉，地下驴肉。蓬莱卤驴肉，天下无敌手”之美誉。此菜肉色红亮，溢香扑鼻，鲜嫩爽口，为下酒之佳肴，在蓬莱区内各大餐馆均可品尝，通常30~40元一盘。

购物

烟台当地的土特产有烟台苹果、葡萄酒、莱阳梨、天鹅蛋、鱿鱼丝、麻布绣花等，工艺品有金锡镶工艺茶具、莱阳玉雕、莱州毛笔、草编等。贝壳、珍珠饰品或工艺品等烟台特产基本都可以在市区的购物街买到，不用特意去某处单独购买。

●烟台苹果

烟台苹果品种有200多个，以青香蕉、红香蕉、金帅、国光等最负盛名。此外，红星、红玉、黄魁、丹顶、瑞香、八月酥、白沙蜜、红富士等品种，也都色味俱佳，各具特色。

●葫芦

蓬莱的能工巧匠在葫芦上绘制各种图案，情态逼真，颜色鲜明，是蓬莱的特色旅游纪念品之一。可在画河市场或古市一条街等处购买。

●葡萄酒

烟台红葡萄酒色泽呈宝石红，晶莹鲜艳透明，酒香浓郁，口味醇厚，甜酸适中，具有解百纳、玫瑰香葡萄特有的香气。著名的葡萄酒品牌有张裕、长城、威龙等。

张裕葡萄酒

●莱阳梨

莱阳梨以其独特的清香甜脆著称于世。莱阳梨色略呈暗绿，形为椭圆，又名香水梨，清脆多汁，如若不慎掉落，落地即迸裂如水散，食之解渴消暑，不尽清凉。

娱乐

烟台是我国海滨度假胜地，传统娱乐项目多是海水项目，可在养马岛旅游度假区、金沙滩、海阳万米海滩浴场等地游泳、冲浪、打打沙滩排球，或者迎着清爽略带咸味的海风散步，充分感受海滨的轻松娱乐。另外，也可到栖霞艾山汤村北艾山东麓的艾山温泉洗洗温泉，活络一下筋骨。

●葡萄酒庄园体验

烟台地理位置优越，盛产的葡萄全国闻名。因此当地的葡萄酒行业也十分发达，烟台地区充分发挥葡萄与葡萄酒产业方面的优势，形成了独具特色的葡萄酒庄园游览活动。烟台国际葡萄酒节，是烟台当地的一个特色活动，葡萄酒节期间会有海内外葡萄酒品牌、酿造和贮藏工艺及设备、葡萄酒文化旅游、中西美食等展示，是一场不可错过的葡萄酒盛宴。

●温泉度假

烟台位于地热资源丰富的山东胶东半岛东端，辖区内拥有众多温泉。烟台集理疗保健洗浴、餐饮美食、娱乐体育项目等于一体的旅游度假村相继开发使用，突出了现代温泉文化体验，近年来已经成为人们休闲度假的热门选择。

●海滨休闲

烟台濒临黄海渤海，拥有得天独厚的海滨景观，这里自然风光秀丽，人文资源丰富，海滨漫步自然成为人们的休闲最佳选择。烟台在海滨有独具特色的节日，国际沙雕艺术节是烟台市主办的一场沙雕艺术的盛宴，在这里你不仅可以观看很多精彩的沙雕艺术作品，还能在海滨尽情享受海洋的氛围。

●多样的农业采摘活动

烟台果业发达，素有“水果之乡”的美称。全市果园面积21.3万公顷，盛产苹果、莱阳梨、长把梨、葡萄、山楂、大樱桃、板栗等，每当瓜果成熟之际，当地旅游区都会发展采摘项目，游人能够得到极具趣味的农家采摘体验。比如栖霞苹果艺术节，是我国以农业为文化背景，以栖霞苹果为切入点，以唤醒全社会关注农业为宗旨，以为中国农产品寻找新的销售方式为目的的大型综合性现代艺术节。

张裕卡斯特酒庄

●渔家文化体验

渔家乐是沿海或海岛渔民向现代城市人提供的一种回归自然从而身心放松、精神愉悦，了解渔家民俗的休闲旅游方式。烟台海洋资源丰富，渔家乐自然也是当地重要的休闲活动之一。人们可以欣赏海岛风光，吃当地特色海鲜，游泳、钓鱼、赶海、沙滩游戏（排球、足球等体育活动）以及住渔家体验渔家风情。渔家乐民俗文化旅游节，是长岛县举办的一个旅游文化活动，非常值得参与。

节日和重大活动

愉悦	位置	时间
毓璜顶庙会	芝罘区毓璜顶公园	农历正月十九
莱阳梨花节	莱阳市蚬河公园	每年4月20日
渔家乐民俗文化旅游节	烟台市蓬莱区	每年4月、5月
国际沙雕艺术节	海阳国际沙雕艺术公园	每年8月
烟台国际葡萄酒节	烟台国际博览中心	9月23日～29日
南山国际长寿文化节	龙口南山景区	农历九月初九
栖霞苹果艺术节	烟台栖霞市	每年10月

发现者旅行指南

威海

概览

亮点

刘公岛

清末北洋海军甲午海战的指挥地，历史悠久，人文景观丰富，北部海蚀崖直立陡峭，南部平缓绵延，森林茂密，素有“海上仙山”的美誉。

成山头

三面环海，一面接陆，与韩国隔海相望，是中国最早看见海上日出的地方。此外也是中国海岸的最东端，是中国大陆伸向海洋的极点。

乳山银滩

林秀海碧，礁奇滩曲，集山、海、岛、湖、河、泉为一体，是天然的旅游度假胜地。沿海岸线的万米沙滩，坡缓滩平，沙白水清，被誉

乳山银滩

为“天下第一滩”“东方夏威夷”。

韩国服装城

威海是我国离韩国最近的城市，所以韩国商品已成为威海购物的一大特色。位于威海旅游码头的三海韩国服装城和韩国名品城（原商业大厦）在国内享有较高的知名度。

线路

威海休闲娱乐一日游

先去华夏城，可以品尝特色美食，之后前往天沐温泉度假村，游览完毕后去乳山银滩，体验渔家生活。

荣成天鹅湖夕阳

威海经典二日游

第一天先前往威海天鹅湖，看天鹅，观雪景，游玩完毕后前往荣成石岛湾，晚上可居住在当地农家乐。

第二天建议一大早去成山头看日出，之后前往神雕山自然保护区，参观完毕后去刘公岛游览，缅怀历史。

为何去

依山傍海的威海是座美丽的花园城市，这里海天一色，景色壮观。凤凰山为境内最高点，秀丽挺拔；峄山被誉为“岱南奇观”“邹鲁秀灵”“灵通泰岱”；成山头、刘公岛、威海国际海水浴场、环翠楼公园、天鹅湖无不令游人流连忘返。

刘公岛日出

何时去

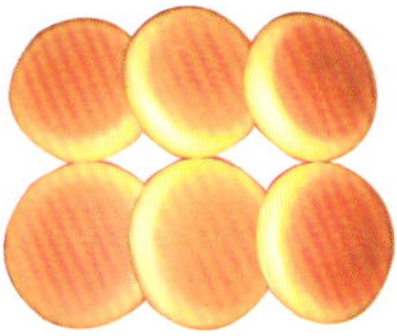

威海空气湿润、气候宜人，春、夏季为最佳游季。每年的4月，威海荣成都要举行荣成国际渔民节，吸引了全世界人们的目光；威海的夏季，宜人的气候加上美丽旖旎的海滨风光和洁净的城市环境，使威海成为避暑、度假、疗养的旅游胜地。

海滨

海水浴场

区域解读

区号：0631
面积：5799.84平方千米
人口：291.78万人

地理 GEOGRAPHY

区划

威海下辖2区（环翠区、文登区）、2市（荣成市、乳山市）。

地形

威海市绝大部分地形为波状丘陵，地势中部高，两边低。山丘中谷地多开阔，多平谷；平原多为滨海平原和山前倾斜平原。

威海市北东南三面环海，海岸类型属于港湾海岸，海岸线曲折，岬湾交错，多港湾、岛屿。河网密布，河流畅通，地表排水良好。

威海市全市有大小河流1000多条，其中母猪河、乳山河、黄垒河三条较大河流贯穿于文登、乳山市境内。

威海海上码头

气候

威海市属北温带大陆性季风气候，四季变化明显。与同纬度的内陆地区相比，威海市具有雨水丰富、年温适中、气候温和的特点，春冷、夏凉、秋暖、冬温，昼夜温差小。全年大部分时间气候宜人，适宜旅游。

历史 HISTORY

历史大事记

明洪武三十一年（1398年），为防倭寇侵扰，在境内设威海、成山、靖海三卫和宁津守御千户所。

永乐元年（1403年）建城，名寓“威震东海”之义。威海即由此而来。

1888年12月17日，北洋水师于山东威海卫的刘公岛正式成立。在中日甲午战争（1894—1895）中全军覆没，标志着洋务运动的失败，清政府也因此签订了中日《马关条约》。

1898年，威海卫被英国强租，由英国海军总司令兼理，第二年移归英国陆军部管辖。自1900年起，设威海卫行政长官署，直接隶属英国殖民部。威海卫城内仍归中国，由文登县（今文登区）管辖。

威海大乳山

1930年10月，中国收回威海卫，直属国民政府行政院。

中国海军见证者——威海卫

威海卫位于今山东半岛东北端威海市，原为滨海渔村。在近代史上，威海卫是中国北方军港，清朝北洋水师基地。这个见证了中国海军从无到有，从弱到强的军港，经历了太多的风雨。

清代末年，朝野动荡，边境不宁，朝廷在洋务派的一致努力下，"海防"之论压倒"塞防"，清政府决心加快建设海军。1875年5月30日下令由李鸿章任北洋大臣，从速建设北洋水师，北洋水师负责山东及以北之黄海，由李鸿章负责。这支超级舰队驻守威海卫，守护京师。1888年12月17日北洋水师于山东威海卫的刘公岛正式成立，这是中国清朝后期建立的第一支近代海军舰队，同时也是清政府建立的三支近代海军舰队中实力和规模最大的一支。

1894年甲午中日战争中，日军因威海卫地势险要、设防强固，决定避开从港口正面进攻，集结军舰25艘，陆军2.5万余人，由荣成湾之龙须岛登陆，迂回侧后攻占南岸炮台，海陆夹攻威海港。北洋舰队腹背受敌，全军覆没，威海失陷。清政府也因此签订了中日《马关条约》。

闻一多在《七子之歌·威海卫》中说，"再让我看守着中华最古老的海，这边岸上原有圣人的丘陵在。母亲，莫忘了我是防海的健将，我有一座刘公岛作我的盾牌。快救我回来呀，时期已经到了。我背后葬的尽是圣人的遗骸！母亲，我要回来，母亲！"声声呼唤，感人肺腑。

文化 CULTURE

通俗易懂的乳山大鼓

乳山大鼓，是西河大鼓传入乳山后逐步演化而成，俗称"瞎子唱"。早年间乳山大部分的盲孩都拜师学艺，从事这种大鼓的演唱。嗓音条件差的，做乐手；嗓音条件好的，

刘公岛甲午战争纪念馆

做歌手。曾涌现出一些明星式的盲艺人，深受听众喜爱。著名的盲艺人，拥有粉丝团，跟场助兴。

乳山大鼓的伴乐有小鼓、三弦、坠琴、胡琴、钢板、笛子等，合奏起来美妙动听。唱主角的要边打鼓，边打钢板，其他人员或伴奏或和唱，抑扬顿挫，同调别韵，格外好听。有时候，也能一个人自拉自唱，或者自弹自唱，真是一人一台戏，饶有趣味。

乳山大鼓经典剧目有《封神榜》《绒线记》《秦香莲》《杨家将》《说唐传》《三国》《七七事变》《白毛女》《三上桥》《小二黑结婚》《乳山英模谱》《农业学大寨》等。

重要的威海名片——海鲜

海鲜是威海重要的城市名片。威海最有名的当数威海老刺参，高蛋白、低脂肪、无胆固醇，老者食之可保健，少者吃点能助长，病者服用促痊愈，康者食用更强身。

威海的特色海鲜菜肴还有锅煽海蛎子，色泽金黄，鲜嫩味美，在威海的各大饭店均能吃到，是比较平价的海鲜；说到汤类，威海美食中汤类分海参汤、三鲜汤、鱼腐汤、鸡丝汤等多种，其中以鱼腐汤最负盛名，白丸浮上，清澈见底，鲜嫩无比；红烧大虾历来是鲁菜中脍炙人口的名菜佳肴，其色泽之美、口味之佳，久为人们所称道。

如果你想带些威海的海鲜特产回去，那蜢子虾酱绝对是最好的选择。蠓子虾酱具有独特的鲜美清香，品之回味无穷，令人生津，顿生食欲，不仅可用作调料，也是一道天然的小菜。蜢子虾酱历史悠久，现有的“金盛泉”蠓子虾酱制作工艺、食用方法正是从清朝中期被保留和传承下来的。

威海多样的海鲜

景点推荐

威海市区周边

华夏城 AAAAA

现代化旅游新城

威海市环翠区景区华夏路1号

乘坐35、49等路公交车，在华夏城站下车步行即到 98元

08:30～17:00

华夏城旅游风景区东临大海，西枕龙山，是一处古典与现代结合、自然与科技融为一体的新型生态旅游度假胜地。

景区有中国跨度最大的华夏第一牌楼、世界独一无二的三面圣水观音，有胶东最大寺庙太平禅寺，还建有神游海洋文化馆。海洋文化馆利用声光电等科技手段，实现虚实结合，让游客在梦幻中去体验、去参与。

玩家攻略

1.景区白天表演时间表（如有变动，以景区实际公布为准）：

《死亡大转轮》杂技表演：8:50、13:30；

《华夏雄风》少林武术表演：9:40、14:30；

三面圣水观音音乐喷泉表演：10:00、15:00；

《草原雄鹰》蒙古族马术表演：10:30。

2.大型山水实景演艺《神游华夏》时长约70分钟，请在规定的时间内通过检票处。

3.晚上进山坐船观演时，天气微凉，请注意保暖。

链接

《神游华夏》

《神游华夏》是由景区与著名大导演赵安联袂打造的晚间大型山水实景秀，舞台均融会在自然生态的真山真水与仿古建筑之中，观众于湖中乘坐游轮在360° 的旋转行进中观看演出，体验堪比拉斯维加斯的世界顶尖特技表演。

华夏第一牌楼

华夏第一牌楼系江南园林式建筑，仿明清牌楼风格，气势恢宏，是目前我国跨度最大的牌楼。牌楼远观巍峨高耸，气势雄浑；近赏雕梁画栋，金碧辉煌。题有三副对联：华夏五千年自强不息，神州九万里厚德载物。龙腾凤舞驰宇宙，地灵人杰著春秋。太平飨锦绣，盛世竞风流。

夏园

夏园蕴含浓郁的东方古典建筑美，并融合现代时尚设计元素。通过蜡像，情景故事，三维立体声、光、电一体等表现形式，集中展现了巍巍华夏五千年的宏伟壮丽史诗，浓墨重彩地通过雕塑、实物、图片、文字、影音等形式弘扬华夏民族悠久的孝道文化。

太平禅寺

太平禅寺建于唐朝武周时期，禅寺殿宇巍峨、依山傍水，终日云雾缭绕，青山环抱，林峰掩映，是一处不可多得的风水宝地。虽偶遇劫难，然寺运经久不衰。太平禅寺千百年来香火旺盛，在威海乃至烟台一带都非常有名。

太平庵、龙王庙

太平庵建筑古朴而宏伟，被称为“东海之巨观”。太平庵是胶东历史上最大的寺庙之一，供奉救苦救难的观世音菩萨，自古以来香火一直很旺盛。有的拜佛祈福，有的求龙王爷保平安，有的求观音送子，特别是每年三月三赶庙会的时节，整个山谷游人如织。

龙王庙供奉着太平龙王，历来香火旺盛。每年三月三是太平庵山会，传说太平龙王三月显灵，能驱海怪抗海难。威海湾周边村庄的渔民在山会期间，成群结队到太平庵祈福求龙王保平安，他们赶三月三庙会已是不成文的规矩，如不拜龙王则全年都不能下海。

华夏阁

华夏阁又叫“平安阁”，宝阁内雕梁画栋，金碧辉煌，美轮美奂，俊美高耸，气势雄浑。华夏阁高31.8米，共四层，阁内绘有玉皇大帝为民除害，降伏东海龙王三太子神话故事的精美壁画。阁内还配有观光电梯，是眺望华夏城乃至威海市区南部的最佳观景台。

刘公岛 AAAAA

北洋水师的诞生地

威海市区东2.1海里的威海湾

乘坐K8路公交车在刘公岛旅游码头站下车，换乘轮渡

122元

08:00～16:20

刘公岛北部有直立陡峭的海蚀崖，南部平缓绵延，有“海上仙山”的美誉。岛上既有1000多年前的战国遗址，同时也流传着汉代刘公刘母的美丽传说。刘公岛是海上天然屏障，在国防上有极其重要的地位，中国近代第一支海军北洋水师就诞生在这里，著名的中日甲午战争就发生在该岛的东部海域。

玩家攻略

1.刘公岛文化广场位于刘公岛水师广场东侧，配有舞台、供游客休息用长椅、音乐喷泉等设施，每逢旅游旺季，刘公岛艺术团就会在音乐喷泉的映衬下，为广大游客进行歌舞表演。

2.刘公岛宾馆位置优越，交通便利，宾馆南向大海，背靠青山，环境幽雅。乘坐岛上游览车5分钟即可到达。另外，旅游码头对面的旅游局宾馆也是个便宜实惠的好住处，步行到汽车站、威海港码头都在10分钟之内，非常方便。

3.刘公岛的美食以海味著称，菜肴以清鲜、脆嫩、原汤原味见长，主要风味菜有红烧海参、手扒对虾、清蒸加吉鱼、油炸万寿菜、威海清汤等。

刘公岛

4.市内多路公交可到达威海旅游码头，从威海旅游码头乘船20分钟即到刘公岛。

5.岛上有游览车28辆，开通了至内部各景点的交通观光服务，招手即停。

链接

趣闻典故

关于刘公岛名称的由来，还有一段传说。相传数百年前，有一条来自江南的商船在刘公岛附近海域遇险，后来被岛上的一位叫刘公的老翁救了下来。为了纪念刘公的救命之恩，众人集资在岛上修了一座刘公庙，以表感恩之情。刘公庙建成后，来往的艄公船夫们都要上岛进庙祈祷，从此刘公庙的名声就越来越大，岛也逐渐被称为刘公岛了。

北洋海军提督署

北洋海军提督署建于1887年，又称“水师衙门”，是北洋海军的指挥中心，当年北洋海军提督丁汝昌就在这里谋划指挥军事事宜。

北洋海军提督署为清代砖木举架结构建筑，古朴典雅。院内东南角有演武厅一座，为中西交融风格。大门外东西两侧各置乐亭一座，乐亭前面，建有东西辕门，西辕门以西建两层瞭望楼一座，登楼远眺，港内舰船活动尽收眼底。

丁汝昌纪念馆

丁汝昌纪念馆原为丁汝昌寓所，该建筑为砖石结构，由左中右三套院落组成。西院为内寓，东院为侍从住房，中院为丁汝昌办公会客的地方。大门两侧为门房，如今是介绍丁汝昌生平的展室。寓所门前矗立着高3.8米的丁汝昌铜像一尊。

甲午战争博物馆

中国甲午战争博物馆陈列馆是一座全面展示中日甲午战争历史的综合性展馆。整个展馆通过文物、图片、蜡像、沙盘、模型等展览形式和影视手段，生动再现了当年北洋海军和甲午战争的历史面貌。另外博物馆内还收藏了从海底出水的两门巨型舰炮，世界仅存。

刘公岛

刘公岛博览园

刘公岛博览园是一处综合性景观，包括六大展区，因其展示内容广博故而得名博览园。

刘公文化区的彩玉壁画，精彩演绎了刘公文化；民俗文化区生动展现了国内独一无二的青铜水琴、如梦似幻的海市蜃楼等亮点景观；甲午历史区的甲午海战演示厅，再现甲午战争中的黄海大战、刘公岛保卫战等系列战役；海岛文化区包括与天坛、地坛并称的中华海坛的望海楼，气势磅礴；英租历史区的英租威海卫历史博物馆，真实再现了威海卫被英国强租的辛酸历史；刘公岛鲸馆模拟海洋生态环境，以世界上最大的抹香鲸标本为展示主体，生动全面地展示了抹香鲸及相关鲸类知识。

幸福公园

绿化面积大、物种丰富

✉ 威海市环翠区海滨北路

🚌 乘10、K7、K8等路公交车在幸福公园站下车可到

幸福公园与刘公岛隔海相望，公园内绿化面积大、物种丰富，整个公园的环境优美、视野开阔、空气清新。它是集文化交流、休闲、商业、餐饮娱乐服务于一体的综合性开放式公园，由北向南依次分布着海韵、海阅、海赋、海情、海翔五个景区。

环翠楼公园

兼沧海山川之胜

✉ 威海市统一路

🚌 乘21、27路等公交车在环翠楼公园站下车即到

环翠楼公园始建于1931年，1981年正式

命名为“环翠楼公园”，它以刘公岛景观轴线为主轴，将公园划分为四个区域：历史文化展示区、自然体验游赏区、民俗风情街区、娱乐活动健身区，主要景观有环翠楼、环翠楼广场、环翠书院、盆景园、民俗街、古城墙遗址等。

仙姑顶 AAAA

天然造就的旅游地

威海市环翠区 望岛站乘31路公交车，到望岛名郡下车即到

98元 08:00～17:00

仙姑顶背倚巍峰，面向大海，自古就是东方海文化和仙道文化的灵福圣境。景区春夏翠林清泉、海光山色，秋冬丛林冰雪、琼楼玉阁，景色非常漂亮。景区精心打造了以玉为主题的文化景观，并且分布着许多传承中华文化的景点，有五行门、三多桥、如意湖等，都是您山海观光、休闲旅游的好去处。

玩家 攻略

景区的玉石艺术品都是艺术家们精心雕刻而成的，非常精美，所以你在欣赏时一定要注意爱护，不要用手碰触，更不要在上面乱刻乱画。

玩家 解说

景区以玉为主要材料，精心打造了近1000件大型玉雕艺术品，其数量之多、品相之丰，在世界上都罕见。其中，玉仙宫所供奉的300吨仙姑玉像是目前世界上最大的，非常壮观。

威海影视城

影视外景拍摄基地

威海市环翠区张村镇

乘15路等公交车在影视城站下即到

威海影视城是中国四大影视基地（无锡、涿州、威海、南海）之一，影视城以影视拍摄服务为主，兼具文化娱乐、观光浏览、休闲度假等功能，景区由正门城堡、环形广场、大风车等五栋各具特色的建筑和防潮堤石雕群、田园高尔夫、野外训练营、嬉水乐园、长寿快乐岛、七巧板电视台等十个景点和一处具有欧洲古典风格的海上旋转酒吧组成。景区突出影视文化特点，尽显新、巧、奇、绝之特色。

定远舰旅游区

“定远”号的原貌复制

威海市环翠区海滨北路 乘坐31路公交车，到望岛名郡站下车步行即达

免费 07:00～17:30

定远舰景区主体景观是按原貌复制再现的清末北洋海军旗舰“定远”号。历史上的“定远”舰一度被誉为“亚洲第一巨舰”。复制的“定远”号纪念舰，外观与历史原舰完全相同，舰上各种武器装备全部原样复制，非常逼真。登上这艘战舰，好像是跨越了时空，百年前的往事历历在目，甲午英雄的故事、铁甲巨舰的雄风、亚洲第一的强国梦都将在这里与您相会。

玩家 攻略

景区内设有北洋海军历史陈列、三维环幕影院、模拟互动海战游戏等参观、游览项目，这些设施一起为您营造了一座能切身感受历史、走

近百年前铁甲巨舰生活的独特人文景观。

链接

趣闻典故

定远舰是清政府花费巨资从德国订造的一艘战舰，是当时世界海军中罕见的大型铁甲舰。1895年，“定远”舰在威海保卫战中，遭到日本海军鱼雷艇袭击，丁汝昌下令将军舰驶往刘公岛南面搁浅，丁汝昌本人也被迫撤离“定远”，移驻“镇远”指挥。10日下午，丁汝昌命令水军用水雷将搁浅的“定远”炸毁。

天沐温泉 AAAA

养生、休闲、度假胜地

文登区，距市中心6千米

158元　09:00~23:00

天沐温泉度假村是一处以“浴森林温泉、住亲水客房、吃绿色食品、吸清新空气”为主要特色，胶东地区最具竞争力和发展潜力的温泉养生休闲度假会务旅游胜地。

度假村建筑布局依雹山傍雹山湖而建，山上苍松翠绿，鸟语花香；湖面碧波荡漾，水鸟飞翔，野鸭戏水；岸边湖滨栈道、奇花异草、怪石名树，竞相争辉。天沐温泉泉水日夜喷薄而出，四时不竭。温泉属氯化钠型热矿水，具有调节植物神经、促进新陈代谢、改善心血管功能、调节内分泌、提高机体免疫力等功效。

玩家攻略

1.室外森林养生温泉区包括“雹山五福泉”“雹水六德汤”“美芦荟温泉区”“森林静泡区”“亲亲温泉鱼疗”等，共设有66个室外特色功能温泉浴池，供游客尽情享受。

2.室内温泉SPA馆设有温泉游泳池和温泉SPA功能区，同时还配套温泉服务设施，温泉休息大厅免费为沐浴温泉的客人提供各种新鲜时令水果及饮品、糕点等。

3.“天沐阁”拥有219间特色度假客房，依山傍水而建，房间装饰古色古香、高贵雅致，窗外风景怡人、赏心悦目，房间分为湖景房和园景房，各具特色、各赋情趣，舒适而惬意。

4.“真味堂”养生餐厅有水景、园景餐厅包房共计15间，餐厅突出真材实料和绿色生态、健康养生。同时设有韩、日料理餐厅，是品味美食和举办各类宴会的理想场所。

5.度假村设有健身房、湖畔高尔夫挥杆练习场、网球场等健身娱乐设施。国际会议中心还设有各类大中小型会议室，会议设施一流，是举办各类会务活动的绝佳场所。

链接

泡温泉注意事项

1. 一定要记得把身上的金属饰品摘下来，不然你会很难过地发现自己心爱的首饰被硫化成黑色的了。

2. 避免空腹、饭后、酒后泡温泉，泡温泉与吃饭时间至少应间隔一小时。

3. 选择适应自身的高、中、低温度的温泉池，一般从低温到高温，每次15~20分钟即可。过烫过酸的温泉不要泡，温度在30~45℃比较适宜。

4. 温泉不宜长时间浸泡，否则会有胸闷、口渴、头晕等现象。在泉水中感觉口干、胸闷时，就要上池边歇歇，或喝点饮料补充水分。

5. 皮肤干燥者浸泡温泉之后最好立刻抹上滋润乳液，以免肌肤水分大量流失引起不适。

6. 泡完温泉后不必再用清水冲洗，但是强酸性温泉和硫化氢温泉刺激性较大，最好还是再冲洗一下，以防有副作用。最好不要独自一人泡，以免发生意外。

汤泊温泉 AAAA

罕见的可饮温泉

文登区开发区大连路2号

178元　10:00~18:30

汤泊温泉水质清新甘美，水体澄明清澈，四季不竭，属罕见的可饮可浴温泉水质，具有祛病、保健等功能，被温泉专家誉为“温泉中的极品”。大型温泉中心建有天然温泉泡池60余处，一步一景、动静相宜，营造出一种远离尘嚣，回归自然的宁静、惬意的生活新方式。

仙姑顶

景点推荐

乳山旅游区

乳山银滩 AAAA

有"天下第一滩"之誉

威海乳山旅游度假区

在威海长途汽车站，乘坐威海到海阳所的班车，到达之后，换乘中巴即到

免费开放　全天

乳山银滩人文自然景观丰富，三观亭、仙人桥、福如东海文化园等都是非常不错的景点。银滩的沙子洁白如银，沙质细软，沙滩平缓，被誉为"天下第一滩""东方夏威夷"。这里冬暖夏凉，光照充足，冬无严寒，夏无酷暑，春季温暖，秋天凉爽，非常适合旅游度假休闲。

玩家攻略

1.这里是一个天然的疗养院，沙内含磁量极高，可在此进行海水浴、沙滩浴、阳光浴等，对皮肤病、脚气、哮喘病、心脑血管病、关节类病等有一定的康复作用。

2.三观亭位于银滩的中部，亭周围松林茂密，这里还是观日出、观沧海、观林海的绝好去处。

3.在银滩，除精彩纷呈的各种水上活动之外，还有众多特色活动。另外，中国第一座潮汐发电站、大拇指广场、旭日广场、幸福广场等景点也是休闲旅游的好去处。

4.在银滩旅游度假区可以住别墅，并且离海滩很近，可以直接到海边。

5.因为开发比较晚，银滩的饮食比较单一，低档次的饭馆较少。而中低档次的宾馆还可以，住宿环境也比较好，并且还有海鲜，9~11月还能吃到肥大的海蟹。

仙人桥、和尚洞

仙人桥是一座由海潮雕琢而成的天然石拱桥。桥体为紫黑礁石，每当旭日从海上升起之时，晨雾缭绕，波涛涌动，浪花拍岸，登上桥顶，使人如入仙境。

和尚洞位于仙人桥之北的海岸峭壁上，很早便成为当地渔民和四方浏览者乘凉小憩的佳处。传说唐末日本高僧圆仁和尚入唐求法路过此地，曾在此洞居住，现只留下光滑的洞底。

三观台

三观台是由海岸伸入大海的一个岬角，传说当年秦始皇曾率众臣登台观大海日出，观海市蜃楼，观求长生不老药的舰队归来。从此便留下“三观台”的传说。现三观台上还修建有三观亭。

潮汐湖、珍珠湾海水浴场

潮汐湖位于银滩旅游区西部，湖水平静如镜，广阔的水面在岸边绿荫的映照下，碧光粼粼。潮汐湖北岸修建了游艇码头，为游人在湖上游览提供了方便。

沿潮汐湖拦潮大坝东行，银海路南有长达4千米的半月形海湾，这就是珍珠湾。珍珠湾海湾呈半月形，相传是当年七位仙女沐浴之地，因第七位仙女扔下的一串珍珠而得名。珍珠湾内沙滩平缓，沙质洁白如银且含有丰富的矿物质，海水清澈见底，现辟为第一海水浴场。

福如东海文化园

福如东海文化园以福、寿、康、宁、乐等题材为依托，用高技术的表现手段以及时尚的艺术造型，营造“福如东海”的氛围。景区内五个主题文化园各有特色：福园区主要由福音景观大道、福文化博物馆、福星雕塑组成；寿园区主要包括徐福文化展览馆和千童城；康园区主要建有游艇码头、水上运动项目基地、新媒体艺术中心和水晶宫；宁园区包括福文化书院、丹青院、翰墨院；乐园区以乐为主题，开展有形式丰富的水上游乐活动。

宫家岛

宫家岛位于银滩正南面的海中，外形似一只卧伏的公鸡。宫家岛地势平缓，岛上绿树成荫，植被覆盖率为60%。清朝时宫家村在宫家岛上建造的龙王庙，1955年修建的部队营房，1962年在宫家岛底下开凿的防空洞等仍旧存在，还建有宫家岛国际俱乐部。

103舰

103舰始建于俄罗斯，曾服役于苏联太平洋舰队，参加过第二次世界大战。1956年被我国海军接管，多次参加打击美舰入侵、护航、护渔等军事行动，并多次受到国家领导人接见。退役后，103舰整修后现在改为水上餐厅和娱乐场所，在舰上娱乐可以免费参观。

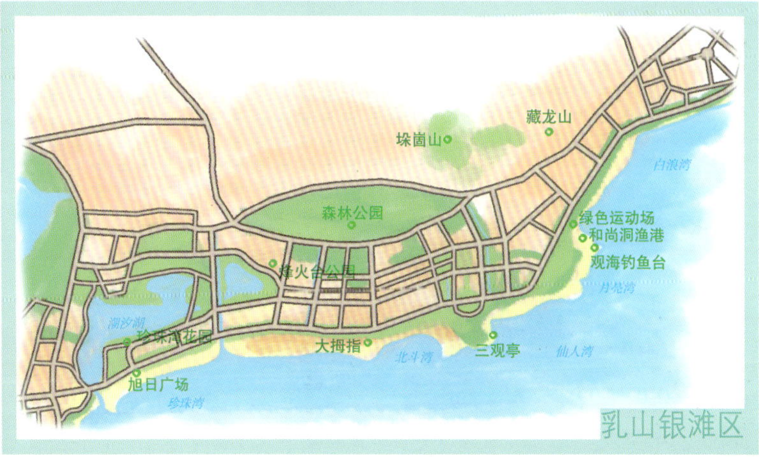

大乳山

母爱圣地

威海乳山市海阳所镇

乘坐威海到海阳所的班车，到达之后，换乘中巴即到

100元

7:30～18:00

大乳山旅游度假区是一处集观光旅游、休闲度假、文化娱乐、养生康体于一体的大型综合性旅游胜地。

景区以“母爱温情、福地养生”为主线，根据黄帝内经、五行学说以及佛、道、儒三家的养生方法，按照“道法自然、天人合一”的传统养生理论，进行硬件和软件的建设，形成了独具特色的旅游目的地。

链接

趣闻典故

关于大乳山，当地流传着一个美丽的传说。很久以前，有一群海妖在乳山一带兴风作浪，老百姓深受其害。为了让百姓安居乐业，有两位神女联手杀死了这群海妖。激战中，两神女勇敢、机智，最后力竭身亡。一女侧身没入海中，只露出一只乳房，化成大乳山；另一个神女横卧海口西沿，好似熟睡一般化作石人，人称“睡美人”，也叫西乳山。

大乳山

海洋生态体验区

该区包括大竹岛、小竹岛、浦岛、琵琶岛、小青岛、塔岛、南黄岛和汇岛在内的海域部分，以海岛生态观光和海底潜水探险活动为主。小青岛为海域活动区的服务中心，这里有淡水资源，内部设置二级服务中心和救护站。

玩家 攻略

本区为保持和恢复岛屿的原初自然生态环境，限制游客上岛的数量，以利于海鸟的栖息繁衍和候鸟暂栖。

海滨沙滩活动区

西起玫瑰湾，东至天福湾，包括海水沙滩浴场和沙滩活动区，以中部海礁为界，西部为海水沙滩浴场，东部为沙滩活动区。

该处沙质洁白细腻，西部海水沙滩浴场除浴场外还有水上客房、金海湾别墅、海上快艇俱乐部、海上滑梯、金海洋水族馆、海鲜餐厅等服务设施。东部为沙滩活动区，

大乳山

是开展沙滩活动的场所，区内设摩托艇、魔毯、拖坠降落伞、橡胶船、沙滩摩托车等娱乐项目。

海滨休闲度假社区

位于旅游区的东南端滨海一带，包括福星湾、欢乐风休闲娱乐区和度假居住社区，是开展休闲活动和度假居住的区域。福星湾（海港风情园）设有游艇码头、休闲垂钓区、海洋餐饮文化城（或一条街）和海上娱乐表演区等。欢乐风休闲娱乐区集多种草坪活动为一体，以高尔夫活动为主，设置高尔夫球场（27洞）、高尔夫会馆、马术训练场、跳伞塔、滑翔场地等。

宗教文化游览区

又名“东方琉璃世界”，是景区各个方向的视觉中心，主要包括日月琉璃双塔、药师佛大殿等，还包括规划建设的普渡岛、礼佛广场、石窟及佛印寻踪等景点。

药师佛大殿为整个宗教文化游览区的核心建筑，也是世界最大的供奉药师佛的大殿，供奉药师七佛及本多释迦牟尼佛。日月琉璃双塔坐落在葫芦岛上，塔高七层，取意为众生消灾袪病胜造七级浮屠，塔身共供奉28尊佛像。

岠嵎山

被誉为“天然石雕园”

乳山市境内

从威海汽车站乘坐大巴，可以直通风景区

10元

08:00～16:30

岠嵎山风景区四周群山环抱，中间是一个“人”字形峡谷，景区由28个大景和80个小景组成，山、水、林、石交相衬托，壮美和阴柔和谐地融为一体，这是岠嵎山风景区的最大亮点。岠嵎山奇石是齐鲁一绝，这里地貌奇特险峻，山石怪异嶙峋，如禽如兽、似人似物，可谓鬼斧神工、天作之合，被誉为“天然石雕园”。

玩家解说

岠嵎山主峰玉皇峰，海拔599.5米，天晴的时候在这里观日出，可以看见“碧海擎红日，绿岭浮白云”的壮观景象。岠嵎山瀑布落差20多米，宽10多米，水击深崖，在阳光的照射下流金溢彩，非常漂亮。

链接

趣闻典故

1046年时，岠嵎山曾发生过一次大地震，把山上的石头都震到海里去了，此后当地人经常可以听到海底传来打雷似的轰鸣声。就这样一直持续了50年之久，当地百姓都不以为意了。一次地震能持续50年，这在地震史上还是绝无仅有的。

景点推荐

荣成旅游区

石岛赤山 AAAA

山因石红而得名

威海荣成法华路

有从市区开往景区的旅游专线车

120元

07:30~16:30

石岛赤山风景名胜区是荣成市南部沿海的核心景区，景区山海相连，景色秀丽，被誉为“东方神山”。景区以山海观光、海滨避暑、渔家民俗、佛教文化、国际交流为特色，区内十大景观交相辉映、美不胜收，是滨海风情游、山海景观游、渔业民俗游、宗教朝圣游的好去处。

玩家攻略

1.海滨旅游最好穿平底鞋，行走比较方便。参加海上项目要穿长袖、衬衣等，注意防晒，以免海上阳光直射而被晒伤。

2.景区的极乐菩萨界喷泉演示十分精彩。4~11月旅游旺季期间，每日演示两次，周六与周末根据当时情况加场演示。

3.石岛菜肴以烹制海味而著称，以清鲜、脆嫩、原汤原味见长。烹调方法多采用扒、熘、炸、炒、煎、蒸、烤等，主要风味菜有红烧海参、手扒对虾、芙蓉干贝、石岛清汤等。

4.景区建有石岛湾国际海水浴场，拥有2900多米长的优质沙滩，而且还建有赤山大酒店、游艇码头、沙滩游乐场和海滨公园等设施，您可以去那里休闲娱乐。

张保皋传记馆

张保皋传记馆主要是为了纪念唐朝时进入中国的新罗人张保皋而建，共设“大唐追梦、武宁从军、缘定赤山、清海沉浮、源远流长”五个展厅及一个影视厅，主要展示了张保皋入唐后参加武宁军、建立赤山法华院、荡平海岛、发展海上贸易所作出的贡献。

赤山明神像

赤山明神像是世界上最大的锻铜神像、中国第一海神像。相传唐文宗时，慈觉大师随遣唐使赴唐求法数载，三赴赤山拜谒。归途中屡遭劫难，幸得明神显灵，才化险为夷并保全经卷。慈觉大师归国后，便以赤山明神为天台宗庇佑之神供奉。至今，日本、韩国等寺院仍多供奉赤山明神，以福佑天下，普度苍生。

极乐菩萨界

极乐菩萨界是集雕塑、音乐、喷泉、瀑布、焰火于一体，生动演绎古老佛教文化的动态音乐广场。音乐广场弧形看台东西两侧分列十八罗汉石雕，中间石壁上中国最大的巨型佛教壁画《觉海慈航》，展示了观音菩萨寻声救苦、慈悲济世的神通和功德。

法华院

法华院是胶东半岛最早的佛院之一，也是目前威海市唯一的一座佛教寺院。因建院时请来诵经的首批僧人诵法华经，故此院命名为“法华院”。整个寺院由大雄宝殿、地藏殿、观音殿、三佛宝殿等组成。古刹掩映在碧树秀林之中，四周层峦叠嶂，常年云拢霞罩，庙宇香火旺盛。

赤山禅院

赤山禅院由圆仁入唐求法馆和赤山阁两大部分组成。其中圆仁入唐求法馆主要展示了隋唐佛教发展史、圆仁法师入唐求法以及回国后建立赤山禅院的过程。赤山阁共分三层，主要展示了博大精深的佛教文化。禅院依山而建，肃穆庄严，亭榭楼台，气势宏伟，迤逦壮观。

石岛赤山明神

赤山景区

天后宫

天后宫坐北朝南，三进庙堂式建筑，包括天后宫、道士祠、火神庙、商会楼四个院落，整体建筑古朴典雅，布局严谨。天后宫设有观音殿、王母殿、财神殿、龙王殿。每年谷雨节都举行一次盛大庙会，道士僧人来此念诵经文，祈求天后娘娘保佑风调雨顺，物阜民丰。

成山头 AAAA

中国最早看见海上日出的地方

威海荣成市西霞口村

从威海码头乘西霞口专线游大巴车即可到达景区

148元

全天开放

成山头又称“天尽头”或“成山角”，位于胶东半岛最东端，是一块凸出于大海之中的陆地，是我国陆地的最东端，被人们称为“中国的好望角”。在成山头的海岸线上，分布有柳夼红层岩石等独特的基岩海蚀地貌和众多的人文历史遗迹，而且这里还是我国北方海域海洋生物物种最为丰富的海域。

成山头风景区包括福如东海文化区，好运角、始皇庙、国际灯塔等景观组成的历史文化区和气势恢宏的妈祖动感音乐喷泉、太阳神、灵应菩萨等景观。

玩家攻略

1.成山头靠海，如果有雾的话会比较冷。去成山头看日出的话要早起，可在当地租大衣。

2.景区周边饭店有大量各种鲜活的鱼、虾、蟹、螺等可供挑选，如带鱼、海胆、苦螺、海肠、花蟹等。海鲜饺子、咸鱼就饼是威海美食的典型代表。

3.博霞山庄为三星级，是成山头景区最好的宾馆。

链接

“射鲛台”的传说

传说秦始皇手下方士徐福为讨始皇欢心，骗其说东海里有三仙山，那里有长生不老之草。秦始皇信以为真，拨给徐福三千童男童女及大量金银，让他寻找仙草。徐福找不到长生仙草，便又骗始皇说东海有一条大鲛保护仙草，阻挡在海面上，不能靠近仙草。始皇求药心切，遂召集优秀射手，赶到成山头，站在海边的一块大礁石上箭射鲛鱼，这块礁石遂得名“射鲛台”。

成山头

天无尽头

“天无尽头”是成山头最出名的海岸景观，这里是陆海交接处的最东端，中国最早看见海上日出的地方，被称为“中国的好望角”。这里起伏的台阶依海而建，拾级而上，顺势而下，站在矗立在浩瀚大海中的东天一柱旁，一种豪迈的气概油然而生。

始皇庙

始皇庙原是秦始皇第二次东巡成山头修建的行宫，后被当地百姓改建为始皇庙，这也是中国唯一的一座纪念秦始皇的庙宇。庙内主要有前殿日主祠、正殿始皇殿、东殿天后宫等建筑。前、正、东三殿青砖红柱、飞檐凌空，殿内日主、始皇巨大塑像金面王冠、神态威严。

秦汉文史馆

秦汉文史馆以与成山头风景区相关的秦汉文史资料、文物为主要陈列内容，以文字、绘画、照片、沙盘及光电显示等形式为陈列手段。在这里，既能感受成山头特色而又深远的历史，还能体会具有现代风格的民族色彩。

奸臣警示馆

奸臣警示馆内展示了中国历史上的奸臣、卖国贼以及民族败类的塑像。在大殿前面，一片丑态百现的“奸臣”跪在地上，等着台上的判官大人的惊堂木（游客可以自己穿上袍子扮演，但要收费）。墙上和天顶上，也画着这些奸臣的所谓“事迹”。

摩天岭

大陆漂移无比壮观的序幕从这里拉开

荣成市西霞口村

从威海汽车站乘坐到西霞口的班车可到

摩天岭生态旅游风景区是一个三面环海的小半岛。景区的山脊上修建有高速公路，游客坐在车里就可以将山海景观尽收眼底。走下大巴车，游客可以乘坐单轨小

成山头

火车直达峡谷边，山谷上空架有山崖飞索，游客可以乘坐厢车沿飞索往来。景区山腰的悬崖峭壁之间还建有空中栈道，人在栈道上走过，巨浪在脚底下咆哮，非常惊心动魄。

玩家 攻略

在摩天岭景区你可以吃到正宗的威海菜，主要的风味菜有红烧海参、手扒对虾、芙蓉干贝、红烧海螺、姜汁螃蟹等，都非常美味。

玩家 解读

摩天岭是抗倭英雄戚继光大败倭寇的古战场，当年戚继光在这里亲自指挥明军与倭寇作战，双方激战一整夜，明军共俘虏和消灭倭寇1600多人，倭寇的黄海编队全军覆没。战争结束后，摩天岭上血流成河，染透岩石，因此这里又被叫作“血石崖”。

神雕山

放养式野生动物保护区

荣成市成山镇西霞口村

从威海码头乘西霞口专线旅游大巴车即可到达景区

神雕山野生动物园是规模较大、动物种类齐全的放养式海岸野生动物园，也是威海唯一一个可以在一园之中览尽海、陆、空所有动物的动物园。

景区有良好的自然环境、适宜的气候条件，适合多类动物在此栖息，而且保护区内的动物大多都能在这里生殖繁衍。在保护区里，您可以跟海豹握手，可以和憨熊并肩合影，还可以驾骏马御风而行。来这里游玩，可以真正获得“体验野性、回归自然”的感受。

玩家 攻略

1.来景区游玩时，一定注意遵守园区规定，不要随意给动物喂食，也不要伤害到动物，注意维护园区的生态环境。

2.游程推荐：入口—神雕山动物雕塑—猛兽区—和谐乐园—猴子山—神雕山始皇射雕遗迹—猛禽园—蛇阵—珍禽园—珍稀动物区—伊仙园—动物大演场—巨型动物区—跑马场—海洋动物区—海鸟馆—（龙王庙—关公庙—观音阁—炼霞祠）—海洋馆—出口。

天鹅湖

东方天鹅王国

荣成市成山镇

免费

全天

天鹅湖东南两面濒临渤海，四季分明，气候宜人，湖内水质清洁明澈，沙滩纯净。每年11月至翌年4月，数万只大天鹅、野鸭、大雁不远万里，从西伯利亚、内蒙古等地成群结队悄然降落，在这里栖息越冬，形成世界上最大的天鹅湖，被国内外专家学者誉为“东方天鹅王国”。

摩天岭

玩家 攻略

天鹅湖观天鹅较远，一般建议到“烟墩角”，免门票，并可近距离观赏天鹅。如果有兴趣，还可以在当地买一点玉米之类喂天鹅。

圣水观

道教全真派发祥地之一

市内长途车站有开往景区的旅游班车

威海荣成市崖西镇

圣水观风景区是“全真道教”发祥地，因观内有圣泉而得名。景区风光秀丽，殿、台、阁、坛巍峨壮观，此外还有千年银杏树、祛病健身的圣水、悬崖峭壁上的先人文迹、石雕精琢260米长的伟德碑廊等，都是不可不看的景点。洞天福地，峰峦叠翠，松竹塔亭，奇石古洞，这些共同组成了景区的秀美与奇特。

玩家 攻略

1.上下山可乘千米索道，可览松槐林海，直达“七真观”，置身于云雾之中，刺激无比。

2.漫游山间时，幸运的话还可以看到野生的梅花鹿群，或采到极具药用价值的灵芝仙草。

3.圣水宾馆的山珍野味别具一格，感兴趣的一定不要错过。

链接

趣闻典故

1164年，王处一云游到这里，只见山外天寒地冻，而这里却溪水潺潺、草青树茂，于是就在这里建观修行。1167年，王重阳东来传教，创立全真派，王处一前往拜他为师，道成之后回到圣水观广收门徒。从那时起，这里就成了古圣先贤隐居和道士修炼的洞天福地。

花斑彩石

中华海上第一奇石

荣成市俚岛镇烟墩角村

50元

07:30~17:00

花斑彩石是一座长方形海蚀柱，在地质学上是一处非常典型的、精致的、奇特的海蚀地貌景观。由于它体积巨大，造型奇特，色彩艳丽，花纹多变，自古以来就被誉为大东胜景，近年来更被誉为“中华海上第一奇石”。花斑彩石主要是由黄、白、褐三种颜色组成，它的精美造型，奇特风景，令人不禁拍手称奇。

玩家 攻略

花斑彩石长约35米，宽约20米，高约9米，距岸50多米，潮落时可径直登攀，潮涨时需乘船而至。另外，俚岛镇的金泰招待所可提供住宿。

攻略资讯

- 交通
- 住宿
- 美食
- 购物
- 娱乐

交通

飞机

●机场

威海大水泊国际机场位于文登区大水泊镇，距离市区40千米，现在已经开通飞往北京、上海、南京、长春等全国主要城市的航线，以及飞往首尔的国际航线。

机场提供机场大巴服务，乘客可在山大威海校区、哈工大、电视台、威高广场北、民航票务中心等地点搭乘，或在市区选择机场巴士3、4号线抵达。

火车

烟台站：位于烟台市芝罘区北马路135号，可乘公交10、17、62路前往。

烟台南站：位于烟台市莱山区山海南路5501号，可乘高铁巴士1号线前往。

汽车

烟台汽车总站：位于烟台市芝罘区西大街86号。

烟台汽车西站：位于烟台市福山区乐山路1号。

市内交通

目前威海市现有营运线路122条，线路总长度3088千米，营运车辆1306辆，覆盖威海市区和文登区，可达市内各景点和主要街区。普通公交车票价1元/人次，大站快线票价2元/人次。

威海市出租车起步价白天为8元2千米，夜间9元2千米。白天运行里程2至8千米部分，千米租价为1.8元；8至20千米部分，千米租价为2.7元。夜间运行里程2至8千米部分，千米租价为2.16元；8至20千米部分，千米租价为3.24元。

住宿

威海住宿主要可以分为三个区域：市中心区、东海岸区和西海岸区。市中心区位于威海市的东部，交通便利，各种星级酒店、快捷宾馆、小旅馆以及青年旅社林立，游客可自行选择。东海岸区位于威海市的东北部，是威海的主要旅游景区，住宿以度假酒店、快捷酒店和青年旅社为主，但是价格相对较贵，旅游旺季需要提前订房。西海岸区位于威海市西部，住宿主要以快捷宾馆以及家庭旅馆为主。

●东山宾馆

东山宾馆是威海市的政务接待中心，素

威海全景

有威海"国宾馆"的美誉。宾馆位于市区东山南麓的威海湾畔，依山傍水，临湾揽海，与旅游名胜刘公岛隔海相望，地理位置得天独厚。威海市环翠区东山路26号 乘坐4路公交车，在黄泥沟下车，步行即可到达

●威海霓尚精品酒店

威海霓尚精品酒店位于威海市经开区长峰商业圈，酒店装修精致，设施齐全，客人可以享受到高品质的住宿体验，同时周边便利的交通和丰富的娱乐生活设施也让客人的威海之行更加丰富多彩。威海经济开发区海峰路152号

美食

威海是鲁菜的发源地之一，历史悠久，盛产各种名贵的海参、扇贝、鲍鱼、海螺、大对虾、加吉鱼等海产品，餐饮以海味原料为主，特别是对小海货的制作最具特色。相较于山东省其他地方的海鲜，威海菜肴更注重刀功，以清鲜、脆嫩和原汁原味见长，干贝芙蓉、锅煽海蛎子、红烧海参、威海清汤、起糕、红烧海螺、手扒对虾、红烧对虾、干炸小黄鱼、猪脚姜、炸海蟹等都很有名。另外，威海是中国最早与韩国通航的城市，因此遍布威海市的韩国餐馆，也是威海餐饮的一大特色。

●锅煽海蛎子

锅煽海蛎子是威海的特色菜肴之一，其特点是色泽金黄，鲜嫩味美。威海市内各大饭店均吃得到，通常30元左右一盘。

●威海清汤

威海美食中汤类分海参汤、三鲜汤、鱼腐汤、鸡丝汤等多种，其中以鱼腐汤最负盛名，俗称"威海清汤"。此汤白丸浮上，清澈见底，鲜嫩无比。一般30元左右一碗。

●起糕

威海著名小吃，把薯面放于瓦盆中，细细洒水，反复搅拌，和匀后放锅内大火蒸，切成方块吃，一般要配着稀饭食用。威海小饭馆内2~3元一块。

海参汤

● 干炸小黄鱼

小黄鱼是威海的著名特产，此菜外酥里嫩，味道鲜美。干炸小黄鱼在威海市随处可见，通常5~8元一条。

购物

威海是中国距离韩国最近的城市，韩国商品已成为威海购物的一大特色，在威海能够买到很多便宜的韩国货。威海的特产除了丰富的海产品以外，还有无花果、苹果、绿茶等。

● 海带

海带素有海洋"冬虫夏草"之美誉，威海海带以量大、出碘率高而知名。其干品颜色好，藻体裙边宽大，抗腐烂，有多种保健功能，是极具营养保健价值的海洋纯绿色食品。

● 无花果

无花果属桑科，富含葡萄糖、果糖、蛋白质、脂肪及多种维生素。威海市无花果栽培历史悠久，主栽品种有青皮、宁选和镇引八号，威海无花果为地理标志保护产品。

无花果

● 荣成绿茶

荣成绿茶在茶叶产区中所处纬度最高，有机物积累丰富，具有叶片肥厚耐冲泡，汤色嫩绿明亮，滋味鲜爽醇和，并带有独特的板栗香、熟蛋黄香等特点，深受广大消费者喜爱。

娱乐

威海市文化娱乐生活丰富，有多处影剧院，常年有各种艺术团体表演献艺，各星级饭店都有丰富的娱乐活动，提供保龄球、模拟高尔夫、棋牌、台球等娱乐场所。但最能体现威海特色的娱乐项目主要有三种，那就是嬉水、钓鱼和洗温泉。

● 丰富多彩的水上运动

威海三面环海，可以进行游泳、滑水等具有代表性的水上运动。威海国际海水浴场、石岛湾度假区、乳山银滩度假区等地都是嬉水和从事水上运动的好场所。

● 温泉休闲

威海温泉资源丰富，久而久之泡温泉就成了人们重要的娱乐休闲方式之一。威海温泉明代即被当地人发现，后凿井建池，供人洗浴。现在，威海市内洗温泉的区域主要有两个，一个是位于宝泉路的"温泉一条街"，另一个是位于环翠区的温泉镇。威海温泉，水质天然，水温高达70℃，含20多种微量元素。此外还有文登七里汤、呼里汤、乳山的小汤泉等温泉度假场所。

● 荣成国际渔民节

威海荣成国际渔民节源于当地渔民传统的谷雨节。渔民节期间，当地会开展各种海上运动项目、大型民俗观光旅游活动、经济技术贸易洽谈会和海洋渔业博览会等一系列活动。其中，比赛项目有祭海、划船、钓鱼、织网、水产加工等，此外，商品、土特产

威海海滩

品展览、灯展、花展、书画展及文艺晚会等也是非常不错的活动。

举办时间：7月23日~26日，每三年一次

地点：威海石岛

●文登昆嵛山会

文登昆嵛山会是在文登圣水观景区举行的一个大型民间文化风俗活动。活动期间会举办民间艺术表演、道教全真寻根游、书法石刻文化研修、经贸洽谈等活动，场面非常热闹。

举办时间：每年5月20日~22日

地点：文登圣水观

●威海国际人居节

威海国际人居节是目前全球唯一一个以"人居"作为主题的节庆活动。人居节以"依靠科技创新改善人居环境，实现人与自然和谐相处"为目标，以"人居、和谐、创新"为主题，旨在倡导人们以创新的精神，推动全球人居事业的发展，共同建设人类和谐美好家园。

举办时间：每年9月8日~10日

地点：威海体育训练基地

●威海国际钓鱼节

威海国际钓鱼节是威海当地的一个特色节庆活动，同时也是国内举办的最大规模的海水、淡水同时开赛的国际钓鱼比赛。每年活动期间，都会有各地的钓鱼发烧友会聚威海，参加海水舟钓、矶钓、淡水抛杆钓等各类赛事，花样繁多。钓鱼节期间还会举办各种级别的钓鱼大赛、渔具博览会等。

举办时间：每年10月1日~15日

地点：威海海滨

节日和重大活动

节日	位置	时间
荣成谷雨节	荣成沿海村镇码头	4月20日或21日（谷雨日）
昆嵛山会	文登区昆嵛山	5月20日~22日
国际渔民节	荣成市石岛	7月23日~26日，三年一次
威海国际钓鱼节	威海市	10月1日~15日

发现者旅行指南

鲁西北

（含滨州、东营、聊城、德州）

概览

亮点

孙子故园

为纪念我国古代伟大军事家、“兵学鼻祖”孙武而兴建的一处园林式仿古建筑群，主要建筑有孙子书院、孙子塑像、文化广场等。

黄河口生态旅游区

拥有世界上最年轻、最完整、最典型的湿地生态系统，可看到黄河入海海河交汇的奇观，还有众多珍稀鸟类、天然柽柳林、万亩人工刺槐林，以及美丽的海滨景观。

山陕会馆

山陕会馆建筑布局紧凑，错落有致、古朴大方、装饰华丽，是中国古代建筑

黄河口湿地公园

的瑰宝，对于研究古代建筑史、运河文化以及书法、绘画、雕刻艺术史都具有重要意义。

海岛金山寺

中国北方最大的寺院之一，华北地区颇具规模的净土宗专修道场，包括佛事活动区、商业区、景观区三部分，主要建筑有天王殿、钟鼓楼、大雄宝殿、念佛堂、藏经阁、万佛堂等。

线路

东营精华三日游

第一天先去游览天鹅湖，之后回市区参观胜利油田科技展览中心。吃完晚饭后前往胜利电视塔，这里晚上的灯光效果非常好。

第二天先去黄河口湿地游玩，之后返回市内游览新世纪广场和清风湖公园。

第三天首先游览孙武祠，之后到历史博物馆参观。

聊城风光二日游

第一天先游览光岳楼，然后前往阳谷游览景阳冈，之后可游览山陕会馆和朝城清真寺。

第二天先去冠州梨园游玩、采摘，游览完毕后前往马陵之战古战场遗址参观。

德州田园风情二日游

第一天先游览三国文化广场，之后到红坛寺森林公园游玩、采摘，接着去参观海丰塔。

第二天第一站是苏禄王墓，游览完毕后到禹王亭博物馆，接下来游览陵城区文博苑，最后到文昌阁。

为何去

滨州是黄河文化和齐文化的发祥地之一。这里传统民间艺术异彩纷呈，独具艺术风格；这里人才辈出，是中国武圣孙武、宋代政治家范仲淹、汉孝子董永的故乡。

东营市旅游资源丰富。黄河从东营市中部入海，可以看到“黄龙入海”“长河日出”“河海交汇”等黄河入海景观；中部有展现黄河文化、石油文化及新兴城市建筑的系列景观。

聊城市是历史文化名城，拥有中华水上古城、运河文化大码头等一批旅游大项目，是娱乐休闲的好去处。

德州瓜果栽培历史悠久，德州扒鸡久负盛名，丰富的物产、秀丽的风光、适宜的气候是德州能够成为新兴旅游城市的重要因素。

何时去

夏冬季节是到滨州旅游的最佳时间。夏季到此，可以尽情嬉戏于碧蓝的海水之中。冬季，可欣赏到当地的民俗风情，如滨州的邹平芯子、胡集书会、鼓子秧歌、渤海大鼓。

夏秋季节为东营最佳旅游季节。夏季旅游能更好地体验东营的海滨风情。东营的秋天神清气爽，此时，海产丰富，鱼、虾、蟹都可大饱口福。

聊城，气候温和，景色宜人，春秋两季，气温适中，降水相对较少，自然风光秀丽多姿，此时出游聊城最佳。

德州春、夏、秋三季是旅游的最佳时节。德州春季干旱多风回暖快，夏季炎热多雨，秋季凉爽多晴天，是游山玩水的好季节。

聊城光岳楼

区域解读

滨州区号：0543
东营区号：0546
聊城区号：0635
德州区号：0534
总面积：约36 901平方千米
总人口：约1819万人

地理 GEOGRAPHY

区划

滨州下辖2区（滨城区、沾化区）、1市（邹平市）、4县（惠民县、阳信县、无棣县、博兴县）。

东营下辖3区（东营区、河口区、垦利区）、2县（利津县、广饶县）。

聊城下辖2区（东昌府区、茌平区）、1市（临清市）、5县（阳谷县、莘县、东阿县、冠县、高唐县）。

德州下辖2区（德城区、陵城区）、2市（乐陵市、禹城市）、7县（宁津县、庆云县、临邑县、齐河县、平原县、夏津县、武城县）。

地形

滨州市全境地势大体是南高北低，略向东北倾斜，渐次过渡到大海，以小清河为界，小清河以南的邹平南部长白山脉属泰沂山区北麓的低山丘陵区，小清河以北为黄河冲积平原。滨州是山东省第二大海盐生产基地和全国四大渔场之一。

东营市地势沿黄河走向自西南向东北倾斜。黄河在东营段上起滨州界，自西南向东北贯穿东营市全境，在垦利区东北部注入渤海，东营全市除黄河外共有骨干排水河道30条。东营市海岸线北起顺江沟河口，南至淄脉沟口，约占山东省海岸线的1/9。

聊城地处黄河冲积平原，全境地势平缓，西南较高，东北略低。代表中国商业文明的京杭大运河和代表农业文明的黄河在聊城交汇。聊城的主要河流还有金堤河、徒骇河、马颊河、卫运河及小运河。除金堤河属黄河水系外，其他均属海河水系。

德州市为黄河冲积平原，历史上境内曾有两次黄河大迁徙，上千次决口，造就了西南高、东北低的地形。德州市跨省大河主要有黄河、卫运河、漳卫新河。跨市的骨干排涝河道有徒骇河、德惠新河和马颊河。

气候

滨州市属暖温带亚湿润季风气候，气候温润，四季分明：夏季炎热多雨，冬季寒冷，春秋两季光照柔和，少雨雪天气，天高气爽，气候宜人。

东营市属大陆性季风气候，雨热同季，四季分明。东营市降水多集中在夏季，降水量年际变化大，易形成旱涝灾害。

聊城属于温带季风气候区，属半干旱大陆性气候。全市降水分布东南部多于西北部。全年降水近70%集中在夏季，秋季雨量多于春季，春季干旱频发。

德州市属温带大陆性气候，季风影响显

渤海湾

著，四季分明，冷热干湿界限明显，光照资源丰富。日照时数长，光照强度大，尤以5月、6月最高。降水多集中在夏季，出行需防雨。

历史 HISTORY

滨州历史大事记

新石器时代，滨州就有人类繁衍生息，是黄河文化和齐文化的发祥地之一。

商朝时，滨州地区建有蒲姑国。

隋末农民起义领袖王薄，在邹平市雕窝峪首举义旗，成了隋王朝的掘墓人之一。

五代时期，滨州地区置滨州，以濒临渤海而得名，从此定名。

明初农民起义领袖唐赛儿，滨州市人，她揭竿而起，给明王朝以沉重打击。

名单 滨州历史名人

中国古代伟大的军事家孙武

西汉著名文学家东方朔

西汉孝子、《天仙配》的主人公董永

隋末农民起义领袖王薄

明初农民起义领袖唐赛儿

清咸丰皇帝之师杜受田

东营历史大事记

早在五千多年前，东营市南部广饶县境内就有人类居住。

夏代至殷末，为季则氏、逄伯陵、蒲姑氏居地。

汉高祖六年（公元前201年），今东营市境内首置广饶县。

唐代，唐太宗东征时，曾在东营安营扎寨，设东营、西营，东营由此而得名。

清咸丰五年（1855年）六月十九日，黄河改道由利津铁门关北肖神庙以下二河盖牡蛎嘴入海，携沙填海造陆，孕育造就了近代黄河三角洲大部分陆地。

清光绪二十六年（1900年）十二月，琴书艺人时殿元、谭明伦、崔心悦等将琴书《王小赶脚》改为化装演出，创立吕剧的雏形。

1961年4月，华北石油勘探处在原广饶县辛店公社东营村附近打成第一口勘探井——华八井，获日产8.1吨工业油流，拉开

胜利油田抽油机

华北石油会战的序幕。

名单 东营历史名人

春秋著名军事家孙武

西汉经学家欧阳生

西汉御史大夫、经学家倪宽

元代将军綦公直

明代著名学者李舜臣

明代“铁面御史”成勇

清代著名学者李焕章

清代古钱币学家李佐贤

清代农民起义首领李金鳌

吕剧创始人时殿元

聊城历史大事记

五帝时期，尧以天下让于巢父，巢父不受，隐居聊城，以放牧了此一生。聊城古有巢陵，为巢父葬处，在今聊城市东昌府区许营村西北。

商朝时，殷纣王的庶兄微子受封于今之聊城，宋《太平寰宇记》及当地有关志书载“聊城有商微子城”，“纣之庶兄封于此，故有城存焉”。后移封于宋（今河南商丘）。

春秋齐景公当政时期，晏子在柯邑（今阳谷县阿城镇）两度为宰，齐景公终知其贤，于是任用为齐相。

秦昭襄王五十六年（公元前251年），聊城被燕军占领，齐将田单奉命率兵前来收复失地，围攻年余未克，后“鲁仲连射书喻燕将”退燕兵，收复了聊城。

元世祖至元二十六年（1289年），开凿会通河，聊城（今东昌府区）成为沿河九大商埠之一。清末会通河渐被堙塞。

咸丰九年（1859年），武训在柳林开始行乞兴学，先后于1888年、1890年、1896年在堂邑县柳林镇、馆陶县杨二庄、临清州御史巷创办义学3处。

光绪二十五年（1899年）春，朱红灯在长清、茌平、平原一带率领义和团反对外国教会，烧教堂，抗清军。同年12月24日被山东巡抚袁世凯擒获，被杀于济南。

名单 聊城历史名人

战国时著名军事家孙膑

三国时魏国相国华歆

清代平民教育家武训

爱国将领张自忠

抗日战争英雄马本斋

近代历史学家、学者傅斯年

聊城古城

德州历史大事记

距今约6000年前，德州先民便在龙山文化的发展中创造了陶器技艺。精美的黑陶器物距今已有4000多年的历史。

禹王治水疏浚九河，德州就有鬲津、马颊、胡苏、钩盘、徒骇等五条。

隋末，夏津县人张金称，武城县人孙安祖、窦建德聚众起义于高鸡泊（今武城大洼），转战于山东、河北一带，后建都乐寿，国号夏。

清光绪二十五年（1899年），平原义和团首领朱红灯、李长水“鸣金聚众”，在王庙镇杠子李庄举行起义，抗击清兵剿捕，平原成为无可争议的义和团运动发源地。

名单 德州历史名人

夏朝部落长后羿

滨州冬枣

齐国正卿、政治家、外交家晏婴

战国四大公子之一赵胜

战国军事家廉颇

西汉今文经学大师、哲学家董仲舒

西汉太中大夫、滑稽大师东方朔

东汉末名士、文学家祢衡

隋末农民起义领袖窦建德

唐朝大臣、书法家颜真卿

国民党将领宋哲元

文化 CULTURE

天下奇果——冬枣

冬枣因其极为丰富的营养价值，被誉为“活维生素丸”“百果之王”“天下奇果”。

之所以叫冬枣，是因为它在初冬成熟。冬枣果实硕大，所以又名苹果枣、雁来红、冻枣、冰糖枣，品种优良且稀有。

滨州是中国最大的冬枣生产基地，滨州的冬枣距今已有五百多年的栽培历史，是滨州特有的晚熟枣类品种。

冬枣树势较弱，树姿开展，树冠较小，成龄树高约5米，冠径一般不超过5米，最喜在肥沃深厚的土壤中生长。果实球形，大小是金丝小枣的三倍。冬枣的果皮光亮，呈赭红色，皮薄质脆，落地即可摔裂。其果肉较厚，细嫩多汁，嚼之无渣，浓甜微酸。有人说，冬枣的甜来自淡水的滋养，而它的脆则要感谢那略含盐碱的土壤，皮薄缘于海风的吹拂，肉厚皆因光照时间长。冬枣一般在霜降前后下果才好吃，否则就有一股青草味，不甜也不脆，因此也叫冻枣。

我国八大剧种之一——吕剧

吕剧发源于东营区时家村，又名“化装扬琴”“琴戏”，是我国八大剧种之一，自成戏以来，已有近百年的发展历史。

吕剧的语言淳朴生动，唱腔优美悦耳，音乐语汇丰富多彩，它由民间说唱艺术山东琴书演化而来。吕剧是通过对山东琴书的直接继承和发展，并吸收融合了其他民间曲艺如“大鼓”“弋阳腔”“坠子”“花鼓”等的艺术精华，同时又借鉴化用了“五音戏”“柳腔”“京剧”“河北梆子”等剧种中能适用于吕剧的某些腔调、艺术表演程式及其他成分，不断地丰富、发展、完善而逐步形成的。

吕剧的代表性曲目有《李二嫂改嫁》《补天》《龙凤面》《借亲》等。

久负盛名的聊城毛笔

聊城毛笔制作业有着悠久的历史，明代中叶境内有制笔工人1000余人。清代第一个状元傅以渐进京会试，即选用聊城上等毛笔。康熙皇帝曾用聊城毛笔撰文赋诗，并为光岳楼题写“神光钟暎”匾额，足见聊城毛笔在当时已享有盛名。

聊城的毛笔之所以闻名于世，与其外形美观、刚柔相济、吸墨性强、经久耐用的特点分不开。聊城精品毛笔特有“尖、齐、圆、健”四德，是书画之佳品。不仅畅销国内，而且曾5次经青岛、上海、广州等口岸销往香港、日本等地。

随着人们书写工具的改变，毛笔使用范围逐渐缩小，聊城毛笔逐渐式微。近年来，毛笔书法作为文艺百花园的一枝奇葩得以复兴，毛笔的社会购买量呈增长之势，曾从事毛笔制作业多年的老艺人，在政府的支持下成立了“聊城毛笔厂”，将历史技艺留传后人，以求毛笔的振兴和发展。

中华第一鸡——德州扒鸡

德州扒鸡有“香溢州城”之美誉，是三百年来历代相传的老字号正宗产品。扒鸡不只是德州的名片，更是山东的代言，被誉为“中华第一鸡”。

扒鸡最初是由烧鸡时的过失发现的。清康熙三十一年（1692年）制作烧鸡的贾健才，锅里煮着烧鸡，因有急事外出，由于小伙计的过失，将烧鸡煮过了火，然而，这煮过了火的烧鸡却香味四溢，引来了过往的行人。从此，大火煮，小火焖，延长时间，便成了德州扒鸡的传统工艺。

现在，德州扒鸡中最有名的五香脱骨扒鸡，因在最初制作时只添加五味调料而得名。五香脱骨扒鸡选饲养十星期左右的童子健鸡作主料，加配十几种名贵调料，经蜜水浇灌，素油烹炸，精工扒制而成。德州扒鸡色鲜味美、肉质鲜嫩、五香脱骨、咸淡适中，回汉皆宜，是高蛋白低脂肪性营养食品，经常食用能收到开胃健脾、温中益气、通络提神之功效。

扒鸡

景点推荐

滨州旅游区

杜受田故居 AAAA

明清鲁北建筑特色

滨州市滨城区 0543—3561688

杜受田故居建筑风格简单、朴实，是典型的明清鲁北建筑。开放通畅是杜受田故居的典型特点，人院内没有一处封闭，空间上相对独立，氛围上户户相通，整个大院透露着一种天伦之乐，一种亲密无间、兄弟妯娌和睦共处的温馨和谐。大院的开放和包容锻造了一大批清官干吏，从这里走上政治舞台的人都像这座建筑一样，外圆内方，进退自如。

玩家解说

杜受田位居一品，为官一生地未置一亩，房未增一间。滨州杜家虽有众多朝廷重臣、府州主官，但是杜家的住宅却极为普通，房屋装饰也异常简洁。家产的弱势与杜家人做人的谦虚低调相映成趣，而他们对功名的低调与为人为官的积极敬业却又相辅相成。这种为人处世的低调使得曾经声名显赫的滨州杜家一度鲜为人知，甚至在众人的记忆中销声匿迹。

革命老区纪念园

抗日战争时期重要革命根据地

滨州市城区，地处黄河三角洲腹地

渤海革命老区纪念馆外形呈八边围合状，与纪念馆内院所建五角星顶多功能厅交相辉映，象征着渤海区的革命力量在中国共产党的领导下，来自四面八方，走向四面八方。

渤海区革命烈士英名录长廊顶部为五个山峰状造型，寓意为：革命先烈献身精神重于泰山，气贯长虹。碑廊内有4块巨幅石碑，上面镌刻着渤海革命老区为国牺牲的烈士的姓名和信息。渤海革命纪念塔，此塔代称滨州古八景之一的“渤海望潮塔”。

三河湖

河流、浅滩、湿地皆具

滨州市阳信县、惠民县、沾化区、滨城区的交界处

三河湖风景区自然景观、生态景观独特，这里水域广阔，水质优良，四季分明，景色各异。三河湖景区水域广袤，若登高远眺，烟波浩渺，水天一色。徒骇河两岸土地肥沃，水浇便利，桑、菜、瓜、果、粮应有尽有。两岸槐树林、河滩果园、河滩鱼池、大片芦苇、荷花池、桑树园、瓜田、菜地、农田等自然景观众多。

玩家 解说

三河湖区域地貌层次明显，河流、浅滩、湿地皆具。景区水域面积333.33公顷，水域两侧为浅滩，面积约100公顷，浅滩外为绿地，植物主要为芦苇、绿柳及各种野草，河滩地为果园和农田。滩外为基本农田，常年种植小麦、玉米、棉花等作物。

裕华冬枣园

绿色冬枣生产基地

滨州市滨城区秦皇台乡

中华第一冬枣园是国家立项的重点农业开发项目，国家农业综合开发办公室标准化示范基地，所产冬枣已通过绿色食品A级认证。

滨州冬枣研究院坐落其中，千年古树根深叶茂，其主导产品雁来红冬枣以超凡品质和极佳声誉畅销国内六十多个大中城市和东南亚、欧美市场。景区已形成集科研生产、观光旅游、休闲垂钓于一体，独具特色的现代农业示范园区和全国最大的绿色冬枣生产基地。

孙子故园

中东海

滨州“四环五海”核心工程

滨州市滨城区黄河十二路以南、黄河八路以北，渤海十六路以西、渤海十八路以东

中东海风景区是集观光、垂钓、游泳、餐饮、会展、水上赛事、休闲旅游于一体的综合性旅游景点。景区以“天”为主题，突出日月星辰的设计理念。

中东海风景区以海为圆心，一条条小溪似玉带，似银龙蜿蜒穿梭于景区之中。月亮湾石板浴场、月宫、董堤、情人岛、童叟趣园等景点星罗棋布，遥相呼应。一处处景观如行云流水，如诗如画，既有神话传说的神韵，又不失超前意识的现代色彩。

玩家 解说

风景区在原有旅游项目的基础上，新建了月亮老人、木质水车、大型文化广场、观光栈桥、水上步行球、小蹦极等景点，还建有具有江南水乡风格的高档茶楼；中海管理所设立了便民服务岗，开设了针线包、小药箱、打气筒、离退休老人及残疾人休息等服务项目，还对游船进行了全面维修，随时可以接待游客饱览中海美景。

孙子故园

纪念孙武的园林式建筑

滨州市惠民县故园路21号

孙子故园是为纪念我国古代伟大军事家、“兵学鼻祖”孙武而兴建的一处园林式仿古建筑群，总占地面积4.3万平方米。孙子故园的主要建筑有孙子书院、孙子塑像、文化广场、乐安湖等，孙子书院为主体建筑之

一，整体建筑风格为仿明清木框台梁结构轴线对称组群样式建筑，建有正殿、东西配殿和侧殿、左右南殿共7座主体建筑。四周有回廊相通，雕梁画栋、古朴典雅，莲花图案围绕的汉白玉基座上树有铜质院标，为整个书院的总标识。

玩家 解说

故园内的一大特点是，所有院标均以礼兵器殳为首，盾为体，春秋时期长兵器戈、戟、矛、铍、弓为两翼，组合成一个左右交叉的整体，形似展翅欲飞的吉祥鸟，象征战争与和平对立统一的辩证思想及攻守、进退的战争谋略，准确体现了《孙子兵法》主题思想。

孙子塑像坐落在孙子故园北侧广场中心，由优质花岗岩雕琢而成，像底座正面为著名《孙子兵法》研究专家郭化若题写的“兵圣孙武”四个大字，背面有军事科学院吴如嵩将军为惠民县委、县人民政府撰写的关于孙武生平的四言铭文。塑像背后绘有孙子兵法十三篇内容。

孙子兵法城

华夏兵学第一圣殿

滨州市惠民县武圣大道（县城北关）

惠民县有魏氏庄园—兵法城的旅游专线车

40元 08:30~17:00

中国孙子兵法城是孙子故里人民为了纪念伟大的军事家孙武，充分挖掘弘扬孙子文化而修建的秦汉式大型园林建筑群，被誉为“华夏兵学第一圣殿”。它共分为八大景区，主体建筑武圣府为仿秦汉式建筑风格。整个建筑古色古香，汉韵十足。楼台亭轩，古井涌泉，交相辉映；曲径翠竹，古柏垂柳，摇曳生姿。

孙子兵法城以具有千年历史的宋代古城墙遗址为依托，以“和平、战争、智慧”为主题全面展示博大精深、享誉中外的《孙子兵法》兵家智慧。

玩家 攻略

1.景区结合自身特点，围绕《孙子兵法》、三十六计开设了真人CS、攀岩、云梯、断桥、打靶、

孙子兵法城

射箭及城际定向（十关）等近20个参与性项目。

2.每年农历二月初二有火把李庙会，每年5月15~16日有秧歌会演，每年10月1日举办孙子文化旅游节。

玩家 解说

武圣府坐北朝南，由十五组四合院和南北广场组成。整个建筑由高合立柱、歇山重檐的秦汉式殿宇和北方传统的四合院共同创造了内涵丰富的空间环境，较全面地展现了深奥莫测的兵法思想，使游客在游览中深刻体味到传统兵学文化的博大精深。

武圣园

集游乐、观光为一体

滨州市惠民县千年宋城墙、护城河以西

武圣园位于孙子故里惠民县千年宋城墙、护城河以西，孙子文化旅游区内，北邻武圣大道，西靠庆淄路，与超大型仿古建筑群中国孙子兵法城遥相呼应。

武圣园以孙子兵法城为依托，古城墙为背景，水体为血脉，果园、草坪、花木为基础，集游乐、观光、餐饮于一体。整个园内功能分布明显，各具特色，线路有序，曲径通幽，山水林榭，庙宇殿堂，神灵古刹，林荫绿地，花果飘香，是一处大型生态游览观光景区和理想的园林绿地生态胜地。

魏氏庄园 文

清代城堡式民居

滨州市惠民县魏集镇

可乘孙子兵法城至魏氏庄园的旅游专线车

50元 08:30~17:00

魏氏庄园是我国唯一现存的城堡式庄园，是中国古代北方民居建筑的杰出代表，和烟台的牟氏庄园、四川大邑的刘文彩地主庄园齐名，并称为中国三大地主庄园。魏氏庄园是一组独具特色的城堡式民居建筑群，以其显著的军事建筑特点而远近闻名。

魏氏庄园是目前发现的中国最大、保存最完整的清代城堡式民居，它建于清光绪十六年至十九年（1890—1893），由宫廷营造大师设计，是缙绅地主魏肇庆的宅第。庄园占地面积24 613平方米，分城堡式住宅、广场、池塘、花园四大部分，庄园布局巧妙，城垣、住宅房屋相互为用。庄园住宅外围城垣为青砖砌体，南北长84米，东西宽46米，墙高10米，基宽3.8米，顶宽1.5米。顶部外侧为垛口，内侧砌筑女儿墙，中间为过道。墙内四周建有12个壁龛式射击掩体，东南角、西北角建有半突出墙体的碉堡，分上、中、下三层。这些军事防御设施在现存的古建筑中是罕见的。

玩家 攻略

景区有魏氏庄园老粗布、魏氏庄园酒等特色产品，可根据兴趣购买。

武定府衙 AAAA

以宋古城墙为依托的景区

滨州市惠民县北部

千年古城武定府衙景区以宋代的古城墙为依托，肇建于北宋大中祥福八年（1015

魏氏庄园

年），历经宋、金、元、明、清五代，均为州府治所。主要建筑包括中路的大门、仪门、德政堂、退思堂、昌华堂、怡然堂，展示知府判案和明代汉王及家眷的后宫生活场景。

诚石坊

院落中央有横跨甬道的四柱三门冲天柱式牌坊，称“诚石坊”。这个牌坊完全是木质结构。中间刻有“赐履雄风”四个大字，意思是说武定府这块领土是君主皇天赐予臣民的领土，这里地大物博，物产丰富。

诚石坊也是为告诫官员为官清廉而设立的警示牌。牌坊背后刻写的是御制戒石铭，“尔俸尔禄，民膏民脂。下民易虐，上天难欺”，这是赵匡胤做了皇帝之后在一篇文章中截取了这十六个字，规定刻写在全天下的府衙里，主要是提醒官员为官一定要清廉，公平公正公明。

府衙大门

为广亮大门，硬山大式建筑，黑色三间开，坐北朝南，位于1米高的台基上。

门楣上方悬挂有“武定府署”，府署又名“府衙”，是府一级的衙门。这四个门簪又称“户对”，大门前左右两侧相对而置的一对石墩或石鼓称之为“门当”，古时候常用“门当户对”来区分门第的高下。古建筑有着严格的等级制度，作为州府署的大门廊柱应是黑色油漆，然而汉王朱高煦为了提高自己的身份和地位，按王府的规定将廊柱大门用丹漆，使其大门威严壮观，又与其府衙有较大的差异。

鹤伴山

休闲度假的好去处

滨州市邹平市南15千米处

08:00~17:30

鹤伴山是目前滨州市唯一的一处国家级森林公园，被誉为“鲁中生态明珠”。挺拔巍峨的山势，优美迷人的环境，以及独特而丰富的人文景观，吸引了无数游客来这里休闲旅游。

魏氏庄园

鹤伴山国家森林公园先后开辟了瀑涧游线、水帘洞游线、九潭溪游线、鹤翔岭游线以及鹤鸣谷游线五条游线，还新建了集宗教祭祀、养生健康于一体的道观——长生院，长生院有长白山人殿、彭祖殿和长生殿三个大殿，分别以医、道、神为主题。

醴泉寺

“范公故里”代表景点

滨州市邹平市西南长白山中

醴泉寺始建于南北朝时期，唐中宗时寺僧仁万重建寺院，寺院落成之日，恰东山有泉涌出，中宗赐名“醴泉”，为济南七十二名泉之一，自古就有“品重醴泉”之说。

醴泉寺建于群山环抱之中，坐南朝北，环境优美、山峪纵深、古木参天，为一方之名寺。当年北宋名相范仲淹曾在此苦读三年，后终成大业，醴泉寺也因此美誉倍增，香火日益兴盛。新建成的醴泉寺景区在建筑布局上继承了明代风格，寺内共有三个大殿，天王殿、大雄宝殿和范文正公祠。

范公祠
范仲淹纪念祠堂

滨州市邹平市长山镇孝妇河南岸的范公村

宋代名相范仲淹在这里度过了他的青少年时期，"先忧后乐"的民本思想，发源于此。范公祠是为了纪念宋朝的一代名相范仲淹而修建的，这是范仲淹的享堂，是全国第一个范仲淹纪念祠堂。范公祠沿袭了明清时期的建筑风格，既小巧玲珑，又不失雍容大度。整个范公祠由范文正公祠、菜根茎舍、忧乐亭、烟雨亭、碑廊、后花园等建筑组成。

沾化冬枣生态区 AAAA
农业旅游示范点

滨州市沾化区下洼镇

由沾化汽车站到下洼生态旅游景区设有旅游专线

30元

08:30~18:00

沾化冬枣被誉为"中国果王"，下洼镇是全国规模最大的冬枣集散地，因此创建了以冬枣研究所为核心，东平、马武两村示范园为两翼的沾化冬枣生态旅游景区。

景区分为静湖娱乐区、休闲娱乐区和新农村游览区三大功能区，现建有风雨廊桥、仙果山、"飞流直下"瀑布、曲桥荷韵、赏绿亭、醉绿廊、品绿阁、观枣台、冬枣文化长廊、采摘园、沿河芦苇湿地、沿河景观大道、冬枣研究所等景点。

打渔张森林公园

玩家 攻略

每年10月初在下洼生态旅游景区举办沾化冬枣节，包括游园采摘、民俗表演、农家乐等内容，适合于各类人群。

链接

沾化冬枣

沾化冬枣距今已有五百多年的栽培历史，系滨州特有的晚熟枣类品种。因其果实硕大且因在初冬成熟而又名早果枣、雁来红、冻枣、冰糖枣，为稀有晚熟的鲜食优良枣种。

冬枣果皮光亮，呈赭红色，皮薄质脆，落地即会摔裂。其果核较小，有仁，果肉较厚，细嫩多汁，嚼之无渣，浓甜微酸，品味极佳，最宜鲜食，含有多种人体所需的氨基酸，还含有丰富的蛋白质、脂肪、膳食纤维以及多种维生素和钾、铁、铜等矿物质营养，被誉为"活维生素丸""百果之王""天下奇果"。

打渔张森林公园
因打渔张引黄灌溉而得名

滨州市博兴县境内，地处黄河入海口，西临205国道

打渔张森林公园总面积8533.33公顷，因举世闻名的打渔张引黄灌溉工程而得名。森林公园以田园风光为中心，园内森林繁茂，河水澄碧，百鸟鸣唱，野趣浓郁，以"幽、静、秀、野、怡"为特色，集大自然景观和人文景观于一体。公园分五大景区：打渔张渠首观河区、特色农业观光区、休闲垂钓区、打渔张水库风景区、堤外湿地风景区。

玩家 解说

打渔张森林公园环境优美，气候温和，雨水充沛，园内有植物40余科100余种，鸟类有17科40余种。整个园区自然景观与人文景观交相辉映，极具北国水乡特色。春季万物复苏，野杜鹃含苞欲放，美不胜收；盛夏至此，犹如进入清冷世界，可谓避暑山庄；秋季金桂飘香，秋光绚丽，使人流连忘返，心旷神怡。从春到秋，繁花似锦，野果硕累，好似一幅美丽的国画，浑然天成。

兴国寺“丈八佛”

一尊较早的石造像

滨州市博兴县湖滨镇寨高村北，县城东南10千米处

“丈八佛”亦称“兴国寺石造像”，距今已有一千多年的历史。佛像雕刻技法精美别致，造型生动，形体比例准确，衣纹舒展流畅，赤足立于莲花宝座上，仪态丰满，是平原地区一尊较早、较大、较完整的石造像，堪称艺术珍品。

1998年，建成了南北长135米、东西宽70米的丈八佛保护建筑群。整个工程气势雄伟，古朴大方。现对外展出丈八佛石造像和重修“兴国寺”碑三通，还有其他石刻，将陆续开辟以古代建筑构件和丈八佛故事为内容的两个展厅。

贝壳堤岛

世界罕见的贝壳堤

滨州市无棣县最北部，渤海湾西南岸

无棣两列贝壳堤岛之间的湿地和向海的潮间湿地与潮下湿地组成了世界罕见的贝壳堤岛与湿地系统，区内滨海湿地生物多样丰富，是东北亚内陆和环西太平洋鸟类迁徙的中转站和越冬、栖息、繁衍地，是研究黄河变迁、海岸线变化、贝壳堤岛的形成等环境演变以及湿地类型的重要基地。自然保护区辽阔、宁静，自然风光优美，是乘船出海、垂钓鱼蟹、品尝海鲜、骑马猎兔、沙滩听涛、赶海观潮、戏水观鸟的好地方。

玩家解说

景区拥有种类繁多的海洋资源、丰富的湿地动植物资源和人文资源：有形成贝壳堤岛的物源文蛤、蓝蛤、牡蛎等贝类软体动物30余种以及种类繁多的海洋动植物，有滨海湿地植物350种65科285属。自然保护区的鸟类达45种，主要有一级保护动物大鸨、白头鹤，二级保护动物大天鹅、灰鹤、短耳鸮等。

贝壳堤岛

大觉寺

鲁北灿烂文化的重要标志

滨州市无棣县县城文革街

大觉寺与海丰塔是鲁北灿烂文化的重要标志。海丰塔，原塔十三级，寿龄高于塔祖西安大雁塔六岁。1992年，恢复重建了海丰塔。2006年，恢复建设了大雄宝殿等建筑，修葺了原大觉寺旧殿。

现大觉寺占地2公顷多，寺内新殿建筑与旧殿建筑，新塔与旧塔基和谐统一、浑然一体；纯铜佛像、红木框架紫铜浮雕屏风“功德榜”及大型青石瑞兽麒麟、石雕“九龙壁”，工艺精湛，造型精美；造型质朴的太湖石点缀于名贵树木之间，增添了大觉寺的游览观赏价值。

碣石山

省级地质遗迹自然保护区

滨州市无棣县城北30千米处的碣石山镇境内

碣石山海拔63.4米，夏商称“碣石”，春秋称“无棣山”，魏晋称“盐山”，唐宋称“马谷山”，元明称“大山”。2001年9月，复名为“碣石山”。

碣石山文化旅游区规划建设火山遗迹科普、碣石山观光、千童岛民俗风情、饮马湖休闲娱乐等五个功能片区。现建有碧霞祠、

禹王亭、曹操横槊赋诗群雕、观海阁等景观建筑物，开发有福地洞天、龙马洞、石林、石瀑等火山遗迹景点，火山博物馆已建设完工。

玩家 解说

碣石山有着悠久的历史文化内涵，是一座集佛、道、儒于一体的，具有神秘色彩的地方名胜。大禹、秦始皇、汉武帝、魏武帝曹操等帝王都在此留下了遗迹和诗文。刘长卿、陆游以及明太宰杨巍等当地文人墨客游览此山，写诗作赋，也留下了大量诗词歌赋。

阳信梨园

全国乡村旅游示范点

滨州市阳信县阳信镇

阳信是著名的中国鸭梨之乡，鸭梨栽培已有1300多年的历史。阳信梨园风景区由阳信镇梨园郭村周边的4000公顷梨园组成，集中分布的万亩梨园形成宏大的天然氧吧，一年四季风光无限。

景区内现建有“观花台”“仙女授梨”“中国鸭梨之乡纪念碑”“农民状元朱万祥塑像”等景点，游园观光路曲径通幽。每到梨花盛开的季节，万亩梨园一片洁白，一簇簇美丽的梨花，争相怒放，徜徉其间，宛若人间仙境。

碣石山

玩家 攻略

每年4月上旬梨花盛开时节，景区举办梨花会，同时会有游园观光、赏花踏青、经贸洽谈、书画作品展、文艺演出、焰火晚会等活动。周围还建有“民俗一条街”，集地方文艺、民乐、印花布、虎头鞋、泥人等于一体，娱乐购物的同时还可以感受这里的文化。

链接

阳信鸭梨

驰名中外的阳信鸭梨，外形圆润美观，色泽金黄，呈倒卵形，因梨梗基部凸起状似鸭头而得名。鸭梨皮薄核小，香味浓郁，清脆爽口，酸甜适度，素有“天生甘露”之称，富含糖、维生素C、钙、磷、铁等营养成分，具有清心润肺、止咳定喘、润燥利便之功效，还能美容养颜。鸭梨适合加工梨脯、梨糕、饮料等多种营养食品，风味独特，很受欢迎。

鲁木匠古典家居

全国著名家居商标

滨州市阳信县翟王镇

山东鲁木匠古典家居有限公司以传统木工手工艺，精巧的雕刻技术，集开发、设计、生产为一体，销售明清风韵古典家具和新古典主义家具。

在这里，展厅内精致且极具创意的古典展品琳琅满目，让你充分领略家具中所体现的古风神韵；在这里，巧妙的构思、设计与制作工艺，让你充分领略鲁班文化的博大精深；在这里，您可以欣赏到中国最经典的古典家具和皇宫家具，玲珑剔透、金碧辉煌，会让您看后叹为观止。

玩家 解说

“鲁木匠”品牌已注册为全国著名商标，其文化精髓是“鲁班文化，一脉相承”。公司采用传统手工艺与现代设计元素相结合，纯科学合理的榫卯结构相连接，不贴皮，不权接，不用钉，用料壮观讲究，使古典家具的实用性和艺术性达到了完美的统一。

景点推荐

东营旅游区

清风湖公园

以黄河文化为主题的公园

东营市东城区主干道胜利大街旁

市区乘150路公交车可到达

清风湖公园是全国首个以展现黄河文化为主题的公园。清风湖公园吸收借鉴了西方园林和中国古典园林的设计手法，用现代手法来表现传统建筑。公园拥有国内最高的音乐喷泉之一“玉龙吐翠”，还有垂钓园、云帆月舫、玉带桥、“枫林爱晚”、明月山等。集商业、旅游、休闲、度假于一体的清风湖社区，成为展示东营市城市风貌的一个亮丽窗口。

胜利油田展览中心

具有石油科技文化特色

东营市东营区南二路与西三路交会处东430米

东营市内乘坐Y1、Y2等路公交车到石油科技馆站下车即可　07:00~17:00

东营胜利油田科技展览中心（石油博物馆）是一个具有鲜明石油科技文化特色，集石油地质科普、石油科技博物鉴赏、石油科技展览演示及胜利石油发展史展顾于一体的综合性活动场所。

展览中心拥有三个常设展览演示厅，一个科普报告厅，一个科技交流交易厅。整个展示知识性强，其中珍藏各类岩石、矿物、化石等标本及模型600余件，具有较高的科学价值。另外，所展现的人文风貌，具有鲜明的黄河三角洲石油风土人情特征。

链接

胜利电视观光塔

胜利电视观光塔是中国广播电视学会高塔委员会成员塔之一，位于东营市西城西四路395号，属西城繁华地段。塔高208米，集观光、餐饮、娱乐、无线信号发射于一体。塔的一层设有迎宾大厅和贵宾厅，二层为多功能厅，三层为商务中心，地下部分为胜利电视塔发射机房。钢塔内设两部每秒2.5米的高速电梯，从底层到塔楼需45秒。塔楼建在112米至131米，最大直径27米，设有旋转观光餐饮厅、露天观光平台等，旋转餐厅坐行一周约45分钟。登临塔楼，极目远眺，百里油区可尽收眼底，蔚为壮观。

天鹅湖
水库湖区

东营市南二路东首，东城东南方向15千米

东营市区有至天鹅湖的旅游专线车

30元　07:00~19:00

天鹅湖是一处集旅游度假、休闲娱乐为一体的大型水上游乐园，为亚洲最大的人工平原水库湖区。每年冬季有大批天鹅相约而至，景色美丽壮观，引得游客无数，因此人们称之为“天鹅湖”。

景区以“大水面、大空间”为主要特色，以“七岛、六景、五特、两鲜”的特点而闻名。天鹅湖风景区有亚洲唯一一座最大的平原人工水库，拥有丰富的渔业资源和鸟类资源。这里鸟类品种繁多，尤以国家二级保护动物天鹅著名。

滨州野鸭

玩家 攻略

1.观看天鹅的最佳地点为军事教育基地、南岛天涯海角处，最佳时间为每年11月至次年4月。

2.景区不仅有天鹅，还有其他各类水鸟、珍禽来此越冬，为天鹅湖带来了无限生机。另外，度假村西侧有跑马、狩猎、蒙古风情展示等项目，还建有露天游泳池和温泉浴场。

3.在景区观看天鹅时，注意不要惊吓天鹅和水鸟，更不要在天鹅活动区域追赶天鹅和水鸟；禁止利用各种捕猎工具捕杀天鹅或水鸟，一经发现，违者按有关规定处理。

4.景区睡莲池里荷叶田田，莲花点点，朵朵睡莲如少女蹲立水面，出淤泥而不染，冰清玉洁，纯真可人，花香飘逸，清新自然。

玩家 解说

天鹅湖是全国最大的滨海平原水库，库西侧有栈道直通湖心的太阳岛。太阳岛分为4个部分，由“丁”字形栈道连接。第一部分位于进岛东西栈道南侧，主景为宝塔山及长城等；第二部分是位于东西栈道东端的中心岛，是太阳岛中面积最大的主景区，岛上景点众多，亭台楼阁参差错落，假山花圃锦绣迷人；第三部分是自中心岛往南由栈道通连的南海景区，主景是“天涯”“海角”等；第四部分是自中心岛往北由栈道通连的北海景区，主景是北海白塔、荷兰风车、鸵鸟园等。中心岛设有游船码头，可乘游艇或摩托艇漫游湖区。有4个生物岛布置在湖的4个角落，岛上有鸟类百余种，其中珍禽有白天鹅、灰天鹅、黑天鹅、仙鹤等。湖中有鱼类20余种，其中数量较多的有鲤鱼、鲫鱼、草鱼、鲇鱼、黑鱼等。

黄河口生态旅游区 AAAAA 地
有世界最年轻的湿地生态

东营市黄河三角洲国家级自然保护区

400—166—2158

旺季60元，淡季40元

08:30~17:00

黄河口湿地生态旅游区拥有世界上最年轻、最完整、最典型的湿地生态系统，旅游资源非常丰富：中华民族的母亲河——黄河从这里入海，形成海河交汇的奇观；这里是世界稀有鸟类黑嘴鸥的重要繁殖地；这里

有国内罕见的天然柽柳林和万亩人工刺槐林；黄河入海口旅游区还是世界上增长最快的陆地，沧海桑田的演绎让人叹为观止；这里还有美丽的海滨景观，海滨滩涂平整、泥质细腻、生物丰富，是赶海、观潮、赏月、观日出的理想境地。

玩家攻略

1.景区内有黄河口游船服务中心，可提供餐饮、候船、观光等服务。瞭望楼前有去黄河入海口的船，在这里你可以看到中华民族母亲河入海的样子，观赏河海交汇的景观。

2.这里还有一望无际的芦苇湿地景观，在公园可以自行坐船穿梭于芦苇荡中间，真正地亲近大自然。

3.为了体现黄河口湿地生态园的原生态美，景区特别推出了纯手工纺织的"黄河口"品牌的老粗布旅游纪念品，非常有特色。

链接

芦花飞雪

在黄河入海口的百里平原上，依河傍渠随道，到处生长着密密匝匝的芦苇。秋天是芦苇的成熟季节，风乍起时，苇絮随风在天空悠悠飘飞，弥天盖地，形成"芦花飞雪"的壮美景观，一直持续到来年春天，如天空普降瑞雪，令人叹为观止，形成一幅精美绝伦、巧夺天工的剪影图。

揽翠湖 AAAA

省农业旅游示范点

东营市东营区南二路201号

揽翠湖旅游度假区，即黄河水城植物园核心景区，建有水上活动中心区、生态植物观光区、特色商务休闲区三大区域和多个旅游项目。另外，还有温泉养生中心、温泉度假区、塞纳河度假小镇、27洞高尔夫球场、植物园等景观项目。

森林木屋

亲近自然，环境优美

东营市东营区六户镇

胜大农业森林木屋坐落在胜大万亩苑林区，占地约33.33公顷，其间分布140多种植物、70多万株树木和269万平方米地被植物，建筑风格独特，环境优美。

小木屋紧紧依靠森林资源，野花争芳，水鸟相嬉，水鸭翔湖，安逸、宁静、祥和。景区以休闲餐饮为主，综合开发生态观光、商务会议等项目，现初步建成餐饮饭庄、垂钓中心、采摘园、私塾菜园、生态植物区五大区域，是东营地区城市居民节假日最好的去处。

河口生态游乐园

苇荡休闲游乐

东营市河口区仙河镇以北，东港高速路附近，距东营市约80千米

河口生态游乐园，是集游览、观光、会

务、休闲、度假于一体的综合型旅游地。生态游乐园，生态自然淳朴，主要景点有观鸟区、游船垂钓休闲区、芦荡水巷、水上博物园、水上商务船等。

水上博物园是在孤北水库船上建立的一个流动的博物园，介绍黄河沿岸文化传说和齐鲁文化。四周芦苇飞扬、百鸟争鸣，在这样的环境下召开各种会议，会更加放松，让人体验一种难忘的会议之旅，别有一番情趣。

东营市孤岛槐树林温泉旅游区 AAAA

万亩槐林，赏槐胜地

东营市河口区孤岛镇

孤岛槐树林温泉旅游区，一处令人神往的度假胜地，位于我国山东省东营市河口区的东部。其地理优势显著，毗邻著名旅游重镇——孤岛与仙河。在这片土地上，游客可以尽享丰富的旅游资源，体验大自然的独特魅力。

旅游区以万亩槐林、神仙沟、孤岛水库、农田果园、草场湿地以及亚洲最大的仙河澳亚现代牧场等自然风光为依托，为游客提供了一处宜人的休闲度假胜地。这里融合了大自然的神奇魅力和现代农业的壮观景象，使游客在游玩过程中，既能欣赏到自然之美，又能感受到现代文明的气息。

孙武祠

在此，游客可以尽情享受温泉度假的舒适，体验婚纱摄影的浪漫，参与拓展活动的激情，感受乡居生活的宁静以及科普游乐的乐趣。

东营市历史博物馆

东营唯一地区性博物馆

东营市广饶县城中心

51号、广饶105路、广饶3路等公交即到

东营市历史博物馆位于广饶县城中心地带，占地7799平方米，是东营市唯一的一处地区性博物馆。博物馆建筑面积6821平方米，展厅楼采用中西合璧的设计风格，古朴典雅，蔚为壮观，内设“广饶县大汶口文化”展。馆内共珍藏着各类文物6000余件，其中不乏非常珍贵的国家一级藏品，既有2万年前的麋鹿角化石，有距今5000年左右的陶器、石器、骨器、玉器、青铜器等，也有王羲之行书《半截碑》拓本、《赵子昂真迹》自裱本和数件名人字画，还有中国最早的《共产党宣言》汉译本等。

孙武祠

古典式北方院落

东营市广饶县城西北

乘51路公共汽车到博物馆站下车即到

孙武祠系典型的古典式北方院落，城府套作森严整饬。正门坐北朝南，为庑殿式建筑。大门内为孙武祠的南院，院山门洞内有一壁刻，系我国著名历史地理学家周维衍撰写的《孙武故里考简记》，上称根据《史记》《资治通鉴》《太平广记》等诸多典籍的记载及专家学者的勘察考证，确定孙武故里即在齐国古乐安城，即现在的广饶县。院落正中矗立着一尊汉白玉孙武雕像，两边厢房为卷棚式仿古建筑，南院与北院由一歇山式仿宋门庭相通。

大汶口文化彩陶

傅家遗址 文

具有代表性的大汶口文化遗址

东营市广饶县城南1.5千米处

遗址中部高，四周低，俗称“傅家顶盖子”或称“摩天岭”，是目前鲁北地区发现的最有代表性的大汶口文化遗址。傅家村就坐落于遗址的中部，从遗址向东约200米是东辛公路，潍高公路从遗址中部东西穿过。

该遗址平面为椭圆形，自1985年至1996年，山东省文物考古研究所在县博物馆的配合下，曾先后两次对该遗址进行了抢救性发掘清理，出土石器、骨器、角器、陶器、玉器等各类文物400余件。该遗址发现4眼大汶口文化时期的水井，水井是大汶口文化时期先民们的一项重大发明，是社会生产力发展的重要标志。

玩家 解说

遗址墓葬分布集中，叠压关系复杂，墓穴均为长方形土坑竖穴，葬式一般为仰身直肢单人葬，二次葬和迁葬较多见，其中双人叠葬为同类文化诸遗址中所仅见。多数墓葬无葬具，少数有棺椁。人骨头向多朝东北，少数向西南。墓内多数没有随葬品，即使有葬品，数量也不多，少的一两件，一般不超过4件，最多的8件，有的仅见一个箭头。随葬品绝大多数为陶器，主要器型有鼓腹或折腹罐形鼎、钵形豆、罐、钵、壶、碗、单把罐等。制作比较粗糙，多为手制，由于烧制火候高，质地亦非常坚硬。器物组合以鼎、豆、罐或鼎、豆、罐、杯为主，其陈放位置一般在头部左右两侧或脚下，陶豆多数扣在陶鼎上面。

刘集红色旅游区

有全国最早的农村党支部

东营市广饶县刘集前村

这里成立了山东省乃至全国最早的农村党支部，保存并使用了我国首版中文译本《共产党宣言》。景点包含刘集支部旧址、旧址纪念馆、革命传统展厅、4D动感影院（拍摄了全国首部真人实景4D电影——《红色刘集》）、刘集地道、齐笔工艺馆、枣木杠子乱弹演艺展厅、山东省最大的盆花生产基地——东方花卉刘集基地、黄河口甲鱼高效农业示范区等。

景点推荐

聊城旅游区

聊城古城

历史悠久的重镇

聊城市东昌府区

聊城地处鲁西平原，古运河畔，是一座历史悠久的重镇，因位于古聊河西岸而得名。聊城古城池位置和布局状若凤凰，故素有“凤凰城”之称。

古城风貌保存完好，民居至今保留着白墙灰瓦传统建筑风格。古老的京杭运河两岸，街巷布列，依河而建。条石铺砌的大小码头，株株苍劲的古槐，以及宋代隆兴寺铁塔，国家重点文物、清代建筑山陕会馆，仍会使人们体味到昔日运河漕运鼎盛时期古聊城的繁荣和辉煌。

光岳楼

聊城市东昌府区古城中央

光岳楼为古代城防建筑，建于明洪武七年（1374年），是迄今为止全国现存古代建筑中最古老、最雄伟的木构楼阁之一，享有“虽黄鹤、岳阳亦当望拜”之誉。与现存的文物建筑北京的鼓楼、西安的钟楼相比较，无论从其建造时间，还是就其规模、形制、建筑结构来看，都有过之而无不及。

玩家解说

每年9月20日至10月15日，这里会有聊城民俗展览，主要是各种农具、交通用具、民间手工艺品等品种的展出。

海源阁

聊城市东昌府区古城中光岳楼南、万寿观街路北杨氏宅院内

我国历史上最著名的私人藏书楼之一，清道光二十年(1840年)进士杨以增所建，总计藏书22万册。海源阁藏书楼为单檐硬山脊南向楼房，面阔三间，上下两层，下为杨氏家祠，上为宋元珍本及手抄本等秘籍收藏处。藏书楼上层中间门额上悬挂“海源阁”匾额一方，为杨以增亲书，额后有杨以增自题跋语。

玩家 解说

海源阁与江苏常熟县瞿绍基的“铁琴铜剑楼”，浙江吴兴县陆心源的“皕宋楼”，浙江杭州丁申、丁丙的“八千卷楼”合称清代四大藏书楼。海源阁藏书浩瀚，是杨氏四代人潜心收集的结果。杨氏第四代人杨保彝编著《海源阁宋元秘本书目》及《海源阁书目》计有20 8300卷有余，另有不载于书目者尚多。

聊城古运河

古老京杭古运河聊城段

聊城市区东侧

乘坐K10、K138等路公交车，在电子商城站下，步行即可到达

古运河风景区为古老京杭古运河聊城段，距今已有1400多年的历史。明清时期，漕运盛极一时，借助漕运之利，运河经济甚为繁荣。聊城为沿岸九大商之一，被盛誉为“江北一都会”，清康熙、乾隆皇帝曾十一次驻驿于此。运河沿岸留有很多名胜古迹，山陕会馆、大小码头、宋代铁塔、唐朝古槐等国家重点文物沿河而立，与运河相互辉映，彰显了深厚的历史底蕴。现在，古运河景区已成为江北水城的重点观光旅游区。

光岳楼

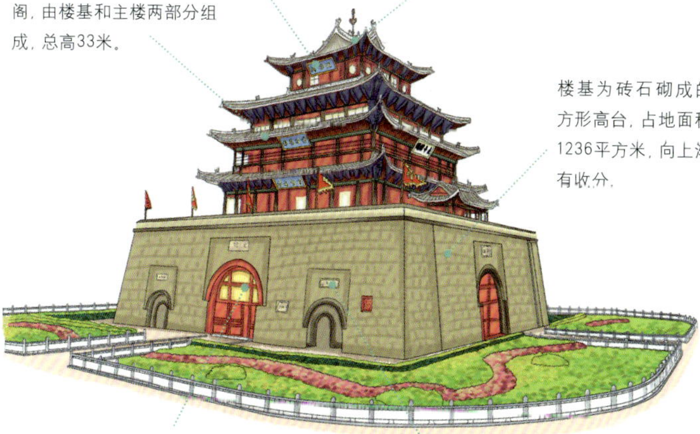

山陕会馆 文

全国现存会馆中第二大会馆

聊城市东昌府区东关古运河西岸双街55号

山陕会馆俗称“关帝庙”，始建于清乾隆八年（1743年），历经四年，建成心门、正殿等主体建筑，其后逐年扩修，嘉庆十四年（1809年）才形成现在的规模。

山陕会馆整个建筑布局紧凑，错落有致，古朴大方，装饰华丽，不仅是中国古代建筑的瑰宝，对于研究古代建筑史具有极高的价值，而且也是研究古代商业史、经济史、戏剧史、运河文化以及书法、绘画、雕刻艺术中的珍贵资料，对于研究清代商业发展也具有十分重要的意义。

山陕会馆

玩家 攻略

山陕会馆庙会举行于9月20日至10月15日，有民间工艺展示、戏剧演出、茶艺表演等。且会有晨钟暮鼓的恢复，早6时响钟，晚6时鸣鼓。

东昌湖 AAAA

长江以北最大城内人工湖

聊城市东昌府区湖滨路2号

乘坐K433、K437等路公交车，都可以到达

东昌湖风景名胜区是我国江北地区罕见的大型城内湖泊，湖水清澈，景色宜人。景区以建于北宋时期的聊城古城为主体，以古城正中的光岳楼为中心，向四面辐射。景区以东昌湖为依托，集中体现了聊城“水、古、文”的特色，营造出“水在城中，城在水中，水城一体，交相辉映”的独特风貌。

玩家 攻略

1.东昌湖西部西关桥南面建有大型沙滩浴场，是聊城夏季最美的避暑地，也是集娱乐、游玩为一体的游乐场所。沙滩上有一座座造型奇特的更衣室、五颜六色的遮阳伞，还设有水上滑梯、绿色大鳄鱼、海盗船、情侣屋、录像厅、快餐厅等。

2.垂钓基地位于古城北门至西门之间，全长850米，由天津大学建筑系规划设计，为东昌湖垂钓佳处。

3.每年春节、元宵节时东昌湖景区会举办大型灯会，同时还有有奖灯谜、文艺演出、新春赏车等活动。

4.景区内有很多特产和名吃，其中朗庄面塑是当地非常著名的手工艺品，小屯糖藕、五更炉熏鸡等是景区非常知名的特色小吃，都很值得品尝。

姜堤乐园

折射着地域文化的乐园

聊城市东昌府区聊阳路

乘坐21路、501路公交车，在姜堤乐园站下车即是

07:00～18:00

姜堤乐园是在原四河头自然风景区的基础上建成的，乡土气息浓郁，具有民族地域

傅斯年陈列馆

文化的风采，集林果栽培、园林观光、游览休闲于一体。

乐园有依绿园、沁芳园、静雅园、如意洲等主要景点，具有浓郁而鲜明的民族风情和田园风韵。园中果林与亭、廊、榭、碧水、绿树交相辉映，拱桥、平桥、曲桥各显风采，小桥流水平添无限情趣。

玩家攻略

1.景区内设有2处餐厅及多处冷饮摊点，以农家菜为主，价格比较便宜，每人次只需十几元钱就可酒足饭饱，为游客就餐、饮水提供了方便。

2.百花园地势起伏，梅花、牡丹、樱花、玉兰花、迎春等名花四季飘香，令人心旷神怡。夏秋季节，杏、桃、梨、苹果、李子等各种各样的水果成熟，游客可以任意采摘品尝。

傅斯年陈列馆

记述傅斯年生平事迹

聊城市东昌府区东关大街路北

乘坐437路公交车到闸口桥站下车即可

免费　09:00~16:00

傅斯年纪念馆又称“傅氏祠堂”，主要陈列着傅斯年先生生平事迹的大型图片和傅斯年先生半身汉白玉雕塑。1994年，程思远副委员长专门为傅斯年陈列馆寄来了题词：“傅公高风亮节，足为后世楷模。”季羡林先生为傅斯年陈列馆题写了匾额。

天沐温泉

江北水城的生态园林温泉

聊城市冠县马颊河林场

市内有聊城至冠县长途车可前往

天沐温泉度假村是天沐集团在山东省聊城市的马颊河林场开发的一家温泉度假酒店，它依托马颊河林场丰富的地热和自然生态资源，据古方调制的各种美容汤池和保健汤池星罗其间，SPA水疗区与冷热瀑布浴打造国际流行温泉沐浴文化，豪华五星级客房、中西餐厅、拓展培训基地、天沐湖垂钓、夏夜美食烧烤、网球场，可以带给四方宾朋无与伦比的尊贵体验。

冠州梨园

百年老树遍布

聊城市冠县兰沃乡韩路村

在冠县乘坐公交车，在梨园下车即是

冠县梨园是展示梨文化的自然风景区。梨园内景色优美，春天梨花盛开，堆雪铺玉；夏天枝繁叶茂，碧波万顷；秋天硕果累累，飞甜流香；冬天苍枝婀娜，诗画遍地。景区以具有300多年树龄的“梨树王”为中心，划分为梨王宫、结义园、梨仙居、寒露寺遗址等13个景观单元，彰显了“中华第一梨园”的风采。

冠县梨园

玩家 攻略

每年4月1日到15日，当地会举办江北水城“冠县梨园文化节”，期间有很多精彩活动，很值得参加。

链接

趣闻典故

相传，明洪武初年，梨园一带有三位侠义风骨的老人，个个精通育梨技艺，他们结拜兄弟，经常在梨园聚集饮酒。乡亲们每次遇到困难，他们都会慷慨相助。三位老人逝世后，后人在他们生前经常聚饮的地方栽植了三棵梨树，人称“梨园三君子”。

天沐江北度假村

特色鲜明、功能齐备

聊城市冠县马颊河林场

在聊城市乘坐市区开往景区的短途客车，即可到达

马颊河森林旅游度假村景色优美，这里有防护林场、优质品种果园、良种稻田、中华鳖繁育养殖场、自然猎场等区域，栽植有江南毛槐、紫荆、榆叶梅等20多种观赏树木共2万多株，建成了苗族、客家族、土家族、布依族4处民族风格景点，安排了射击、探险等多个参与性游乐项目，是一处集生态观光、休闲娱乐、度假旅游为一体的游乐场所。

玩家 攻略

来这里游玩，泡天沐温泉是必不可少的。景区建有室内温泉水疗区、天沐特色浴区、溶洞温泉区、天地五行浴区等多个温泉区，你可以在这里尽情享受温泉带来的舒适与健康。

东阿药王山

景色优美、文物众多

东阿县环球路

乘坐东阿县城内公交车，即可到达

0635—7105890

50元

08:00～18:00

东阿药王山景色优美，文物众多，文化底蕴深厚。药王山是鲁西名山，主要供奉药师佛及八大药王，山上有药王殿、观音殿、财神殿景观，有滴水观音、思维菩萨、杏林春暖、悬壶济世等著名雕塑，还有连翘、牡丹、芍药等300多种药用植物和观赏植物，具有很强的观赏性和科普性。

净觉寺

始建于北宋的古寺

聊城市东阿县刘集镇皋上村

东阿净觉寺，始建于北宋大观三年，是一座历史深厚、底蕴丰富的古寺。所有建筑均采用硬山式风格，其特点是屋顶线条简洁，山墙硬朗，富有力量感，同时在结构和造型上富有变化，使整个建筑显得庄重而威严。

净觉寺的建筑全部由砖石构筑，这不仅展示了我国古代工匠高超的技艺，也体现了他们对建筑品质的极致追求。在历史的长河中，砖石建筑能够抵御风雨侵蚀，保存至今，仍保持着初始的风采和风貌。

在设计和建造方面，净觉寺采用了中轴线对称布局，这种规划使寺院建筑有序排列，形成一个完整的整体。中轴线对称是我国古代建筑的重要设计理念，代表着和谐和平衡的美学观念。在这种布局下，建筑间的比例协调，相互呼应，营造出一种庄重而宁静的氛围，使人们在参观过程中，不禁对古代工匠的智慧与才艺赞叹不已。

中国阿胶博物馆

以阿胶发展为主题的博物馆

聊城市东阿县阿胶街78号

乘坐东阿15路公交车，在实验中学站下，沿工业街步行即可到达

中国阿胶博物馆由全国最大的阿胶生产企业东阿阿胶集团出资兴建，是我国首家以阿胶发展为主题的主题性博物馆。

中国阿胶博物馆共分为11个展厅，由古代和现代两部分组成。古代部分主要体现阿胶从古至今的发展演化过程，以直观的视觉效果把古代东阿人的智慧展现于参观者面前；现代部分主要表现的是现代阿胶人的艰辛创业和辉煌成就。

链接

阿胶神奇的八大功效

（1）阿胶有补血功能；（2）阿胶具有止血作用；（3）阿胶有明显增强机体免疫功能的作用；（4）阿胶具有补钙作用；（5）阿胶有提高耐缺氧、抗疲劳的作用；（6）阿胶具有抗休克作用；（7）阿胶具有安胎调经作用；（8）阿胶具有抑制肿瘤细胞的作用。

曹植墓 ⓧ

著名文学家曹植的墓葬

聊城市东阿县鱼山，距县城19千米

在聊城汽车站可乘坐到景区的长途汽车

免费

鱼山，又名"吾山"，因葬曹植而扬名。曹植墓始建于魏太和七年（233年），坐落于鱼山西麓，依山营穴，封土为冢。东南两侧有黄河和小清河萦绕，合为襟带，隔河群山连绵，攒峰耸翠，仿佛一道天然屏风；北面金堤绵亘，似黄龙静卧，沃野万顷，一马平川，近看山下房屋鳞次栉比，远看村落星罗棋布，犹如一幅水墨丹青，使人游目寓足，旷然大观。

景区划分为墓前神道区、山上区、"子建祠"区、纪念馆区、荷塘区、生活区六个区，为吃、住、购、娱为一体的旅游场所。

玩家 解说

曹植是我国著名的文学家、政治家，是建安时期最负盛名的文学家，才高八斗，七步成章，辞采华茂，骨气奇高，在后世有较大影响。同时期的墓葬在我国发现较少，因此曹植墓对于文学史、考古学等方面的研究，有着重要的价值。山上有许多龙山时期的灰陶片，以及春秋战国至西汉时期的遗物，并且有"重云洞""绿葫居""四眺亭""夕照轩""倒影阁""羊茂台""仙人脚印"等八大景观。

景阳冈 AAAA

《水浒传》中武松打虎处

聊城阳谷县张秋镇

在阳谷县内，乘坐公交车即可到达

30元

08:30~17:00

景阳冈狮子楼景区不仅是水浒英雄武松打虎的地方，也是龙山文化城的重要遗址。景区占地近33.33公顷，有"三碗不过冈"酒店、虎啸亭、武松庙、狮子楼等景点20多处。旅游区四季特色各异，其中秋季景色最佳，只见景阳冈上冈峦相望、曲径通幽、鹿奔兔走、松立枫摇，景色非常之美。《水浒传》中描写的荒野乱林的景象重新显现在人们面前。游客可以在景区里找寻当年武松打虎的足迹，品味英雄豪情壮举。

玩家 攻略

1.景阳冈建有龙山文化陈列馆、景阳在望牌坊、水浒展览馆，并开辟花木基地，发展观光

中国阿胶博物馆

农业，成了集水浒文化游、龙山文化游、观光农业游为一体的旅游佳处。

2.景阳冈土特产有景阳冈系列酒、阿胶、景阳木雕，名吃有烧牛肉、武大郎烧饼、瓜达、大枣、炖鱼等。

3.景区北部有湖面百余亩，可供游客垂钓、划船。另外景区娱乐项目还有山东快书、虎斗鸡、抵羊、戏曲、武术表演等。

4.各景点危险路段设有护栏、警示牌，水寨游船上有救生圈，比较安全。

链接

趣闻典故

相传，宋仁宗年间，阳谷县有一个恶霸西门庆，他看上了民女秀姑，[illegible]杀害了她的父亲，并[illegible]。成亲之夜，秀姑灌醉西门庆点火烧屋，然后自杀，可是西门庆未被烧死。为了镇邪压惊，他盖起了狮子楼，后来武松在这里斗杀西门庆，使狮子楼名扬四海。

马陵古战场遗址

马陵之战战场遗址

✉ 聊城市莘县大张家镇马陵村和樱桃园镇道口村之间

马陵之战古战场遗址位于莘县大张家镇马陵村和樱桃园镇道口村之间。马陵、道口两村相距6千米，皆顺河流向建屋，村中房屋、胡同、道路无一不斜，且拐弯甚多，极为曲致，至今进村后仍极易使人迷失方向，故有"迷魂阵"之称。

大张家镇根据遗址筹划建设了古马陵之战风景区，马陵之战纪念馆是景区标志性建筑，馆内布置了古马陵之战的作战过程，展示孙膑的生平事迹，是国内研究孙膑的重要基地。

玩家 解说

公元前341年，著名军事家孙膑就是充分利用了这些有利条件，伏兵于马陵道旁，一举打败了骄纵的魏兵，迫使魏军主将庞涓自杀于马陵北一高亢土岗，人称"黄桑岗"。相传当年有一参天黄桑树，庞涓就是在这棵树下自刎身亡的。

黄桑岗西原有孙膑庙，飞檐斗拱，琉璃瓦顶，金碧辉煌，颇为壮观。庙前有座碑，碑左右各有一井，人称"古（碑）单（担）二井"。相传此井系孙膑布阵时，当地群众为伏兵而挖。

朝城清真寺

莘县保存最完好的一处清真寺

✉ 聊城市莘县朝城镇北街路西

朝城清真寺坐西朝东，由大门、过厅、讲堂、水房、住室和礼拜殿组成，其中大门面深三进，石木结构，大木起脊，重檐歇山，斗拱起架，宏伟壮观，为全省清真寺大门第一例。整个大殿由三梁九檩架起，为歇山双檐砖木结构，有彩绘、雕刻，图像姿态生动，是本县保存最完好、规模最大的一处古典伊斯兰宗教式建筑，反映了明清时期的文化、宗教特色。

景阳冈

景点推荐

德州旅游区

九达天衢坊

德州市的历史文化遗产

九达天衢坊，一座历史悠久的牌坊，坐落于我国德州市旧州城聚秀门（俗称大西门）之外的古驿道上，始建于明代。遗憾的是，这座牌坊在德州解放前遭受日本侵华战争的破坏。

九达天衢坊为四柱三孔，南北向，融合木石结构。其上部以木斗拱、挑檐为特点，覆盖以黄琉璃瓦。下部则为南北向的四条青石基础，四根木质圆柱插入基石，两侧各有两根斜柱予以支撑。基石上镌刻着八只石蛤蟆，均为伏卧姿态。中跨横楣上书“九达天衢”四字，相传为明嘉靖年间太子太师严嵩所书。

此牌坊造型典雅，雕工精良，彩绘绚丽，充分展现了明代建筑的独特风格。在清末，袁世凯任山东巡抚期间，曾对牌坊进行过重修，“九达天衢”四字由朱启钤所书。

玩家解说

明朝定都北京后，德州成为九省（冀、鲁、豫、苏、皖、浙、湘、鄂、赣）通往北京的漕运通道，故德州素有“九达天衢”“神京门户”之称。

苏禄王御园 文

安葬外国元首的陵墓

德州市德城区

苏禄王御园是苏禄国东王墓，是外国君主在中国的大型古墓葬、中菲友谊的历史见证。

东王墓御园肃穆壮观，是具有明代风格的祠庙模式，浑圆的东王墓处在翠柏环绕、绿树环抱之中，充分体现一种“前殿后墓，魂魄相依”的国王陵墓的布局。有东王墓、陵恩殿、东西配殿、神道，两侧依次排列有翁仲、石兽、华表、清真寺、御碑楼、王妃墓、王子墓、牌坊等，陵园式古建筑群，古朴肃穆、风格独特、布局和谐，是人们观光览胜的好去处。

玩家 解说

明永乐十五年（1417年）七月，苏禄国（在今菲律宾的苏禄群岛）东王巴都葛叭剌率眷属及侍从340人来华访问。9月辞归，途中东王患病，13日在德州逝世。永乐帝闻讣遣官致祭，赐谥“恭定”，并亲撰碑文。10月3日以王礼厚葬于此。

后东王长子都马含回国继承王位，王妃葛木宁、次子温哈剌、三子安都鲁及侍从等10人留居墓地。明宣德间，在墓旁修建了清真寺。清雍正九年（1731年）东王八代孙温崇凯、安汝奇申请加入中国国籍获准，遂以温、安二姓定居德州。

1980年菲律宾驻华大使雷耶斯博士专程前来瞻仰王墓，并会见东王后裔。同年，在此拍摄了王墓纪录片。1986年中菲两国合拍的《苏禄国王与中国皇帝》，将这段历史搬上了银幕。

董子园 AAAA

园内有董子读书台

德州经济开发区晶华路1号

乘坐5、107路公交车，在董子文化街站下车，步行即到

免费　全天

董子园景区整体以“民族中兴，天下大治”创意为主旨，融思想、艺术、观赏、教育性于一体，是一处大型文化园区。

董子园风景区是为纪念西汉大儒董仲舒而建设。景区以董子读书台为主景，以沙王河水系为脉络，台临水建，景随水出。所有人工景观为传统建筑，灰白色调，体现古朴、简洁、大气的汉代建筑风貌。西侧的董子文化街和东侧原生态园林，因河相连，临河相守，体现出人文建筑空间与自然生态空间相和谐的城市景观。

玩家 解说

董子读书台亦称“董子台”，是西汉哲学家、思想家、政治家董仲舒读书的地方。明正统六

苏禄王御园

董子园

年（1441年），重修学宫（即文庙）时发掘出隋代"董子读书台"石碑，即在现碑处修建了董子读书台。明万历四十三年（1615年），董子读书台和董子祠年久失修，破旧不堪，于德州西门外运河东岸堤坝上，重建了董子读书台和董子祠。明清两代，南北来往的文人学士路经德州时都要登台游览，吟诗作赋。自民国以后，由于战乱，年久失修，这座全国闻名的古迹成了一片废墟。

中国太阳谷 AAAA

太阳能与建筑一体化示范园

德州经济开发区太阳谷大道

50元

08:30～12:00，13:30～17:30

乘坐37、125、27等路公交车，到中国太阳谷站下车，步行即到

太阳谷旅游景区是华北平原特色原野生态保留区，是全球唯一的一处微排湿地度假旅游景区。景区以减河为界，有包括科普基地中心、度假观光中心、教育训练中心等在内的世界级可再生能源儿人中心，以及以日月坛微排大厦、太阳谷七星花园式别墅集群、蔚来城等为代表的绿色生态低碳建筑群，向世人展现了古老的太阳文化与现代先进的太阳能科技。

大雁岛

鲁西北一颗璀璨的明珠

德州经济开发区白桥大桥东侧，紧临104国道

大雁岛集餐饮、住宿、温泉洗浴、旅游观光、团队接待于一体，是山东境内第一家大型生态园林式酒店。自开发以来先后修建了生态园式酒店、公寓宾馆、动植物园和农家小园，优越的地理位置和优美的环境吸引了大量的游客前来观光旅游、休闲、度假。大雁岛生态园迎合了人们渴望回归大自然的愿望，通过一系列精心设计的人造自然景观，营造了绿色、生态、和谐、健康的消费环境。

玩家 攻略

1.园内栽植有百年榕树、数十年好运的发财树、难得一见的60年"铁树开花"等各类花木1500余种，在此仿佛置身于南国风光中。

2.大雁岛宾馆设施设备完全按照生态公寓标准配置，内设标准间、蜜月单人间、一室一厅、二室一厅、大中型会议室等各种房型。

3.大雁岛温泉城设有儿童游泳池、儿童戏水池、大型造浪池、比赛游泳池、药疗池等设施，室内按照江南园林式设计，打造了一个舒适、温馨的休闲娱乐空间。

4.大雁岛蒙古大营内有沁人心脾的正宗奶茶、奶酒，绝对正宗的手抓羊肉、烤羊排、烤全羊，悠扬的马头琴、嘹亮的草原长调、雄美的蒙古舞、诱人的篝火晚会。

5.乡村风格的农家小院内设有弥足珍贵的照片、文献记载、声像资料等，给游客带来了难忘的昨日往昔。

6.室外美丽的大雁湖岸边双亭玉立，垂钓木榭平展，周边垂柳环绕，各种花香扑鼻，湖内轻舟漂荡，令人乐不思返。

大雁岛

长河公园

国内第一个光电公园

德州市经济开发区

长河公园内整个照明系统全部采用太阳能技术，目前已安装庭院灯72盏、景观灯12盏、草坪灯400多盏。太阳能光电灯由太阳能电池板、照明灯和控制系统等组成，不需要外接电源，广泛适用于公园、绿地、道路和广场等公共场所。照明灯即使连续四五天阴雨，也会照亮不误。公园中间还有杏园桥。

海岛金山寺 AAAA

华北地区颇具规模的净土宗专修道场

德州市庆云县中心街北首西侧　乘坐德州观光巴士车，在海岛金山寺景区下车即到

免费

08:30~16:00

海岛金山寺景区依托历史上著名的唐朝高僧玄奘大师当年出家的古海岛金山寺旧址而建，包括佛事活动区、商业区、景观区三部分，寺院主体为佛事活动区，是华北地区颇具规模的净土宗专修道场，也是中国北方最大的寺院之一。

明代初年，古海岛金山寺毁于一旦。现在的寺院是在当初的遗址上新建的，在整体结构上，依然延续了佛寺建筑中“伽蓝七堂”的传统布局方式。所有建筑坐北朝南，依中轴线展开，左右对称、主次分明、秩序井然。寺院的主要建筑有山门、天王殿、钟鼓楼、大雄宝殿、藏经阁和方丈楼等，都采用回廊四合、飞檐斗拱、雕梁画栋，精美考究。

链接

趣闻典故

相传，唐僧的母亲殷氏在孩子生下后，将写有身世的布条缝于孩子胸襟上，然后将孩子藏入木匣里，偷偷放入河中。木匣顺水漂至金山寺河段，被寺内僧侣发现救起。寺院的法明长老将孩子托付给附近的一户人家乳养，后来回到寺中，俗称“海流和尚”，这就是后来的唐僧。

时传祥纪念馆

为纪念时传祥及其精神而建

德州市齐河县城东北部

时传祥纪念馆为砖混结构，建筑以八角形平面布局寓意四面八方，表达“宁愿一人脏，换来万家净”的时传祥精神。建筑采用硬山对称，灰瓦白墙，表达时传祥同志朴素的人生。基座四面，三层叠落花池，含意四季和十二个月，表达时传祥勇敢正直、淳朴善良、勤劳无私的高尚品格和博大胸怀。该馆由中共中央政治局常委、政协全国委员会主席李瑞环题写馆名。

时传祥纪念馆

海洋极地世界 AAAA

规模颇大的室内海洋馆

德州市齐河县黄河国际生态城旅游路08号

乘坐906路公交车，在泉城海洋世界站下车即是

4001077888

190元 08:30～17:00

泉城海洋极地世界是目前亚洲规模最大、世界一流的海洋馆。极地世界里汇集了北极熊、北极狐、白鲸、伪虎鲸、领航鲸等来自世界各地的近千种海洋生物、万种珍稀鱼类，是一个集观赏性、娱乐性、趣味性为一体和反映海洋文化、海洋科技的综合性展馆。

热带雨林

突出了山、水、林、石头的有机组合，高低错落。全区贯穿溪流、湖塘及瀑布。各种雨林中的鱼类及其他动物展示分布在整个区间，与周围景观巧妙结合。光线柔和，游览路线流畅。采用声、光、电等技术手段以及建造室内大瀑布等再现南美洲亚马孙流域原始森林风情。

极地王国

整个场馆全部用披着皑皑白雪的岩石打造而成，汇集了来自南极和北极的极地动物，各种动物均分别设池展示，各展示水体均按国际标准设置，水温和水质也按动物所需专门处理。所展示的动物结合环境条件进行训练表演，此区展示的品种是目前国内最全的。

科普展厅

一楼是标本区，展示海洋生物的标本，并通过多媒体的科技手段将海洋生物变迁的过程和海洋生态保护的常识展示出来。二楼是互动区，设有许多科学启迪性展品，让大家在互动的过程中感受科学的神奇，是对青少年进行海洋科普知识教育的极佳场所。

海洋剧场

在海洋剧场里有幽默滑稽的海狮表演和浪漫刺激的海豚表演，上演八头海豚同台演出、浪漫骑士、激情冲浪、呼啦圈大赛、尾鳍拍球送大礼、高空顶球、人豚共舞、海狮抢凳子、海狮算数、海狮排球赛、海狮音乐会、海狮空中360° 翻转等令游客欢欣雀跃的精彩表演。

黄河北展区

风光优美的场所

德州市齐河县城东南，距县城约10千米

黄河北展区有大面积的林场、湿地，还

海洋极地世界

有优美的田园风光及淳朴的民风，是游客休闲娱乐的好场所。这里林木覆盖率非常高，是名副其实的天然氧吧。北展区内荷花飘香，绿树成荫，水库是泛舟、垂钓的好场所，绿荫是人们休憩、娱乐的好去处。水库边有农家饭店，在那里可以吃到地道的农家宴。

玩家解说

黄河自东阿县刘营村东南流入齐河县（沿大王乡吉家村东北流向济阳县，过境河段长78.87千米）。齐河县境内河窄弯多，尤其是南坦险工以下两堤相距仅465米，为黄河下游最窄地段，故称“黄河咽喉”。

黄河南岸望山叠嶂，这就是古“齐河八景”之一的“泰山南峙”，说的就是白昼时站在此处的黄河大堤上举首南望时的壮美景色。抬头南望，河水浩浩荡荡，浪涛澎湃汹涌呼啸而来，直接南下；俯首低瞰，放荡不羁的黄河水在这里被坚固的黄河坝迎头拦住，发疯似的打着旋儿，撞击着游人脚下的堤坝，发出震耳的轰鸣，激起数丈高的浪花，不情愿地改向东行，显现出九曲黄河中少见的雄壮美。

四女寺

远近闻名的千年古镇

德州市武城县四女寺镇四女寺村

四女寺景区位于德州市武城县与河北故城交界处的运河南岸，古称安乐镇、四女树，是一个远近闻名的千年古镇。

这里有三大景观：复建的四女寺（祠）、四女寺水利枢纽风景区、郭氏古墓群。复建的四女寺（祠）内，除四女塑像外，还有汉代、唐代、清代的古碑各一方。郭氏古墓群有明都御史郭镗、明刑部主事郭钰、明修正庶尹郭麟等墓。

链接

“四女遗槐”的传说

相传在汉景帝时，有一对乐善好施的傅氏夫妇，膝下四女个个聪慧孝顺。为侍奉双亲，矢志不嫁，相约槐枯者嫁，槐茂者留。同时为达到彼嫁己留的目的，暗自用开水浇彼之槐，以期烫死。不想四槐愈加茂盛。后来，四女修道成仙，举家超升。遗留的四棵槐树却依然亭亭玉立。于是人们便纷纷争相植槐，侍亲尽孝，蔚然成风。从此，安乐镇改为四女树，形成了“槐荫清风”（又名“四女遗槐”）的自然景观，被恩县列为“十景”之一。再后来，人们又建寺、塑像供奉四女，镇名随之再改，“四女寺”因而得名。

碧霞元君故居

被誉为民族文化之缩影

乐陵市花园镇王母殿村

免费

全天开放

碧霞元君故居景区有着近千年的历史，历代帝王将相、文人墨客都曾竞相谒拜。故居占地6.67多公顷，建筑面积6000平方米，由龙腾牌坊、盛世广场、碧霞祠景区、王母殿景区等游览景区组成，形成了二主殿（碧霞祠、王母殿）、六偏殿（车神殿、门神殿、观音殿、财神殿、药王殿、文昌殿）、一亭（转运亭）、一桥（明桥）、一潭（日月潭）的宏伟格局，融合儒、释、道历史文化精髓，是江北道教文化的圣地。

链接

趣闻典故

碧霞元君，真名毕霞，是战国时期魏国公主。公元前225年，秦灭魏后，毕霞与她的胞妹毕仲举家迁到魏王城，并在东北太阳升起的地方修筑王母殿，济世救民，使四民安乐。后来，她到泰山讲学，被封为碧霞元君，民间尊称其为“泰山奶奶”。

碧霞元君故居

万亩枣林

目前中国小枣品种最全的园区

德州市乐陵市朱集镇

乘坐2路公交车，在冀鲁边革命纪念园站下，步行即可到达

五十万亩枣林游览区是全国面积最大的千年人工结果森林。旅游区以枣林为依托，开辟修建了观光塔、结义园、宋哲元纪念馆、李先念题词碑、乾隆御赐枣王碑等10多个景点，形成了“一塔”（观光塔）、“两碑”（李先念题词碑、中国金丝小枣之乡纪念碑）、“三园”（百枣园、结义园、高科技农业园）、“四树”（母子树、望娘子树、千年古树、铁将军树）的旅游景点网络。

玩家 攻略

每年当地都会举办金丝小枣节，期间会有独具当地特色的民俗活动，非常有趣。

三国文化广场

以三国文化为基调

德州市平原县城东新城区

三国文化广场占地18.3万平方米，其中水面10万平方米，蓄水量45万立方米。湖面周边分布祥云平台、亲水平台、游船码头、商业广场、儿童乐园等，还建有五岳山体生态植物园。

广场浸染了独特的三国文化色彩，挖掘了平原县独具特色的三国文化。环湖展开的雕塑设计再现了汉魏时期科技、文化、民风的历史画卷，把丰富的历史知识元素通过赏心悦目的艺术表现形式，与游人形成了亲切自然的互动交流。

世纪风农业园

农业高科技示范园

德州市平原县京福高速公路平原出口处

世纪风农业科技创新示范园已形成集农业高新技术产业开发、绿色食品生产加工、种子、种苗、农业观光、生态旅游与度假等多功能于一体的大型农业高科技综合园区。

园区以高科技的现代化大农业生产和清新优美的自然环境大力发展农业旅游观光，已形成种苗产业区、种植示范区、养殖示范区、生物技术区、生态旅游区、综合服务区六大旅游景点及游客中心、组培温室、荷花池、观雨亭、垂钓中心、鸽子广场、桃园等18个旅游点。

万亩枣林

禹王亭

集古建、水泊、园林为一体

禹城市区西北部的十里望村

禹王亭博物馆公园为一个坐北朝南的大院落，内有禹王大殿、东西配殿、钟鼓楼等，由具丘遗迹、禹王亭和人工湖组成。园内结构新颖、紧凑，气势恢宏，古朴典雅。大院落南首是一牌坊式山门，门上方为清朝乾隆皇帝题写的“禹王亭”手迹。

这里是大禹治水留下的一处古迹，同时又是一处龙山文化遗址，是一座集考古、研讨、观光、旅游、娱乐为一体的古文化公园。现禹王亭公园以禹王亭、禹王殿为中轴线，清式建筑为主体，配以配殿、殿门、山门等，另有名人字画、石刻、展览室等建筑设施。

邢侗公园

为纪念历史名人邢侗而建

德州市临邑县城

临邑邢侗公园为纪念临邑历史文化名人邢侗而建，公园分为水面及陆面两大部分，有公众活动区、体育活动区、文化纪念馆区、特色植物盆景区等六大部分。

公园内的邢侗纪念馆系仿明建筑，馆内藏有邢侗珍贵墨迹及古刻、著名书画家宋雨桂大师作品的雨桂馆等。另外，公园内有供人们休闲娱乐的晨练广场、音乐广场、市民舞台、网球场和门球场。

邢侗公园

红坛寺森林公园

综合性生态农业园

德州市临邑县林子镇境内，距临邑县9千米

县城乘坐2路公交车在森林公园站下车即到

红坛寺森林公园是一处集观光、旅游、餐饮、娱乐、商贸、度假、农业开发为一体的综合性生态农业开发园，园区人文景观与自然景观相互融合，风景秀美，环境清幽。园区主要有愉湖游乐区、红坛度假区、苇海风情区、林海揽翠区、观光生态园区等6大区域。

森林公园以刺槐为主，另外还有杨、榆、桐、椿、桑、杜仲、艾蒿等树种。林内有30多种鸟类栖息繁衍。地表植被丰富，野花草有70多个品种。林区内西部还有历史古迹“凤落堰”。每年这里都举办槐花节，吸引不少游客前来观光旅游。

文博苑

馆藏文物丰富

德州市陵城区唐城墙脚下，护城河畔

文博苑坐落于唐城墙脚下，护城河畔，为仿古建筑，金碧辉煌。颜公祠堂气势恢宏，东西两廊，曲径通幽。颜真卿塑像傲骨于“颜公祠”内，东方朔塑像诙谐于文博苑中；“颜碑亭”珍藏颜真卿书《东方画赞碑》，东半壁走廊及南碑林展示陵县历代珍贵石刻；“王书平美术馆”气韵非凡，尽显国画风采。

链接

文博苑碑刻

《东方画赞碑》是颜真卿46岁时所书，是他早期的代表作。此碑除了书法艺术价值，它还是为迷惑安禄山的使者而作，是颜真卿忠贞爱国、抗击安禄山叛乱的历史见证。

《宋徽宗赐辟廱诏书碑》是徽宗号召各地建学的一块碑，分碑身、碑额、碑座三部分，现仅存碑身高大厚重，上半截是徽宗珍贵的书法真迹，下半截是薛昂奉诏撰书的后序。

《东方朔墓碑》由颜真卿撰书。原碑遗失，这是根据拓片复制的。

《颜鲁公画像赞碑》为历城王钟霖撰书。王钟霖因对颜真卿特别崇拜，此碑记述了颜真卿一生中有重大影响的两件大事：抗击安禄山、劝降李希烈，赞颂“公之伟节，河岳日星”。

夏津黄河故道公园 AAAA

古树名木群立

德州市夏津县苏留庄镇

乘坐3路公交车，到会盟广场站下车即是

进入公园免费，小景点单独收费

08:00~18:00

夏津黄河故道森林公园，是老黄河的遗迹，整个森林公园由一带两区十园组成，包括观光路绿色长廊、天绿园、颐寿园、佛教文化园等部分，其中散布着会盟台、窦建德点将台、杏坞书院等景点，是一处集生态观光、绿色采摘、休闲度假于一体的平原森林公园。

玩家 解说

公元前602年，黄河在河南商胡埽决口，滔滔河水裹挟泥沙流经夏津境内。公元11年，黄河改道，留下了这片狭长荒芜的沙滩地。为了防风固沙，当地百姓广植果树，历经几百年的封沙造林，到清朝中期，这里已经是林海茫茫、果木成片。

颐寿园

桑树是夏津黄河故道森林公园的特色森林资源之一，全园共有百年以上古桑树3000余株，分布全园。桑树之果，含有多种氨基酸，营养价值极高，故称之“圣果”。颐寿园中，古树遍布，千姿万态，双龙戏珠，犹如双龙腾跃于海浪之中。

金柿园

园内现有柿树50余株，其中百年古柿树30余株，最高树龄达600年之久，为华北平原之最。每年一到秋天丰收季节，橘黄的柿果挂满枝头，金色琳琅，香气飘荡在整个柿园里，令人心旷神怡，流连忘返。

杏坞园

该园以古椹树和古杏树为主，此外还兼有古山楂树和古枣树。园区内有杏坞书院遗址。杏坞书院占地近33.33公顷，可容纳前来求学的学生达上万人，是当时华北平原最大的书院。因其掩映在杏林之中，因而被命名为“杏坞书院”。

槐林狩猎场

该园形成于清末，现仍处于原生态，没有任何人工雕琢的痕迹。如今总面积约66.67多公顷，主要树种为刺槐，间有龙柏、松树、杨树，属于落叶阔叶景观林。此地沙丘连绵，林木随沙丘起伏跌宕，蓊郁苍翠。

文博苑

攻略资讯

- 交通
- 住宿
- 美食
- 购物
- 娱乐

交通

飞机

滨州大高通用机场位于滨州市沾化区大高镇钻石路，共有2家通用航司在此开通3条短途运输航线，连通北京、烟台、日照3座城市，可在滨州市区乘公交C907路前往。

东营胜利机场位于东营市垦利区永安镇商飞大道，共有8家航司在此开通13条航线，共通航北京、大连、杭州、武汉、广州、长春、上海、深圳、西安、厦门等18座城市的20座机场，可在东营市区乘公交173路前往。

火车

滨州站：位于滨州市滨城区黄河二十路，是滨州市第一座大型火车站，客货双运，为德龙烟铁路（德大铁路段）中间站，拥有高铁、动车及普通列车，可乘公交112路前往。

东营站：位于东营市东营区玉山路5号，是淄东铁路的区段站，可乘公交103路前往。

东营南站：位于东营区六户镇庐山路，是东营的高铁站，德龙烟铁路（德大铁路）上的二等站，可乘公交171路前往。

聊城站：位于东昌府区站前街，是京九铁路、邯济铁路、聊泰铁路交会的重要铁路车站，可乘公交K601前往。

聊城西站：位于东昌府区城区西部，是聊城的高铁站，济郑高速铁路济南至濮阳段最大的中间站，可乘公交K25前往。

德州站：位于德城区迎宾大街甲1号，是京沪铁路、石德铁路、德龙烟铁路的枢纽站，可乘公交101路前往。

德州东站：位于德州市德城区站前街，是德州的高铁站，京沪高速铁路和太青高速铁路的交会站，可乘公交304、116路前往。

汽车

滨州汽车总站：位于滨州市滨城区黄河二路与渤海二十一路交叉口东南侧，有发往济南、青岛、北京、沧州、太原、西安、石家庄、上海、天津、徐州等省内外各城市以及市辖县市区的班车。

东营汽车总站：位于东营市东营区黄河路355号，运行线路通达全国15个省、市，45个地级市，是东营市规模最大、日发班次最多的综合性汽车客运站。

聊城汽车总站：位于聊城市东昌府区建设西路与柳园北路交汇处西北角，现有营运线路125条，辐射聊城8个县市，山东省内16地市，国内9省3个直辖市。

德州汽车总站：位于德州市德城区东风中路1667号，已联通全国50余个大中城市，全站经营143条客运线路，形成了以德州为

东营风光

中心，连接鲁、冀、豫、晋、苏、辽六省和京、津、沪三直辖市的公路客运网络。

市内交通

●滨州

滨州市现有公交营运线路53条，公交车485辆，覆盖市内重要景区及商业场所，可满足市民、游客日常出行需求。

滨州出租车起步价为6元3千米，夜间起步价为7.2元/3千米，超过起步里程为1.7元/千米。

●东营

东营现拥有各类营运车辆742辆，营运线路105条，线网覆盖市区大部分重要场所，交通便捷。

出租车起步价为8.00元/3千米，不足3千米按3千米计费，不收取燃料附加费。基本运价1.80元/千米。

●聊城

聊城现有公交线路53条、扶贫公交线路5条，农村客运专线2条，校车线路102条、定制公交线路95条，各类运营车辆1213辆。所有公交线路票价均实行一票制，每人次 2 元。

聊城出租车起步价为7元3千米，基本运价1.5元/千米。夜间收费的起步价较日间加收0.5元。

●德州

德州现有公交营运线路81条，营运车辆1285辆。线路覆盖德城区、天衢新区和德州至陵城区、德州至平原的重要地点。

德州出租车起步价为8元3千米；车千米运价标准为1.6元/千米，夜间计费加收15%（车千米运价）夜间费。

住宿

东营

东营城市很小，住宿主要可分为西城区、东城区还有景区周边三个区域。东西城区住宿主要以商务酒店、快捷宾馆以及小旅馆为主，根据酒店档次不同，价格不等。西城区比东城区在经济上繁荣一些，所以酒店的价格稍贵。景区周边住宿主要以农家乐与家

东营夜景

庭旅馆为主。由于东营市比较小，到火车站、汽车站、飞机场都不需要太多时间。

●爱尊客快捷酒店

爱尊客快捷酒店位于东营市最繁华的济南路，宾馆北临移动公司，东临振华商厦及银座购物广场、中心医院，西临联通公司、商业大厦、百货大楼。✉ 东营市西城区济南路54号移动公司斜对面

●东营黄河路亚朵酒店

黄河路亚朵酒店毗邻东营市百货大楼，地理位置优越，交通便利。酒店共有102间客房，风格简约雅致。✉ 东营区黄河路430-1号

滨州

滨州城市也不大，住宿主要集中在滨城区，这里交通便利，就餐、购物也方便，连锁酒店、商务酒店之类的也比较多。

●华滨大酒店

滨州市首家三星级涉外旅游酒店，客房配备齐全。酒店餐饮丰富多彩，经营鲁菜、川菜、粤菜和西餐等。✉ 滨州市滨城区黄河六路531号

聊城

聊城住宿集中于东昌府区与阳谷县周边。东昌府区邻近火车站和汽车站，交通便利，星级酒店与快捷宾馆林立，也有很多小型招待所。阳谷县农家乐及家庭旅馆众多，具有农家乐风味，住宿价钱相对东昌府区便宜，离景点也近，到聊城市中心交通也比较便利。

聊城

●岳麓山酒店

岳麓山酒店是一家集餐饮、住宿、会务、购物、休闲娱乐于一体的综合性酒店。酒店坐落在聊城市西部，位于东昌路的西首，步行就能到达聊城火车站，交通非常便利。✉ 聊城市东昌府区昌润北路116号 ☎ 0635-8389088 🚌 乘坐K23、K24等路公交车，在市人大站下，步行即可到达

●优途公寓酒店

酒店位于聊城东昌府区开发区东昌东路，地理位置优越，紧邻城市主干道，交通十分便利。无论您是商务出差还是休闲旅游，都可以轻松前往市区的各个景点、商业中心或火车站等目的地。此外，酒店周围的环境也十分优美，空气清新，为客人提供了一个舒适的住宿环境。入住这家酒店，您将享受到舒适的客房、高品质的服务以及完善的设施，让您在旅途中感受到家的温馨。✉ 聊城东昌府区开发区东昌东路和中华路交叉口

德州

德州住宿资源不是太丰富，酒店、旅馆、招待所主要集中在德城区和各县城景点周边。德州城区距离德州火车站、汽车站都比较近，购物、前往景点都很方便。各种星级酒店、快捷宾馆以及小旅馆都有，游客可自行选择。景点周边则是以家庭宾馆以及小旅馆为主，价格实惠，别有一番风味。

●贵都大酒店

贵都大酒店是一家旅游涉外酒店，坐落在德州市的黄金路段，邻近德州火车站、汽车总站，步行可至城隍庙步行街、新湖风景区，地理位置优越，交通便利。✉ 德州市德城区解

放中大道238号 🚌 乘坐107等路公交车，在贵都大酒店站下车即是

●德州美丽华大酒店

德州美丽华大酒店位于德州市中心，在火车站附近，地理位置优越。酒店房间宽敞，店员热情，服务也十分周到。📍德州市德城区解放中大道758号 🚌 乘坐6、19、23等路公交车在美丽华大酒店站下，步行即可到达

美食

东营

东营物产丰富，饮食风味兼具四方特色。清淡鲜香的海鲜美味，外焦里嫩、脆嫩爽口的黄河刀口鱼，各少数民族的风味菜，以及当地农家的煎饼，无不让人闻香止步，流连忘返。当地著名的风味佳肴如广饶肴驴肉、利津水煎包、黄河口酥鱼、三疣梭子蟹、孔雀三鲜、龙居丸子等，在大餐厅、小酒馆都品尝得到。

●鲜鱼汤

黄河故道鲜鱼汤极其鲜美，鱼肉细腻，有股清甜感，汤更是鲜美无比，让人忍不住伸筷即吃，凉了吃也是没有腥味儿的。

鲜鱼汤

●王祥卧鱼

东营厨师以“卧冰求鲤”典故烹制了“王祥卧鱼”，菜的特点是汤色奶白，口味鲜醇，营养丰富。

●蛋黄明虾

将面包放平，把虾、蛋黄放在上面，再放上虾胶、猪油，炸制而成，外焦里嫩，有浓郁的蛋黄香味。此菜在东营各大小饭馆都吃得到，时价30元左右一盘。

●龙居丸子

龙居肉丸历史悠久。此菜精选家畜后腿精肉，用纯正的黄河水氽制而成，具有高蛋白、低脂肪、弹性好、口感脆等特点。东营大小餐馆均可品尝，20元左右。

肉丸

滨州

滨州各地饮食习惯不尽相同，邹平、博兴、惠民、滨城等县区一日三餐，无棣、阳信、沾化等县区冬春多一日两餐。面食除馒头外，还有烙饼、蒸包、火烧、面条、煎包、水饺等品种，菜以新鲜蔬菜为主，间有肉蛋鸡鱼；常年喝大、小米粥和稀饭；宴请宾客饭菜丰盛，有冷盘、热炒、大件（全鸡全鱼）、甜货等；逢年过节，家家备酒、肉、鱼、菜。滨州水产也比较丰富，文蛤、牡蛎、梭子蟹、梭鱼等都是其有名的特产。

●锅子饼

锅子饼为滨州传统名吃，它以饼中卷馅的形式，融饼和包子的优点为一体，成为一种新的独具特色的经济、方便面食。

●武定府酱菜

“武定府酱菜”是山东地方传统名吃之一。这里生产的酱菜以色泽鲜艳、咸中带甜、甜中微咸、酱香味浓、清香可口而驰名全国。

●香椿

香椿是一种美味木本蔬菜，叶厚芽嫩，绿叶红边，犹如“玛瑙”“翡翠”，香味浓郁，营养丰富。邹平市的红芽香椿飘香百里，闻名遐迩。

聊城

聊城曾为京杭大运河沿岸的著名商埠，饮食风味亦大受影响，形成以“酱香、醋香、椒香、酸香”为特色，以浓香见长的鲁西菜风格。酱汁鱼条、酱焖鲫鱼、酱烧鲇鱼、酱煨羊肉、醋熘鸡、酸辣鱼块、爆炒心片、糖醋瓦块鱼等传统菜肴，仅闻其名，就令人垂涎三尺了。

糖藕

●小屯糖藕

高唐旧俗，每年腊月二十三日灶王升天时家家买糖藕。小屯糖藕酥、脆、香、甜，营养丰富，容易消化，聊城市内各大小饭店均可品尝。

●临清烧卖

烧卖是聊城临清的传统名吃，烧卖形如石榴，皮薄柔软，隔皮见馅，馅香鲜嫩，不腥、不膻、不腻。聊城各大小餐馆均可品尝，

烧卖

通常10元左右一屉。

●布袋鸡

布袋鸡做法独特，造型美观，食之香烂味浓不腻。风味独特，为“鲁西名吃”。聊城各大小餐馆均可品尝，40元左右一只。

●济美酱菜

济美酱菜是聊城临清传统名吃，甜酱瓜与豆腐乳享有盛名。甜酱瓜色泽金黄，透明如碧，质地嫩脆，为返乡旅途必备，馈赠亲朋好友所需。

德州

德州历史悠久，餐饮业自古十分发达，饮食种类丰富多样，风味独具。德州“又一村”饭庄的蒸包，武清的旋饼，黄河的大鲤鱼，宁津的长官包子、大柳面、保店驴肉，禹

德州扒鸡

城农家炖兔，面食小吃武城饼，以及冬日里沿街叫卖的羊肠汤等，都是德州当地的特色美食。最著名的当数德州扒鸡了。

●扒鸡

德州扒鸡又名“德州五香脱骨扒鸡”，此鸡色泽红润、肉质肥嫩、香气扑鼻、味道鲜美，德州市内各大小餐馆均可品尝，超市内也有真空包装好的整鸡，便于携带。

●大柳面

大柳面也被人们称作“金丝缠碗”，在乾隆年间开始有的，面跟粉丝一样细，颜色像嫩柳，绵软有力，可口滑爽，装在碗里好似弓弦一般。

●羊肠汤

到了冬季，德州市的大街小巷就可见到卖羊肠汤的车摊了，酱红色的羊肠往碗里一盛，再淋上艳红的辣椒油，撒上翠绿的香菜叶，最后浇上一勺滚烫的热汤，香味诱人，营养丰富。

●烤花揽鲑鱼

烤花揽鲑鱼是德州名菜之一，德州的烤花揽鲑鱼，除了体现了鲁菜的咸鲜特点，还有浓郁的辣椒和孜然香味。德州各大小饭店、烧烤摊均可品尝，通常3元一串或20元一盘。

●保店驴肉

德州保店产驴，因此当地盛行吃驴肉，口感鲜美，营养丰富。有兴趣的游客可在当地各大小饭馆品尝，通常20元左右一盘。

购物

东营

东营位处渤海南岸，黄河入海之地，湖鲜海产甚为丰富，用其烹制的美味佳肴，使得东营美食名传天下，而以这些山、河、海产作为选料的特产自然也成为出游东营的购物首选。黄河口刀鱼、东方对虾、烤花篮鲑鱼、黄河口大闸蟹、肴驴肉等，既可在当地的餐饮酒店里大饱口福，又可在市内各超市购其成品。

●黄河口大闸蟹

黄河口大闸蟹是我国著名的淡水蟹，其品种纯，生长快，个体大，肉鲜味美，肉质细腻而有弹性，是馈赠亲友的佳品。

●广饶肴驴肉

肴驴肉历史悠久，味道鲜美，芳香入口，吃而不腻。近年为方便游客携带保存，采用了真空包装，各大商场、超市有售。

滨州

滨州的特产有沾化冬枣、阳信鸭梨、无棣县金丝小枣、各色水产品，以及惠民蜜桃、紫花苜蓿、张高水杏、黄河五道口大米、清河镇木版年画、惠民泥塑、滨州剪纸等，一般在各旅游景点可以买到，还可以在大型的超市和百货公司购买。

●长山门笺

门笺，又称过门笺、罗门钱、纸化，是剪纸艺术的演化。长山镇流行的是五色纸门笺，一套五张，按头红、二绿、三黄、四水红、五蓝（或紫）排列，五张纹样相同，一次凿刻而成，张挂起来五彩缤纷。

黄河口大闸蟹

鸭梨

● 贝瓷

高档贝瓷是高档日用细瓷，它利用渤海湾独特的资源——贝壳砂做主要原料，加入牛骨、长石、石英等材料，“薄如纸、白如玉、声如磬”是贝瓷的突出特点。

● 芝麻酥糖

芝麻酥糖是滨州的传统食品，制作出的成品颜色淡黄，入口酥脆，易化，味道特香，老少皆宜。

● 小营大米

“小营大米”是滨州市小营镇特产，其特点是生米质地瓷实，颗粒均匀，腹白纤小，银亮剔透；熟米不散不腻，香而微甜。堪称稻米中之上品。

聊城

聊城有风味独具的八批果子、阳谷布袋鸡、冠县鸭梨、济美酱菜等传统名吃，还有茌平黑陶，雕刻葫芦，冠县的珂妮陶艺，高唐、临清的木雕等传统工艺，制作精致，历史悠久，珍藏、馈赠或家居陈设，皆为上选。

● 茌平黑陶

茌平黑陶以红胶土为原料，经一系列工艺最后采用独特的“封窑熏烟渗碳”方法烧制而成。其制作之精致、造型之优美，为世人所倾倒。

● 雕刻葫芦

雕刻的葫芦图案精美，刀法流畅，虽价格昂贵，却供不应求。艺人们大胆创新，把葫芦切割组合成各种造型，使图案立体化，创造了许多各具特色的新产品，使之成为馈赠佳品。

● 冠县鸭梨

冠县鸭梨原为堂邑县传统梨类中佳品之一，此梨外形美观，个大核小，皮薄多汁，酸甜适中，香味浓厚，甜脆可口，制作罐头和饮料亦佳，深受消费者欢迎。

德州

德州虽然地域狭小，但是物产丰富，不过便于携带的特色旅游纪念品不多，很多特产像西瓜、驴肉、扒鸡、菊花等有的受季节限制，有的不便携带，只能在当地享用，能带走的有金丝枣、金丝贴、景泰蓝菊花等。

● 金丝小枣

乐陵金丝小枣品质优良，皮薄肉厚，核小色美，肉细汁多。晒干的金丝小枣掰开后，能看见果肉间有缕缕金丝，故名“金丝小枣”。

● 德州西瓜

德州西瓜个大、皮薄、品质优良，是德州久负盛名的特产之一。其中喇嘛瓜长圆形，瓜皮微厚，瓜籽鲜红，瓜瓤有深黄、浅黄两种，细致无丝，入口脆沙，为瓜中珍品。

● 金丝贴

又称“皇冠贴画”，系粘贴书画工艺品，融国画、美工、布贴、镶嵌、名绣、沥粉贴金等艺术精华于一体，品种丰富，是馈赠宾朋的上乘礼品。

● **德州菊花**

菊花为德州市市花。德州菊花以盆栽为主，也叫“春盆菊”。抗性强，耐盐碱，耐干旱。德州的多头菊、独头菊，株矮叶肥，花大色艳，种质优良，独具风格。

娱乐

滨州

滨州具有深厚的文化底蕴，这里的人民继承和创造了中华民族的灿烂文化。著名的山东吕剧就发源于博兴县支脉河畔刘官村一带，具有七百年历史的滨县民间剪纸和起源于元朝的胡集灯节书会等民间艺术也久负盛名。另外，还有惠民县胡家集村的胡集书会、阳信打击乐三翻九转、锣鼓经、秧歌、莲花落、长山芯子、东路梆子、渔鼓戏、哈哈腔、扽腔、狮包杂耍等众多传统娱乐项目。

东营

东营位于渤海之滨，这里天蓝海碧，细沙逐浪，有水上冲浪、快艇、帆船、舢板等各种海上娱乐活动。另外广饶县是孙膑故里，每年都会有孙子文化节，非常值得游览。

聊城

聊城历史文化悠久，节日活动富有传统特色，跑旱船、扭秧歌、踩高跷、竹马、骑毛驴、舞狮等节日里的各种娱乐活动，喜庆、热烈，热闹非常，其中，尤以“龙灯”“舞狮”最为精彩。龙灯、狮子多为手工扎制，配合以铿锵有力的节奏，舞起来虎虎生威，令人击掌赞叹。聊城素有“江北水城”之称，水上娱乐项目更是丰富多彩，跳水、水上摩托艇、快艇、滑水等，极具速度、激情。

德州

德州地区的传统娱乐方式有“一勾勾”戏剧、大秧歌等。“一勾勾”戏有着古朴的演出形式，演员大多是流散在民间的艺人，他们通常会在春冬农闲的时候组织演出。德平大秧歌是一种由当地的劳动人民所创造出来的用以欢庆重大节日与农作物丰收的传统娱乐表演形式。

节日和重大活动

节日	位置	时间
无棣金丝小枣节	滨州市无棣县	9月前后
孙子国际文化节	东营市广饶县	9至10月
聊城水文化节	聊城市	6~12月
江北葫芦文化艺术节	聊城市区	每年8~10月
梨园文化观光周	聊城市冠县	每年4月
桃花节	德州市黄河涯万亩桃园	4月
临邑槐花节	德州市红坛寺森林公园	5月1日
金丝小枣节	乐陵市五十万亩枣园	9月
中国庆云小商品博览会	德州市小商品现代市场	10月

舞龙灯

景点索引

A

B

C

D

E

F

G

Y

Z

我们的理念

做发现者，才能走得更远。发现秀美景色、探寻历史痕迹、体验文化脉络、寻找地理起源等深层次的旅行知识，是我们不停脚步的动力。我们不仅是在做一本旅行指南，能为旅途中的行者编写一部内容丰富、态度严谨、值得边走边读的行囊书，是我们永恒不变的追求。

《发现者旅行指南》编辑部

总 策 划 丁海秀

执行策划 李荣强

项目统筹 周国宝 龚道军

内容编辑 刘 挺 王叶青 方明杨
刘秀红 丁天丰 张文齐
商子微 张亚飞 苏雪莹
沈 皓 魏建飞 张灵燕
许晨晨 杨康健 张 鑫
刘晓璐 刘慧慧 王春雪
刘智勇 李荣强 刘雁琪
陈昱霖 贾 宁

美术总监 左小文

美术编辑 侯心如 王春晓

图片编辑 朱盼盼 马志鹏

插图绘制 尚祖山 李秋红

排 版 闫 旭 田雪子
北京旅教文化传播有限公司

图片提供 微图网 汇图网 图虫创意
中国图库网 全景网
锐景创意 集成图像
站酷海洛 shutterstock
fotoe dreamstime
孙西国 马林宏 徐 行
高应胜 薛 冬
西部老马 钱多多

出炉过程

在编辑部成员的共同努力下，这套旅行指南终得以付梓。其间，我们亲历景点，翻遍资料，只为确保撰写的内容准确有效；我们实地考察，联系景区，只求绘得一幅精美的景区图；我们花尽心思，几易版式，只为呈现出前所未有的阅读体验。如今，这套精心打造的旅行指南，能放到您的行囊或书架，我们深感荣幸。我们期待与您一起走向远方，重新发现旅行的价值。

联系我们

我们的成长需要您的支持。您对本书的每一条意见我们都会珍视。同时也欢迎您与我们一起分享旅游体验，稿件一旦被采用，您将会获取相应稿酬。您可以将意见和稿件投递到我们的邮箱（975179855@qq.com）。

总 策 划　丁海秀
责任编辑　陈卫伟

图书在版编目（CIP）数据

山东 / 《发现者旅行指南》编辑部编. -- 3版. -- 北京 : 旅游教育出版社, 2025.1
（发现者旅行指南）
ISBN 978-7-5637-4679-8

Ⅰ. ①山… Ⅱ. ①发… Ⅲ. ①旅游指南一山东 Ⅳ. ①K928.952

中国国家版本馆CIP数据核字(2024)第029289号

山　东（第3版）

《发现者旅行指南》编辑部 / 编

出版单位　旅游教育出版社
地　　址　北京市朝阳区定福庄南里1号
邮　　编　100024
发行电话　（010）65778403　65728372　65767462（传真）
本社网址　www.tepcb.com
E-mail　tepfx@163.com
印刷单位　文畅阁印刷有限公司
经销单位　新华书店
开　　本　889毫米×1070毫米　1/32
印　　张　13.625
字　　数　526千字
版　　次　2025年1月第3版
印　　次　2025年1月第1次印刷
定　　价　79.80元

特别提醒

本书信息在出版前已经认真核实过。但由于现实发展太快，旅游信息随时可能发生变化，我们无法承诺保证本书信息的准确性和完整性，并只能在法律规定范围内承担责任。如因此给读者带来不便，我们深表遗憾。